lonely planet

Les Canaries

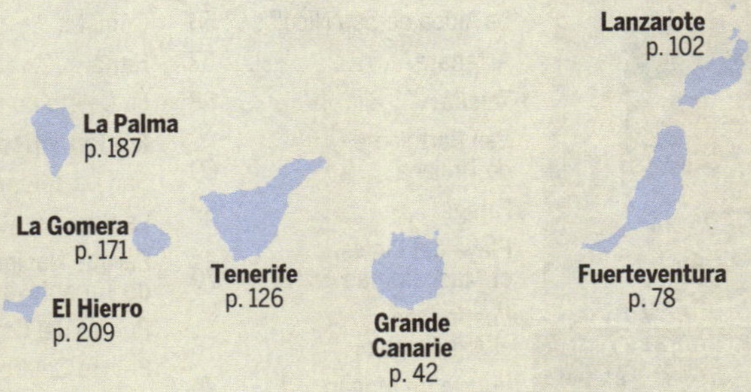

ÉDITION ÉCRITE ET ACTUALISÉE PAR

Lucy Corne, Josephine Quintero

PRÉPARER SON VOYAGE

KAROL KOZLOWSKI / GETTY IMAGES ©

SANTA CRUZ DE LA PALMA P. 190

MICHAL SLECZEK / GETTY IMAGES ©

PUERTO DE MOGÁN P. 75

SUR LA ROUTE

Sommaire

Bienvenue aux Canaries

Volcans majestueux, sites préhistoriques, luxuriantes forêts de pins, paysages lunaires, criques sablonneuses, dunes évoquant le Sahara… Oui, il existe un autre monde au-delà des stations balnéaires des îles Canaries.

Paysages spectaculaires

Les îles Canaries bénéficient de températures parfaites presque toute l'année. Été comme hiver, on peut y admirer des paysages spectaculaires et variés : verdoyante végétation subtropicale du parc national de La Gomera, sommets couverts de forêts de pins dans l'arrière-pays montagneux de la Grande Canarie, cascades rugissantes de La Palma.
Les plaines extraordinairement arides et nues qui flanquent El Teide à Tenerife, les couleurs changeantes des champs de lave de Lanzarote, et les vastes étendues de Fuerteventura ponctuées de cactus, d'arbustes et d'innombrables chèvres, offrent le plus saisissant des contrastes.

Sport…

La grande diversité des paysages, conjuguée à l'ensoleillement, fait la richesse des activités de plein air : randonnée sur les sentiers balisés, allant de la simple balade à la randonnée en montagne ; plongée sous-marine dans des eaux chaudes, où s'ébattent quelque 350 espèces de poissons (et gît çà et là une épave) ; ou encore, belles montées d'adrénaline sur un kitesurf, un surf ou sur une planche à voile. Ralentissez le rythme avec les méharées, les parties de golf, les randonnées équestres et les sorties en bateau.

… ou détente

Si pour vous, "vacances" rime avec "farniente", vous avez choisi la destination idéale. Bien sûr, on pense d'emblée aux plages – et elles sont nombreuses, des dunes ondoyantes de Fuerteventura aux vastes anses de sable doré de Tenerife. Mais d'autres préféreront peut-être se faire dorloter dans un spa. Les centres de thalassothérapie, omniprésents, proposent un choix très tentant de soins et de massages. Sans oublier les innombrables bars du bord de mer, où admirer le coucher du soleil, en sirotant un cocktail au son des vagues.

Art et architecture

Si les îles Canaries ne possèdent pas de superbes musées, comme ceux d'Espagne continentale, elles ont cependant tout ce qu'il faut pour combler les amateurs d'art et de culture. Ceux qui aiment le surréalisme ne manqueront pas les toiles spectaculaires du peintre Óscar Domínguez, exposées dans sa maison natale de Santa Cruz de Tenerife. De même, il faut admirer les sculptures abstraites d'artistes locaux tels que Martín Chirino et César Manrique, sur la Grande Canarie et Lanzarote. Si vous préférez l'architecture, vous pourrez contempler les balcons en bois, les patios verdoyants et les façades aux couleurs vives typiques de l'architecture canarienne.

Pourquoi j'aime les Canaries

Lucy Corne, auteur

Rares sont les destinations aussi méconnues que les Canaries. De fait, ma première rencontre avec l'archipel, alors que je travaillais dans un complexe hôtelier de la Grande Canarie, ne m'avait guère permis d'imaginer ses richesses naturelles et culturelles. Mais il a suffi que je prenne des chemins de traverse pour découvrir de splendides montagnes, des *pueblos* pittoresques et de charmants villages de bord de mer. Sous le charme, je n'ai pas tardé à m'établir sur l'archipel. Des années durant, j'en ai exploré les moindres recoins, avec un émerveillement sans cesse renouvelé. J'y suis retournée pour la rédaction de ce guide, et le charme a de nouveau opéré instantanément. Et il en sera de même pour vous lorsque vous randonnerez dans les champs de lave de Tenerife, découvrirez les montagnes de la Grande Canarie, ou dégusterez un plateau de fromages dans un *pueblo* perché au sommet d'une colline.

Pour plus de précisions sur nos auteurs, voir p. 304

Ci-dessus : Charco de San Ginés (p. 105) à Arrecife, Lanzarote

Canaries

18°O
17°O
16°O
30°N
29°N
28°N
27°N
Parque Nacional de la Caldera de Taburiente
De splendides sentiers de randonnée sillonnent le parc (p. 200)
San Sebastián de La Gomera
Faites emplette du délicieux miel de palme local (p. 173)
La Laguna
Cette ville historique est superbement préservée (p. 136)
El Teide
Pour randonner dans des paysages fantastiques (p. 152)
Roque de los Muchachos (2 426 m)
Barlovento
San Andrés
LA PALMA
Parque Nacional de la Caldera de Taburiente
Santa Cruz de La Palma
Los Llanos de Aridane
Villa de Mazo
Puerto Naos
Volcán San Antonio (657 m)
Fuencaliente
La Laguna
Puerto de la Cruz
Santa Cruz de Tenerife
La Orotava
Garachico
Icod de los Vinos
Pico del Teide (3 718 m)
Puerto de Santiago
Parque Nacional del Teide
TENERIFE
LA GOMERA
Alto de Garajonay
Un trek conduit jusqu'au sommet (p. 179)
Alto de Garajonay (1 487 m)
Hermigua
Playa de las Américas
Valle Gran Rey
San Sebastián de La Gomera
Playa Santiago
Los Cristianos
EL HIERRO
Valverde
Tigaday
Puerto de la Estaca
Malpaso (1 501 m)
La Restinga
Santa Cruz de Tenerife
La fête est endiablée pendant le carnaval (p. 129)
La Restinga
En plongée dans les profondeurs (p. 218)
OCÉAN ATLANTIQUE

0
100 km
15°O
14°O
Cadix
(Espagne
continentale)
30°N
29°N
28°N
27°N
Isla Graciosa
Une petite île sablonneuse,
à l'écart des sentiers battus (p. 114)
Timanfaya
Ici, les volcans sont encore
en activité (p. 120)
El Cotillo
Cette ville tournée vers le surf est
un summum de décontraction (p. 95)
Las Palmas de Gran Canaria
Plongée dans l'histoire
et farniente sur la plage (p. 45)
Tejeda
Randonnée, balade à vélo
ou en voiture dans des paysages
spectaculaires (p. 68)
OCÉAN
ATLANTIQUE
Isla de Alegranza
Agujas
Grandes
(266 m)
Isla Graciosa
Monte
Corona
(609 m)
LANZAROTE
Haría
La Caleta de Famara
Arrieta
Timanfaya
(510 m)
Teguise
Parque Nacional
de Timanfaya
Mozaga
Tahiche
El Golfo
Arrecife
Playa Blanca
Puerto
Calero
Corralejo
Isla de Lobos
Lajares
El Cotillo
Parque Natural
de Corralejo
La Oliva
FUERTEVENTURA
Puerto del
Rosario
Betancuria
Gran Montaña
(708 m)
Pájara
Pozo Negro
Playa de
Sotovento Jandía
Morro Jable
Santa María
de Guía
Las Palmas de
Gran Canaria
Arucas
Tejeda
Roque Nublo
(1 803 m)
San
Bartolomé
de Tirajana
Agüimes
GRANDE CANARIE
Maspalomas
ALTITUDE
2 000 m
1 500 m
1 000 m
500 m
200 m
0

17 façons de voir les Canaries

1

Les paysages lunaires d'El Teide

1 L'extraordinaire est à portée de main : il suffit d'effectuer une randonnée autour de la base du volcan d'El Teide (p. 152), à Tenerife, pour se convaincre que l'on marche sur la Lune. Les sentiers vous emmènent au cœur d'un paysage étrange émaillés de cratères rouges, jaunes et bruns évoquant des sortes de taupinières préhistoriques, de formations de roche volcanique aux formes insolites, et de lapilli pareils à des galets. Si vous avez envie de l'énergie à dépenser, attaquez-vous à la randonnée menant au sommet. Et si une équipée sportive ne vous dit rien, il suffit de prendre le téléphérique. Pensez à vous habiller chaudement car il peut faire très froid là-haut dans les nuages.

Carnaval !

2 Les Canariens aiment faire la fête et, à Santa Cruz de Tenerife, la fiesta atteint son paroxysme chaque année, au milieu des paillettes du carnaval (p. 134). Les festivités débutent en grande pompe début février, suivies par trois semaines de spectacles, de concours de déguisements, de feux d'artifice et de défilés pareils à ceux de Rio. Toutes les îles célèbrent le carnaval avec ferveur de l'aube au crépuscule : pensez à réserver votre hébergement longtemps à l'avance (si vous avez l'intention de vous coucher...).

En route pour le titre de reine du carnaval

TIM E WHITE / GETTY IMAGES ©

JUERGEN RICHTER / LOOK-FOTO / GETTY IMAGES ©

Les paysages accidentés du centre de la Grande Canarie

3 Si la plupart des touristes s'en tiennent au littoral de la Grande Canarie, ses montagnes sont pourtant son réel atout. Au détour de chaque virage – et ils sont nombreux –, on découvre une nouvelle formation rocheuse d'allure insolite, ou un nouveau panorama si beau que l'on ne résiste pas à s'arrêter pour le prendre en photo. Par chance, on peut continuer à profiter de la vue tout en savourant une soupe roborative ou de délicieux gâteaux dans les nombreux et ravissants villages (p. 68) qui émaillent le centre de l'île.

Les plages splendides de Fuerteventura

4 Fuerteventura possède quelques-unes des plus belles plages des Canaries. Pour échapper aux rangées de transats, mettez le cap vers le nord-ouest de l'île, les plages sauvages et les vagues d'El Cotillo. Les véliplanchistes pourront se faire plaisir à Playa de Sotavento de Jandía (p. 98) ; quant aux amateurs d'autres sports nautiques, ils opteront pour la plage extraordinaire de Morro Jable. Enfin, si vous avez des enfants, choisissez des plages plus familiales, comme Costa Calma et Caleta de Fuste. Plage de Morro Jable (p. 99)

3

4

GONZALO AZUMENDI / GETTY IMAGES ©

ALEX BRAMWELL / GETTY IMAGES ©

Randonnée dans la Caldera de Taburiente

5 Découvrez le spectaculaire Parque Nacional de la Caldera de Taburiente (p. 200) à l'occasion d'une randonnée sur l'un des nombreux sentiers du parc. Les forêts de pins et les rideaux de nuages qui dévalent les parois abruptes de la caldeira ajoutent à la magie d'une randonnée – de la simple balade au trek de toute une journée réclamant plus d'endurance –, considérée par beaucoup comme l'une des plus belles de l'archipel.

Le Barranco de las Angustias traversant le Parque Nacional de la Caldera de Taburiente

Le quartier historique de La Laguna

6 Visitez La Laguna (p. 136), sur Tenerife, et flânez dans son quartier historique, l'un des mieux préservés de l'île, tout en ruelles pavées, en maisons de marchand et en demeures ornées de balcons en pin. Cette architecture et ce plan, typiques de l'île, ont à l'origine servi de modèles à nombre de villes coloniales d'Amérique. Si La Laguna a un côté suranné, l'endroit vibre d'une énergie tout à fait contemporaine. La vie nocturne y est dynamique, et les cafés et bars ne manquent pas.

Les marchés de petits producteurs

7 Aubergines violet sombre à la peau brillante, tomates rouge sang, saucisses parfumées à l'ail, biscuits aux amandes, guirlandes de têtes d'ail, pain tout chaud… Comment résister ? Partout, les marchés hebdomadaires font la part belle aux produits locaux. Tâchez notamment de goûter aux spécialités comme le *queso de flor*, fromage crémeux de la Grande Canarie, le malvoisie de La Palma (p. 187) ou le fameux *Majorero*, fromage de chèvre de Fuerteventura.

Fromage de chèvre du marché, Grande Canarie

TRAVELSTOCK44 - JUERGEN HELD / GETTY IMAGES ©

L'art de César Manrique

8 Natif de Lanzarote, César Manrique a laissé une empreinte aussi durable que personnelle sur l'art et l'architecture de l'île. Ainsi en témoignent les sculptures métalliques loufoques qui ornent tant de ronds-points. Ne manquez pas la visite de l'ancienne demeure de Manrique (p. 110), construite autour d'une grotte et abritant des œuvres fabuleuses de Picasso, et voyez aussi la Cueva de los Verdes et les Jameos del Agua, aménagés par l'artiste. Le Mirador del Rio de Manrique, Lanzarote

Barranco de Guayadeque

9 Le printemps est la meilleure saison pour découvrir cette luxuriante vallée encaissée de la Grande Canarie (p. 59), lorsque les amandiers en fleur colorent le paysage de blanc et rose. Le flanc des montagnes escarpées qui encadrent la vallée est creusé de grottes abritant des restaurants et des bars, et même une chapelle. Déjeunez dans les entrailles des falaises puis parcourez l'un des sentiers des environs : vous serez récompensé par la vue splendide sur la mer. Chapelle sculptée dans la roche dans un village proche du Barranco de Guayadeque

Les "papas arrugadas"

10 Omniprésentes, les *papas arrugadas* (pommes de terre ridées) sont bien meilleures que ne le laisse supposer leur nom. Ces petites pommes de terre nouvelles sont cuites à l'eau puis saupoudrées de sel marin. Le secret, c'est l'accompagnement : un choix de trois sauces – *mojo picón*, *mojo verde* ou *mojo de cilantro* (respectivement au piment, au persil ou à la coriandre). Dégustez cette tapa typique des Canaries avec une *caña* (bière à la pression) dans le quartier de Vegueta (p. 46), le centre historique de Las Palmas de Gran Canaria.

Isla Graciosa

11 Rares sont les endroits en Europe libres de toute circulation automobile. La minuscule île Graciosa (p. 114) fait encore mieux : elle ne possède aucune route goudronnée. Une traversée en ferry au départ de Lanzarote permet de passer un jour ou deux à profiter de balades à vélo, de bains de soleil sur des plages désertes ou de moments de convivialité avec les habitants. Une fois le dernier ferry parti, on a l'impression extraordinaire de se retrouver au beau milieu d'un décor de western, avec le sable qui tourbillonne dans les rues vides de Caleta de Sebo.

Surf à El Quemao

12 Baptisées par les surfeurs "Hawaï de l'Europe", les Canaries offrent de nombreux spots de surf de tout premier rang, mais aucun n'est plus représentatif que le récif d'El Quemao (p. 117) et sa vague gauche, à Lanzarote. Les surfeurs expérimentés connaîtront d'intenses sensations dans ces gigantesques rouleaux. Les autres iront se faire plaisir non loin, à La Caleta de Famara, où les conditions sont idéales pour apprendre à se tenir sur une planche.

Alto de Garajonay

13 Pointant au-dessus des nuages qui flottent sur La Gomera la majeure partie de l'année, Alto de Garajonay (p. 179), qui culmine à 1 487 m, est le plus haut sommet de l'île. Le gravir permet d'approcher les fascinantes laurisylves (forêts de lauriers) qui couronnent cette petite île circulaire. La marche est facile et la vue depuis le sommet, qui englobe ces fameuses forêts et, par beau temps, les neiges d'El Teide, sur Tenerife, est des plus extraordinaires.

Dégustation de vin à Lanzarote

14 Dans la région viticole de La Geria (p. 119), les vignes sont cultivées dans de petits cratères creusés dans la terre volcanique, à l'abri de murets en demi-cercle appelés *zocos*. Ici, la plupart des grandes bodegas sont installées sur la même portion de route accidentée, ce qui facilite d'autant un circuit dégustation au cours duquel goûter, entre autres, à la fameuse *malvasía* (malvoisie). Mais approfondissez d'abord vos connaissances au musée du Vin voisin.

13

14

DAMIEN SIMONIS / GETTY IMAGES ©

MORITZ WOLF / GETTY IMAGES ©

Plongée à El Hierro

15 Rencontre fortuite avec un poulpe, une coquette ou un crabe... C'est ce qui vous attend sous les vagues du sud d'El Hierro (p. 217), qui abritent un monde merveilleux de créatures marines. Si l'on ajoute que l'eau est chaude et les conditions de plongée sont très sûres, on est ici dans l'un des spots les plus passionnants à explorer de l'Atlantique Nord. Rien de plus facile que de partir en plongée, grâce aux nombreux clubs qui proposent tout un éventail de sorties, de l'initiation au programme de cours complet.

La cuisine à San Sebastián

16 Les îles occidentales sont réputées pour leur cuisine d'une grande simplicité, et en la matière, La Gomera semble avoir mille délices à offrir. Découvrez-en quelques-unes en faisant un tour sur le marché de San Sebastián (p. 176), et parmi elles le miel de palme confectionné avec la sève de palmier. Autre spécialité typique de La Gomera, l'*almogrote* est une délicieuse pâte épicée, à base de fromage à pâte cuite, de piment et de tomate, que l'on tartine sur du pain.
Miel de production locale à San Sebastián de La Gomera

À la recherche de Moby Dick

17 Les touristes ne sont pas les seules créatures à aimer nager dans les eaux qui baignent les Canaries. Les bancs de baleines et de dauphins ont plaisir eux aussi à fréquenter ces mers chaudes. Le chenal entre Tenerife et La Gomera est d'ailleurs leur lieu de villégiature favori, et,i vous séjournez sur l'une ou l'autre île, une croisière d'observation de ces animaux s'impose (p. 162). Baleines-pilotes

L'essentiel

Pour plus de précisions, voir *Les Canaries pratique* (p. 271)

Devise
Euro (€)

Langue
Espagnol

Visas
Pas nécessaires pour les séjours n'excédant pas 90 jours et pour les ressortissants de l'UE ou de l'espace Schengen.

Argent
Les DAB sont très répandus. Les cartes de crédit sont acceptées dans la plupart des hôtels, restaurants et commerces.

Téléphones portables
Achetez un téléphone avec communications prépayées à partir de 30 €. Les cartes SIM locales fonctionnent avec les téléphones portables européens.

Heure locale
Heure GMT (UTC+0), passage à l'heure d'été

Quand partir

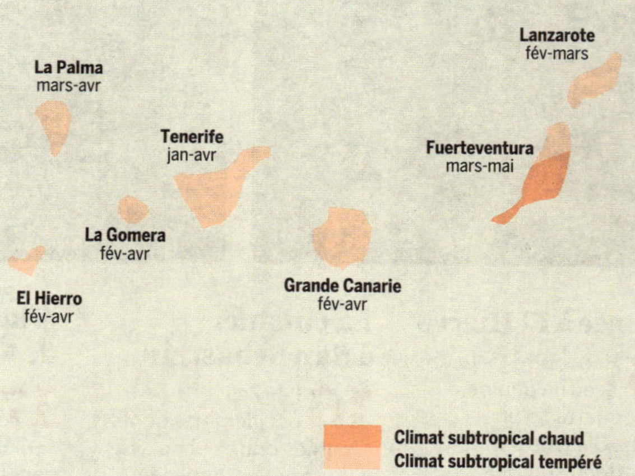

Haute saison
(déc-avr et juil-août)

➡ La période allant de décembre à avril coïncide avec Noël, le carnaval et les fêtes de Pâques.

➡ Les tarifs des hébergements sont à leur maximum en janvier et février.

➡ Pluies épisodiques de janvier à mars, surtout en montagne.

➡ Juillet et août sont les mois les plus chauds de l'année.

➡ Au cœur de l'été, les touristes sont plus nombreux.

Saison intermédiaire
(mai-juin et sept-nov)

➡ La température moyenne avoisine les 28°C, mais les nuits sont plus fraîches.

➡ Dans l'ensemble, les touristes sont moins nombreux en automne.

➡ En haute altitude, notamment sur la Grande Canarie et à Tenerife, il peut faire beaucoup plus froid, avec parfois du brouillard.

Sites Internet

- **Gouvernement des Canaries** (www.gobiernodecanarias.org, en espagnol). Renseignements provenant du gouvernement local, avec nombreuses informations touristiques. En espagnol.
- **Office du tourisme des Canaries** (www.turismodecanarias.com). Informations sur la région en général et renseignements sur chacune des îles.
- **Tourisme rural** (www.turismoruralcanarias.com). Hébergement en milieu rural.
- **Lonely Planet** (www.lonelyplanet.fr). Informations sur la destination et forums.

Numéros utiles

Si vous appelez aux Canaries en étant sur place, quel que soit le numéro composé, il comportera neuf chiffres et commencera par le chiffre 9 pour les lignes fixes et 6 pour les téléphones mobiles.

Indicatif du pays	☎34
Indicatif de l'international	☎00
Ambulance	☎61
Police	☎112

Taux de change

Canada	1 $C	0,67 €
Suisse	1 FS	0,9 €

Consultez les taux de change sur le site www.xe.com.

Budget quotidien

Moins de 60 €

- Chambre pour petits budgets (avec sdb commune) : 25-35 €
- Excellents marchés et supermarchés pour faire ses courses
- Visitez les musées gratuits, les parcs, les églises et faites des balades

60-150 €

- Chambre double dans un hôtel de catégorie moyenne : 55-80 €
- Repas de 3 plats dans un restaurant de catégorie moyenne : 25 €, vin en supplément
- Grands musées, galeries et sites touristiques : 6 € en moyenne

Plus de 150 €

- Chambre dans un quatre-étoiles : 100 €
- Repas gastronomiques au déjeuner et au dîner
- Location de voiture à partir de 20 € par jour

Heures d'ouverture

Les horaires suivants s'entendent uniquement pour la haute saison ; en dehors de cette période, ils sont en principe plus restreints.

Banques 8h30 à 14h du lundi au vendredi

Bars 19h à minuit

Commerces 10h à 14h et 17h à 21h du lundi au vendredi, 10h à 14h samedi

Postes 8h30 à 20h30 du lundi au vendredi, 9h30 à 13h samedi (dans les grandes villes) ; 8h30 à 14h30 du lundi au vendredi, 9h30 à 13h samedi (ailleurs)

Restaurants service de 13h à 16h et de 19h jusque tard

Supermarchés 9h à 21h du lundi au samedi

Arriver aux Canaries

- **Aeropuerto de Gran Canaria** (p. 44). Bus réguliers pour Las Palmas. Taxis : 30 € ; environ 25 minutes
- **Aeropuerto de Lanzarote** (p. 104). Bus réguliers pour Arrecife. Taxis : 12 € ; environ 15 minutes
- **Aeropuerto Tenerife Sur** (p. 127). Bus réguliers pour Los Cristianos. Taxis : 20 € ; environ 30 minutes
- **Aeropuerto de Fuerteventura** (p. 79). Bus réguliers pour Puerto del Rosario. Taxis : 10 € ; environ 15 minutes

Comment circuler

Voiture La voiture reste le meilleur moyen de découvrir l'archipel. Les routes sont certes sinueuses, mais généralement en excellent état. On peut louer un véhicule dans les aéroports, les stations balnéaires et les grandes agglomérations. Pensez toutefois à réserver sur les petites îles. Conduite à droite.

Bus Toutes les îles disposent d'un réseau de bus permettant de rallier les principaux sites d'intérêt, mais nombre de lignes rurales sont desservies de manière irrégulière. Des cartes de réduction sont généralement proposées.

Bateau Les ferries rapides sont parfaits pour passer d'une île à l'autre. Dessertes fréquentes sur de nombreux itinéraires.

Pour plus de précisions sur **comment circuler**, voir p. 280

Envie de...

Paysages

Grande Canarie Un arrière-pays montagneux fabuleux, surtout aux environs de Cruz de Tejeda et d'Artenara (p. 68).

Pico del Teide Le point culminant de l'Espagne, accessible à pied ou en téléphérique, dévoile un panorama vertigineux (p. 153).

Parque Nacional de Timanfaya Le parc national de Lanzarote est une débauche de couleurs, des paysages lunaires et d'extraordinaires formations rocheuses (p. 120).

La Gomera Si l'île entière est le paradis des photographes, l'Alto de Garajonay offre l'une des plus belles vues (p. 178).

Mirador del Río Le chef-d'œuvre de César Manrique, accroché à une falaise de Lanzarote, offre une vue panoramique sur l'archipel de Chinijo (p. 115).

Plages

Les stations balnéaires du sud de l'archipel possèdent des plages magnifiques mais surpeuplées. En revanche, les splendides étendues de sable noir d'El Hierro, de La Palma et de La Gomera sont souvent désertes.

Playa de las Canteras Une magnifique plage de ville bordée d'une large promenade (p. 50).

Playa de las Teresitas Sable très fin, bons restaurants de bord de mer et agréable ambiance espagnole (p. 140).

Paysages de dunes Pour se croire au Sahara, cap sur les dunes de Fuerteventura et de la Grande Canarie (p. 90).

Playa Mujeres, Lanzarote Il faut parcourir en voiture une piste en terre pour rejoindre cette plage de sable blanc bordant une crique pleine de charme (p. 125).

Playa de las Conchas, Isla Graciosa Une magnifique plage de sable doré, le plus souvent déserte ou presque. Mais prudence, car ses eaux peuvent se révéler traîtresses (p. 114).

Sports nautiques

On peut compter sur le vent et les vagues à Fuerteventura et Lanzarote, tandis qu'El Hierro est particulièrement réputée pour la plongée.

El Cotillo Le cœur du surf à Fuerteventura, entouré de plages battues par les vents (p. 95).

La Caleta de Famara Le spot de surf de la côte ouest de Lanzarote le plus prisé pour la pratique du kitesurf, de la planche à voile et du bodyboard (p. 117).

La Restinga Ses eaux chaudes et limpides font de ce village côtier d'El Hierro le paradis des plongeurs (p. 218).

Playa de Sotavento de Jandía Les amateurs de kitesurf et de planche à voile de tous niveaux affluent sur cette plage de sable doré qui accueille la Coupe du monde de planche à voile (p. 98).

Pozo Izquierdo Un lieu tranquille où pratiquer la planche à voile grâce aux agences réputées proposant cours et location de matériel (p. 72).

Stations balnéaires du Sud Plus de monde sur le rivage, mais tout va mieux une fois dans l'eau. À Tenerife, vous pourrez faire des sports nautiques à Los Cristianos ; sur la Grande Canarie, cap sur Taurito (p. 159).

Randonnée

Hormis en juillet et en août, le climat est suffisamment doux pour profiter de spectaculaires itinéraires dans tout l'archipel.

Parque Nacional del Teide, Tenerife En hauteur ou au pied de la montagne, ces paysages lunaires sont propices à certaines des plus belles randonnées de l'île (p. 153).

En haut Dunes de Maspalomas, Grande Canarie (p. 70)
En bas Playa de las Canteras, Grande Canarie (p. 50)

Ruta de los Volcanes, La Palma Ce trek, difficile, fait traverser des étendues de cendres volcaniques jusqu'au site de la plus récente éruption des Canaries (p. 200).

Parque Nacional de Garajonay, La Gomera Des itinéraires ombragés et bien balisés sillonnent ce parc national (p. 178).

Parque Nacional de Timanfaya, Lanzarote Réservez bien à l'avance pour participer à une randonnée guidée à travers les champs de lave de Lanzarote (p. 120).

Parque Nacional de la Caldera de Taburiente, La Palma Suivez le chemin très fréquenté qui traverse le Barranco de las Angustias ou le sentier plus court menant à divers belvédères (p. 200).

Roque Nublo, Grande Canarie Depuis le parking, une demi-heure suffit pour rejoindre le monolithe emblématique de la Grande Canarie (p. 69).

Barranco de Masca, Tenerife Une descente exigeante et spectaculaire dans une gorge encaissée jusqu'à l'océan. Là, on peut prendre un bateau pour longer la côte et s'épargner le retour à pied (p. 157).

Camino de la Virgen, El Hierro Lancez-vous sur le chemin de 26 km emprunté par les pèlerins lors de la plus importante fête de l'île (p. 220).

Isla de Lobos On se croit seul sur terre en faisant le tour de cette île inhabitée, site de premier choix pour l'observation des oiseaux (p. 92).

Vin et fromage

La Geria La région viticole la plus réputée de Lanzarote possède plusieurs bodegas où goûter et acheter du vin (p. 119).

Queso Majorero Trouvez une *queseria* locale pour goûter au fromage de Fuerteventura (p. 85).

Vin Malvasía Un vin rouge doux à déguster dans les bodegas de Tenerife et de La Palma (p. 205).

Casa del Vino La Baranda, Tenerife Ce musée doté d'un restaurant propose de goûter aux vins rouges charpentés de la région (p. 141).

Queso de Flor, Grande Canarie Goûtez à ce fromage crémeux aromatisé aux fleurs de chardon dans la jolie Santa María de Guía (p. 63).

Archéologie

La culture préhispanique a pratiquement été éradiquée pendant la Conquête, mais quelques fascinants sites guanches demeurent.

Cueva Pintada, Grande Canarie Les motifs géométriques ornant cette grotte seraient une sorte de calendrier. Le musée attenant offre un bon aperçu de la vie guanche (p. 64).

Cenobio de Valerón, Grande Canarie Un ensemble impressionnant de grottes et d'entrepôts à grains accrochés à flanc de falaise (p. 63).

Cuatro Puertas, Grande Canarie Une grotte creusée par l'homme au sommet d'une colline, au sortir de Telde (p. 57).

La Zarza, La Palma Un petit centre d'information des visiteurs vous attend à proximité de gravures rupestres (p. 208).

Los Letreros, El Hierro Une longue randonnée conduit à ces pétroglyphes dont le sens demeure obscur (p. 218).

Musées Le Museo Canario à Las Palmas de Gran Canaria et le Museo de la Naturaleza y el Hombre à Tenerife abritent de splendides collections consacrées à la culture préhispanique (p. 48).

Art et architecture

Las Palmas de Gran Canaria, Santa Cruz de Tenerife et l'île de Lanzarote sont les hauts lieux de l'art de l'archipel.

Les créations de César Manrique Émaillant toute l'île de Lanzarote, les créations modernes de l'artiste offrent un merveilleux contraste avec les paysages (p. 110).

Espacio de las Artes de Tenerife Ce centre d'art contemporain met l'accent sur la photographie et l'art moderne (p. 129).

CAAM, Grande Canarie Le Centro Atlántico de Arte Moderno de Las Palmas accueille de splendides expositions temporaires (p. 49).

La Oliva L'ancienne capitale de Fuerteventura s'enorgueillit d'une intéressante architecture du XVIIIe siècle et d'une superbe galerie d'art moderne (p. 89).

Architecture traditionnelle Découvrez les vieilles villes bien préservées de Teguise (Fuerteventura), de Santa Cruz de La Palma, le quartier de Vegueta à Las Palmas et, surtout, La Laguna sur Tenerife (p. 136).

Hors des sentiers battus

Cofete, Fuerteventura Un minuscule hameau et une spectaculaire plage de surf que domine une mystérieuse demeure (p. 101).

Monts Anaga, Tenerife Verdoyantes pinèdes et hameaux où le temps s'est arrêté (p. 140).

Isla Graciosa, Lanzarote Après avoir campé sur la plage, une balade à vélo permet de faire le tour de cette petite île de 700 habitants (p. 114).

Cala de Tacorón, El Hierro Emportez un pique-nique et mettez le cap sur ces criques rocheuses paradisiaques (p. 218).

Charco Azul, La Palma Des piscines naturelles d'eau de mer creusées dans la roche volcanique (p. 206).

Fortaleza de Ansite, Grande Canarie Randonnez jusqu'à ce site guanche jouissant d'un emplacement exceptionnel, où une galerie a été creusée dans le flanc de la montagne (p. 58).

Se faire dorloter

Les Canaries comptent d'excellents spas où s'offrir une journée complète de détente. Vous pouvez aussi opter pour un centre de thalassothérapie.

Aqua Club Termal Ce vaste complexe thermal de Costa Adeje, à Tenerife, est le temple de la détente. (p. 166).

Balneario Thalasso Impressionnant centre de thalassothérapie de Fuerteventura, cube de verre en bord de mer à Caleta de Fuste (p. 87).

San Agustín Le plus grand centre de thalassothérapie d'Europe, sur la Grande Canarie (p. 70).

Finca Argayall Une ambiance hippie décontractée règne dans ce lodge de La Gomera qui propose cours de yoga, séances de méditation et soins divers (p. 239).

Hotel Balneario Pozo de La Salud La source qui coule juste à côté de l'hôtel est encensée pour ses vertus thérapeutiques depuis les années 1800. Prenez un bain thermal dans votre chambre, ou optez pour l'un des nombreux soins proposés (p. 243).

Mois par mois

LE TOP 5

Carnaval, février ou mars

San Juan, juin

Festival de Música de Canarias, janvier-février

Festival international de jazz, juillet

Gay Pride, mai

Janvier

Un mois très agréable pour visiter les stations balnéaires du sud de l'archipel, où il fait encore assez chaud pour aller à la plage. Dans les régions situées au nord et à l'intérieur des terres, il fait plus froid et il pleut souvent. Il arrive parfois que le sommet d'El Teide, à Tenerife, soit couronné de neige.

Fête des Rois mages

Les enfants espagnols reçoivent leurs cadeaux, apportés par les Rois mages et non par le Père Noël, le 6 janvier. On célèbre cette fête avec des défilés et des repas traditionnels.

Festival de Música de Canarias

Le festival de musique classique annuel (www.festivaldecanarias.com), dont le succès ne se dément pas depuis plus de 30 ans, démarre en janvier.

Février

Le sud de l'archipel est ensoleillé, et la température plus fraîche de l'arrière-pays est idéale pour la marche. C'est aussi le mois du carnaval, alors réservez votre hébergement suffisamment tôt !

Carnaval

Presque aussi festif et exubérant que celui de Rio, le carnaval canarien n'est jamais aussi beau et endiablé qu'à Santa Cruz à Tenerife et Las Palmas de Gran Canaria. Santa Cruz de La Palma accueille un carnaval de moindre envergure mais tout aussi mémorable.

Mars

Admirez les fleurs printanières, surtout sur les collines d'El Hierro, La Palma, La Gomera et de la Grande Canarie. La foule des touristes est nombreuse pendant la semaine de Pâques.

Processions de Pâques

Lapins et œufs en chocolat sont au rendez-vous pendant la semaine de Pâques, sans oublier bien sûr de grandes processions religieuses dans toutes les villes et les villages de l'archipel.

Avril

Le soleil est encore au beau fixe sur les plages du Sud, mais les nuits sont plus fraîches et il y a parfois des averses, en particulier sur Tenerife.

Pour le plaisir des papilles

Profitez de la fête du fromage annuelle de Santa María de Guía pour faire un festin de *queso de flor*, le fromage typique de la Grande Canarie (www.santamariadeguia.es).

Foire culinaire canarienne

Se tient le temps d'un week-end à Los Cristianos, sur Tenerife. L'occasion de goûter des produits traditionnels venant de tout l'archipel.

Mai

Le mois de mai est très agréable car les plages ne sont pas encore prises d'assaut et les soirées se font déjà plus chaudes : l'idéal pour dîner en terrasse.

Gay Pride

La deuxième Gay Pride d'Espagne après celle de Madrid se déroule au milieu du mois à Maspalomas, sur la Grande Canarie (www.gaypridemaspalomas.com).

Juin

C'est le dernier mois de calme avant l'arrivée des foules, et l'ensoleillement moyen de dix heures par jour est parfait.

Feux de la Saint-Jean

Barbecues et fêtes sur la plage, grands feux d'artifice et concerts. La grande fête de la San Juan (23-24 juin) est particulièrement endiablée à Lanzarote et Las Palmas (Grande Canarie).

Juillet

Le mercure grimpe, mais la température moyenne dans le Sud est inférieure à 35°C. Avec les vacances d'été, les touristes sont plus nombreux.

Du jazz, du jazz, du jazz

Le Festival Internacional Canarias Jazz & Más Heineken attire les grands noms de la scène internationale du jazz. Les artistes et les salles où ils se produisent figurent sur le site www.canariasjazz.com.

Championnat du monde de planche à voile

Une foule d'adeptes du kitesurf et de la planche à voile investissent Playa de Sotavento de Jandía (Fuerteventura) au début du mois afin de participer à ce grand championnat.

Août

Le mois d'août est le plus chaud de l'année. Cependant, la température atteint rarement les 40°C qui règnent habituellement sur les côtes du sud de l'Espagne.

Danse de la pluie

La Fiesta de La Rama organisée à Agaete est l'une des fêtes les plus importantes de la Grande Canarie. Puisant son origine dans une danse de la pluie préhispanique, elle se situe aujourd'hui à mi-chemin entre la procession religieuse et la folle nuit de fête.

San Ginés

Le Día de San Ginés, qui tombe le 25 août, est l'occasion d'une énorme fête à Lanzarote. Les réjouissances, parmi lesquelles concerts, matchs de football et concours de beauté, durent une semaine.

Octobre

La température moyenne redescend à 23°C et les nuits sont plus fraîches. Le temps se prête à la randonnée dans les montagnes, mais aussi à de bons moments sur la plage.

Marathon en musique

Le Music Marathon Festival (www.musicmarathon.com) se déroule tous les ans à Puerto del Carmen, sur Lanzarote. Il est ouvert à tous, même aux enfants de 4 ans. Des groupes jouent le long du parcours.

Novembre

Les soirées sont fraîches, mais la température en journée permet encore de passer du temps sur la plage. En outre, les touristes, qui s'apprêtent à arriver en nombre, ne sont pas encore là.

Fête du cerf-volant

Le ciel de Corralejo, sur Fuerteventura, est émaillé un week-end durant de cerfs-volants multicolores. Un moment parfait pour s'amuser en famille.

Décembre

La température baisse considérablement pendant la nuit et les stations balnéaires les plus au nord sont parfois sous les nuages, quoiqu'il pleuve rarement.

Fiesta de la Virgen de la Concepción

A lieu à El Hierro le 8 du mois. La veille au soir, les rues de Valverde sont investies par une foule en liesse qui ripaille et se donne du bon temps.

Itinéraires

1 SEMAINE

Le top de la Grande Canarie

Une semaine sur la Grande Canarie permet d'explorer les musées et restaurants de la capitale, de manger des fruits de mer sur la côte, d'admirer les montagnes et même de passer du temps sur la plage.

Commencez à **Las Palmas de Gran Canaria** par une balade sur la Playa de las Canteras ou un plongeon dans l'océan paisible, propice au snorkeling. Le 2e jour, parcourez les pavés de l'historique Vegueta, dotée d'excellents musées. Le lendemain, rendez-vous dans la jolie ville d'**Arucas** avant de rallier la côte nord pour déguster des fruits de mer à **Puerto de las Nieves**. Le 4e jour, empruntez la superbe route sinueuse le long de la côte ouest, déjeunez dans la paisible **Puerto de la Aldea**, puis continuez jusqu'à la jolie **Puerto de Mogán** et son port de plaisance médiéval. Le 5e jour, virez au sud-est jusqu'au sable chatoyant de **Maspalomas**, où vous attendent balade ou baignade, puis prenez la GC-60 vers le nord jusqu'à **Tejeda** pour un déjeuner avec vue. Passez le 6e jour en randonnée ou sur une route en montagne pour apprécier le paysage éblouissant. Enfin, redescendez vers **Agüimes** aux jolis bâtiments pastel et au charme historique, puis retournez vers l'intérieur des terres jusqu'au luxuriant **Barranco de Guayadeque** pour déjeuner dans une grotte.

SABINE LUBENOW / LOOK-FOTO / GETTY IMAGES ©

Ci-dessus : Valle Gran Rey (p. 184), La Gomera

À gauche : Port de Corralejo (p. 90), Fuerteventura

6 JOURS Le meilleur de Fuerteventura

Les plages sont magnifiques, mais l'île possède bien d'autres atouts. Cet itinéraire couvre de charmants ports de pêche et des villages dans les terres, ainsi que les fameuses dunes et plages.

Commencez par le port de **Corralejo** pour profiter de la plage ou des sports nautiques. Prenez ensuite la direction du sud-est et longez les dunes qui s'étendent à perte de vue le long de la route FV-1. Terminez la journée par une petite balade et un dîner à **Puerto del Rosario**. Le lendemain, poursuivez vers le sud et faites étape dans le minuscule village côtier de **Pozo Negro**, puis direction l'intérieur des terres jusqu'à **Pájara**. Faites un tour dans la magnifique église et passez la nuit dans la *casa rural*. Le 3e jour, visitez la belle église et les musées originaux de **Betancuria**, puis passez l'après-midi à découvrir l'art et l'architecture de **La Oliva**. Passez le 4e jour dans la paisible ville balnéaire d'**El Cotillo**. Enfin, retournez à Corralejo, via **Lajares**, village de surfeurs branché, et prenez le lendemain matin un ferry jusqu'à la préservée **Isla de Lobos** pour une balade sur le sable.

6 JOURS Les incontournables de Lanzarote

Au programme : une touche artistique, un peu de vin, quelques fruits de mer et quantité de paysages désolés.

Explorez l'art et l'histoire d'**Arrecife**, puis baignez-vous à la Playa del Reducto avant de gagner l'élégante marina pour dîner et prendre un verre. Le lendemain, rejoignez la **Cueva de los Verdes** et les **Jameos del Agua**, au nord, avant l'arrivée des cars de touristes, puis passez le reste de la journée en bord de mer, à **Arrieta**. Le 3e jour, rendez-vous à Órzola, d'où partent les ferries pour l'**Isla Graciosa**. Passez la journée sur ses plages désertes et la nuit dans la tranquillité absolue. De retour sur Lanzarote, arrêtez-vous dans la belle **Haría** pour visiter l'ancienne demeure de l'artiste César Manrique. Continuez ensuite vers le sud jusqu'à **Teguise**, superbe petite ville. Terminez par un dîner de fruits de mer à **La Caleta de Famara**. Le lendemain, visitez les vignobles de **La Geria**. Le dernier jour, explorez les champs de lave du **Parque Nacional de Timanfaya** lors d'un circuit sur la Ruta de los Volcanes. Logez dans le village préservé d'**El Golfo** et savourez des fruits de mer en regardant les vagues.

10 JOURS Tenerife et La Palma

Cette aventure sur deux îles mêle une architecture parfaitement préservée et un impressionnant paysage montagneux.

À Tenerife, passez deux nuits à **Puerto de la Cruz** et profitez des boutiques, des bars et des plages. Le 3e jour, visitez **La Orotava** et ses demeures du XVIIe siècle, puis découvrez le quartier historique de **La Laguna**. Le lendemain, gagnez **Garachico** et ses modestes maisons de pêcheurs. Le 5e jour, cap sur **El Teide** pour une journée de marche et de paysages grandioses. Le 6e jour, rejoignez **Los Cristianos** et prenez le ferry quotidien pour **La Palma**. Passez deux ou trois nuits à **Santa Cruz** pour explorer la vieille ville, profiter de la plage et randonner jusqu'au Santuario de la Virgen. Continuez vers le nord pour découvrir les ruelles escarpées de **San Andrés**. Le 8e jour, visitez la forêt subtropicale de **Los Tiles**, puis rafraîchissez-vous dans les piscines naturelles du **Charco Azul**. Au matin du 9e jour, en route pour une randonnée dans le **Parque Nacional de la Caldera de Taburiente**. Poursuivez ensuite vers le sud jusqu'à **Puerto Naos**, avant de visiter le musée de l'Artisanat à **Villa de Mazo**.

1 SEMAINE La Gomera et El Hierro

Au programme des plus petites îles de l'archipel : cuisine rustique, randonnées en forêt, baignade et routes sinueuses.

Passez le 1er jour sur **La Gomera** à explorer les rues de **San Sebastián** et le suivant à paresser sur la **Playa Santiago**. Le 3e jour, en route pour le Nord verdoyant, avec une étape à la traditionnelle **Hermigua** ainsi que sur la ravissante **Playa de la Caleta**. Le lendemain, poursuivez vers le sud et randonnez à travers la forêt subtropicale jusqu'aux sommets de l'**Alto de Garajonay**. Parcourez en voiture la magnifique gorge du **Valle Gran Rey** jusqu'à la mer, puis passez la nuit à **La Playa**, avant de rejoindre San Sebastián pour prendre le ferry à destination d'**El Hierro**. Visitez la paisible capitale, **Valverde**, puis cap au sud pour visiter l'**Ecomuseo de Guinea**. Régalez-vous d'une délicieuse cuisine canarienne chez **Tigaday**, établissement modeste où vous pourrez passer la nuit. Le lendemain, plongez dans les piscines naturelles de **Charco Azul** avant de rejoindre les pinèdes d'**El Pinar**, le **Centro Volcanicológico**, et terminez par les spots de plongée sous-marine de **La Restinga**.

Préparer son voyage

Sports et activités

Les activités de plein air sont à l'honneur aux Canaries. Avec des températures douces toute l'année, de rares précipitations menaçant de gâcher vos aventures, des eaux claires, des vagues déchaînées et une étonnante variété de paysages, il sera difficile de ne pas passer tout votre temps dehors.

Randonnée

Une multitude de sentiers, souvent bien antérieurs à l'introduction des voitures et à la construction du réseau routier, sillonnent les îles. Commencez par visiter les parcs nationaux comme le Parque Nacional d'El Teide sur Tenerife, le Parque Nacional de Garajonay sur La Gomera et le Parque Nacional de la Caldera de Taburiente sur La Palma. Tous offrent des itinéraires de randonnées mémorables de plusieurs jours, traversant montagnes et gorges, et des balades faciles aboutissant à un point de vue.

Quand partir

Il est possible de randonner toute l'année aux Canaries, mais certains chemins deviennent glissants et dangereux, voire impraticables, quand il pleut. D'autres, comme l'ascension du volcan El Teide, sont plus difficiles en hiver car la neige couvre certains passages. N'oubliez pas que s'il fait chaud sur le littoral et en plaine, toujours ensoleillés, le temps change en altitude. Vent et brouillard font chuter la température, aussi faut-il toujours partir avec des vêtements chauds et imperméables. Enfin, n'oubliez pas d'emporter suffisamment d'eau avec vous.

La meilleure île pour...

La randonnée

Tenerife, La Palma et La Gomera remportent le titre des destinations propices à la randonnée.

Le kitesurf et la planche à voile

Les îles Canaries offrent des conditions idéales, parmi les meilleures du monde, pour la pratique du kitesurf et de la planche à voile. C'est toutefois Fuerteventura qui remporte la palme du vent.

Le surf

Les Canaries ne sont pas surnommées "Hawaï de l'Atlantique" pour rien. Si les spots de surf sont excellents dans tout l'archipel, Lanzarote en est La Mecque.

La plongée sous-marine et le snorkeling

La minuscule El Hierro vous séduit déjà depuis la terre ferme ? La surprise sera encore plus belle sous l'eau.

Le cyclisme

Les routes désertes et relativement plates de Lanzarote et Fuerteventura sont propices au cyclotourisme, mais les accros de la petite reine préféreront les montagnes centrales de Grande Canarie.

Randonnée, Parque Nacional d'El Teide (p. 152), Tenerife

Randonner sur...

➡ **Tenerife** Le Parque Nacional d'El Teide est l'un des plus beaux endroits où randonner de toute l'Espagne. Toutefois, El Teide n'est pas l'unique destination de randonnée de Tenerife. Dans les monts boisés d'Anaga, au nord-est, on randonne à travers des forêts embrumées emplies de chants d'oiseaux, et dans l'extrême Nord-Ouest, le hameau de Masca est le point d'accès à des marches aussi belles que difficiles.

➡ **La Gomera** Grâce à la présence d'une brume quasi permanente (appelée pluie horizontale), la forêt verdoyante du Parque Nacional de Garajonay abonde en mousses et plantes de toutes sortes. Depuis l'Alto de Garajonay, point culminant du parc, on découvre Tenerife et El Teide, sauf si les nuages sont de la partie. Les randonneurs de tous niveaux trouveront leur bonheur aussi bien dans le parc qu'aux alentours.

➡ **La Palma** Considérée par beaucoup comme l'île offrant les plus belles randonnées, La Palma abrite le Parque Nacional de la Caldera de Taburiente, dont le paysage est à mi-chemin entre le verdoyant Garajonay et l'austère Teide. On peut randonner le long des parois rocheuses à l'intérieur du parc ou se promener parmi les forêts de pins des versants extérieurs. D'innombrables sentiers sillonnent l'île par ailleurs : en les parcourant, on traverse des pans de forêt tropicale humide, et l'on grimpe des pentes volcaniques desséchées.

➡ **El Hierro** Nouvelle venue dans le monde de la marche, la minuscule El Hierro offre un

CARTES LOCALES

En matière de balisage, certaines îles sont mieux équipées que d'autres. La Palma et La Gomera, en particulier, possèdent des sentiers bien balisés et quantité de renseignements. Ailleurs, si vous faites chou blanc au bureau d'information touristique, essayez le *cabildo* (gouvernement de l'île) : des cartes de randonnée y sont généralement disponibles, mais avoir la patience et la volonté de trouver la personne apte à vous aider peut parfois s'avérer aussi difficile que de partir en randonnée.

LIVRES DE RANDONNÉE

Les guides de randonnée consacrés aux Canaries sont légion (particulièrement en langue espagnole), et faciles à se procurer dans les principales librairies de l'archipel. En langue française, on peut se procurer, entre autres, *Tenerife, les plus belles randonnées entre mer et montagne* (Rother), comprenant 70 itinéraires divisés en trois niveaux de difficultés, ainsi que *L'île de La Palma… à pied : 18 promenades et randonnées*, édité par la Fédération française de la randonnée. Il existe aussi de très bons guides (en anglais) destinés au grand public, en particulier ceux de Discovery Walking Guides, qui en publie accompagnés de cartes pour Lanzarote, La Palma, La Gomera et Tenerife. Sunflower Books propose aussi des guides de randonnée pour tout l'archipel.

MAURO LADU / GETTY IMAGES ©

Surf, Fuerteventura (p. 78)

large éventail de randonnées, des sentiers côtiers faciles à parcourir en famille, comme la promenade allant de Las Puntas à La Maceta, à des balades à l'ombre des forêts de pins d'El Pinar, en passant par le Camino de Jinama, beaucoup plus long.

➡ **La Grande Canarie** Si l'on y randonne beaucoup moins que dans les îles occidentales, la Grande Canarie n'en recèle pas moins de superbes balades. On trouve les meilleurs sentiers autour de la Cruz de Tejeda, située près du point culminant de l'île, ou dans les ravines verdoyantes plus à l'est.

➡ **Fuerteventura** Si vous souhaitez marcher sans trop grimper, Fuerteventura offre de belles randonnées tranquilles. Le mont Tindaya, près de La Oliva, réserve quantité d'attraits archéologiques et quelques sentiers panoramiques sont situés sur la côte nord.

➡ **Lanzarote** Les marches dans le parc national doivent être bien organisées, mais il existe d'autres options de randonnée. Vous pouvez marcher entre les vignobles de La Geria ou traverser tranquillement l'Isla Graciosa – tant que le sable dans les chaussures ne vous dérange pas.

RANDONNER HORS DES SENTIERS BATTUS

Outre les grands itinéraires de randonnée mentionnés ici, il en existe quantité d'autres moins connus dans tout l'archipel. Parmi nos favoris, citons les sentiers de Los Tiles, réserve de biosphère de l'Unesco située sur La Palma, ainsi que les dunes de Maspalomas, sur la Grande Canarie. Si vous êtes partant pour une randonnée vraiment spectaculaire, joignez-vous à un groupe avec guide pour découvrir Tremesana, dans le Parque Nacional de Timanfaya. Il faut l'organiser à l'avancer mais vos efforts seront largement récompensés.

Renseignez-vous sur place si vous empruntez un itinéraire non fréquenté – certains sont mal entretenus et envahis par la végétation, et l'absence de signalisation peut sérieusement gêner votre progression.

ATMN VICTOR / GETTY IMAGES ©

Ci-dessus : randonnée près d'Alajeró (p. 184), La Gomera

À gauche : Playa Jardín (p. 144) à Puerto de la Cruz, Tenerife

LE TOP DES PLAGES

Les îles Canaries possèdent beaucoup de plages magnifiques, ce qui rend une sélection des plus belles d'autant plus délicate. Quitte à provoquer la controverse, voici tout de même notre choix.

- **Playa de las Canteras** (Grande Canarie). C'est l'une des plages de grande ville d'Europe les plus attrayantes ; son croissant de sable doré de 3 km, bordé d'une large promenade, est idéal pour une balade au crépuscule, et le récif garantit un semblant de piscine à marée basse. (p. 50)
- **Parque Natural de Corralejo** (Fuerteventura). Avec en toile de fond des dunes évoquant le Sahara, ces superbes plages de sable sauvages sont l'un des joyaux de l'île. (p. 90)
- **La Caleta de Famara** (Lanzarote). Une merveilleuse plage sauvage appréciée des adeptes du kitesurf et de la planche à voile, où règne une atmosphère décontractée – et où l'on a la place d'étendre sa serviette sur le sable. (p. 117)
- **Puerto de la Cruz** (Tenerife). La grande dame du tourisme à Tenerife a tous les atouts dans son jeu : emplacement sublime, animation, des eaux calmes et sûres très propices à la baignade, toutes sortes de sports nautiques et une foule d'hôtels et de restaurants. (p. 141)
- **Playa Santiago** (La Gomera). Certes, les galets remplacent ici le sable fin, mais cette plage est à l'abri du vent et des nuages, qui se révèlent parfois gênants sur les autres plages de l'île. Son ambiance décontractée et bohème, ses bons hôtels et ses excellents restaurants sauront vous séduire. (p. 183)
- **Puerto Naos** (La Palma). Bien que nous soyons ici dans une station balnéaire construite pour le tourisme, l'atmosphère est paisible et le regard n'est pas perturbé par d'horribles immeubles. Le sable noir est doux, et la baignade généralement sûre. De quoi plaire aux familles. (p. 205)
- **Playa de las Arenas Blancas** (El Hierro). Située sur l'île sauvage d'El Hierro, cette petite perle de sable blanc est elle aussi tout à fait sauvage, mais souvent battue par les vents et les vagues (ce qui rend la baignade dangereuse). De superbes sentiers côtiers partent de cette plage. (p. 221)

Sports nautiques

Surf, planche à voile et kitesurf sont très pratiqués sur toutes les îles. Les écoles offrant stages et cours, ainsi que la location du matériel, sont installées sur les côtes les plus ventées. Les spots sont nombreux, il n'y a qu'à choisir, des plages de sable de Fuerteventura pour les débutants aux vagues de Tenerife et de la Grande Canarie pour les plus confirmés. Toutes les stations touristiques ont une école de plongée, mais la petite El Hierro est considérée comme le lieu idéal pour aller sous l'eau.

Surf

Des vagues de toutes sortes s'écrasent sur les rivages de l'archipel : tubes gigantesques se fracassant sur des récifs aux eaux très peu profondes ou fonds sablonneux parfaits pour les débutants. La meilleure saison pour surfer aux Canaries court d'octobre à avril. À cette époque de l'année, vous aurez besoin d'une combinaison complète de 3 mm d'épaisseur.

Pour davantage de précisions sur le surf aux Canaries, procurez-vous l'excellent *Stormrider Guide : Atlantic Islands* publié par Low Pressure (il existe une édition bilingue anglais-français disponible chez Paperback). Et si partir surfer en solo vous semble un peu compliqué, adressez-vous à des agences spécialisées organisant des séjours de plongée dans l'archipel, comme **360° Surf Travel** (www.360-surf.com) ou **Trip Adékua** (surf.voyages-adekua.fr). Ceux-ci conviennent parfaitement aux débutants.

IAN AITKEN / GETTY IMAGES ©

Planche à voile à Pozo Izquierdo (p. 72), Grande Canarie

Meilleures vagues

SPOTS DE SURF	TYPE DE VAGUE
Los Lobos, Fuerteventura	Longue déferlante droite et creuse
El Fronton, Grande Canarie	L'une des vagues les plus puissantes du monde. Pour bodyboarders uniquement.
Confital, Grande Canarie	Spot de récif avec d'énormes tubes
El Quemao, Lanzarote	Tube gauche très puissant et effrayant
Spanish Left, Tenerife	Longue gauche comportant de nombreux tubes

Le top des spots de surf pour débutants

➡ **La Caleta de Famara (Lanzarote)**. Plage de sable s'étendant à perte de vue et quantité d'écoles de surf ; l'idéal pour les débutants.

➡ **El Cotillo (Fuerteventura)**. Conditions tout aussi parfaites pour apprendre à surfer.

➡ **Playa de las Américas (Tenerife)**. Quelques vagues pas trop fortes et plusieurs écoles de surf.

Planche à voile et kitesurf

Avec le vent toujours au rendez-vous, de bonnes vagues et un climat parfait, les Canaries offrent d'excellentes conditions – parmi les meilleures du monde – pour la pratique de la planche à voile et du kitesurf.

Tous les ans, des compétitions de niveau international y sont organisées. Les pros du monde entier convergent vers ces longues plages sableuses pour tâter l'eau. Les débutants pourront aussi se faire plaisir car des stages sont proposés dans tous les principaux spots. Ils durent de deux jours à une semaine et les prix varient en fonction du niveau que vous souhaitez atteindre.

The Kite & Windsurfing Guide Europe, de Stoked Publications (en anglais), répertorie les meilleurs sites de kitesurf et de planche à voile du continent. Il comporte un chapitre sur les Canaries.

Meilleurs spots de planche à voile et de kitesurf

ÎLE	PLAGE
Fuerteventura	Playa de Sotavento de Jandía et Playa de Barlovento de Jandía
Grande Canarie	Pozo Izquierdo
Lanzarote	Costa Teguise
Tenerife	Las Galletas et El Médano

Baignade

Soleil et eau à des températures entre 18°C et 26°C toute l'année font de la natation le sport le plus pratiqué aux Canaries. Des plages de sable fin des îles les plus à l'est aux piscines volcaniques des îles occidentales, les sites où se baigner ne manquent pas.

Il y a toutes sortes de plages : grandes ou petites, longues bandes de sable blond, petites anses intimes et calmes, bouts de littoral rocheux battus par les vents, plages solitaires pittoresques et isolées ou plages familiales surpeuplées offrant quantité d'activités.

Il ne faut jamais oublier d'être prudent, surtout dans l'océan. La première des règles est de ne jamais nager seul. Il y a des courants forts au large des côtes, en surface ou en profondeur. Certains vous entraîneront très loin avant que vous puissiez réagir. Si cela vous arrive, nagez parallèlement à la côte, sans tenter de

À vélo dans le Parque Nacional d'El Teide (p. 152), Tenerife

regagner la plage, jusqu'à ce que la force du courant diminue. À ce moment-là seulement, dirigez-vous vers le littoral.

Les eaux autour des îles sont d'une grande propreté. Les seuls endroits parfois pollués sont la proximité des ports (sans compter les résidus de dégazages sauvages polluant toute la planète) et les plages touristiques. Les fumeurs confondent parfois sable et cendrier, donc si vos enfants creusent pour faire de beaux châteaux, veillez à enlever les mégots.

Plongée et snorkeling

La richesse de la vie marine, la chaleur et le calme relatif de l'océan autour des Canaries en font une destination idéale pour les amateurs de plongée, libre ou avec bouteille. S'il ne faut pas attendre les couleurs chatoyantes des récifs coralliens des Caraïbes, la roche volcanique fait de la côte un site ponctué de belles formations rocheuses et de grottes. On dénombre quelque 350 espèces de poissons et 600 variétés d'algues.

Les écoles de plongée et les magasins spécialisés sont nombreux, aussi est-il très facile de trouver un professionnel organisant des sorties. Essayez El Hierro Taxi Diver (p. 218) à La Restinga, Atlantik Diving (p. 75) à Puerto de Mogán ou Los Gigantes Diving Centre (p. 158) à Tenerife. Prévoir environ 35 à 40 € pour une sortie, matériel compris, et le double pour un baptême (une première descente avec un moniteur). Les stages sanctionnés par un brevet débutent à 280 € et durent de trois à sept jours. La plupart des magasins de matériel de plongée proposent aussi des sorties avec tuba (snorkeling) à ceux qui n'utilisent pas les bouteilles, pour environ la moitié des prix indiqués ci-dessus.

Meilleurs sites de plongée

➡ **La Restinga** Une vie marine d'une grande richesse et quantité de clubs de plongée pour vous accompagner à la découverte de ces merveilles.

➡ **Puerto Calero** Une visibilité allant jusqu'à 20 m et des eaux particulièrement chaudes. Vous verrez des marlins, des barracudas et quantité d'autres poissons.

➡ **Los Gigantes et Puerto de Santiago** Plongée en épave, dans des grottes sous-marines et plongée classique depuis un bateau. Vous rencontrerez notamment des murènes, des requins-anges et des raies.

- **Puerto de Mogán** Plongée dans les grottes et les épaves situées non loin du rivage.
- **Playa de las Canteras** À quelques mètres du sable, c'est l'un des spots de snorkeling les plus accessibles de l'archipel.

Observation des baleines et plaisance

Environ une trentaine d'espèces de baleines et de dauphins passent dans les eaux canariennes. Les baleines pilotes, les grands dauphins et les dauphins communs sont les espèces les plus courantes.

Les eaux entre Tenerife et La Gomera sont le meilleur secteur où les apercevoir. D'ailleurs, plusieurs agences proposent des circuits d'observation des dauphins et des baleines au départ du port de Los Cristianos.

Autres ports d'où partir observer les baleines :

- **Los Gigantes et Puerto de Santiago** (Tenerife)
- **Valle Gran Rey** (La Gomera)
- **Puerto Rico** (Grande Canarie)

Quel que soit le prestataire choisi, cela vaut toujours la peine de chercher à savoir s'il respecte l'environnement (nous avons indiqué dans la mesure du possible des agences responsables). En effet, il peut arriver que certains capitaines de bateau emmènent leurs clients trop près des baleines. Cette proximité peut stresser les cétacés et les dauphins, et éventuellement les pousser à changer complètement de comportement, voire à déserter le secteur.

Loin des baleines et des dauphins, quasiment chaque station balnéaire de l'archipel propose des sorties en bateau – les croisières les plus impressionnantes sont peut-être celles qui partent de Valle Gran Rey, sur La Gomera. Les bateaux de croisière (p. 185) longent des kilomètres et des kilomètres de falaises impénétrables avant d'atteindre l'un des sites les plus exceptionnels de l'île : Los Órganos (les orgues), formation volcanique visible uniquement de l'océan qui évoque de manière saisissante d'immenses grandes orgues taillées dans la roche.

Golf

Depuis une dizaine d'années, le sud de Tenerife est devenu La Mecque des golfeurs. Ils apprécient le climat qui leur permet de jouer toute l'année. Rien qu'autour de la seule Playa de las Américas, on compte une demi-douzaine de terrains. Destinés aux vacanciers amateurs, les greens ne présentent pas de vraies difficultés.

Il y a aussi plusieurs golfs autour de Las Palmas de Gran Canaria et Maspalomas, un sur La Gomera, et même quelques-uns sur les îles arides de Lanzarote et Fuerteventura.

En raison du manque d'eau sur les îles, ce sport pose un problème écologique. Les exploitants soutiennent que l'eau qui arrose ces belles pelouses vient des usines de purification ou du ruissellement, mais les groupes écologistes affirment qu'ils détournent de l'eau destinée à l'agriculture. La vérité est quelque part entre les deux. Aussi, politiciens locaux, golfeurs et écologistes n'ont-ils pas fini de batailler.

En hiver, il faut prévoir 100 € pour entrer sur les greens, un tarif qui peut baisser de moitié en été.

Vélo

Si vous avez de bons mollets, le vélo est un excellent moyen de découvrir les Canaries. Le prix de la location dépend de la qualité du vélo, suspensions et équipements coûtent plus cher. Il faut prévoir environ 15 € pour une journée de location et 45 € pour un circuit avec guide.

Meilleurs coins de cyclotourisme

ITINÉRAIRE	NIVEAU DE DIFFICULTÉ
El Teide (Tenerife)	Avancé
Alto de Garajonay (La Gomera)	Avancé
Valle Gran Rey (La Gomera)	Modéré
Los Llanos de Aridane (La Palma)	Modéré
Fataga Ravine (Gran Canaria)	Avancé
Timanfaya (Lanzarote)	Modéré
Isla Graciosa (Lanzarote)	Facile

Préparer son voyage

Voyager avec des enfants

Les Canaries ont de quoi satisfaire même les petits voyageurs les plus difficiles. Commencez par la nature – de grandes plages bordées par une eau calme et peu profonde. Ajoutez une sortie sous-marine ou un cours de plongée pour enfants, quelques musées sur le passé nautique et les pirates des îles, et terminez par une balade à dos de dromadaire dans les dunes de sable ou une visite dans l'un des nombreux parcs à thème.

Les Canaries pour les enfants

Si les sites et attractions spécialement conçus pour les enfants ne manquent pas, notamment les parcs à thème et les zoos, les espaces publics tels que les places des villages ou des villes se transforment aisément en terrains de jeux improvisés où rien n'est plus facile que de taper dans un ballon, faire du vélo et s'amuser, pendant que les parents, assis en terrasse, surveillent leur progéniture en grignotant des tapas. En outre, de nombreuses places dans les villes possèdent une aire de jeux. Les enfants canariens ont l'habitude de se coucher tard, et, lors des fiestas, il n'est pas rare de voir dans les rues des enfants en bas âge encore debout à minuit.

Réductions

Les enfants (généralement les moins de 12 ans) ont droit à des réductions dans les transports en commun et à l'entrée des sites touristiques. En principe, tout est gratuit pour les moins de 5 ans.

Îles aux enfants

Tenerife

Les parcs à thème des alentours de Los Cristianos enchanteront à coup sûr les enfants. Le karting, l'observation des baleines, les plages et les sorties en bateau devraient plaire à toute la famille.

Fuerteventura

À Corralejo, les enfants plus âgés seront ravis de s'amuser dans les dunes au sud de la ville, tandis que les tout-petits préféreront les petites criques à l'abri du port. On peut aussi profiter des joies de la baignade au Baku Water Park, faire des sorties en bateau et proposer des cours de snorkeling aux enfants.

Lanzarote

Les geysers, le paysage lunaire, les présentations audiovisuelles et les méharées du Parque Nacional de Timanfaya impressionneront même les plus blasés, sans parler du barbecue du restaurant, "alimenté" par le volcan.

Grande Canarie

Las Palmas n'est pas l'endroit le plus facile avec des enfants, quoique la plage de la ville soit magnifique. Les enfants aimeront aussi la reproduction de galion de la Casa Museo de Colón, ainsi que le musée de la Science.

Cafés et restaurants

Se retrouver attablé en famille pour passer un moment convivial au restaurant ou dans un bar fait partie intégrante du quotidien, et les établissements où les enfants ne sont pas les bienvenus sont rares. Même si peu de restaurants proposent un menu enfant, on accepte en principe de préparer des portions moins copieuses pour les petits. Le personnel peut aussi vous suggérer de commander plutôt des tapas. Les équipements pour bébé, telles les chaises hautes et tables à langer, sont communs dans les stations de vacances, mais plus rares dans les endroits reculés.

Hormis les boissons non alcoolisées courantes, l'archipel est connu pour ses *zumerias* (bars à jus de fruits), qui servent tout un choix de jus de fruits fraîchement pressés. Dans les bars, le *Cola Cao* (lait chocolaté), servi froid ou chaud, remporte un franc succès auprès des enfants.

Ressources

Demandez au personnel des offices du tourisme de vous fournir la liste des activités à faire en famille, notamment le programme des fiestas traditionnelles, et faites-vous indiquer les hôtels qui accueillent les enfants.

Pour des renseignements d'ordre général consulter le guide Lonely Planet *Voyager avec ses enfants*.

À ne pas manquer

Parcs à thème

➡ **Guinate Tropical Park, Guinate, Lanzarote** Quelque 1 300 oiseaux exotiques avec des volières, des jardins paysagers et des sentiers. (p. 116)

➡ **Siam Park, Costa Adeje, Tenerife** Cet immense parc aquatique a tout ce qu'il faut, y compris des rapides pour du rafting, une piscine à vagues et même une plage de sable blanc. (p. 160)

➡ **Maroparque, Breña Alta, La Palma** Un petit zoo avec de vastes enclos et d'agréables jardins paysagers. (p. 196)

➡ **Oasis Park, La Lajita, Fuerteventura** Mammifères, oiseaux et animaux marins, mais aussi des balades à dos de dromadaire. (p. 97)

Sports nautiques et sorties en bateau

➡ **Dive Academy, Arguineguín, Grande Canarie** Cours de plongée Bubblemaker d'une journée pour enfants de 8-10 ans. (p. 71)

➡ **Oceanarium Explorer, Calea de Fuste, Fuerteventura** Sorties pour observer les dauphins et les baleines, location de kayak et otaries dans le port. (p. 87)

➡ **Submarine Safaris, Tenerife et Lanzarote** Safaris sous-marins et plongée pour les enfants les plus âgés et expérimentés. (p. 123)

➡ **Canary Island Divers, Puerto Del Carmen, Lanzarote** Cours de plongée Bubblemaker en piscine ou dans l'océan (dès 8 ans) et cours PADI pour les plus de 10 ans. (p. 121)

➡ **Nashíra Uno, Los Gigantes, Tenerife** Sorties en bateau quotidiennes (2 heures) pour observer les baleines et les dauphins. (p. 158)

➡ **Tina, Valle Gran Rey, La Gomera** Circuits d'observation des baleines de 4 heures, déjeuner compris. (p. 183)

Plages

Les eaux des plages répertoriées ci-après sont peu profondes. Sur ces plages de sable sont proposées diverses activités (pédalo, sorties en bateau, volley-ball ou autre), et les restaurants familiaux et les glaciers ne sont jamais très loin.

➡ **Fuerteventura** : Corralejo Viejo, Muelle Chico (Corralejo), Caleta de Fuste, Costa Calma, Playa del Matorral (Morro Jable)

➡ **Lanzarote** : Playa Grande, (Puerto del Carmen), Playa Blanca, Playa del Castillo (Caleta de Fuste)

➡ **Grande Canarie** : Playa de las Canteras, Playa del Inglés, Playa de Puerto Rico, Playa Mogán

➡ **Tenerife** : Los Cristianos, Playa de las Américas, Costa Adeje, Playa de las Teresitas

La Palma, La Gomera et El Hierro possèdent principalement des plages de sable noir et, dans l'ensemble, les activités pour enfants y sont moins nombreuses, hormis les croisières d'observation des baleines et les sorties en bateau à fond transparent.

➡ **La Palma** : Puerto Naos, Puerto de Tazacorte, Charco Azul (piscines naturelles creusées dans la roche)

➡ **La Gomera** : Playa de las Vueltas et La Playa (Valle Gran Rey), Playa Santiago

➡ **El Hierro** : La Restinga

Musées

➡ **Museo de la Piratería, Teguise, Lanzarote** Un musée de cape et d'épée sur l'histoire de la piraterie dans l'île. (p. 111)

➡ **Casa Santa María, Betancuria, Fuerteventura** Folklore et artisanat, ainsi que d'excellents documentaires sous-marins en 3D. (p. 83)

➡ **Ecomuseo La Alcogida, Tefía, Fuerteventura** Hameau agricole restauré avec nombreuses dépendances à explorer. (p. 88)

➡ **Museo Elder de la Ciencia y la Tecnología, Las Palmas de Gran** Canaria Fascinant musée de la Science et de la Technologie faisant une large place à l'interaction. (p. 50)

➡ **Casa-Museo de Colón, Las Palmas de Gran Canaria** Musée retraçant les expéditions de Christophe Colomb, doté d'une impressionnante reproduction de galion. (p. 46)

➡ **Museo de la Naturaleza y el Hombre, Santa Cruz de Tenerife** Musée de sciences naturelles et d'archéologie, où voir des momies guanches. (p. 129)

➡ **Museo de la Ciencia y el Cosmos, La Laguna, Tenerife** Excellent musée de la Science pour les enfants, comportant un planétarium. (p. 138)

➡ **Musée des poupées Artlandya, Icod de los Vinos, Tenerife** Un fascinant musée de poupées doté d'une vaste collection venue du monde entier. (p. 151)

Autres sites et activités

➡ **Isla de Lobos, Fuerteventura** Les enfants devraient apprécier la traversée en ferry et l'arrivée sur une île minuscule et quasi déserte. (p. 92)

➡ **Cueva de los Verdes et Jameos del Agua, Malpaís de la Corona, Lanzarote** Grottes et cavernes. (p. 113)

➡ **Parque Nacional de Timanfaya, Lanzarote** Fascinant parc volcanique avec geysers et méharées. (p. 120)

➡ **Lanzarote a Caballo, Puerto del Carmen, Lanzarote** Équitation et courtes randonnées. (p. 121)

➡ **Pueblo Canario, Las Palmas de Gran Canaria** Faux village canarien doté d'une aire de jeux, et spectacles de musique folklorique. (p. 50)

➡ **Grottes troglodytiques, Artenara, Grande Canarie** Grottes préhistoriques. (p. 67)

Avant de partir

➡ Réserver bien à l'avance les sièges auto auprès du loueur de voitures.

➡ Les hôtels disposent en majorité de lits de bébé. Pensez à réserver le vôtre en même temps que la chambre.

➡ Au moment de choisir un hôtel, vérifiez que le vôtre dispose d'un club pour enfants, propose des activités spéciales ou un service de garderie.

➡ La protection solaire est de rigueur (écran solaire et chapeau).

➡ Vous éviterez bien des larmes et des colères en programmant les activités – visites de parcs à thème, de musées et autres loisirs.

➡ **Lago Martiánez, Puerto de la Cruz, Tenerife** Fabuleuse aire de jeux aquatique. (p. 145)

➡ **La Caldera del Rey, Los Cristianos, Tenerife** Équitation, ferme d'animaux domestiques, mur d'escalade et parcours de cordes pour petits. (☎648 65 04 41 ; www.tenerifehorses.com ; San Eugenio Alto, Costa Adeje ; randonnée de 2 heures 50 €)

Préparatifs

Les Canaries sont une destination facile à découvrir avec des enfants. Les mois de juillet et d'août voient affluer de nombreuses familles de vacanciers espagnols, et les hôtels des grandes stations balnéaires sont souvent réservés par les tour-opérateurs. Le début du printemps est une saison idéale pour voyager avec de jeunes enfants car il fait assez beau pour profiter de la plage sans avoir à supporter une chaleur écrasante, et les parcs à thème ne sont pas surpeuplés – du moins jusqu'aux vacances de Pâques.

On peut acheter du lait maternel, ainsi que des solutions pour stériliser dans les *farmacias* (pharmacies). On trouve facilement des couches jetables dans ces mêmes *farmacias* ainsi que dans les supermarchés.

Les régions en un clin d'œil

Chaque île de l'archipel des Canaries offre un visage très singulier. Ceux qui aiment la nature et le grand air seront comblés par les paysages, spectaculaires, et les nombreuses promenades ou randonnées, plus exigeantes, à faire notamment sur la Grande Canarie, La Palma, Tenerife et La Gomera. Les îles possèdent évidemment toutes des plages, mais les plus belles sont sans conteste celles de Fuerteventura. Cette dernière île est aussi la destination tendance en matière de sports nautiques. En quête de quelque chose de radicalement différent ? Cap sur les champs de lave noire de Lanzarote, majestueux arrière-plan à l'architecture de l'île. Les passionnés d'histoire trouveront également leur bonheur, en particulier sur la Grande Canarie, dont les extraordinaires sites archéologiques s'ancrent dans un lointain passé.

Grande Canarie

Montagnes
Archéologie
Gastronomie

Itinéraires panoramiques

Les paysages accidentés et sauvages de l'intérieur montagneux sont fabuleux à explorer, en voiture ou sur les sentiers de randonnée. Les forêts de lauriers et de pins, les cratères volcaniques et les lacs de montagne forment un cadre spectaculaire, en particulier au printemps.

Grottes guanches

L'histoire très ancienne des Guanches est donnée à voir d'une manière saisissante dans la Cueva Pintada ("grotte peinte"), l'excellent musée de Gáldar, mais aussi dans le Cenobio de Valerón voisin, ou encore dans la grotte de Cuatro Puertas à Telde, moins connue.

Régal des papilles

D'excellents poissons et fruits de mer agrémentent les tables des villes côtières du Nord. En montagne, les ragoûts, les fromages locaux et les nombreuses recettes traditionnelles de douceurs ont la part belle. C'est toutefois à Las Palmas que la scène gastronomique excelle vraiment.

p. 42

Fuerteventura

Plages
Surf
Balade en voiture

Sable doré

Les plages de Fuerteventura représentent le principal atout de l'île. Magnifiques, elles sont assez variées pour plaire au plus grand nombre : petites criques isolées frangées de sable doré, plages où s'écrasent de puissants rouleaux, ou étendues de galets volcaniques noirs adossées à des falaises.

Sports de glisse

Le surf, la planche à voile et le kitesurf sont immensément populaires dans toute l'île, en particulier sur la côte nord-ouest. Et au cas où votre planche ne rentrerait pas dans vos bagages, il est possible d'en louer sur place.

Routes vertigineuses

Conduire sur les longues routes toutes droites de Fuerteventura est un plaisir, et l'on ne s'ennuie jamais. En revanche, si vous souhaitez tester votre capacité à enchaîner les virages, rejoignez Pájara au départ de Betancuria ou lancez-vous sur les routes de terre sinueuses de la péninsule de Jandía.

p. 78

Lanzarote

Paysage volcanique
Art
Plages

Champs de lave

Le sombre paysage volcanique de l'île participe de son atmosphère dramatique, notamment au parc national de Timanfaya où se déploient des sommets ondoyants et des gouffres, le tout sur fond de couleurs changeantes. Découvrir en voiture les quelque 300 cônes volcaniques qui émaillent l'intérieur de l'île est une expérience extraordinaire.

Sculptures modernes

L'île dans son ensemble est une sorte d'œuvre d'art géante, principalement en raison de l'empreinte qu'y a laissée César Manrique. Sculptures en plein air, musées, architecture et galeries exceptionnelles raviront les amateurs.

Criques de galets

Si l'île est surtout connue pour ses plages de galets noirs, elle n'en possède pas moins une foule de plages de sable doré, notamment celles, superbes et reculées, de la Punta del Papagayo et de la minuscule Isla Graciosa.

p. 102

Tenerife

Paysage volcanique
Festivals
Villages traditionnels

Pics montagneux

L'immense mont Teide, montagne la plus haute d'Espagne, en impose. Le parc national qui l'entoure offre des occasions de promenades. On peut aussi randonner jusqu'au sommet ou gagner ces hauteurs vertigineuses en téléphérique.

Fiestas bigarrées

Des festivités sont programmées quasiment tous les mois. Le carnaval est aussi endiablé que celui de Rio. Mais qu'il s'agisse des festivals de musique, des foires gastronomiques ou de l'extraordinaire célébration du Corpus Christi à La Orotava, tous sont mémorables.

Villages traditionnels

Les petits villages traditionnels, aux rues pavées et à l'architecture typique, offrent un contraste bienvenu avec l'animation des stations balnéaires. La Laguna et La Orotava en sont deux bons exemples, mais n'hésitez pas à pousser l'exploration plus loin pour découvrir de vraies perles rurales.

p. 126

La Gomera

Nature
Gastronomie
Marche

Diversité des paysages

Difficile de dénicher une route qui ne traverse pas des paysages extraordinaires. Entre les immenses bananeraies, les rochers énormes, les formations rocheuses, les ravins encaissés, les forêts de lauriers et plus de 100 000 palmiers dattiers, disons simplement que l'appareil photo n'a pas le temps de souffler.

Saveurs locales

Parmi les spécialités traditionnelles figurent le délicieux *miel de palma* à base de sève de palmier, la *sopa ranchera* (soupe de légumes), le fromage de chèvre fumé et l'*almogrote* (pâte à base de fromage de chèvre, de piments, d'huile et d'ail). Autre incontournable : le jus de papaye frais.

Randonnées en montagne

Les paysages sublimes vous donnent envie d'enfiler vos chaussures de marche ? Par bonheur, La Gomera compte quantité de sentiers, notamment dans le Parque Nacional de Garajonay.

p. 171

La Palma

Nature
Sports d'aventure
Marche

Panoramas verdoyants

Denses forêts tropicales, montagnes couvertes de pinèdes, collines ondoyantes et falaises rocheuses : la nature de La Palma offre un panorama verdoyant sensationnel, en contraste saisissant avec le Sud, plus austère et plus aride. Toutefois, vous ne trouverez ici nulle plage de sable doré.

Sensations fortes

Offrez-vous une montée d'adrénaline : parapente, en solo ou en tandem, spéléologie, kayak de mer et canoë : tous ces sports sont très prisés ici – sans parler des circuits guidés en VTT, de la plongée sous-marine ou encore des randonnées.

Balades authentiques

Le paysage se prête une fois encore à la marche. Le réseau de sentiers balisés, particulièrement dense dans le Parque Nacional de la Caldera de Taburiente, couvre la majeure partie de La Palma – l'occasion de découvrir sous un jour des plus authentiques celle que l'on surnomme *La Isla Bonita*.

p. 187

El Hierro

Nature
Randonnée
Plongée

Paysages sauvages

On se sent ici comme loin de tout : le ciel s'étend à l'infini, les bosquets de genévriers ploient sous les rafales de vent, les pins sauvages ponctuent le paysage souvent enveloppé de brume, les sentiers serpentent à travers l'île, et les habitants sont rares (11 000 personnes seulement vivent ici toute l'année).

Sur les chemins de randonnée

Des sentiers balisés et bien entretenus sillonnent l'île, notamment le fameux Camino de la Virgen (26 km), un sentier historique qui va de Nuestra Señora de los Reyes à Valverde, ainsi que les chemins qui traversent les fraîches pinèdes du Sud.

Fonds sous-marins

À La Restinga, dont les eaux sont officiellement classées réserve marine, plusieurs clubs proposent cours et location de matériel. La température de l'eau étant un peu plus élevée qu'ailleurs dans l'archipel, on découvre ici des espèces de poissons différentes.

p. 209

Sur la route

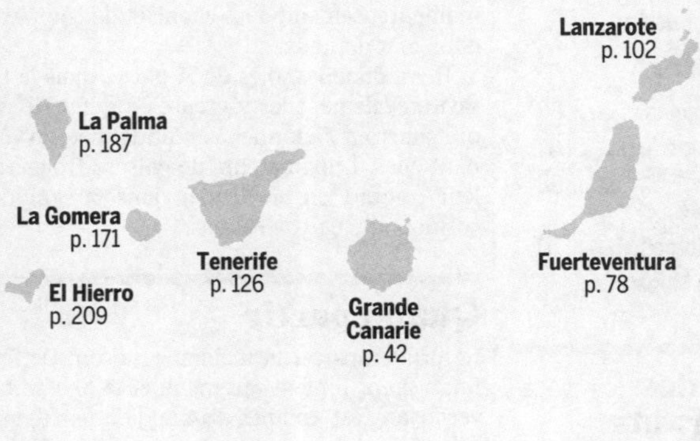

Lanzarote
p. 102
La Palma
p. 187
La Gomera
p. 171
Tenerife
p. 126
El Hierro
p. 209
Grande
Canarie
p. 42
Fuerteventura
p. 78

La Grande Canarie

928 / 852 000 HABITANTS

Dans ce chapitre ➡

Le top des restaurants

- Deliciosa Marta (p. 52)
- Samsara (p. 73)
- Kitchen Lovers (p. 52)

Le top des hébergements

- Villa del Conde (p. 228)
- Fonda de la Tea (p. 227)
- Downtown House (p. 225)

Pourquoi y aller

La Grande Canarie, troisième île de l'archipel par la taille, abrite pourtant la moitié de la population canarienne. Elle est à la hauteur de sa réputation de continent miniature, avec des paysages d'une grande diversité, du Nord verdoyant au Sud aride en passant par les montagnes centrales. Pour découvrir le côté impénétrable de la Grande Canarie, rendez-vous dans le centre de l'île, où le tableau spectaculaire des montagnes évoque davantage les hautes plaines du Tibet qu'une petite île de l'Atlantique.

Contrastant avec ces montagnes bucoliques se déploie un littoral déchiqueté, doté de belles plages de sable blanc – et, malheureusement, d'un chapelet de complexes touristiques d'un goût douteux.

Il y a donc les joies de la plage, mais la Grande Canarie ravira également les visiteurs en quête de vacances actives qui pourront s'adonner à la randonnée, au vélo et aux sports nautiques. Les amateurs de culture trouveront tout autant leur compte, en particulier dans la capitale historique et cosmopolite de Las Palmas.

Quand partir

Le printemps est la meilleure saison. De février à Pâques, il fait doux, il pleut rarement, et le magnifique arrière-pays verdoyant est émaillé d'amandiers en fleur. C'est aussi la saison des fêtes par excellence, inaugurée par le très animé carnaval en février, suivis des célébrations de la Semana Santa (Semaine sainte).

➡ La San Juan (Saint-Jean), l'une des plus grandes fêtes de l'archipel, a lieu en juin. La température est parfaite, avec 24°C en moyenne.

➡ Les mois de juillet et d'août, plus qu'animés, voient affluer les Espagnols du continent et les familles de vacanciers venues d'Europe du Nord.

➡ Septembre et octobre sont parfaits : le temps est idéal et les estivants sont repartis.

À ne pas manquer

1. Le panorama saisissant depuis la terrasse d'un restaurant à **Tejeda** (p. 68), bourgade perchée dans les montagnes
2. Le sable de la Playa de las Canteras et le *barrio* historique de Vegueta à **Las Palmas** (p. 45)
3. Un déjeuner dans un restaurant d'une des grottes d'un ravin spectaculaire, le **Barranco de Guayadeque** (p. 59)
4. L'époustouflante route de la côte ouest jusqu'à **Puerto de las Nieves** (p. 65), pour un déjeuner de fruits de mer avec vue sur le port
5. L'architecture pastel **d'Agüimes** (p. 58), joli village du XVe siècle restauré avec goût
6. Les splendides peintures rupestres du **musée et parc archéologique de la Cueva Pintada** (p. 64), à Gáldar
7. Les habitations troglodytiques d'**Artenara** (p. 67), où le temps semble s'être arrêté

Histoire

Le melting-pot ethnique et culturel qui caractérise la Grande Canarie, et particulièrement sa capitale, Las Palmas, est l'un de ses grands atouts. Rien de neuf sous le soleil, pour ainsi dire... Historiquement, l'île a accueilli de longue date des vagues successives de colons qui ont tous laissé une empreinte durable.

Premiers arrivés, sans doute aux alentours de 1000 av. J.-C., les Guanches venaient probablement d'Afrique du Nord. Ils baptisèrent l'île Tamarán, de l'arabe *tamar* (palmier dattier), présent sur l'île. En 1478, malgré une résistance farouche, les Guanches durent s'incliner devant les Espagnols, dont la culture supplanta largement la leur. L'île fut rapidement colonisée par une clique hétéroclite d'aventuriers et d'ambitieux sans terre venus de Galice, d'Andalousie, du Portugal, d'Italie, de France, des Pays-Bas et même de Grande-Bretagne et d'Irlande.

Las Palmas devint ensuite le siège de l'évêché et de la cour royale des Canaries, ainsi qu'une étape sur la route des Amériques. L'exportation de sucre et le commerce transatlantique stimulèrent son économie. Mais lorsque la demande de sucre canarien chuta et que la viticulture eut le vent en poupe, l'île déclina au profit de sa grande rivale, Tenerife, meilleure productrice de vin.

Nombre de Canariens émigrèrent en Amérique du Sud, créant ainsi une forte affinité entre les deux cultures, affinité très palpable aujourd'hui encore. Il fallut ensuite attendre la fin du XIXe siècle pour que la Grande Canarie retrouve une position éminente. L'importance de l'île comme port de ravitaillement pour les bateaux à vapeur favorisa les investissements de négociants étrangers, en particulier britanniques.

Cette forme d'investissement se prolonge de nos jours dans le domaine du tourisme cette fois. Le boom des séjours tout compris du milieu du XXe siècle a apporté une prospérité durable à l'île, avec, bien sûr, l'inévitable prix à payer en matière de dégâts environnementaux.

DISTANCES (KM)

	Arucas	Maspalomas	Puerto de Mogán	Las Palmas de Gran Canaria
Maspalomas	68			
Puerto de Mogán	95	29		
Las Palmas de Gran Canaria	14	56	104	
Teror	13	66	35	21

Distances approximatives

Depuis/vers la Grande Canarie

AVION

L'aéroport de Las Palmas est à 25 km au sud de la capitale. **Binter Canarias** (☎902 391392 ; www.bintercanarias.com) assure des vols directs à destination des 6 autres îles de l'archipel. **Canary Fly** (☎902 808065 ; www.canaryfly.es) propose des vols directs pour Lanzarote, Tenerife et La Palma.

BATEAU

La Grande Canarie compte deux ports de croisière d'où l'on peut prendre le ferry pour gagner les autres îles. Les bateaux au départ de Las Palmas se rendent à Tenerife, Fuerteventura, Lanzarote et, moins fréquemment, à La Palma. Des ferries réguliers quittent également Puerto de las Nieves à destination de Tenerife. Trois compagnies desservent l'île.

Fred Olsen (☎902 100107 ; www.fredolsen.es). Assure une liaison en ferry rapide de Las Palmas à Morro Jable (Fuerteventura ; 45 €, 2 heures, 2/jour) et de Puerto de las Nieves (Agaete) à Santa Cruz de Tenerife (45 €, 1 heure 30, 6/jour), d'où partent les correspondances pour La Gomera et La Palma.

Naviera Armas (☎902 456500 ; www.navieraarmas.com). Liaisons directes en ferry de Las Palmas à Santa Cruz de Tenerife (32 €, 2 heures 30, 4/jour), Morro Jable (Fuerteventura ; 43 €, 3 heures, tlj), Puerto del Rosario (Fuerteventura ; 35 €, 6 heures 30, tlj) et Arrecife (Lanzarote ; 49 €, 7 heures, lun-ven).

Il y a aussi des services réguliers pour Santa Cruz de La Palma et San Sebastián (La Gomera) via Santa Cruz de Tenerife, ainsi qu'une traversée quotidienne à destination de l'Isla Graciosa via Arrecife (Lanzarote).

Trasmediterránea (☎902 454645 ; www.trasmediterranea.com). Un ferry hebdomadaire part de Las Palmas le jeudi, avec escale à Puerto del Rosario (Fuerteventura ; 27 €, 6 heures) et Arrecife (Lanzarote ; 27 €, 9 heures 30). Le samedi, un service hebdomadaire est assuré à destination de Santa Cruz de Tenerife (22 €, 4 heures) et Santa Cruz de La Palma (28 €, 19 heures).

Comment circuler

BUS

Un réseau de bus très complet dessert toute l'île. Las Palmas et, dans une moindre mesure

Maspalomas, font office de plaques tournantes des transports. La compagnie Global (p. 55) couvre absolument toute l'île. Les petites villes plus reculées ne sont souvent desservies qu'une ou deux fois par jour.

VOITURE

Des agences de location sont installées à l'aéroport de Las Palmas, au terminal des ferries et dans tout le quartier de Santa Catalina.

ICI GRAN CANARIA

Avant votre séjour ou sur place, n'hésitez pas à vous connecter au site **Ici Gran Canaria** (www.icigrancanaria.com), un site en français présentant l'actualité de l'île et répertoriant quantité de sites d'intérêt, restaurants, fêtes, manifestations et activités.

LAS PALMAS DE GRAN CANARIA

382 200 HABITANTS

Las Palmas a des airs d'Espagne continentale pimentés par un mélange éclectique de cultures (africaine, chinoise, indienne). La présence d'équipages de marine marchande et d'une population interlope qui caractérise la plupart des villes portuaires fait de Las Palmas un endroit fascinant, mêlant la langueur et l'énergie caractéristiques des villes de la Méditerranée et d'Afrique du Nord. Les klaxons des taxis, les quartiers commerçants animés, les bars pleins de brouhaha et le port dynamique reflètent toute l'énergie d'une ville majeure, la neuvième d'Espagne.

Vegueta, le plus vieux quartier, est à la fois évocateur et branché – c'est ici que se trouvent les boutiques et les bars les plus tendance. De l'autre côté de la ville, la courbe majestueuse de la Playa de las Canteras offre une occasion rare d'aller barboter entre deux visites ou deux séances de lèche-vitrines. En vous aventurant dans le dédale de rues partant de la plage, vous découvrirez d'excellents restaurants servant un choix plus varié de spécialités que les habituels classiques canariens. Las Palmas est une authentique ville espagnole dynamique. Il y a certes des coins où l'on évitera de se promener le soir avec un appareil photo autour du cou, mais vous vous y sentirez dans l'ensemble en parfaite sécurité.

Histoire

Lorsque Christophe Colomb, en route pour l'Amérique, passa non loin de là en 1492, le petit centre historique animé avait déjà été délimité par les Espagnols. La ville tira grand profit de la conquête espagnole de l'Amérique latine et du commerce transatlantique qui en découla, mais, inévitablement, devint aussi une cible de choix pour les pirates et les boucaniers. En 1595, sir Francis Drake lança sur Las Palmas une offensive particulièrement réussie.

En 1822, Santa Cruz de Tenerife fut déclarée capitale d'une nouvelle province espagnole unique, Las Islas Canarias, au grand dam des habitants de Las Palmas. Ceux-ci n'obtinrent réparation qu'en 1927, date à laquelle Las Palmas devint la capitale de la Grande Canarie, de Fuerteventura et de Lanzarote.

La bonne fortune de cette ville portuaire continua de fluctuer jusqu'à la fin du XIXe siècle : la présence croissante des Britanniques entraîna alors un retour de la prospérité. Au début de l'année 1936, le général Franco fut nommé gouverneur militaire des Canaries – à la fois une rétrogradation d'importance et une affectation qu'il considérait comme une forme de bannissement. Alors qu'il logeait en ville – semble-t-il à l'Hotel Madrid, dans le quartier de Triana –, il échafauda et lança le coup d'État qui allait déclencher la guerre civile espagnole.

Depuis le boom touristique des années 1960, Las Palmas est passée du statut de ville portuaire moyenne, avec 70 000 habitants, à celui de métropole trépidante abritant quelque 400 000 âmes. Et bien qu'elle partage sa position de capitale provinciale à part égale avec Santa Cruz de Tenerife, Las Palmas occupe la première place en termes de taille et d'influence.

À voir

Les sites les plus marquants sont concentrés dans les étroites ruelles pavées de Vegueta, tandis que le gros de l'animation, plus internationale, se trouve à Santa Catalina. Les 3 km de la Playa de las Canteras forment l'une des plus belles plages urbaines d'Europe. Gardez un moment pendant votre séjour pour déambuler tranquillement sur la promenade ou faire un plongeon dans les eaux calmes de l'Atlantique.

Las Palmas (sud)

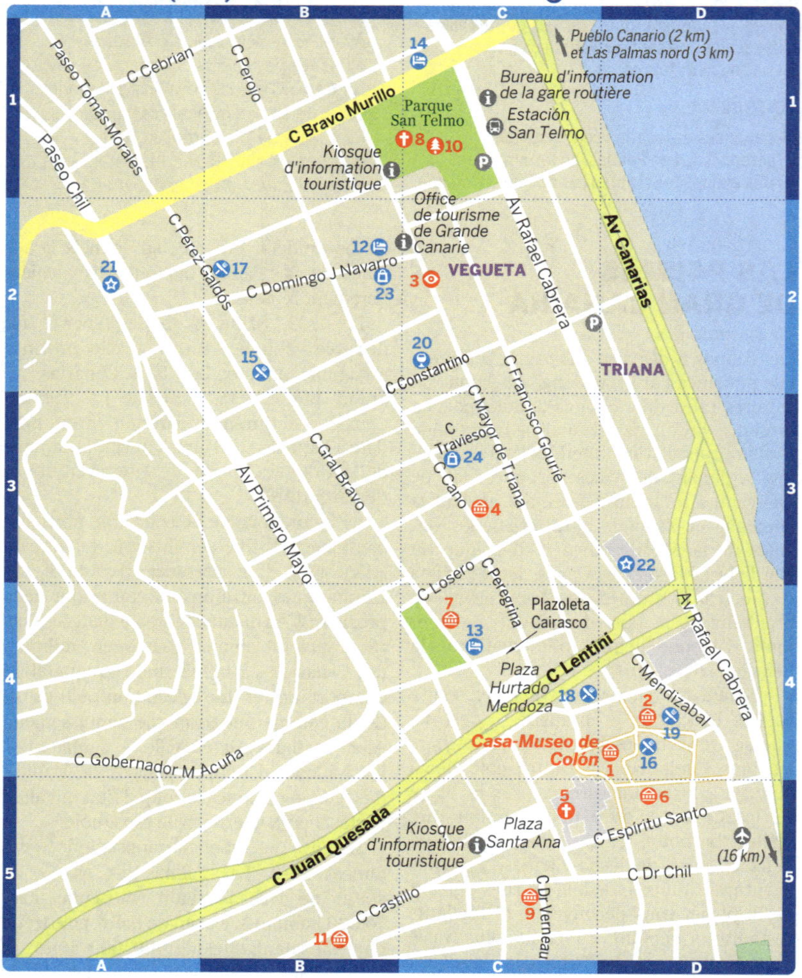

Vegueta et Triana

Ce quartier, le plus riche en histoire et en architecture, s'agrémente d'édifices coloniaux et de magnifiques cours secrètes. Prenez le temps de flâner dans ses rues en passant la tête en chemin dans les bars et les restaurants pleins de charme.

Casa-Museo de Colón MUSÉE

(carte ci-dessus ; ☎ 928 31 23 73 ; www.casadecolon.com ; Calle Colón 1 ; adulte/enfant 4 €/gratuit ; ⏲ 10h-18h lun-sam, 10h-15h dim ; 👪). Cet intéressant musée retrace les expéditions de Christophe Colomb et présente des collections consacrées au rôle historique des Canaries en tant qu'étape sur la route du trafic transatlantique. Ne manquez pas la maquette de galion du rez-de-chaussée, qui impressionne particulièrement les enfants. Le crucifix proviendrait du vaisseau du navigateur. À l'étage, on peut admirer une galerie d'art et des maquettes montrant Las Palmas hier et aujourd'hui. Les passionnés de géographie historique apprécieront les salles n°s 5 et 6, qui renferment des cartes anciennes datant pour la plupart du XVIe siècle.

Magnifique témoignage de l'architecture canarienne, ce musée est construit autour de deux patios avec balcons, fontaines,

Las Palmas (sud)

Les incontournables
1 Casa-Museo de Colón D4

À voir
2 CAAM San Antonio Abad D4
3 Calle Mayor de Triana C2
4 Casa-Museo de Pérez Galdós C3
5 Catedral de Santa Ana et Museo Diocesano de Arte Sacro ... C5
6 Centro Atlántico de Arte Moderno D5
7 Gabinete Literario C4
8 Iglesia de San Telmo C1
9 Museo Canario C5
10 Parque San Telmo C1
11 San Martín Centro de Cultura Contemporánea B5

Où se loger
12 Downtown House B2
13 Hotel Madrid C4
14 Hotel Parque C1

Où se restaurer
15 Deliciosa Marta B2
16 La Dolce Vita D4
17 La Olivia B2
18 Latienza Gastro Bar C4
19 Restaurante Casa Montesdeoca D4

Où prendre un verre et faire la fête
20 Bodegón Lagunetas C2

Où sortir
21 El Escenario A2
22 Teatro Pérez Galdós D3

Achats
23 Fedac B2
24 Librería del Cabildo Insular de Gran Canaria C3

palmiers et perroquets. L'extérieur de l'édifice est à lui seul une œuvre d'art, associant des motifs plateresques exubérants à des balcons traditionnels en bois.

On le surnomme la "maison de Colomb" (le navigateur aurait fait halte ici en 1492), mais l'édifice date pour l'essentiel de l'époque où il servait d'opulente résidence aux premiers gouverneurs de Las Palmas.

Catedral de Santa Ana et Museo Diocesano de Arte Sacro CATHÉDRALE
(carte p. 46 ; ☎ 928 33 14 30 ; Calle Obispo Codina 13 ; adulte/enfant 3 €/gratuit ; ⏰ 10h-17h lun-ven, 10h-14h dim). Cœur spirituel de la ville, cette grise et troublante cathédrale fut commencée au début du XVe siècle, peu après la fin de la conquête, pour n'être achevée que 350 ans plus tard. Sa façade néoclassique contraste avec l'intérieur, superbe témoignage de ce que certains historiens de l'art appellent le "gothique atlantique", et que caractérisent de majestueuses colonnes semblant imiter la silhouette des palmiers. Vous verrez aussi dans la cathédrale plusieurs tableaux de Juan de Miranda, l'artiste canarien le plus illustre du XVIIIe siècle.

LES "BOTES" : DE LA NÉCESSITÉ À LA TRADITION

Dans les années 1880, lorsque le Puerto de la Luz (Las Palmas) était un port en plein essor, les navires de fret et de voyageurs devaient mouiller à quelque distance des quais. Une navette de bateaux fonctionnant à voile et à rames se mit en place pour acheminer personnes et marchandises jusqu'au rivage.

Comme toute entreprise, ces petits *botes* (canots) connaissaient des périodes creuses, pendant lesquelles leur capitaine et leur équipage organisaient des régates dans le port. Cette initiative née pour tromper l'ennui est devenue une compétition régulière et la tradition s'est perpétuée en tant que sport, sous le nom de Vela Latina Canaria.

Vous pourrez les observer les samedis (généralement vers 17h) et dimanches (vers midi), d'avril à octobre. Chaque embarcation, dotée de 12 membres d'équipage, représente un quartier de Las Palmas.

Outre l'apparence peu commune des bateaux en lice, cette régate a ceci de délicieusement excentrique que les concurrents ne peuvent naviguer qu'en *bolina* (contre le vent), mais de façon à en tirer un maximum de puissance. Grâce à un vent dominant qui change peu au large de la côte est de la Grande Canarie, l'endroit est idéal pour ce type de rencontre. Les *botes* partent de la Playa de la Laja, à quelques kilomètres au sud des quartiers méridionaux de Las Palmas, et l'arrivée est à la Playa de Alcaravaneras. Pour plus de précisions, rendez-vous sur www.federacionvelalatinadebotes.org.

Las Palmas (nord)

Le billet comprend également l'entrée du musée d'Art sacré aménagé sur deux niveaux tout autour du Patio de los Naranjos. Il renferme une collection d'objets et œuvres d'art religieux, dont des manuscrits plusieurs fois centenaires, des sculptures en bois et autres ornements, qui n'ont rien d'extraordinaire, mais le cadre est ravissant, et, au printemps, le parfum des orangers en fleur embaume l'air.

Une fois que vous aurez parcouru les salles, prenez l'ascenseur (1,50 €) qui conduit au sommet du clocher pour profiter d'une splendide vue panoramique sur la ville et sur la côte.

Museo Canario MUSÉE

(carte p. 46 ; 928 33 68 00 ; www.elmuseocanario.com ; Calle Dr Verneau 2 ; adulte/enfant 4 €/gratuit ; 10h-20h lun-ven, 10h-14h sam-dim ;). Bien qu'un peu démodé, mais toujours aussi fascinant, le principal musée de l'île retrace l'histoire de la Grande Canarie avant la conquête. On se targue ici de posséder la plus vaste collection au monde de crânes de Cro-Magnon. Vous y verrez aussi plusieurs momies, une collection de poteries et d'autres objets guanches provenant de toute l'île. La boutique vend un excellent matériel pédagogique pour les enfants.

Las Palmas (nord)

Les incontournables
1 Museo Elder de la Ciencia y la Tecnología B3
2 Playa de las Canteras B2

Activités
3 7 Mares Las Canteras C1
4 Gran Canaria School of Languages A4

Où se loger
5 Apartamentos Brisamar A4
6 Apartamentos Playa Dorada A3
7 La Ventana Azul A4
8 NH Imperial Playa B1

Où se restaurer
9 De Cuchara B3
10 De Tapa en Tapa A5
11 El Cid Casa Pablo B3
12 Kitchen Lovers B2
13 La Marinera B1
14 Natural Burguer B5

Où prendre un verre et faire la fête
15 Disco 3x1 .... A3
16 Pachichi A4

Où sortir
17 Casino Las Palmas B4

Achats
18 El Corte Inglés B5
19 La Casa de los Quesos B2

Centro Atlántico de Arte Moderno MUSÉE
(CAAM ; carte p. 46 ; ☎928 31 18 00 ; www.caam.net ; Calle Balcones 11 ; adulte/enfant 5 €/gratuit ; ⊙10h-21h mar-sam, 10h-14h dim). Le principal musée d'art moderne de la ville se trouve dans un édifice du XVIIIe siècle rénové avec goût. Il n'abrite aucune collection permanente, mais ses galeries, inondées de lumière naturelle, accueillent de magnifiques expositions temporaires. Deux galeries satellites présentent également des expositions temporaires : il s'agit du **CAAM San Antonio Abad** (carte p. 46 ; Plaza San Antonio Abad ; adulte/enfant 2 €/gratuit), près de la Casa de Colón, et du **San Martín Centro de Cultura Contemporánea** (carte p. 46 ; www.sanmartincontemporaneo.com ; Calle Ramon y Cajal 1 ; adulte/enfant 5 €/gratuit), aménagé dans un ancien hôpital. Le billet combiné valable pour les trois coûte 8 € (tarif adulte).

Gabinete Literario MONUMENT HISTORIQUE
(bibliothèque ; carte p. 46 ; www.gabineteliterario.com ; Plazoleta Cairasco). Datant de 1844, cet édifice historique très ornementé est classé monument national. Bâtisse pittoresque à l'élégance fanée, avec un joli patio et des salles où s'alignent des bibliothèques chargées de volumes érudits, l'endroit est aujourd'hui un club privé, mais le restaurant en terrasse (O'Clock), quoique sophistiqué, est ouvert à tous.

Calle Mayor de Triana RUE HISTORIQUE
(carte p. 46). Aujourd'hui piétonne, cette rue est depuis longtemps la principale artère commerçante de Las Palmas. Entre deux vitrines, n'oubliez pas de lever les yeux pour admirer de véritables joyaux d'architecture, dont plusieurs réalisations modernistes.

Casa-Museo de Pérez Galdós MUSÉE
(carte p. 46 ; www.casamuseoperezgaldos.com ; Calle Cano 6 ; adulte/enfant 3 €/gratuit ; ⊙10h-18h mar-ven, 10h-14h sam-dim). Le plus célèbre écrivain canarien, Benito Pérez Galdós, naquit en 1843 dans cette maison en plein cœur du vieux Las Palmas. Il y passa les 19 premières années de sa vie, avant de partir pour Madrid et de connaître la gloire littéraire. Les visites guidées (en espagnol et en anglais) font découvrir les salles de l'étage, en particulier la reconstitution du bureau de l'écrivain et divers effets personnels rapportés après sa mort de sa demeure principale, en Espagne continentale.

Parque San Telmo PARC
(carte p. 46). L'**Iglesia de San Telmo**, du côté sud-ouest du parc pavé, fut l'un des premiers édifices religieux de la ville. Vous trouverez à côté un kiosque d'information touristique et, à l'angle nord-ouest, un beau **kiosque moderniste**, qui fait aujourd'hui office d'élégant café où l'on vient prendre le petit-déjeuner, un sandwich ou un bon café en terrasse.

Ciudad Jardín

Ce quartier huppé et verdoyant est un pot-pourri d'architectures, du style colonial britannique à l'andalou blanchi à la chaux. Il abrite aussi le charmant **Parque Doramas** et ses beaux *dragos* (dragonniers), ainsi que d'excellentes zones de jeux pour les enfants.

BALADES À PIED DANS VEGUETA

Si les touristes qui visitent Las Palmas ne manquent jamais de voir Vegueta, la plupart se cantonnent aux principaux sites sans véritablement explorer les ravissantes ruelles étroites de la vieille ville. Pour vous familiariser avec le centre historique, rien de mieux que de participer à une **visite guidée** (☎674 128849 ; www.tripgrancanaria.com ; adulte/enfant 6 €/gratuit ; ⏲12h lun-sam). Des visites d'une heure partent de la Plaza Hurtado de Mendoza (appelée localement Plaza de las Ranas), à l'extrémité sud du quartier de Triana. Réservation impérative.

Ce parc a été conçu par les Britanniques à la fin du XIXe, lorsqu'ils régnaient sur la vie économique de Las Palmas.

Pueblo Canario VILLAGE TOURISTIQUE

(⏲10h-20h mar-sam, 10h-14h30 dim ; 👪). GRATUIT Imaginée par l'artiste Néstor Martín Fernández de la Torre et bâtie par son frère Miguel, cette reconstitution d'un village canarien borde les jardins du Parque Doramas. L'endroit est un peu laissé à l'abandon et les heures d'ouverture du restaurant sont assez aléatoires, mais cela vaut la peine de venir faire un petit tour le dimanche matin pour entendre jouer de la musique folklorique traditionnelle, à 11h30. Le *pueblo* se trouve sur le côté sud du Parque Doramas, via la Calle Leoń y Castillo.

Museo Néstor MUSÉE

(☎928 24 51 35 ; Pueblo Canario ; adulte/enfant 0,50 €/gratuit ; ⏲10h-19h mar-sam, 10h30-14h30 dim). Cette galerie est consacrée au travail du peintre symboliste Néstor, mort en 1938, et renferme aussi une petite collection d'œuvres d'autres artistes canariens. Situé dans le Pueblo Canario.

Santa Catalina et Playa de las Canteras

La zone située entre Las Canteras et Santa Catalina est à la fois un melting-pot culturel, une plage de ville, un port frénétique et un quartier d'affaires, avec tantôt des airs de pays en développement, tantôt une atmosphère très Espagne continentale. Le Parque Santa Catalina est assez sûr de jour, malgré la présence de marginaux, plus nombreux la nuit. Le samedi à 11h, des spectacles mariant musique canarienne traditionnelle et danse ont lieu dans le parc.

♥ Museo Elder de la Ciencia y la Tecnología MUSÉE

(musée de la Science et de la Technologie ; carte p. 48 ; www.museoelder.org ; Parque Santa Catalina ; adulte/enfant 5/3,50 €, avec film en 3D 8,50/7 € ; ⏲10h-20h mar-dim ; 👪). Tout entier dédié au XXIe siècle, ce musée résonne de "vroum", de "clic" et de "vrrr". Dans un entrepôt rénové dans le Parque Santa Catalina, c'est un excellent endroit où passer quelques heures. On peut y piloter un avion de combat supersonique, comprendre comment les rampes de lancement envoient des satellites en orbite ou faire un tour de Robocoaster, sorte de manège dont le bras automatique vous fait exécuter des manœuvres préprogrammées. Les enfants seront aux anges – la navette spatiale et le générateur de Van de Graaff sont particulièrement populaires. Une petite salle projette également un programme régulièrement renouvelé de films en 3D.

Plages

Playa de las Canteras PLAGE

(carte p. 48). Cette magnifique étendue de sable doré de 3 km est considérée l'une des plus belles plages de ville au monde. On y trouve une agréable promenade de bord de mer, le Paseo de las Canteras, où flâneurs et cyclistes peuvent déambuler librement à l'écart de la circulation automobile. Toutefois, le récif appelé La Barra est peut-être le meilleur atout de la plage : à marée basse, il transforme les eaux de Las Canteras en gigantesque piscine d'eau de mer se prêtant idéalement au snorkeling.

Plus au sud, hôtels et restaurants se raréfient et les vagues se font un peu plus puissantes. C'est là, près de l'auditorium dans un secteur appelé La Cicer, que les surfeurs se rassemblent dans l'eau, et les footballeurs sur le sable.

Activités

Il y a 12 spots de surf aux alentours de Las Palmas, le plus fréquenté étant celui de La Cicer à l'extrémité sud de la Playa de las Canteras. Cette partie de la plage est un lieu parfait pour les débutants, et l'on y trouve quelques écoles de surf.

7 Mares Las Canteras PLONGÉE

(carte p. 48 ; www.7mares.es ; Calle Tenerife 12 ; plongée 1 heure équipement inclus 25 €, initiation 2 heures 60 €). Compte des moniteurs de plongée hispanophones et anglophones et propose des cours tous niveaux, ainsi que des plongées sur épave et de la location de matériel.

Oceanside SURF

(www.grancanariasurf.es ; Calle Numancia 47 ; cours 2 heures 25 €). École de surf réputée proposant un choix de cours, ainsi que la location de planches et combinaisons (25 €/jour). Pour le même tarif, on peut aussi prendre des cours de stand-up paddle (SUP). Il y a une douzaine de spots de surf en ville et aux alentours, le plus fréquenté étant celui de La Cicer sur la Playa de las Canteras.

Cours

Plusieurs écoles de langue à Las Palmas proposent des cours d'espagnol.

Gran Canaria School of Languages COURS DE LANGUE

(carte p. 48 ; ☎928 26 79 71 ; www.grancanariaschool.com ; Calle Dr Grau Bassas 27 ; 1 semaine cours intensif 170 €). Cette école à la réputation excellente, a été fondée il y a plus de 40 ans. Votre hébergement peut être organisé.

Fêtes et festivals

Carnaval CARNAVAL

(www.laspalmascarnaval.com ; 2-3 semaine avant le Carême). Frénésie et déguisements à gogo pendant 2 à 3 semaines pour marquer la première rupture avec l'hiver, l'essentiel des festivités ayant lieu autour du Parque de Santa Catalina, doté alors d'une immense scène en plein air et de bars éphémères. Parmi les manifestations qui s'y déroulent tous les ans, citons le couronnement de la reine du carnaval et de celle des drag-queens, ainsi que l'enterrement de la Sardine. Une gigantesque sardine est transportée dans les rues jusqu'à la plage de Las Canteras, où elle est inhumée en grande pompe. La fête s'achève par un prodigieux feu d'artifice. Célébré dans toute l'île mais en particulier à Las Palmas.

Corpus Christi FÊTE RELIGIEUSE

(juin). Ces festivités se distinguent par d'extraordinaires "tapis" de fleurs déployés dans certaines rues du vieux Las Palmas.

> **CARTE DE RÉDUCTION**
>
> Si vous prévoyez de passer 2 ou 3 jours à visiter les sites de Las Palmas, n'hésitez pas à investir dans une **LPA Card** (www.lpacard.com ; adulte/enfant 15/8 €). Elle donne accès gratuitement à quasiment tous les musées de la ville, et donne droit à des réductions dans divers restaurants et boutiques. Vous pourrez l'acheter dans les offices du tourisme de Santa Catalina et San Telmo.

Fiesta de San Juan FÊTE RELIGIEUSE

(23 juin). Las Palmas fait la fête en l'honneur de son saint patron. Des manifestations culturelles sont organisées dans toute la ville, et la Playa de las Canteras accueille feux d'artifice et concerts. C'est là également que les habitants se livrent au jeu traditionnel qui consiste à sauter par-dessus des feux de joie avant de plonger dans les flots à minuit. Le lendemain est en principe un jour férié.

Où se restaurer

Si vous êtes en quête de charme, direction les quartiers de Vegueta et Triana. Tout à fait à l'autre bout de la ville, les restaurants du front de mer sont, à quelques exceptions près, des établissements sans réelle identité proposant des menus en plusieurs langues et une cuisine au-dessous de la moyenne. Il suffit toutefois de s'aventurer à une ou deux rues de là, en tournant le dos à la mer, pour dénicher des restaurants espagnols à l'ancienne et des bars à tapas pleins de caractère.

Vegueta et Triana

La Olivia CANARIEN €

(carte p. 46 ; Calle Pérez Galdós 32 ; menu du jour 10 € ; 7h-17h lun-sam). Ici, pas de carte fixe. Les plats maison sont préparés chaque jour en fonction de ce que le chef a trouvé sur le marché. Attendez-vous néanmoins à déguster des recettes traditionnelles comme la *ropa vieja* (ragoût de pois chiches) et de nombreux plats de poisson frais.

Latienza Gastro Bar TAPAS €

(carte p. 46 ; Calle Pelota 20 ; tapas 2,50-5 € ; 11h-tard). En journée, cet établissement sympathique sert des tapas convenables à prix correct, dans une salle aux murs de

100% LOCAL

RUTA DE LAS TAPAS

Le jeudi soir, la Calle Mendizabal, dans le quartier de Vegueta, est l'endroit rêvé pour rencontrer les habitants (et d'autres voyageurs) tout en participant à la tournée des bars à tapas. Nombre d'établissements de cette rue proposent alors une petite bière et une tapa pour 2 €. Prévoyez tout de même de dîner ailleurs ensuite car les portions sont minuscules. Il s'agit plutôt ici de partager un moment convivial que de se restaurer à proprement parler, mais c'est un excellent moyen de s'imprégner de l'atmosphère des rues et de la vie canariennes. Les réjouissances commencent à 20h.

pierre ou sur la terrasse installée dans une rue pavée. Le soir, c'est un lieu décontracté où boire une bière ou un verre de vin accompagné d'en-cas légers.

♥ **Deliciosa Marta** ESPAGNOL €€€
(carte p. 46 ; ☎ 928 37 08 82 ; Calle Pérez Galdós 23 ; plats 15-20 € ; ⏲ fermé mar soir et dim). Adresse chic avec murs en pierre nue et éclairage tamisé, devenue l'une des tables incontournables de la ville depuis son ouverture en 2007. Poli, le chef et propriétaire, s'est formé à Barcelone dans le fameux restaurant El Bulli, ce dont témoigne sa carte régulièrement renouvelée proposant des ingrédients tels que noix de Saint-Jacques, poitrine de porc et truffes. Réservation recommandée.

La Dolce Vita ITALIEN €€
(carte p. 46 ; Calle Agustín Millares 5 ; plats 11-15 € ; ⏲ fermé mer soir et dim ; 🖉). Niché au bout d'une étroite rue piétonne, ce restaurant sert de succulentes pâtes maison nappées de sauces très *dolce vita* à base de caviar et de truffe noire. Il propose aussi des plats sans gluten. Déco agréable avec affiches de films italiens aux murs, et petite arrière-boutique de produits italiens.

Restaurante Casa Montesdeoca CANARIEN €€€
(carte p. 46 ; ☎ 928 33 34 66 ; Calle Montesdeoca 16 ; plats 15-20 € ; ⏲ 13h-16h et 19h-tard lun-sam). Restaurant romantique, installé dans une superbe demeure du XVIe siècle, où vous pourrez dîner dans un patio verdoyant aux balcons traditionnels en bois et aux murs jaune soleil. Mention toute particulière aux viandes rouges.

Santa Catalina et Playa de las Canteras

De Cuchara CANARIEN €
(carte p. 48 ; Calle Alfredo L Jones 37 ; menu du jour 12 €, tapas 4-9 € ; ⏲ 13h-16h30 et 20h-minuit mar-dim). Outre l'habituel *menú del día* (menu du jour) de 3 plats, on propose ici un menu dégustation de 5 plats avec tous les grands classiques canariens. Intéressant choix de tapas également, servies à partir de 20h. Goûtez en particulier à l'*arroz negro de chipirones* (riz à l'encre de seiche).

De Tapa en Tapa TAPAS €
(carte p. 48 ; Calle Diderot 23 ; tapas 3-8 € ; ⏲ 13h-16h et 19h-tard lun-sam). Le *menú del día* de 3 plats (9,50 €) servi dans ce bar à tapas établi de longue date attire majoritairement des employés au déjeuner. Le soir en revanche, une clientèle plus jeune vient se régaler de tapas et de *cañas* (bière à la pression). Les dattes au bacon sont délicieuses.

Natural Burguer VÉGÉTARIEN €
(carte p. 48 ; Avenida Mesa y López 3 ; plats 2,50-3,50 € ; ⏲ 13h-16h et 19h-tard ; 🖉). Dans le sud de Santa Catalina, ces hamburgers bon marché sont appréciés tant par les voyageurs à petits budgets que par les étudiants. On y trouve des burgers végétariens, mais aussi les grands classiques à la viande de bœuf. Également : salade de cresson, épis de maïs grillés et *papas del abuelo* (des frites épaisses).

♥ **Kitchen Lovers** MÉDITERRANÉEN €€
(carte p. 48 ; ☎ 928 98 76 10 ; Paseo de las Canteras 16 ; plats 10-18 € ; ⏲ 13h-16h et 19h-tard mar-dim). Il faut naviguer au milieu de la marée des menus touristiques le long de la promenade pour rejoindre ce restaurant spacieux et élégant – un vrai petit bijou. Sa délicieuse cuisine espagnole et italienne est présentée avec art mais sans prétention. À déguster en profitant d'une vue exceptionnelle (tâchez d'obtenir une table près de la baie vitrée). Réservation impérative.

El Cid Casa Pablo ESPAGNOL €€
(carte p. 48 ; ☎ 928 22 46 31 ; Calle Nicolás Estévenez 10 ; plats 12-20 € ; ⏲ 13h-16h et 19h-tard). Noble adresse à l'ancienne, où un chevalier en armure vous accueille à l'entrée. Les murs sont tapissés de photos de célébrités

espagnoles, pour que personne n'ignore que c'est ici, et nulle part ailleurs à Las Palmas, que l'on savoure une cuisine traditionnelle roborative, notamment des fruits de mer. Le *menú del día* du déjeuner affiche un prix très raisonnable (10 €). Réservation recommandée.

La Marinera PRODUITS DE LA MER **€€**
(carte p. 48 ; ☎928 46 88 02 ; Paseo de las Canteras ; plats 12-18 € ; ⏲13h-16h et 19h-tard). Fracas des vagues en fond sonore pour ce restaurant de poisson établi de longue date sur le front de mer. Les produits de la mer dominent la carte, avec du poisson frais vendu au kilo (gardez toutefois un œil sur le prix pour éviter les mauvaises surprises). Vous serez sûr de vous faire plaisir avec la paella, le *pescado a la sal* (poisson en croûte de sel) et la *sopa de mariscos* (soupe aux fruits de mer).

Où prendre un verre et faire la fête

Les débits de boissons ne manquent pas à Las Palmas. Le quartier de Vegueta, à l'ambiance paisible, est parfait pour prendre un verre ou faire la tournée des bars – ils sont tout particulièrement concentrés dans la Calle La Pelota et la Calle Mendizabal. Si vous avez envie d'écouter de la musique live, cap sur l'extrémité sud du Paseo de Las Canteras, près de l'auditorium. C'est à la pointe nord de la ville que vous trouverez le plus grand nombre de discothèques géantes, mais également quantité d'établissements plus décontractés où l'on peut se détendre devant une boisson, notamment les *terrazas* (terrasses) de la Plaza España et celles qui bordent le Parque Santa Catalina.

Bodegón Lagunetas BAR
(carte p. 46 ; Calle Constantino 16 ; ⏲19h-minuit lun-sam). C'est l'un des nombreux bars à tapas de la rue, mais celui-ci fait aussi restaurant. Prenez donc une *caña* au bar et admirez les photos sépia de Las Palmas au XIXe siècle.

Pachichi BAR
(carte p. 48 ; Calle Los Martínez de Escobar 51 ; ⏲19h-minuit). Le lieu est exigu et l'on n'a guère fait d'effort en matière de décoration, mais la Bodega Don Juan Pachichi (généralement abrégée en Pachichi) est une institution locale. On y sert des rhums-cocas bon marché pour bien commencer la soirée. À deux pâtés de maisons de la plage.

> **FILET À PROVISIONS**
>
> Vous trouverez les produits les plus frais et les moins chers, y compris tout ce qu'il faut pour concocter un délicieux pique-nique, dans les marchés couverts. Les meilleurs sont celui situé entre la Calle Barcelona et la Calle Néstor de la Torre, et celui situé à l'angle de la Calle Mendizabal et de la Calle Juan de Quesada à Vegueta.

Disco 3x1 DISCOTHÈQUE
(carte p. 48 ; Calle Luis Morote 51 ; ⏲minuit-5h mer-sam). Discothèque ouverte jusqu'à l'aube et passant de la musique grand public. Un droit d'entrée s'applique généralement, en échange duquel on obtient un coupon pour une boisson.

Où sortir

El Escenario MUSIQUE LIVE
(carte p. 46 ; Avenida Primero Mayo 57 ; ⏲20h-2h mer-sam). Les concerts de jazz et spectacles de flamenco méritent amplement le faible droit d'entrée.

La Guarida del Blues MUSIQUE LIVE
(Calle Portugal 68 ; ⏲18h-minuit jeu-sam, 17h-22h dim). Les concerts de jazz, de rock et surtout de blues ont lieu à 20h le jeudi et le vendredi, à 18h30 le samedi et à 17h30 le dimanche.

Auditorio Alfredo Kraus CONCERTS
(☎928491770 ; www.auditorioteatrolaspalmasgc.es ; Avenida Príncipe de Asturias). On doit ce spectaculaire auditorium, à l'étonnante modernité géométrique, à l'architecte catalan Óscar Tusquets. Construit en partie en roche volcanique, avec une grande baie donnant sur l'océan, il est immanquable, à l'extrémité sud de la Playa de las Canteras. C'est l'un des sites où se tient en été le **Festival de jazz** (www.canariasjazz.com).

Casino Las Palmas CASINO
(carte p. 48 ; www.casinolaspalmas.com ; Calle Simón Bolívar 3 ; ⏲20h-4h). Si le jeu vous tente, mettez-vous sur votre trente et un, attrapez une pièce d'identité et filez au casino. Il est installé au nord de la ville, à côté du Parque Santa Catalina.

Teatro Pérez Galdós THÉÂTRE
(carte p. 46 ; ☎928 43 33 34 ; www.auditorioteatrolaspalmasgc.es ; Plaza Stagno). Présente des pièces de théâtre et, plus fréquemment, des récitals.

Unión Deportiva Las Palmas FOOTBALL
(www.udlaspalmas.net). Plus connue comme la UD Las Palmas, c'est la grande équipe de football de la Grande Canarie. Pour assister à un match, suivez la foule qui se rend à l'**Estadio Gran Canaria**. Ce stade de 31 000 places se trouve à 4,5 km de Vegueta, en allant vers le sud-ouest via les routes GC-23 et GC-1 (direction Teror).

Achats

L'artère commerçante de toujours est la Calle Mayor de Triana, aussi intéressante pour son architecture que pour ses boutiques pittoresques. Pour votre shopping, pensez aussi aux Calles Cano et Viera y Clavijo et à leurs abords, toutes situées dans la partir sud de la ville.

Les boutiques très chics de Las Palmas se concentrent dans l'Avenida José Mesa y López. C'est là que se trouvent deux enseignes du (très) grand magasin **El Corte Inglés** (carte p. 48 ; www.elcorteingles.es ; venida Mesa y López 15 et 18), se faisant face de part et d'autre de l'avenue, ainsi que de nombreuses autres boutiques. Non loin, autour du Parque Santa Catalina, les magasins discount et d'électronique ne manquent pas. On peut y faire de bonnes affaires sur les appareils photo, les montres, l'informatique et la téléphonie mobile.

Fedac ARTISANAT
(Fondation pour l'ethnographie et le développement de l'artisanat canarien ; carte p. 46 ; www.fedac.org ; Calle Domingo J Navarro 7 ; 10h-14h et 17h-21h lun-ven, 10h-14h sam). Ces deux boutiques adjacentes à but non lucratif, financées par le gouvernement, vendent de l'artisanat. L'une est spécialisée dans le design contemporain (mais aussi de superbes écharpes en soie peintes à la main, châles en laine et bijoux modernes), tandis que l'autre met l'accent sur l'artisanat traditionnel, avec notamment des poteries et des articles de vannerie.

Librería del Cabildo Insular de Gran Canaria LIBRAIRIE
(carte p. 46 ; Calle Travieso 15 ; 10h-14h et 17h-21h lun-ven, 10h-14h sam). De très nombreux titres sur les Canaries, la plupart en espagnol, avec quelques rayons de guides.

La Casa de los Quesos ALIMENTATION
(carte p. 48 ; www.lacasadelosquesos.com ; Calle Sagasta 32 ; 10h-14h et 17h-21h lun-ven, 10h-14h sam). On vend ici pas moins de 150 variétés de fromages d'Espagne continentale et d'ailleurs. C'est l'adresse idéale pour se concocter un pique-nique de fin gastronome, et l'on trouve aussi des sauces maison, des confitures, des gâteaux et une superbe sélection de vins canariens.

Renseignements

ACCÈS INTERNET

Si les cybercafés ne sont plus aussi nombreux qu'avant, il reste possible d'accéder à Internet dans les *locutorios* (centres d'appels téléphoniques) de la ville, qui proposent des tarifs économiques à l'internationale.

Le Wi-Fi est très répandu. La plupart des hôtels, cafés et restaurants en sont équipés, et il est même question d'installer des bornes Wi-Fi sur la plage.

ARGENT

La Calle José Franchy Roca, immédiatement au sud du Parque Santa Catalina, abrite le plus grand nombre de DAB fonctionnant 24h/24.

OFFICES DU TOURISME

Le site Internet de l'office du tourisme de la ville (www.lpavisit.com) est une excellente source d'information sur les activités, les curiosités touristiques, les hébergements et les restaurants.

Bureau d'information de la gare routière (carte p. 46 ; Estación San Telmo, Parque San Telmo ; 6h30-20h30 lun-ven, 7h30-13h sam-dim). Couvre les transports dans toute l'île et donne des renseignements sur d'autres villes de la Grande Canarie. Autre office plus petit dans le Parque Santa Catalina.

Kiosque d'information touristique (carte p. 46 ; Plaza de Santa Ana ; 9h-18h lun-ven, 10h-14h sam). Il y a d'autres kiosques au Parque San Telmo (carte p. 46 ; Parque San Telmo ; 10h-20h lun-ven, 10h-15h sam) et sur la Playa de la Canteras (carte p. 48 ; Paseo de las Canteras ; 10h-19h lun-sam).

Office du tourisme de l'île (carte p. 46 ; 928 21 96 00 ; www.grancanaria.com ; Calle Triana 93 ; 8h-15h lun-ven). Cartes et brochures couvrant toute l'île. Demandez les cartes de randonnée.

Office du tourisme principal (carte p. 48 ; www.lpavisit.com ; Parque Santa Catalina ; 9h-18h lun-ven, 10h-14h sam-dim). Dans un édifice de style néo-canarien dessiné par l'artiste Néstor Martín Fernández de la Torre, cet office du tourisme dispose d'iPads chargés d'applications sur Las Palmas, et d'un choix plus traditionnel de brochures et dépliants.

Depuis/vers Las Palmas de Gran Canaria

BUS

Les bus **Global** (☎928 25 26 30 ; www.globalsu.net) desservent toute l'île. Ils partent de l'**Estación San Telmo** (carte p. 46 ; Parque San Telmo), à l'extrémité nord du quartier de Triana.

Départs fréquents sur les lignes suivantes :

- Bus n°s 30 et 50 express pour Maspalomas (6,15 €, 1 heure)
- Bus n°1 pour Puerto de Mogán (8,75 €, 1 heure 30)
- Bus n°s 12 et 80 pour Telde (1,65 €, environ 20 min)
- Bus n°105 pour Gáldar (3,10 €, 1 heure)

Le bus de nuit n°5 relie la capitale à Maspalomas. Il part toutes les heures de 20h à 3h, à l'heure pile, de l'Estación San Telmo à Las Palmas et toutes les heures à la demie de 21h30 à 4h30 de Maspalomas.

Comment circuler

DEPUIS/VERS L'AÉROPORT

Bus

Le bus n°60 circule entre l'aéroport et l'Estación San Telmo 2 fois par heure de 6h à 19h, puis toutes les heures ensuite (2,30 €, 25 min), et poursuit jusqu'à Santa Catalina (2,95 €, 35 min).

Taxi

La course en taxi entre l'aéroport et le centre de Las Palmas coûte environ 30 €.

BUS

Les **bus jaunes** (*guaguas municipales* ; www.guaguas.com) assurent la desserte métropolitaine : vous trouverez la carte du réseau à l'office du tourisme, dans les kiosques touristiques et à la gare routière. Le trajet simple, quel qu'il soit, coûte 1,40 €. Si vous comptez prendre le bus plusieurs fois, cela vaut la peine d'investir dans un *bono de guagua* (8,50 €) : ce carnet valable pour 10 trajets est en vente dans les gares routières et les kiosques à journaux. Plusieurs passagers peuvent se partager un seul et même *bono de guagua*.

Les bus jaunes n°s 1, 12, 13 et 17, au départ de Triana, circulent vers le nord jusqu'au port et l'extrémité nord de la Playa de las Canteras, via la gare routière et le Parque Santa Catalina.

City Sightseeing Bus (☎902 70 20 71 ; adulte/enfant 15/7,50 € ; ⏲9h30-19h). Le touristique City Sightseeing Bus, avec montée et descente à volonté, permet d'avoir un premier aperçu de la ville intéressant. Le point de départ principal est le Parque Santa Catalina, mais on peut prendre le bus à n'importe lequel des 10 arrêts entre le Parque et Vegueta.

À VÉLO

Vous pourrez vous déplacer à vélo gratuitement dans la ville en vous inscrivant auprès de **By Bike LPA** (p. 283), le Vélib' local. La ville compte 11 stations et les vélos s'empruntent pour une durée maximale de 3 heures. Pour pouvoir en louer un, il faut présenter une pièce d'identité et acheter une carte LPA Movilidad (1,50 €, en vente au guichet des bus municipaux de Santa Catalina). Pour plus de précisions, consultez le site Internet (www.bybikelpa.com).

TAXI

Pour trouver un **taxi** (☎928 15 47 77, 928 46 90 00, 928 46 00 00), vous pouvez téléphoner, en héler un ou vous rendre dans l'une des nombreuses stations qui parsèment la ville.

VOITURE

Conduire à Las Palmas n'est pas une sinécure car y sévissent les embouteillages habituels des grandes villes aux heures de pointe et un réseau de rues à sens unique très déconcertant. Le stationnement dans le centre fonctionne avant tout au parcmètre (pièces uniquement), mais trouver une place est une gageure. Sinon, il existe plusieurs parkings souterrains, où l'heure de stationnement revient à environ 2 €. Les plus centraux sont ceux du Parque Santa Catalina, de la Plaza de España et du Parque San Telmo, en face de la gare routière principale.

L'EST DE L'ÎLE

Las Palmas est une ville charmante, mais bruyante et chaotique. Heureusement, vous n'aurez pas à aller loin pour trouver le calme et une nature spectaculaire. Un court trajet en voiture vous conduira à de pittoresques bourgades historiques, à des villages de montagne brumeux et aux pentes escarpées du verdoyant Barranco de Guayadeque, une vallée encaissée très prisée, à juste titre, des habitants et des touristes.

Tafira Alta

Jardín Botánico Canario Viera y Clavijo JARDIN BOTANIQUE

(www.jardincanario.org ; ⏲9h-18h ; P). GRATUIT À 9 km au sud-ouest de Las Palmas, ce jardin botanique (le plus grand d'Espagne avec ses 27 ha) compte un large éventail

UN MATIN AU MARCHÉ

De petits marchés intéressants se tiennent dans les villes et les villages, la plupart proposant fromages, boucherie et produits boulangers, ainsi que des souvenirs et autres babioles. Ces marchés, en place généralement de 9h à 14h, occupent agréablement une matinée, à l'écart de l'agitation des grandes stations balnéaires. On retiendra ceux de :

Puerto de Mogán (vendredi). L'un des plus touristiques.

San Fernando (mercredi et samedi)

Arguineguín (mardi et jeudi)

Santa Brígida (samedi)

Teror (samedi et dimanche)

Vega de San Mateo (samedi et dimanche)

de flore de Macaronésie provenant de tout l'archipel, dont beaucoup d'espèces en voie d'extinction. Le jardin est accroché aux flancs du Barranco Guiniguada et dispose de nombreux panneaux d'information en espagnol et en anglais. Il y a un restaurant à l'entrée supérieure (au bord de la route GC-110).

Les bus n°s 301, 302 et 303 passent par l'entrée supérieure du jardin. L'entrée inférieure se trouve sur la route GC-310.

Caldera de Bandama et Santa Brígida

Au sud de Tafira Alta, l'impressionnante **Caldera de Bandama**, l'un des plus grands cratères de volcans éteints de l'île, mesure 200 m de profondeur et 1 km de diamètre. Il est possible de se rendre en voiture jusqu'au sommet pour admirer la vue sur le cratère et au-delà. Si vous êtes suffisamment en forme, la randonnée qui mène au fond de la caldeira vaut vraiment la peine. Tout en bas, on peut encore voir du matériel agricole et viticole, car jusque récemment, Bandama était habitée. La randonnée part de l'ensemble de bâtiments installés au bord de la route GC-802, où se trouvent un petit restaurant cosy et domaine viticole. Tout près, à **La Atalaya**, premier village producteur de poteries de l'île, on peut acheter de ravissantes céramiques (puis s'inquiéter du moyen de les remporter chez soi...).

La route poursuit son ascension en direction de **Santa Brígida**, à 5 km à l'ouest de La Atalaya. Assez terne dans l'ensemble, le bourg est égayé par un joli Parque Municipal, et, dans le centre, de charmantes ruelles bordées d'arbres. Depuis l'église paroissiale, on jouit d'une vue panoramique sur les champs et les palmeraies jusqu'aux montagnes du Centre. Faites une halte à la **Casa del Vino** (Calle Calvo Sotelo 26 ; plats 10-18 € ; ⏲fermé dim soir et lun), restaurant agréable installé non loin du Parque Municipal. Il sert des spécialités canariennes, et de nombreuses viandes grillées. Sa carte des vins est excellente, et chaque bouteille provient de la Grande Canarie. Possibilités de dégustation. Il y a sur place également un petit **musée** (⏲10h-15h lun-ven) GRATUIT comportant une modeste collection de matériel viticole.

Le bus n°311 (1,55 €, 30 min) part toutes les heures de Las Palmas pour Santa Brígida, et s'arrête en chemin à Bandama et La Atalaya.

Vega de San Mateo

Comme à peu près partout dans le nord de l'île (et plus particulièrement dans le nord-est), les environs de San Mateo, d'une grande richesse agricole, sont abondamment cultivés. Il s'agit en outre d'une importante région viticole.

La majeure partie de la population vivant dans le Nord, la densité est élevée. La ville se distingue surtout par son cadre spectaculaire, et par son excellent marché de petits producteurs qui se tient tous les samedis et dimanches dans un grand bâtiment, derrière le parking gratuit. Si vous comptez vous attarder un peu, éloignez-vous de la rue principale chaotique au profit des paisibles ruelles pavées du *casco histórico* (vieille ville). Au cas où vous séjourneriez dans le coin en septembre, tâchez d'être là le 21 pour la *romería* (pèlerinage) et la célébration de Matthieu, le saint patron de la ville.

Le bus n°303 (2,55 €, 30 min) vient de Las Palmas toutes les 30 minutes.

Telde

19 400 HABITANTS

Bien qu'étant la deuxième ville de l'île, Telde est relativement dépourvue de musées et de sites connus. Pour autant, il est très agréable de flâner dans son centre historique.

La ville a été fondée avant la conquête espagnole, et elle est connue en revanche pour ses fabricants d'instruments à cordes, en particulier de *timple*, cousin de l'ukulélé emblématique des Canaries.

À voir

Sachez voir au-delà des abords industriels peu avenants de la ville pour découvrir son centre historique composé de trois quartiers distincts : San Juan, San Francisco, et un peu plus loin, San Gregorio. Commencez par San Juan, où il est assez facile de se garer pour ensuite flâner dans les étroites ruelles pavées en direction de San Francisco. En chemin, arrêtez-vous le temps de prendre en photo les jolies maisons blanchies à la chaux et agrémentées çà et là du rouge carmin des bougainvillées.

Iglesia de San Francisco ÉGLISE

(Plaza San Francisco ; horaires variables). Pour rejoindre l'église depuis la Plaza de San Juan Bautista, prenez vers l'ouest la Calle Ynes Chimida pavée. Cette rue tranquille longe un vieil aqueduc surplombant des bananeraies et des orangeraies. À l'intérieur de l'église, remarquez les trois autels polychromes, situés dans celle des deux nefs qui est la plus au nord, ainsi que les beaux plafonds *artesonados* (à caissons).

VISITE GUIDÉE À TELDE

Si vous vous trouvez en ville un vendredi, ne manquez pas la **visite guidée** (www.discovertelde.com ; 12h) de Telde (gratuite, avec un audioguide). Il est indispensable de réserver. Si vous voulez faire cette visite à d'autres moments de la journée ou bien un autre jour, il vous en coûtera 10 €. Les visites partent généralement de la Plaza San Juan Bautista.

HORS DES SENTIERS BATTUS

SITE PRÉHISPANIQUE : CUATRO PUERTAS

Bien que situé à seulement 5 km au sud de Telde, cet impressionnant site préhispanique est rarement visité, même par les gens du coin. Cuatro Puertas ("Quatre Portes") tient son nom des multiples entrées creusées dans la paroi de ce complexe troglodytique fabriqué par l'homme. Vous trouverez des panneaux d'information mais pas de centre des visiteurs. Le site se visite donc à n'importe quel moment. Il se situe tout près de la GC-100 dans le hameau de Cuatro Puertas. Le bus n°36 de Telde (1,40 €, 10 min) à Maspalomas passe par là toutes les heures.

Basílica de San Juan Bautista ÉGLISE

(Plaza San Juan Bautista ; 9h30-12h30 et 17h-20h). Cette église néogothique figure au nombre des édifices vénérables du quartier de San Juan. On ne risque guère de passer à côté du monument kitsch qu'est son retable du XVIe siècle, doré à l'envi et représentant la crucifixion. Le Christ a été fabriqué par des Indiens Tarascos du Mexique.

Museo León y Castillo MUSÉE

(www.fernandoleonycastillo.com ; Calle León y Castillo 43 ; adulte/enfant 2/1 € ; 10h-18h mar-dim). Ce musée est consacré au plus illustre des habitants de Telde, un homme politique de la fin du XIXe siècle. L'édifice, son ancienne demeure agrémentée de balcons en bois courant en galeries, est charmant, en revanche, les expositions n'ont rien de palpitant.

Plages

Playa de Melenara PLAGE

Cette plage correcte, à 5 km de Telde, est davantage fréquentée par les habitants que par les touristes. Le vaste croissant de sable est bordé d'appartements et de plusieurs bons restaurants de poisson à petits prix. Un chemin suit le littoral rocheux jusqu'à la Playa de la Garita, autre plage locale populaire à 3 km au nord. En route, on croise de bons spots de surf.

VAUT LE DÉTOUR

ITINÉRAIRE PANORAMIQUE : AGÜIMES

L'étroite GC-550 sinue en montée au départ d'Agüimes, offrant une vue sur les montagnes et, loin en contrebas, sur l'océan Atlantique. Au bout de 10 km, on rejoint le minuscule village de **Temisas**, installé sur un balcon naturel. Avec ses maisons et cottages en pierre, et son restaurant où faire halte pour un rafraîchissement, ce bourg assoupi a beaucoup de cachet.

La route sinue encore sur 10 km et rejoint ensuite Santa Lucía, où l'on trouve deux châteaux (ou ce qui peut s'y apparenter). D'abord, impossible de manquer le **Castillo de la Fortaleza** (2 € ; 9h30-15h ;), musée privé aux tourelles grises à l'entrée sud de la ville. Ancienne demeure de l'archéologue, écrivain, artiste et collectionneur Vicente Sanchez Araña, il comporte 16 salles où sont exposés aussi bien des armes anciennes que des squelettes de mammifères, des tableaux et une collection d'objets guanches trouvés dans des grottes voisines.

En allant vers le sud par la GC-65, on passe devant un embranchement menant à **La Sorrueda**, splendide retenue d'eau entourée de palmiers, avec en arrière-plan des montagnes verdoyantes. Un peu plus au sud, voici le second château de Santa Lucía, la **Fortaleza de Ansite**. Ce pourrait simplement être une montagne de plus. En réalité, cette forteresse naturelle est l'un des sites préhispaniques les plus importants de la Grande Canarie. C'est là que se déroula le dernier combat des Guanches, nombre d'entre eux préférant se jeter dans le précipice plutôt que de se résoudre à une vie d'esclavage. Enfilez vos chaussures de marche pour visiter la "forteresse", ses grottes et ses galeries creusées dans le flanc de la montagne sur 34 mètres.

En descendant la route, repérez la GC-551 qui bifurque sur la gauche : cette route encore plus étroite permet de tranquillement regagner Agüimes.

Renseignements

Office du tourisme (www.telde.es ; Calle Conde de la Vega Grande 9 ; 8h-15h lun-ven). À une rue au nord de la Basílica de San Juan.

Depuis/vers Telde

Les bus nos 12 et 80 circulent depuis/vers Las Palmas (1,65 €, environ 20 min, toutes les 20 min).

Agüimes

Un court trajet en bus ou en voiture au sud de Telde mène à Agüimes, bourgade dotée d'un centre historique magnifiquement restauré. L'église a servi de modèle à la réception pleine d'ostentation du palace Villa del Conde à Maspalomas. Agüimes, souvent négligée par les touristes, est pourtant l'une des plus jolies villes de l'île. Elle mérite vraiment une petite balade.

À voir

Les rues piétonnes sont bordées de superbes témoignages de l'architecture canarienne, en particulier aux alentours de la Plaza del Rosario, une place ombragée.

Iglesia de San Sebastián ÉGLISE

(9h30-12h30 et 17h-19h mar, jeu, sam-dim). Cette immense église avec son dôme à 12 grandes fenêtres (pour les 12 apôtres), est considérée comme l'un des meilleurs exemples du néoclassicisme canarien. Sa construction a débuté à la fin du XVIIIe siècle, mais l'église ne fut achevée que dans les années 1940.

Museo de Historia de Agüimes MUSÉE

(Calle Juan Alvarado y Saz 42 ; adulte/enfant 3 €/gratuit ; 9h-17h mar-dim). Ces collections bien présentées traitent de l'histoire de la ville, mais offrent aussi un bon aperçu de l'histoire des Canaries, à travers les coutumes préhispaniques, la conquête, l'agriculture, le folklore ou encore la sorcellerie.

Centro de Interpretación del Casco Histórico

(Plaza San Antón 1 ; 8h-15h lun-ven). Le "centre d'interprétation de la vieille ville" présente des expositions bien documentées sur l'évolution du plan urbain de la ville au cours des siècles. N'oubliez pas de jeter un coup d'œil dans la vieille chapelle, installée dans le même bâtiment que l'office du tourisme.

Où se restaurer

El Populacho CANARIEN €

(Plaza del Rosario 17 ; tapas 2,50-6 € ; 13h-16h et 19h-tard ;). À l'angle de la place principale, cet accueillant bar à tapas avec comptoir en zinc et lustres Art déco occupe une ancienne épicerie (1933), comme en témoignent les belles fresques murales. Les affamés opteront pour une généreuse tapa de *garbanzada* (ragoût de pois-chiche avec de la poitrine fumée). Concerts le vendredi soir.

Renseignements

Office du tourisme (www.aguimes.es ; Plaza de San Antón 1 ; 8h-15h lun-ven). Récupérez une brochure avec les tracés des balades possibles en ville.

Comment s'y rendre et circuler

BUS

Les bus nos 11 et 21 relient Las Palmas et Agüimes (3,40 €, 45 min, toutes les heures). Le bus n°22 dessert, direction sud-est, Arinaga (1,40 €, 20 min, toutes les heures), un lieu de baignade sur la côte très apprécié bien qu'on n'y trouve pas de plage digne de ce nom.

VOITURE

Vous trouverez un parking payant dans la Calle Acebuche, immédiatement en sortant du centre historique.

Barranco de Guayadeque

Le Barranco (ravin) de Guayadeque creuse dans le centre de la Grande Canarie de longues crêtes froissées. La végétation y est verdoyante la plupart du temps mais, si vous le pouvez, rendez-vous au Barranco au début du printemps, lorsque les amandiers sont en fleur et que le paysage est d'une beauté saisissante. Commencez votre visite par le **Centro de Interpretación** (2,50 € ; 9h-17h mar-sam, 10h-15h dim), aménagé dans une grotte à l'entrée du barranco. Les collections traitent de la géologie du ravin et de sa fascinante histoire, des premiers habitants préhispaniques à l'habitat troglodytique d'aujourd'hui. La momie découverte au XIXe siècle dans une grotte du coin est sans doute la pièce la plus intéressante.

À 4 km de là, allez vous dégourdir les jambes à **Cuevas Bermejas**, petit village troglodytique creusé à flanc de montagne.

> **UNE CUILLERÉE DE RHUM**
>
> Généralement associé à un moment passé à danser pieds nus sur une plage caribéenne, le rhum est pourtant également produit ici depuis longtemps – en fait depuis l'époque des plantations de canne à sucre. Le rhum canarien jouit d'une excellente renommée internationale : il est aussi bien réputé pour sa saveur que pour ses vertus médicinales. Vous vous sentez un peu fiévreux ? Buvez donc un *ron miel* (rhum blanc infusé au miel) – c'est bien meilleur que l'aspirine.

Ne manquez pas de jeter un coup d'œil à la minuscule chapelle, dont la chaire, l'autel et le confessionnal sont taillés dans la roche.

La route continue son ascension sinueuse jusqu'à **Montaña de las Tierras**, qui compte des restaurants et quelques habitations creusés dans la roche. Pour continuer la balade à partir de là, vous devrez avoir de solides chaussures de marche. Deux ou trois sentiers profitant d'une vue splendide vont jusqu'à la mer. Renseignez-vous au centre d'interprétation.

Le ravin n'est jamais aussi beau qu'une fois désert, après le départ des foules qui le visitent à la mi-journée. Pour passer la nuit sur place, consultez l'adresse www.casasruralesdeguayadeque.com ; vous y trouverez des hébergements ruraux dans le *barranco* (pour l'essentiel en habitat troglodytique).

Où se restaurer

Juste après Cuevas Bermejas, vous trouverez au besoin un site de pique-nique très agréable et très fréquenté.

Bar Guayadeque TAPAS €

(Cueva Bermeja 23 ; tapas 4-9 € ; 13h-16h et 19h-tard). Jambons suspendus au plafond et intéressante carte de tapas : voici une adresse plus tranquille pour déjeuner que les restaurants situés plus haut dans le ravin. À côté de la chapelle.

Restaurant Tagoror CANARIEN €€

(www.restaurantetagoror.com ; Montaña de las Tierras ; plats 8-16 € ; 13h-16h et 19h-tard). Les nombreux restaurants troglodytiques du ravin ne se distinguent guère les uns des autres, toutefois celui-ci est établi de longue date et reçoit très régulièrement de bons échos. On y mange essentiellement de

DU POISSON-PERROQUET À LA QUEUE DE COCHON

"Dans le *cochino* (cochon), tout est bon", semble clamer la cuisine canarienne. Les Canariens avaient d'ailleurs coutume d'accrocher cette queue en tire-bouchon, appelée *templero,* dans l'entrée de leur cuisine, pour la tremper régulièrement dans les plats et leur donner du goût. Tapas typiques de l'archipel, généralement accompagnées de l'apéritif traditionnel au rhum, les *carajacas* sont des morceaux de foie de porc sauté, trempés dans une sauce épicée. La chèvre est aussi très appréciée, de même que le lapin, et les produits de la mer sont bien évidemment à l'honneur (nous sommes sur un archipel). Laissez-vous tenter par la *vieja* (poisson-perroquet), très prisée.

Plusieurs îles produisent du fromage de chèvre, mais l'une des pâtes molles les plus réputées, le *queso de flor* de la Grande Canarie, est à base de lait de vache et de lait de brebis. Produit exclusivement dans la région de Guía, dans le nord, ce fromage fermente avec des fleurs du chardon *Cardo alcausí*. Il rivalise d'excellence avec le *pastor*, au goût semblable, fabriqué dans la région d'Arucas. Pour plus de précisions, procurez-vous la brochure *La Ruta de los Quesos* (La route des Fromages) dans les grands offices du tourisme.

Les amandes sont un ingrédient utilisé dans la confection de nombreux desserts traditionnels, en particulier le *bienmesabe* (littéralement : "Je trouve que ça a bon goût") à base d'amandes en poudre, de zeste de citron, du sucre et d'œufs – un must.

Parmi les excellents vins de la Grande Canarie figurent le Del Monte, breuvage fruité quoiqu'un peu traître (il titre à plus de 11,5°), qui accompagne à merveille les viandes. Outre le *ron miel* (rhum au miel), qui tient plus de la liqueur que du rhum, l'île produit un rhum ambré correct. Vous pourrez goûter toute la gamme à la distillerie d'Arucas.

¡Salud!

copieux ragoûts, mais aussi des *papas arrugadas* ("pommes de terre ridées") au *mojo* (sauce) épicé.

LE NORD DE L'ÎLE

Les paysages du nord fertile de la Grande Canarie se différencient de l'intérieur montagneux, et du sud balnéaire et touristique. Le long des routes sinueuses, autour d'une myriade de villages et de hameaux, vous verrez des ravins spectaculaires, des champs intensément cultivés et des forêts de pins couverts de lichen vert. Il faut atteindre l'ouest de l'île pour que cette verdure cède la place à un paysage plus austère mais tout aussi fascinant : la côte occidentale, la plus impressionnante de la Grande Canarie.

Teror

6 650 HABITANTS / ALTITUDE 543 M

Ne vous fiez pas au nom peu engageant de Teror. Dans le centre, la Plaza Nuestra Señora del Pino et la Calle Real sont encadrées par de vieilles demeures pittoresques peintes dans des couleurs vives, aux murs penchés et aux balcons de bois. Le seul édifice qui détonne, par sa modernité, est l'Auditorio de Teror, à l'ouest de la basilique : à défaut d'être esthétique, il s'est révélé être un admirable atout culturel pour la ville. Le samedi matin se tient sur la place un marché de petits producteurs, où vous trouverez des spécialités locales comme le délicieux *chorizo de Teror* à l'ail. Le marché du dimanche est plus important et plus commercial. Situé à 22 km au sud-ouest de Las Palmas.

À voir

Le plus intéressant est de se balader dans le centre historique et de faire quelques photos. Malgré tout, quelques-unes des curiosités touristiques méritent la visite.

Basílica de la Virgen del Pino ÉGLISE

(Plaza Nuestra Señora del Pino 3 ; ⏲église 8h-12h et 14h-18h, salle du trésor 13h-15h lun-ven, 11h-14h et 15h30-17h45 dim). Surplombant la place, cet édifice néoclassique du XVIIIe siècle est dédié à la patronne de la Grande Canarie. La légende, qui veut que la Vierge ait été aperçue en haut d'un pin dans la forêt voisine au XVe siècle, a fait de Teror un haut lieu de pèlerinage. À l'intérieur de la basilique, où est fait un usage immodéré de la dorure, trône la Virgen de las Nieves illuminée, entourée d'anges, sur un somptueux retable.

Ne manquez pas la "salle du trésor", accessible par l'arrière de l'église. Vous y verrez la Vierge de plus près, ainsi que les brassées d'objets insolites offerts par les fidèles. Dans une sont exposées les tenues qu'elle a portées à travers les âges – chaque année en effet, pendant la fête donnée en son honneur, sa nouvelle robe fait son "entrée dans le monde".

Casa de los Patronos de la Virgen MUSÉE
(Plaza Nuestra Señora del Pino 3 ; 3 € ; ⏲11h-16h lun-ven, 10h-14h dim). L'un des plus ravissants édifices de la ville abrite ce modeste musée. On y conserve des éléments de la vie au XVIIIe siècle, dont de nombreux objets étonnants ayant appartenu pour la plupart à une famille de Las Palmas qui avait là sa résidence secondaire.

Fête

Fiesta de la Virgen del Pino FÊTE RELIGIEUSE
(⏲1re semaine de sept). La Virgen del Pino est la sainte patronne de l'île, et Teror sa capitale religieuse. Cette fête est non seulement un grand événement de Teror, mais surtout la première fête religieuse de la Grande Canarie. Au programme : processions, foire aux bestiaux, musique et danse à profusion.

Où se restaurer

El Rincón de Magüi PIZZERIA €€
(Calle Diputación 6 ; plats 9-15 € ; ⏲13h-16h). Ce restaurant-pizzeria dispose de tables à l'extérieur et d'une salle en brique, décorée d'assiettes et de photos de célébrités venues s'y sustenter, tel l'ancien Premier ministre Aznar.

El Encuentro CANARIEN €€
(Plaza Nuestra Señora del Pino 7 ; plats 8-16 € ; ⏲13h-16h et 19h-tard mar-dim). Sur la place, cet établissement accueillant propose un bon choix de grillades, ainsi qu'un *potaje* (soupe épaisse) du jour (4 €) – l'idéal en hiver, quand un froid mordant règne parfois à Teror.

Renseignements

Office du tourisme (Calle Padre Cueto 2 ; ⏲9h30-16h lun-ven). Derrière l'église, à l'angle de la place.

> 100% LOCAL
>
> **BISCUITS CISTERCIENS**
>
> Une sorte d'aura divine entoure Teror, aussi, il n'est pas étonnant que le moindre petit en-cas soit fabriqué par des religieuses. Lancez-vous à l'assaut de la Calle Herrería, rue très escarpée à côté du musée, jusqu'à rejoindre la Calle del Castaño. Vous trouverez là un **couvent cistercien** (⏲10h-13h et 15h-18h) dont les religieuses fabriquent de délicieux biscuits. S'il n'y a personne, tirez la sonnette et préparez des espèces : une religieuse invisible s'occupera en toute hâte de la vente.

Depuis/vers Teror

Les bus nos 216, 220 et 229 rallient Las Palmas (2,30 €, 30 min, toutes les heures) ; le bus n°215 rejoint Arucas (1,40 €, 20 min, toutes les heures).

Arucas

10 400 HABITANTS

Arucas est l'occasion d'une agréable escapade d'une journée hors de Las Palmas. Cette bourgade charmante et compacte possède des rues piétonnes bordées d'élégants édifices historiques et un joli parc fleuri.

À voir

Il est très plaisant de visiter la ville à pied. De l'Iglesia de San Juan, descendez la Calle Gourié jusqu'à la Calle León y Castillo, bordée par des bâtiments pittoresques de style colonial. Tournez à droite sur la Plaza Constitución, située en face des ravissants jardins municipaux. Vous y verrez notamment l'*ayuntamiento* (hôtel de ville), édifice de style moderniste de la fin du XIXe siècle, et quelques sympathiques bars en terrasse.

♥ **Iglesia de San Juan** ÉGLISE
(⏲9h30-12h30 et 16h30-19h15). L'extraordinaire silhouette néogothique de cette église monte la garde au-dessus des maisons blanches d'Arucas, offrant un contraste saisissant. Avec ses flèches sophistiquées, cette église conçue par un architecte catalan a des airs de Sagrada Familia (Gaudí). Sa construction démarra en 1909 sur le site d'une ancienne *ermita* (chapelle) pour s'achever 70 ans plus tard. Elle recèle des trésors, dont un Christ nu allongé sculpté

par Manolo Ramos, un artiste local, et trois magnifiques rosaces.

Jardines Municipales JARDINS
(Calle Heredad ; 9h-22h). GRATUIT Les jardins municipaux, à la française, s'ornent de fontaines, de pavillons, de sculptures et d'arbres exotiques, dont le rare arbre à savon (*Quillaja saponaria*), une espèce sempervirente, et plusieurs magnifiques dragonniers. La Calle Heredad longe les jardins sur le flanc sud de la place que domine la superbe silhouette néoclassique de l'**Heredad de Aguas de Arucas y Firgas**, achevé en 1908, qui abrite aujourd'hui la compagnie des eaux locale.

Jardín de la Marquésa JARDIN
(www.jardindelamarquesa.com ; adulte/enfant 6/3 € ; 9h-13h et 14h-18h lun-sam ; P). Au nord-ouest d'Arucas, sur la route de Bañaderos, ce ravissant jardin botanique appartient, tout comme l'Hacienda del Buen Suceso, à la Marquésa (marquise) de Arucas. Luxuriant, il comporte plus de 2 500 plantes vivaces, arbres et cactus, mais aussi des mares, des espaces où s'asseoir et une serre abritant des bananiers. Un guide détaillé des végétaux est fourni avec le billet d'entrée.

Museo La Cantera MUSÉE
(Camino los Callejones ; 9h-17h lun-ven). GRATUIT Installé au-dessus d'une ancienne carrière, ce petit musée bien conçu rend hommage à la taille de la pierre, une industrie présente de longue date en ville.

Destilerías Arehucas DISTILLERIE DE RHUM
(www.arehucas.com ; 10h-14h lun-ven ; P). GRATUIT La visite guidée de cette distillerie de rhum est couronnée par la dégustation de 5 rhums et 11 liqueurs. Possibilité d'acheter des bouteilles sur place.

Musée municipal MUSÉE
(Jardines Municipales ; 10h-18h lun-ven, 10h-13h sam). GRATUIT Les jardins municipaux accueillent le principal musée de la ville, où se tiennent une exposition permanente sur les peintres et sculpteurs canariens, ainsi que des expositions temporaires.

Où se restaurer et prendre un verre

El Belingo TAPAS €
(www.elbelingo.com ; Calle León y Castillo 3 ; tapas 4-10 € ; fermé dim soir et lun ;). La carte de cet accueillant café en terrasse propose des plats canariens traditionnels, sans trop céder aux sirènes de la restauration touristique. La *ropa vieja* (ragoût de pois chiches) est succulente. Concerts le samedi après-midi.

Tasca Jamon TAPAS €
(Calle Gourié 5 ; tapas 3,50-8 € ; 13h-16h et 19h-tard mar-dim). Un emplacement superbe pour la terrasse de cet établissement, dans une petite rue piétonne avec une vue pleine de charme sur l'église. Bon choix de tapas classiques du type tranches de fromage *manchego* avec pain blanc croustillant.

La Dolorosa BAR
(Calle Párroco Cárdenes 5 ; 19h-minuit mer-lun ;). L'établissement le plus stylé de la ville, avec bar à cocktails tendance et tapas légères. Les tables en terrasse sont à 5 m à peine de l'imposante façade de l'église.

Renseignements

Office du tourisme (Calle León y Castillo 10 ; 8h30-17h lun-ven, 10h-14h sam). Peut vous aider à réserver un hébergement. Toilettes publiques.

DES OISEAUX, DES BANANES OU DES BERBÈRES ?

D'où vient donc le nom de Canaries ? Des canaris gazouillants originaires de l'archipel ? Ou bien, autre explication improbable, du mot latin *canus* (chien), parce que les membres de l'une des toutes premières expéditions auraient découvert sur place des chiens d'une taille qu'ils jugèrent impressionnante (d'autres encore pensaient que les habitants de l'archipel étaient des mangeurs de chiens) ?

Selon une théorie plus plausible, les habitants des Canaries, arrivés plusieurs siècles avant Jésus-Christ, étaient des Berbères de la tribu des Canarii, venus du Maroc. Ce nom tribal fut simplement appliqué à l'archipel et, plus tard, ratifié par Pline. Quant au qualificatif de Gran apposé à Canaria, plusieurs explications peu satisfaisantes ont été émises : les insulaires auraient livré une grande bataille contre leurs conquérants, ou l'île était considérée comme la plus grande de l'archipel. Une erreur à l'évidence puisque Tenerife et Fuerteventura sont plus grandes.

Depuis/vers Arucas

Les bus n°s 205 et 210 circulent entre Arucas et Las Palmas toutes les 30 minutes (2,10 €, 25 min). Le bus n°215 se rend toutes les heures à Teror (1,40 €, 15 min).

Environs d'Arucas

Si vous avez un moyen de transport (de préférence motorisé), prenez le chemin pentu et bien signalisé qui rejoint **La Montaña de Arucas**, à 2,5 km au nord de la ville. On a de là une vue splendide sur Las Palmas, la côte nord, des vergers, des bananeraies et, moins photogénique, des hectares de serres en plastique. Le restaurant du coin, **La Corona de Arucas** (www.lacoronadearucas.com ; plats 10-25 €), jouit d'une vue fabuleuse. Bien qu'il soit touristique, on y mange bien. La carte principale comprend d'innombrables plats de viande, mais aussi plusieurs plats de poisson et quelques salades symboliques. La carte des tapas décline des spécialités canariennes raffinées. Goûtez au fromage de chèvre grillé accompagné de *bienmesabe* (pâte épaisse faite de miel et d'amandes, *très* sucrée).

Moya

1 320 HABITANTS / ALTITUDE 490 M

La route spectaculaire qui parcourt les 20 km entre Arucas et Moya, à flanc de montagne, offre une vue vertigineuse sur la côte nord. Moya est une ville active sans prétentions, dotée de quelques exemples d'architecture canarienne, dont la jolie **Casa-Museo Tomás Morales** (www.tomasmorales.com adulte/enfant 2 €/gratuit ; ⌚10h-18h mar-dim). Ancienne demeure de ce poète canarien décédé en 1922 à 37 ans, ce musée comprend une salle de musique avec un clavicorde du XIXe siècle, une petite salle où ont lieu des concerts classiques et un charmant jardin clos où poussent cactus et pamplemoussiers. Mais le plus impressionnant reste la vue sur le *barranco* (ravin) depuis l'arrière de l'église du XVIe siècle. Seul le spectacle de l'église elle-même, vue depuis l'autre côté du ravin, accrochée en équilibre précaire au flanc de la montagne, est en mesure de rivaliser.

Les bus n°s 116 et 117 circulent toutes les heures, entre Moya et Las Palmas (2,95 €, 1 heure).

Santa María de Guía

4 900 HABITANTS

À la sortie de la route GC-2, à 25 km à l'ouest de Las Palmas, Santa María de Guía (Guía pour les intimes) est une petite ville élégante, qui accueillit temporairement le compositeur français Camille Saint-Saëns (1835-1921). Le musicien aimait jouer de l'orgue dans son église néoclassique du XVIIe siècle. Celle-ci domine une grande place qui fait un agréable lieu de promenade.

Au XVIIIe siècle, la ville et ses environs furent ravagés par une invasion de sauterelles. Pour s'en débarrasser, les habitants s'en remirent aux bons soins de la Vierge Marie. La tradition est restée, et le troisième dimanche de septembre, Guía fête La Rama de las Marías en dansant jusqu'à l'église pour y déposer des offrandes de fruits. La ville est connue aussi pour son *queso de flor* (fromage). Vous en trouverez dans les supermarchés, et à la **Casa Arturo** dans la Calle Lomo Gullén (l'artère principale quand on entre en ville par la GC-2).

Les bus n°s 103, 105 et 151 (2,85 €, 50 min) passent ici à peu près toutes les demi-heures en venant de Las Palmas.

Environs de Santa María de Guía

À environ 3 km à l'est de la ville, le **Cenobio de Valerón** (www.arqueologiacanaria.com ; Cuesta Silva s/n ; adulte/enfant 3 €/gratuit ; ⌚10h-18h mar-dim ; P) est un fascinant ensemble de plus de 350 grottes, silos et cavités de tailles variées, qui servaient à entreposer les céréales à l'époque préhispanique. Ces grottes, situées à flanc de pentes escarpées, sont reliées entre elles par des marches et des chemins aménagés. Sur tout le site, des panneaux informatifs détaillent l'histoire et l'archéologie des grottes, ainsi que la géologie volcanique de la région.

Gáldar

10 780 HABITANTS / 124 M D'ALTITUDE

Cette charmante ville, qui fut la capitale du *guanartemato* (royaume) de l'époque préhispanique, est réputée à juste titre pour ses sites archéologiques extraordinaires. Son joli centre historique, plein d'animation, se déploie autour de la gracieuse Plaza de Santiago, où se dresse l'église néoclassique de Santiago de Gáldar. La place compte

LA GRANDE CANARIE POUR LES ENFANTS

La Grande Canarie est un paradis pour les plus jeunes. Au programme : une myriade d'activités naturelles ou conçues pour eux, et des parcs à thème. On pense d'abord, bien sûr, aux plages, avec en prime dans les stations du Sud un large choix d'excursions en bateau. À Puerto Rico, on peut aller voir les dauphins avec la compagnie **Spirit of the Sea** (p. 75). Plus à l'ouest, **Taurito** est une ville aux airs de parc de loisirs, avec plusieurs piscines et toutes sortes d'activités pour les enfants et les plus grands. Les parcs à thème sont nombreux par ici, notamment autour de **Playa del Inglés** (p. 70), où l'on hésite entre promenades à dos de chameau, zoos, parcs aquatiques, spectacles façon Far West et bien d'autres choses encore. Le **Cocodrilo Park** (www.cocodriloparkzoo.com ; adulte/enfant 10/7 € ; 10h-17h dim-ven), près d'Agüimes, est à la fois un zoo et une réserve animalière. La majorité de ses pensionnaires sont des animaux de compagnie exotiques abandonnés par leurs propriétaires. Pour élever le niveau, même le bambin le plus hostile aux musées sera impressionné par les maquettes de galions de la **Casa-Museo de Colón** (p. 46), à Las Palmas, qui retrace la vie de Christophe Colomb. Enfin, pour une visite plus ludique et interactive, suivez les groupes d'écoliers au superbe musée scientifique qu'est le **Museo Elder de la Ciencia y la Tecnología** (p. 50), lui aussi dans la capitale.

aussi l'un des plus vieux *dragos* (dragonniers) de l'île. Planté en 1718, il se dresse dans le patio de la Casas Consistoriales, édifice du XIXe siècle où est installé l'**office du tourisme** (www.ciudaddegaldar.com ; Casa Consistoriales, Plaza de Santiago 1 ; 9h-15h30 lun-ven).

À voir

Museo y Parque Arqueológico Cueva Pintada SITE ARCHÉOLOGIQUE
(902 40 55 04, 928 89 54 46 ; www.cuevapintada.com ; Calle Audiencia 2 ; adulte/enfant 6 €/gratuit ; 10h-18h mar-sam, à partir de 11h-18h dim, visite guidée en français 15h ;). Découverte par un fermier à la fin du XIXe siècle, cette grotte, l'un des plus importants sites préhispaniques de la Grande Canarie, s'orne de motifs géométriques, qu'on pense liés aux calendriers lunaire et solaire. C'est aussi le site archéologique le plus accessible de l'île, car situé en plein cœur de ville et non au beau milieu du flanc d'une falaise. En outre, on peut le visiter en fauteuil roulant.

Le musée présente des vidéos et des reconstitutions éclairant la vie locale avant l'arrivée des conquistadors. Il donne à voir les 5 000 m^2 où ont été excavés les vestiges de grottes d'habitation creusées dans la roche volcanique. La grotte peinte est en elle-même le clou de la visite. On peut découvrir le site en indépendant, toutefois, la visite guidée (1 heure 30) est vivement recommandée. Tâchez de réserver via le site Internet – le nombre de participants est limité à 20 personnes par visite, et vous pourriez bien ne pas avoir de place si vous venez à l'improviste.

Afin de prévenir une détérioration plus poussée des peintures, la grotte n'est ouverte qu'à heures fixes (les plages horaires sont trop nombreuses pour être répertoriées ici !), et les peintures sont visibles seulement 4 minutes au maximum, de derrière une vitre. Au cours de la seule décennie 1972-1982, les couleurs ont perdu 50% de leurs pigments à cause de l'afflux constant de visiteurs.

Casa Museo Antonio Padrón MUSÉE
(Calle Capitán Quesada 3 ; adulte/enfant 2 €/gratuit ; 10h-18h mar-sam). Les habitants sont très fiers d'Antonio Padrón, enfant du pays qui mourut tragiquement d'une réaction allergique à la pénicilline à l'âge de 48 ans, dans les années 1960, alors qu'il commençait tout juste à être reconnu par le monde de l'art européen. Ses tableaux colorés au style très particulier s'inspirent pour beaucoup des motifs géométriques des Guanches. Le musée est aménagé dans l'ancien atelier de l'artiste.

Comment s'y rendre et circuler

BUS

Le bus n°105 (3,10 €, 1 heure) prend la direction de l'est et de Las Palmas approximativement toutes les demi-heures. À destination du Sud, le bus n°103 (1,40 €, 20 min, toutes les heures) relie Gáldar à Agaete et à Puerto de las Nieves.

VOITURE

Les rues étroites à sens unique et la quasi-absence de places de stationnement rendent la circulation automobile assez ardue. Il y a toutefois deux parkings gratuits dans la Calle Real de San Sebastián, lorsqu'on arrive en ville en venant de Las Palmas.

Agaete et Puerto de las Nieves

4 660 HABITANTS

La bourgade verdoyante d'Agaete, à 10 km au sud-ouest de Gáldar, mérite amplement une visite. La Calle de la Concepción, jolie rue principale, est bordée d'édifices typiques de l'architecture canarienne, dont certains s'ornent des traditionnels balcons en bois. Dans le centre se dresse la belle église du bourg.

Située à 1 km de là, Puerto de las Nieves fut jusqu'au XIXe siècle le port principal de l'île. Elle est surtout connue pour être le terminal des ferries rapides qui relient la Grande Canarie et Tenerife. Cette petite localité possède des plages de galets noirs et bénéficie d'un cadre montagneux ravissant et d'une vue splendide au sud le long de l'Andén Verde. On dirait un village de pêcheurs, et l'architecture toute de bleu et de blanc rappelle celle des îles grecques. Le port est réputé pour ses excellents restaurants de poisson où affluent les habitants le week-end.

De la jetée, on aperçoit le **Dedo de Dios** (Doigt de Dieu), monolithe basaltique qui fut l'emblème de la ville et une discrète curiosité touristique, avant qu'un ouragan n'en brise un morceau en 2005. Jetez un coup d'œil aux photos affichées à l'extérieur du restaurant éponyme pour voir à quoi ressemblait le rocher du temps de sa splendeur.

À voir

Iglesia de Nuestra Señora de la Concepción ÉGLISE

(Plaza Constitución, Agaete ; horaires variables). Érigée en 1874, cette église est d'un style éminemment méditerranéen. Plus petite mais tout aussi intéressante, l'**Ermita de las Nieves** (11h-13h lun-sam, 9h-11h dim), une minuscule chapelle, est en retrait du bord de mer à Puerto de las Nieves. On peut y admirer un triptyque flamand du XVIe siècle réputé, peint par Joos van Cleve et dédié à la Virgen de las Nieves.

> HORS DES SENTIERS BATTUS
>
> **LE CAFÉ CANARIEN**
>
> Un itinéraire panoramique assez direct mène de la ville d'Agaete 6 km plus loin dans la fertile vallée du même nom, où vous attendent plusieurs plantations de café. À la **Finca La Laja** (www.bodegalosberrazales.com ; Calle de los Romeros ; 10h-17h lun-ven, jusqu'à 14h sam), on cultive des fruits exotiques et du raisin en plus du café. La visite guidée comprend une dégustation de vin et une tasse du café parfumé produit sur place. Tout en haut en surplomb de la vallée, la pinède de Tamadaba est idéale pour la randonnée.

Museo de la Rama MUSÉE

(928 55 43 82 ; Calle Párroco Alonso Luján 5 ; adulte/enfant 2 €/gratuit ; sur rendez-vous). À côté de l'église principale, ce petit musée rend hommage à la fête annuelle la plus importante de la ville, la Rama, à travers des commentaires, une histoire détaillée et des pièces exposées, notamment les personnages en papier mâché à la tête gigantesque censés représenter des personnalités populaires de la ville.

Huerto de las Flores JARDIN BOTANIQUE

(Calle Huertas ; adulte/enfant 1,50/1 € ; 10h-16h mar-sam ; P). Ce jardin du XIXe siècle conserve plus de 300 plantes tropicales. Une retraite agréablement ombragée les jours de grosse chaleur. Le petit bar sert un café produit dans la vallée d'Agaete voisine.

Fête

Fiesta de la Rama FÊTE

(4 août). Cette fête extraordinaire trouve son origine dans une obscure danse de la pluie guanche. Aujourd'hui, fanfares et habitants défilent dans les rues en brandissant des branches d'arbres (*ramas*) avant de se livrer corps et âme à la fête.

Où se restaurer

S'il existe une pizzeria, ce sont les poissons et fruits de mer qui tiennent le haut du pavé dans les restaurants de Puerto de las Nieves.

Bar Angor PRODUITS DE LA MER €

(Avenida de los Poetas 2 ; plats 8-12 € ; 13h-16h et 19h-tard). Aménagé dans un bel édifice bleu et blanc, cette adresse est très prisée de la

HORS DES SENTIERS BATTUS

ÉCOTOURISME À EL ROQUE

Les eaux qui baignent les côtes de Puerto de la Aldea font partie d'un projet pilote visant à développer l'écotourisme dans le secteur. L'**El Roque Micro Área** (www.microareas.org) englobe une portion de littoral vierge spectaculaire. Les autorités locales comptent bien y attirer les randonneurs, les adeptes de la plongée, du snorkeling et ou encore du kayak, grâce à un projet censé éveiller les consciences (et récolter des fonds) pour développer de manière durable ce coin oublié de l'île. À l'heure actuelle, les infrastructures étant rares, il faut pouvoir se suffire à soi-même, mais l'endroit a un riche potentiel. Pour l'instant, il n'est pas soumis à un droit d'entrée.

clientèle locale et des touristes, essentiellement pour son *menú del día* (3 plats, 7 €) d'un excellent rapport qualité/prix.

♥ Cofradía de Pescadores PRODUITS DE LA MER €€
(Muelle Puerto Nieves ; plats 9-16 € ; ⏲13h-16h et 19h-tard). Près du port, vous pourrez vous régaler (éventuellement en terrasse) de la prise du jour en compagnie des pêcheurs – quelle meilleure recommandation que celle-ci ? Goûtez à la *parrilla de pescado y marisco* (grillade mixte de poisson et fruits de mer) ou à la succulente paella. Pour la forme, la carte propose 3 plats de viande, mais fort peu d'options végétariennes.

Restaurante Las Nasas PRODUITS DE LA MER €€
(Calle Nuestra Señora Nieves 7 ; plats 8-10 € ; ⏲13h-16h et 19h-tard mer-lun). Cadre pour le moins évocateur dans ce vieil entrepôt à la déco à l'ancienne en noir et blanc, avec maquettes de bateaux, plafonds hauts et petite terrasse abritée donnant sur la mer.

Restaurante Dedo de Dios PRODUITS DE LA MER €€
(Carretera Puerto Nieves ; plats 8-10 € ; ⏲13h-16h et 19h-tard mer-lun). Une charmante demeure ancienne et couverte de fougères, face à la plage et à ce qu'il reste du pauvre Dedo. Avec une longue carte qui fait la part belle aux produits de la mer, et un grand choix de desserts, l'adresse est prisée pour les réunions de famille le week-end.

ℹ Renseignements

Office du tourisme (www.agaete.es ; Calle Nuestra Señora Nieves 1, Puerto de las Nieves ; ⏲9h-17h lun-ven, 9h-14h30 sam). À côté du Restaurante Dedo de Dios.

ℹ Depuis/vers Agaete et Puerto de las Nieves

BATEAU

Au départ de Puerto Nieves, **Fred Olsen** (☎902 10 01 07 ; www.fredolsen.es) assure 6 ferries rapides par jour (adulte/enfant 42/25 €) qui effectuent la traversée d'une heure à destination de Santa Cruz de Tenerife. La correspondance en bus jusqu'à Las Palmas (Parque Santa Catalina) est gratuite. Au retour, le bus quitte Las Palmas 1 heure avant le départ du ferry.

BUS

Le bus n°103 relie la ville et le port à Las Palmas (4,30 €, 1 heure 15) au minimum toutes les heures. Le bus n°101 se rend au sud à Aldea de San Nicolás (3,95 €, 1 heure, 4/jour).

VOITURE

Il y a un parking gratuit à Agaete, en face des jardins botaniques dans la Calle Huertas. Il est assez facile de stationner dans les rues, en particulier en semaine.

La Aldea de San Nicolás

2 575 HABITANTS

Parfois appelé San Nicolás de Tolentino, mais plus souvent "La Aldea" (Le Hameau) tout court, cette bourgade assez morne n'offre guère d'intérêt. Le voyage importe toutefois plus que la destination : la route d'Agaete à San Nicolás est l'occasion d'un magnifique trajet à flanc de falaise. Si vous partez vers le sud-ouest en fin d'après-midi, le soleil couchant baigne le paysage d'une lumière douce et enveloppe les crêtes successives d'un halo qui s'assombrit. Les endroits où s'arrêter étant peu nombreux, n'hésitez pas à profiter de la moindre occasion. Ceux qui souffrent de vertige préfèreront peut-être effectuer ce périple de 40 km (pouvant durer 2 heures) dans l'autre sens. En le parcourant du sud au nord, on négocie les innombrables virages côté montagne plutôt qu'au bord du précipice.

L'arrivée depuis Mogán et le Sud, bien qu'on ne voie pas la mer, permet une vue saisissante.

Le bus n°38 (3,85 €, 1 heure, 5/jour) circule entre Puerto de Mogán et La Aldea de San Nicolás. Le bus n°101 (3,95 €, 1 heure, 4/jour) relie Agaete et San Nicolás.

Environs de La Aldea de San Nicolás

En quittant le village par le nord, faites un détour par **Puerto de La Aldea**, son petit port et ses quelques restaurants de la mer. La *ropa vieja de pulpo* (ragoût de pois chiches au poulpe) est la spécialité locale. Les amateurs de pique-nique apprécieront le **Parque Ruben Día**, avec tables et bancs en pierre à l'ombre des pins. Après le déjeuner, laissez-vous tenter par une balade sur la promenade pour voir la petite plage de galets noirs et le Charco ("flaque d'eau"). Là, chaque année en septembre lors d'une fête pour le moins insolite, des participants viennent de toute l'île pour patauger et attraper des poissons à mains nues.

En sortant de San Nicolás également, dans le hameau de Tocodomán, des panneaux indiquent la **Cactualdea** (www.cactualdea.com ; entrée adulte/enfant 6/3 € ; ⏲10h-18h), qui se targue d'être le jardin de cactus le plus grand d'Europe avec plus de 1 200 variétés. Il compte aussi une reconstitution de grotte guanche. L'offre de restauration, type parc à thème, est insipide : prévoyez votre pique-nique.

LES MONTAGNES DU CENTRE

Artenara

920 HABITANTS / 1 270 M D'ALTITUDE

Artenara, qui bénéficie d'un emplacement spectaculaire, est le village le plus élevé de la Grande Canarie. Depuis le Mirador de Unamuno, la vue sur un immense cratère volcanique est spectaculaire, mais il y a plusieurs autres *miradores* (belvédères) bien indiqués. De l'autre côté du bourg, le Mirador de la Atalaya surplombe plusieurs grottes troglodytiques, dont certaines sont encore habitées, et permet d'apercevoir au loin le sommet d'El Teide, sur Tenerife.

À Artenara, tout tourne autour des grottes. Les gens y vivent, des restaurants y sont aménagés, le musée du village lui-même occupe un ensemble de plusieurs grottes et, pour passer la nuit sur place, il est même possible de loger dans une *casa rural*, elle aussi installée dans une grotte. Consultez les possibilités d'hébergement à l'adresse www.artenatur.com. Le bourg assoupi se tient au pied du **Corazón de Jesus**, sorte de Cristo Redentor aux bras étendus semblable à celui de Rio, en beaucoup plus petit.

À voir

Santuario de la Cuevita ÉGLISE

(Calle Camino de la Cuevita). Datant du début du XIXe siècle, cette chapelle est l'une des plus petites et des plus ravissantes de la Grande Canarie. Autel, confessionnal, chaire – tout a été sculpté dans la roche, et l'ensemble évoque une version miniature de l'église de Lalibela. La chapelle abrite la Virgen de la Cuevita, sainte patronne du folklore canarien et du... cyclisme !

Iglesia de San Matías ÉGLISE

(Plaza San Matías). Cette ravissante église du XVIIIe siècle est dotée d'un plafond en bois sculpté, d'un autel décoré de fresques et de vitraux Art nouveau.

Museo Etnografico Casas Cuevas MUSÉE

(Calle Pàrroco Domingo Bàez ; entrée sur contribution ; ⏲11h30-16h30). Autrefois habité, cet ensemble de grottes abrite aujourd'hui le musée du village, qui offre un aperçu de la vie quotidienne dans le bourg au temps jadis. Les grottes, décorées de mobilier d'époque, sont étonnamment spacieuses et jouissent d'une vue sensationnelle. À les voir, on comprend qu'il devait faire bon y vivre.

Où se restaurer

Restaurante Mirador La Cilla BARBECUE €€

(📱609 163944 ; Camino de la Cilla 9 ; plats 8-16 € ; ⏲13h-16h et 19h-tard). Une galerie creusée à flanc de montagne sert d'entrée à ce restaurant établi de longue date. Réservez pour être sûr d'obtenir une table sur la vaste terrasse avec vue splendide sur le Roque Nublo au loin (et de beaux paysages au premier plan). La carte fait la part belle à la viande (steaks cuits sur un brasero le week-end).

Depuis/vers les montagnes du Centre

Le bus n°220 circule toutes les heures depuis/vers Teror (2,95 €, 1 heure 15), d'où l'on peut facilement prendre une correspondance pour Las Palmas.

Une route absolument vertigineuse (GC-210) relie Artenara et Aldea de San Nicolás, mais aucun bus n'est en mesure de l'affronter.

Tejeda

1 485 HABITANTS / ALTITUDE 1 050 M

Au cœur de l'île, ce charmant village possède une jolie église et des ruelles sinueuses et escarpées bordées de maisons à balcons. Quel que soit l'itinéraire emprunté, on traverse un splendide paysage accidenté de vertigineuses falaises et de gorges très encaissées. Plaisant toute l'année, le bourg est absolument ravissant en février lorsque les amandiers sont en fleur. Dès la floraison, une grande fête célébrant l'amande est organisée.

À voir

Les environs sont propices aux randonnées exigeantes comme aux balades moins ardues. L'office du tourisme dispose de brochures détaillant les sentiers.

Centro de Plantas Medicinales JARDIN
(928 66 60 96 ; Calle Párroco Rodriguez Vega 10 ; adulte/enfant 3 €/gratuit ; 10h-16h lun-ven, 10h-15h sam-dim). Cet agréable jardin de plantes médicinales comporte des légendes en anglais. Il compte un petit centre d'interprétation et un café où achever la visite en buvant une tasse de tisane – médicinale, bien sûr.

Museo de las Tradiciones MUSÉE
(Calle Párroco Rodríguez Vega ; adulte/enfant 3 €/gratuit ; 10h-16h lun-ven, 10h-15h sam-dim). Occupant l'un des plus charmants édifices du bourg, ce musée offre un bon aperçu de la vie locale, commençant par l'époque guanche et couvrant toute la période de la conquête. Intéressantes collections traitant de l'agriculture dans les montagnes.

Où se restaurer

Dulcería Nublo Tejeda PÂTISSERIE €
(Calle Hernández Guerra 15 ; 9h30-22h). Cette sublime pâtisserie où l'on confectionne de véritables délices est le grand rendez-vous des fins gourmets. Goûtez aux gâteaux aux amandes enrobés de chocolat et ne repartez pas sans un pot de *bienmesabe* (pâte épaisse faite de miel et d'amandes).

Déjate Llevar BISTROT €€
(637 083694 ; www.letmetakeu.com ; Calle Doctor Domingo Hernández Guerra 25 ; plats 6-12 € ; 13h-16h et 19h-tard mer-dim ;). Avec sa décoration artiste et minimaliste, et sa carte de bistrot aux nombreux plats végétariens, cet établissement est un vrai petit bijou. Les salades inventives offrent une alternative plus légère aux habituels ragoûts de lapin et de chevreau, et l'on sert également des jus de fruits fraîchement pressés, ainsi qu'un choix de vins locaux (pour ceux qui ne reprennent par la route sinueuse après le déjeuner). Réservation recommandée.

Renseignements

Office du tourisme (www.tejedaturistica.com ; Avenida de los Almendros ; 10h-17h lun-ven, 10h-16h sam-dim). Dans un kiosque près de la station-service à l'entrée sud de la ville.

Depuis/vers Tejeda

Le bus n°305 (2,55 €, 1 heure, 6/jour) relie Tejeda à San Mateo, d'où les correspondances pour Las Palmas sont fréquentes.

Environs de Tejeda

Cruz de Tejeda

La croix en pierre gris-vert qui donne son nom au site marque le centre de la Grande Canarie et de ses *caminos reales* (sentiers royaux) grâce auxquels on peut encore sillonner toute l'île. Le site est l'un des plus prisés des touristes des stations balnéaires qui participent à des excursions en bus. Les visiteurs y sont donc généralement nombreux, d'où les stands de souvenirs et les promenades à dos d'âne.

Les belvédères permettent d'admirer les plus belles merveilles de l'île : à l'ouest, la montagne sacrée du Roque Bentayga et, par temps clair, la pyramide volcanique du Teide, sur l'île voisine de Tenerife ; au sud-est, le Pozo de las Nieves, point culminant de la Grande Canarie, et l'emblématique Roque Nublo, souvent enveloppé de nuages ; et, se déployant au nord-est, Vega de San Mateo.

De là, on peut faire des randonnées de niveaux différents, allant de la balade d'une demi-heure sur un chemin bien pavé au trek de 5 heures en montagne. L'itinéraire circulaire de 12,5 km de Cruz de Tejeda au Roque Nublo est particulièrement recommandé. Prévoyez environ 3 heures 30 et habillez-vous chaudement, même si la journée vous semble particulièrement belle. Vous pourrez obtenir des renseignements et des conseils à l'Hotel El Refugio ou à l'**office du tourisme** (10h-17h) situé à côté du grand parking gratuit. Si vous préférez vous joindre à un groupe, contactez **Walk in Gran Canaria** (www.walkingrancanaria.com ; randonnées d'une journée à partir de 40 €/pers), qui organise des randonnées en montagne en semaine. Vous trouverez quelques restaurants très touristiques à Cruz de Tejeda. Pour un établissement un peu plus chic, essayez le parador (hôtel haut de gamme géré par l'État).

Le bus n°305 (1,45 €, 1 heure, 6/jour) en provenance de San Mateao passe par Tejeda.

Roque Bentayga

À quelques kilomètres à l'ouest du village de Tejeda s'élève le Roque Bentayga (1 404 m). L'endroit est bien signalisé, mais il vous faut votre propre moyen de locomotion. On peut voir autour du Roque plusieurs témoignages de la présence des Guanches dont des inscriptions dans la roche, des greniers et un site sacré. Ne manquez pas le **Centro de Interpretación** (10h-16h lun-ven, 10h-17h sam-dim) GRATUIT au pied du rocher. Il offre un excellent aperçu de la vie des peuples préhispaniques dans les montagnes du centre de la Grande Canarie. Renseignez-vous sur les sentiers de randonnée menant aux grottes troglodytiques qui abritaient jadis des familles guanches.

Pozo de las Nieves

Avec votre propre moyen de locomotion, vous pouvez rejoindre ce sommet, point culminant de l'île à 1 949 m, à 15 km au sud-est de Tejeda. Suivez les panneaux vers Los Pechos et gardez à l'œil le poste de communications militaire au sommet. Par temps clair, le panorama est époustouflant : au nord-ouest, on reconnaît le Roque Nublo.

Roque Nublo

Cet impressionnant monolithe (1 803 m), emblématique de l'île, semble jaillir du paysage volcanique pour atteindre 80 m de haut. Si on l'aperçoit en arrière-plan de quasiment toutes les photos prises dans le coin, cela vaut également la peine de le voir de près. La marche d'une demi-heure qui part de la route comporte quelques tronçons escarpés, mais elle n'est pas trop ardue, et la vue est splendide.

San Bartolomé de Tirajana

5 800 HABITANTS / ALTITUDE 890 M

La jolie bourgade de San Bartolomé compte plusieurs belvédères offrant une vue imprenable sur la vallée de Tirajana. Pour vous occuper, allez visiter l'**église** du XVIIe siècle agrémentée d'un très beau vitrail. Nous sommes ici dans une région viticole, ce dont témoigne la **Bodega Las Tirajanas** (www.bodegaslastirajanas.com ; Calle Las Lagunas ; dégustation 1 €/vin ; 10h-16h lun-ven, 10h-14h sam-dim), dans la partie supérieure de la ville, à côté de l'hôtel. Il est possible de passer à l'improviste pour une dégustation informelle, en revanche, pensez à réserver pour une visite guidée et pour savourer du fromage local, des olives et du *mojo* avec le vin. San Bartolomé fait une base idéale pour randonner et explorer la campagne environnante. Plusieurs sentiers bien indiqués parcourent les montagnes qui l'entourent.

Vous trouverez un petit parking gratuit dans la Calle Los Naranjos à l'entrée nord de la ville.

Où se restaurer

La Panera de Tunte BOULANGERIE
(Calle Reyes Católicos ; 7h30-20h lun-sam, jusqu'à 15h dim). À pied ou en voiture, les montagnes environnant San Bartolomé offrent un cadre parfait pour un pique-nique. Dans ce café-boulangerie bien établi, vous trouverez de quoi confectionner un déjeuner en plein air (charcuterie, pain frais et fromages du cru). Les tables en terrasse sur la place en font aussi une halte agréable pour boire un café et manger une part de gâteau.

Fataga

Une escapade de 7 km mène de San Bartolomé à Fataga, au sud. Le trajet est aussi magnifique que le hameau lui-même, perché au milieu d'un tertre que dominent à l'ouest d'imposantes falaises. On a plaisir à déambuler dans ses ruelles pavées, d'autant que ce village viticole compte au moins trois caves, toutes bien indiquées mais ouvertes à des horaires variables.

À environ 1,5 km au nord, **El Molino del Agua** (928 17 23 03 ; Carretera Fataga ; plats 10-15 € ; 13h-16h et 19h-tard) est une hacienda dont certaines parties datent du XVIe siècle. L'ancien moulin est niché dans une palmeraie comptant un millier d'arbres, et propose l'hébergement. Le restaurant dispose de tables à l'ombre des orangers et d'une carte canarienne correcte.

Sur la route principale, le **Bar Restaurante La Albaricoque** (Calle Nestor Álamo 4 ; plats 7-12 € ; 13h-16h et 19h-tard mer-lun ;) sert de bonnes tapas, ainsi qu'une cuisine locale du type croquettes aux garnitures diverses, de la *ropa vieja* et de la *carne de cabra* (ragoût de viande de chèvre). Mais son principal atout reste la terrasse donnant à perte de vue sur les montagnes.

Le bus n°18 (2,65 €, 50 min, 4/j) de Maspalomas à San Bartolomé passe par Fataga.

LE SUD DE L'ÎLE

Playa del Inglés et Maspalomas

30 000 HABITANTS

Playa del Inglés est la station balnéaire la plus connue de la Grande Canarie, lieu de fête au soleil pour des visiteurs venus surtout d'Europe du Nord. Pourtant, en journée (et hors saison), l'endroit semble plus haut de gamme qu'on ne s'y attend : rien à voir avec Los Cristianos à Tenerife. Dans le centre, vous trouverez davantage d'hôtels chics et de résidences élégantes que de pubs anglais. Reste qu'il n'y a pas grand-chose d'espagnol ici : tout s'adresse aux touristes, et on s'en tire très bien en ne parlant qu'allemand ou anglais. Le plan de la ville est par ailleurs sans charme, avec des boulevards et des ronds-points tirés au cordeau.

C'EST ENCORE LOIN ?

Un chapelet d'hôtels et d'appartements s'étend jusqu'au secteur de San Fernando, à quelque 2 km à l'intérieur des terres. Bien que des bus fassent la navette entre ce quartier et le bord de mer, leurs horaires ne coïncident pas forcément avec les vôtres. Si vous avez réservé dans un hôtel du secteur et que les prix sont presque trop avantageux pour être vrais, vérifiez à deux fois l'emplacement de votre hébergement. Il y a dans l'île des endroits nettement plus agréables pour se loger et s'étendre sur le sable.

Le soir, l'animation se concentre au Yumbo Centrum et alentour, notamment dans ses bars gays. L'ambiance familiale disparaît tandis que les clubs (gays ou non) vibrent jusqu'à l'aube, que les boissons coulent à flots dans les bars et que spectacles de drag-queens, saunas et sex-shops tournent à plein régime.

Seul attrait naturel d'intérêt, les dunes impressionnantes de Maspalomas, où sont par ailleurs installés quelques-uns des hôtels les plus luxueux et le plus grand golf de l'île. De la plage, les dunes s'étendent sur 400 ha. Leur zone centrale, à l'intérieur des terres, forme une réserve naturelle où l'accès est réglementé.

À voir et à faire

Dunas de Maspalomas RÉSERVE NATURELLE

Ces dunes magnifiques ont été classées réserve naturelle dans les années 1990. Grâce à cette mesure, on est certain qu'elles seront épargnées par la construction anarchique des hôtels. C'est du bas de l'Avenida Tirajana qu'on en a la plus belle vue. Déambulez sous les arches de l'Hotel Riu Palace Maspalomas jusqu'au balcon, au milieu d'un jardin botanique où l'on peut voir de nombreux végétaux endémiques aux Canaries. Un petit bureau d'information y est ouvert à des horaires aléatoires. Vous répugnerez peut-être à aller souiller les dunes de vos traces de pieds, mais c'est autorisé, à condition de respecter les panneaux et de rester sur les sentiers. Autre option, vous pouvez vous imaginer au Sahara en montant à dos de chameau avec **Camello Safari** (928 76 07 81 ; www.camellosafari.com ; adulte/enfant 12/8 € ; 9h-16h30).

Centro de Talasoterapia THALASSOTHÉRAPIE

(centre de thalassothérapie ; 928 77 64 04 ; www.gloriapalaceth.com ; Hotel Gloria Palace, Calle Las Margaritas, San Agustín ; circuit 2 heures 23 € ; 10h-21h). Immense et luxueux, ce centre de thalassothérapie est le plus grand d'Europe. Dans ce bâtiment de 7 000 m², le traitement standard consiste en un circuit englobant divers soins en Jacuzzi, sauna et grotte de glace. Massages du corps et du visage et autres soins de bien-être sont également proposés.

Parcs à thème

Le secteur compte de nombreux parcs de loisirs, qui font l'objet de publicités partout. Voici les plus anciens et les plus populaires du lot. L'office du tourisme vous renseignera

LA SCÈNE HOMOSEXUELLE

La Grande Canarie est la Mecque gay de l'archipel, et Playa del Inglés le terrain de jeu hivernal des Européens. Divers hôtels et résidences s'adressent spécifiquement à la clientèle homosexuelle. Les bars, boîtes et clubs semblent former un chapelet interminable au Yumbo Centrum, qui accueille une scène nocturne à prédominance gay, fréquentée tout de même par une petite clientèle lesbienne et hétéro. Il ne se passe pas grand-chose avant minuit. Après les douze coups et jusqu'à 3h environ, la fête bat son plein dans les bars au 4e niveau du Yumbo Centrum, avant que les clubs du 2e niveau ne prennent le relais.

À l'aube, tout ce petit monde rentre tant bien que mal se reposer. Certains se rendent sur la plage de Maspalomas, de l'autre côté des dunes, qui est aussi un haut lieu de rencontres.

Défilés, concerts, excursions et fêtes sont au programme de la **Maspalomas Pride** (www.gaypridemaspalomas.com ; ⏲ mai), qui se déroule sur 10 jours.

Pour en savoir plus sur les clubs, manifestations, adresses et petites annonces de la communauté gay, rendez-vous sur www.gaygrancanaria.com, www.colectivogama.com et www.grancanariagay.com (en espagnol, allemand et anglais).

au besoin sur les itinéraires des bus qui les desservent et sur leurs horaires. Certains parcs proposent une navette gratuite au départ des complexes hôteliers.

Palmitos Park ZOO

(www.palmitospark.es ; adulte/enfant 30/22 € ; ⏲ 10-18h ; 👪). Cette oasis subtropicale déborde de plantes exotiques et abrite quelque 1 500 espèces d'oiseaux, un aquarium, une exposition d'orchidées, une ferme et divers animaux dont des wallabies et des orangs-outangs. Une réduction s'applique sur les réservations en ligne. Le parc propose aussi un spectacle de dauphins, activité qui plaît au public mais suscite la critique des organismes de défense des animaux, selon lesquels la vie en captivité nuit aux animaux marins. Leur stress serait encore plus exacerbé par le contact avec les hommes.

Le parc se situe à quelques kilomètres au nord de la zone hôtelière de Playa Del Inglés.

Mundo Aborigen MONDE ABORIGÈNE

(www.mundoaborigen.es ; Carretera Playa del Inglés-Fataga ; adulte/enfant 10/5 € ; ⏲ 9h-18h ; 👪). À 6 km vers le nord sur la route de Fataga, une centaine de mannequins de Guanches donnent un aperçu de la vie quotidienne avant l'arrivée des conquistadors.

Aqualand PARC AQUATIQUE

(www.aqualand.es ; Carretera Palmitos Park ; adulte/enfant 26/18,50 € ; ⏲ 10h-17h ; 👪). Gigantesque parc aquatique avec des kilomètres de toboggans.

Camel Safari Park La Baranda BALADES EN CHAMEAU

(www.camelsafarigrancanaria.com ; Carretera Playa del Inglés-Fataga ; promenade 1 heure 25 € ; ⏲ 9h-18h ; 👪). À 13 km au nord de la Playa del Inglés, ce parc situé au cœur d'un domaine verdoyant planté de palmiers, d'avocatiers et d'agrumes compte 70 chameaux, de même qu'un restaurant, un bar et un petit zoo.

Sports nautiques

La pratique du surf est possible par ici (les meilleures vagues se trouvent à l'extrémité ouest de Maspalomas, près du phare), mais ce n'est pas le meilleur spot du monde. Les véliplanchistes, eux, préféreront l'est de la zone, au-delà de la station touristique, vers Bahía Feliz, Playa Águila et, surtout, pour ce qui est des sportifs expérimentés, le **Pozo Izquierdo**, 25 km plus loin sur la côte.

Club Mistral SURF ET PLANCHE À VOILE

(☎ 928 15 71 58 ; www.club-mistral.com ; Carretera General del Sur, Km 47, Playa de Tarajalillo ; stage 6 heures de planche à voile débutant adulte 140 €). À Bahía Feliz, ce club loue planches de bodyboard et de surf, kayaks de mer, planches à voile et matériel pour véliplanchistes, et organise des excursions de planche à voile.

Dive Academy Gran Canaria PLONGÉE

(☎ 928 73 61 96 ; www.diveacademy-grancanaria.com ; Calle La Lajilla, Arguineguín ; baptêmes à partir de 46 €, cours Advanced Open Water 270 €). Dispose d'une navette gratuite qui prend les plongeurs à leur hôtel et les conduit à l'école de plongée, dans l'ouest de la ville. Plongées du bateau et du rivage.

HORS DES SENTIERS BATTUS

PLANCHE À VOILE

Agréable bien qu'assez venteuse, la ville de **Pozo Izquierdo**, à 25 km au nord-est de la Playa del Inglés, n'a qu'une raison d'être : la planche à voile. Aux mois de juin et juillet, lorsqu'elle accueille une manche du championnat de monde de planche à voile, les passionnés affluent en masse. Le reste du temps, c'est un lieu paisible, où les conditions sont toujours idéales pour pratiquer ce sport.

Plusieurs écoles proposent des cours et la location de matériel. La **Cutre Windsurf School** (☎928 79 13 04 ; www.cutre.com ; location équipement assurance comprise 75 €/jour, cours débutant 10 heures 150 €) assure les cours via des casques radio. **Pozo Winds** (☎928 15 50 09 ; www.pozowinds.com ; cours débutant 10 heures 140 €) propose également des cours de planche à voile, de kitesurf et de stand-up paddleboard (SUP). Les écoles vous trouveront au besoin un hébergement, mais vous pouvez aussi opter pour la grande auberge de jeunesse du **Centro Internacional de Windsurfing** (☎928 12 14 00 ; www.pozo-ciw.com ; Calle Centro Internacional de Windsurfing ; dort/d avec sdb commune 18/32 € ; P 📶 🏊), installée sur la plage. Ses dortoirs ont vue sur l'océan.

Prosurfing Company SURF
(☎628 104025 ; www.prosurfingcompany.com ; Avenida de Moya 6, CC Eurocenter ; cours de surf 1 journée 49 €, location planche et combinaison 30 €/jour). Agence réputée : cours de surf, de kitesurf, de planche à voile et de stand-up paddleboard (SUP). Location de planches et de combinaisons également.

Canarias Extreme KAYAK
(☎675 911923 ; www.canariasextreme.com ; Calle Alfereces Provisionales 33 ; sortie en kayak 3 heures 49 €). Organise des excursions en kayak monoplace ou biplace sur toute la côte.

Autres sports

Pour une superbe randonnée de 5 km, suivez la promenade qui part vers l'est de la Playa del Inglés : le sentier chemine tantôt au niveau de la mer, tantôt en surplomb.

♥ **Free Motion** VÉLO
(☎928 77 74 79 ; www.free-motion.net ; Hotel Sandy Beach, Avenida Alféreces Provisionales ; location de vélo à partir de 14 €/jour, circuits organisés à partir de 49 €/jour). Gérée avec efficacité, cette agence propose un éventail de circuits en petits groupes, et loue des vélos – VTT, vélo de route et vélo de ville. Free Motion organise aussi votre transport depuis/vers plusieurs stations du littoral, dont Puerto Rico et Puerto de Mogán, contre un petit supplément.

Happy Biking VÉLO
(☎828 12 57 95 ; www.happy-biking.com ; Avenida de Gran Canaria 30, Centro Comercial Gran Chaparral ; location de vélo à partir de 10 €/jour ; ⏱9h-11h et 17h-19h lun-sam). Loue une gamme variée de vélos et organise des sorties à vélo assez ardues (à partir de 60 km), incluant la location du vélo, le transport et les rafraîchissements (60 €).

Happy Horse RANDONNÉE À CHEVAL
(☎658 925286 ; www.happy-horse.org ; circuit 3 heures 65 €). Cet opérateur organise des randonnées à cheval de 1, 2 ou 3 heures, dans l'intérieur des terres, au sud-est de la ville. On vient vous prendre à votre hôtel (compris dans le prix).

Plages

Playa del Inglés PLAGE
Outre les superbes dunes de Maspalomas, le principal atout de l'île aux yeux des milliers de touristes annuels en séjour tout compris est la longue et magnifique plage de sable de la station, qui s'étend sur 2,7 km. D'est en ouest, on trouve dans cet ordre la **Playa de las Burras** (San Agustín), la **Playa del Corralillo**, la **Playa del Inglés** et la **Playa de Maspalomas**. Elles sont toutes reliées entre elles pour ne former qu'une longue plage spectaculaire.

Où se restaurer

Sans surprise, la station balnéaire abonde en restaurants, parmi lesquels on trouve les habituels buffets chinois, grills argentins et établissements internationaux quelconques, mais aussi d'authentiques tables espagnoles (une espèce de plus en plus rare).

El Salsete CANARIEN MODERNE €€
(☎928 77 82 55 ; www.elsalsete.com ; Edificio Jovimar Bloque 1, Calle Secundino Delgado ; plats

ITINÉRAIRE PANORAMIQUE : DE PLAGE EN PLAGE

Pour plus d'espace autour de votre serviette de bain, plusieurs plages d'exception sont accessibles depuis la route GC-500 qui longe la côte à l'ouest de la Playa del Inglés. Du centre-ville (en haut de l'Avenida Tirajana), suivez les panneaux vers l'hôpital municipal et Puerto de Mogán en laissant Holiday World sur votre gauche. La route monte ensuite, longeant des palmeraies et le terrain de golf. Au Km 7, cherchez le panneau **Pasito Bea** et prenez à gauche la voie rocailleuse qui conduit à une petite crique de sable noir abritée par des rochers, où cohabitent nudistes et "textiles".

Après un bain rafraîchissant, reprenez la route, qui sillonne dans des collines arides avant d'atteindre, à 1,2 km, la **Playa de Carpinteras**. Suivez ensuite le sentier à l'est de la plage principale pour vous garer sur les falaises : vous découvrirez alors un large croissant de plage idyllique, méconnue (jusqu'à maintenant !), bordée par des dunes d'un côté et des eaux peu profondes de l'autre. Il s'agit de la **Playa de Montaña Arenas**. Il est possible de passer par les rochers vers l'est à partir de là pour rejoindre la plage, qui mêle, une fois encore, nudistes et non-nudistes. La troisième plage qui vaut le détour, au Km 9,2, est la **Playa de Triana**, une étendue de galets noirs, avec stationnement sur la route principale : attention, ici, pas question de s'étendre en tenue d'Ève et d'Adam.

En poursuivant sur la même route, on atteint 4 km plus loin un rond-point qui rejoint la GC-1 vers les plages bien plus touristiques de Puerto Rico et consorts.

12-18 € ; 13h-16h et 19h-tard lun-sam). Hors des sentiers battus, dans le nord du quartier de San Fernando, cette façade quelconque cache un accueillant restaurant servant une cuisine qui serait tout à fait à sa place dans un établissement avant-gardiste de Barcelone. Les plats témoignent d'une grande créativité, tant par le goût que par la présentation, et ne sont concoctés qu'avec les produits frais du marché. Réservation recommandée.

Mundo FUSION €€
(928 76 10 63 ; Apartamentos Tenesor, Avenida Tirajana 9 ; plats 10-18 € ; fermé sam midi et dim ;). Îlot de sophistication branchée, le Mundo a nettement remonté le niveau gastronomique des environs : sorte de *diner* américain aux influences japonaises, avec salle minimaliste aux carrelages noir et blanc rétro et chaises rouge cerise. Ne manquez pas les pâtes noires aux gambas si elles sont proposées. Réservation recommandée.

Casa Vieja CANARIEN €€
(Calle El Lomo 139, Carretera de Fataga ; plats 8-15 € ; 13h-16h et 19h-tard). Un peu au nord de la GC-1, sur la route de Fataga, cette "vieille maison" tenue avec passion offre une véritable ambiance *del campo* (campagne). Des plantes ornent le toit bas, les canaris gazouillent et la carte est on ne peut plus authentique (essayez la viande grillée). Des musiciens jouent de la musique traditionnelle, la plupart des soirs.

♥ **Samsara** FUSION €€€
(928 14 27 36 ; www.samsara-gc.com ; Avenida Oasis 30 ; plats 18-25 € ; 19h-tard mar-sam). En face du Palm Beach Hotel, une immense statue du Bouddha donne le ton. Les plats marient les ingrédients canariens et espagnols à des saveurs asiatiques. C'est ainsi que l'on déguste du fromage de chèvre fumé au wasabi et des pâtes aux fruits de mer parfumés à la citronnelle. Réservation recommandée.

Restaurante La Toja MÉDITERRANÉEN €€€
(928 76 11 96 ; Edificio Barbados II, angle Avenida Tirajana et Avenida EE UU ; plats 15-25 € ; 13h-16h et 19h-tard). Adresse de qualité qui fusionne le meilleur des cuisines française et galicienne : goûtez le veau au marsala ou l'étonnante "oreille d'éléphant" avec frites (en réalité, un mince filet de bœuf). Plats de riz assez copieux pour deux également.

Où sortir et prendre un verre

Tous les soirs, le Yumbo Centrum se transforme en paradis du noctambule. Le centre compte des établissements pour les gays comme pour les hétéros, et plusieurs semaines ne suffisent pas à découvrir l'offre pléthorique faite alentour aux oiseaux de nuit.

Côté musique live, on a de bonnes et de mauvaises surprises. Pour de la musique irlandaise et de la Guinness à la pression, cap sur le **Dunes & Tunes** (www.dunesandtunes.com ;

PIQUE-NIQUE UNIQUE

Et pourquoi ne pas échanger les sandwichs grignotés sur le sable de la plage pour un pique-nique avec tables et bancs dans un cadre idyllique, au bord d'un lac ? Pour cela, passé Mogán, continuez sur 2,5 km et empruntez la route GC-605, environnée d'un paysage bucolique composé de rochers massifs, de montagnes majestueuses et de bosquets de palmiers et de pins. Au bout de 10 km après l'embranchement on atteint le mirador de la **Cruz de San Antonio**, d'où la vue sur le lac et la route qui serpente en contrebas est grandiose. Un joli sentier balisé part de là pour rejoindre Inagua (10 km). La route continue de sinuer à travers les pinèdes de Pinar de Pajonales jusqu'au lac appelé **Presa de las Cuevas de las Niñas** et aux fameuses tables de pique-nique installées au bord de l'eau. Le trajet depuis Mogán dure un peu moins d'une heure. D'ici vous pouvez faire demi-tour ou mettre le cap sur Tejeda, et pique-niquer au milieu des plus hauts sommets de l'île.

Beach Blvd, Playa del Inglés ; 20h30-tard), ouvert de longue date. Si en revanche vous cherchez une discothèque animée par des DJ très connus, optez pour le **Pacha** (www.pachagrancanaria.com ; Avenida Sargentos Provisionales 10 ; 23h-5h), un établissement haut de gamme.

Achats

Les principaux centres commerciaux se trouvent au nord du centre-ville, à San Fernando et à Bellavista. On y trouve de tout, des vêtements pour enfants à l'électronique.

Fedac ARTISANAT
(Centro Insular del Turismo, angle Avenida España et Avenida EE UU ; 10h-14h et 16h-19h30 lun-ven). Pour de l'artisanat local, cette petite boutique à but non lucratif soutenue par les autorités canariennes, installée dans l'office du tourisme principal, offre des prix et une qualité qui vous permettront de comparer ce que vous voyez ailleurs. Achats assortis d'une garantie.

Yumbo Centrum CENTRE COMMERCIAL
(www.cc-yumbo.com ; Avenida EE UU ; 24h/24). Plus de 200 établissements sur quatre niveaux : chaussures, maroquinerie, parfums, etc., hors taxes, mais la qualité n'est pas toujours au rendez-vous. Le centre commercial abrite aussi des supermarchés.

Renseignements

Office du tourisme principal (www.grancanaria.com ; angle Avenida España et Avenida EE UU ; 9h-18h lun-ven, 9h-13h sam). À l'extérieur du Yumbo Centrum : cartes, personnel serviable et toilettes publiques.

Office du tourisme de la Playa del Inglés (centre commercial Anexo 11, Local 20 ; 9h-18h lun-ven, 9h-13h sam). Office plus petit à l'emplacement pratique, sur la plage principale.

Depuis/vers Playa del Inglés et Maspalomas

Des bus circulent régulièrement le long de la côte, jusqu'à Puerto de Mogán (4,15 €, 45 min) à l'ouest, et la capitale à l'est. Pour rejoindre Las Palmas (6,15 €, 1 heure), prenez les lignes express n°30 ou 50 (sans arrêt). Ceux qui veulent profiter de la *marcha* (vie nocturne) à l'autre bout de l'île prendront le bus de nuit (ligne n°5). L'office du tourisme dispose des horaires des bus desservant les itinéraires au nord et au sud.

Comment circuler

DEPUIS/VERS L'AÉROPORT

Le bus n°66 circule depuis/vers l'aéroport (3,75 €, 30 min, toutes les heures) jusqu'à 20h environ. En taxi, prévoyez 35 € pour Playa del Inglés et 40 € pour Maspalomas.

BUS

Global (www.globalsu.net) assure des bus pour nombre des parcs à thème. Pour un trajet en ville, comptez 1,40 €.

TAXI

Vous pouvez vous rendre dans l'une des stations, nombreuses et fiables ou appeler un **taxi** (928 76 67 67). De la Playa del Inglés, aucune course en zone urbaine ne devrait dépasser 10 €.

VOITURE

Si vous devez prendre votre voiture pour aller à la plage, vous trouverez un grand parking à côté de la Playa del Inglés. Le prix du stationnement dans la rue est raisonnable, à partir de 0,50 € les 30 minutes.

Puerto Rico et Arguineguín

Si Maspalomas conserve quelques beautés, telles ses dunes, et une vie nocturne trépidante, les stations similaires plus à l'ouest témoignent des ravages immobiliers infligés à un paysage littoral à l'origine aussi splendide que la côte amalfitaine en Italie. Un nouveau complexe semble surgir à chaque virage et des immeubles de béton s'étendent loin dans l'intérieur des terres.

Les environs du port d'Arguineguín ont gardé par endroits l'authenticité d'un petit port de pêche dynamique, mais dans l'ensemble, la ville en elle-même et ses mornes plages sont sans grand intérêt. Si vous passez à l'heure du déjeuner, faites un tour à la **Cofradía de Pescadores** (Muelle Pesquero de Arguineguin ; plats à partir de 8-15 € ; ⏲fermé mer et sept), qui, malgré ses nappes en plastique et sa carte polyglotte désarmante, propose du poisson frais du jour en provenance directe des bateaux. Arguineguín abrite par ailleurs une école de plongée réputée.

Puerto Rico illustre les erreurs de l'urbanisme : le village de pêcheurs d'origine a disparu sous un océan de béton et d'immeubles en rang d'oignons au pied des montagnes. La plage, quoique agréable, se révèle trop petite pour la capacité hôtelière de l'endroit. Seule échappatoire, une multitude de sorties en mer proposées au départ du port, notamment avec **Spirit of the Sea** (☎928 56 22 29 ; www.dolphin-whale.com ; adulte/enfant 27/14 €), pour partir deux heures voir les dauphins à bord d'un catamaran à fond de verre. Deuxième sortie gratuite si l'on n'a pas aperçu de cétacées lors de la première.

À l'ouest, les diverses stations, dont Playa del Cura, Playa del Tauro et **Taurito**, sont du même acabit. La dernière a tout de même fait un effort en direction des familles et offre un espace de loisirs paysager avec piscines de style lagune, courts de tennis, minigolf, installations de gym, bars et transats, sur une plage au sable néanmoins gris. Par ici, la mer régulière et tranquille permet de se baigner en sécurité.

Des bus relient Puerto Rico et Arguineguín à Maspalomas et Playa del Inglés (2 €, 30 min), ainsi qu'à Puerto de Mogán (1,55 €, 15 min) et Las Palmas (7,55 €, 1 heure 45 min), toutes les demi-heures. Si vous préférez le bateau, **Lineas Blue Bird** (☎629 989633 ; www.lineasbluebird.com) assure une liaison toutes les heures d'Arguineguín à Puerto de Mogán (adulte/enfant 6,50 €, 1 heure 10) et Puerto Rico (adulte/enfant 6,50/3,50 €, 30 min).

Puerto de Mogán

A l'ouest de Taurito, quelques courts kilomètres de littoral accidenté rappellent ce que devait être tout le sud de l'île il y a 50 ans, avant l'arrivée du tourisme de masse.

On atteint ensuite un virage : en contrebas se dessinent une séduisante plage en croissant et un petit port de plaisance et de pêche. Puerto de Mogán, bien que livrée aujourd'hui au tourisme, est à des années-lumière de ses semblables, plus orientales. Heureusement, même les constructions récentes à l'intérieur des terres sont plus agréables à l'œil que dans les autres stations balnéaires qui jalonnent cette côte.

Malgré un surnom un peu excessif de "Venise des Canaries", l'architecture et les canaux sont très jolis et la bourgade déborde de charme bourgeois. Dans le port, les immeubles bas aux balcons en fer forgé sont parés de couleurs vives et de magnifiques bougainvillées.

Malheureusement (mais logiquement), Puerto de Mogán attire la journée des foules de touristes envieux venus des stations voisines, surtout le vendredi matin, lorsque le marché envahit une partie de la ville. Les étals proposent les habituels sacs, ceintures et colliers en coquillage à des prix déraisonnables. Si vous séjournez ici, le vendredi est donc le jour idéal pour partir.

À voir et à faire

Cachée dans une enfilade de bars et de restaurants dans la Calle Los Pescadores, la modeste chapelle de l'**Ermita de San Fernando** date de 1936. On peut y entrer lors de la messe de 18h les mardis et samedis.

Les eaux sont un peu trop calmes pour s'adonner au surf ou à la planche à voile. Le lieu est en revanche idéal pour la plongée et le snorkeling, grâce aux grottes et aux épaves qui se trouvent juste au large.

Atlantik Diving — PLONGÉE
(☎689 35 20 49 ; www.grancanariadiveresort.com ; Hotel Puerto de Mogán, Playa de Mogán ; plongée avec équipement 40 €). Le club propose des cours tous niveaux, du Discover Scuba (découverte, 3 heures, 90 €) au Dive Master (minimum 20 jours, 720 €).

Canary Diving Adventures PLONGÉE
(☎928 56 54 28 ; www.canary-diving.com ; Hotel Taurito Princess, Playa de Taurito). Ce club offre des plongées du bateau, (40 €, équipement inclus), des stages de 4 jours de certification PADI (340 €) et une journée d'initiation dans la piscine pour les débutants (75 €).

Où se restaurer

L'endroit compte pléthore de cafés et de restaurants où déguster du poisson frais en *terraza*.

La Cucina ITALIEN €
(Calle Corriente 8 ; pizzas 6-9 € ; 13h-16h et 19h-tard). Tenu par des Italiens, ce petit local est destiné surtout à la vente à emporter, avec quelques tables à l'extérieur. Les pizzas sont recommandées, mais on prépare aussi divers plats de pâtes et de salades et l'incontournable tiramisu. En retrait du port, dans la partie historique de la ville.

Jack El Negro CANARIEN €€
(Pasaje Pescadores 6 ; plats 12-16 € ; 13h-16h et 19h-tard). Aménagé dans l'une des cabanes de pêcheurs d'origine, ce restaurant baptisé du nom du légendaire pirate des Caraïbes a un charme fou. Tenu depuis 1970 par Claudio, un Italien, il a pour spécialité la viande rouge cuite à la perfection sur une *parrilla* (gril). Les pizzas sont tout aussi recommandables.

La Bodeguilla Juananá MÉDITERRANÉEN €€
(Plaza Mayor ; plats 8-22 € ; 13h-16h et 19h-tard). Nichée dans un coin de la petite Plaza Mayor, en face du port de plaisance, cette adresse à la déco africaine, tenue avec passion, prépare une cuisine gastronomique avec des plats du jour comme le boudin noir servi avec de l'avocat et une sauce à l'ail. Sur la carte, les innombrables plats à base de fromage font la part belle au *queso* (fromage) canarien.

Patio Canario PRODUITS DE LA MER €€€
(www.restaurantemogan.com ; Urbanización Puerto de Mogán ; plats 15-20 € ; 13h-16h et 19h-tard). Adresse populaire bénéficiant d'un emplacement de premier rang, avec deux immenses terrasses surplombant le petit port. La carte affiche des plats comme les gambas cuites au four avec de la coriandre fraîche. Plats de viande et de poisson figurent aussi au menu. Bonne cuisine mais service un peu insuffisant.

♥ **Qué Tal by Stena** ESPAGNOL MODERNE €€€
(☎928 56 55 34 ; www.quetalbystena.com ; Urbanización de Puerto de Mogan ; menu 5 plats 60 € ; 19h-tard). Tableaux contemporains d'artistes locaux sur les murs, nappes blanches et menu exquis renouvelé régulièrement : voici une adresse tout indiquée pour un dîner romantique. Optez pour l'accord mets et vin (45 €) qui vous permettra de goûter à des cuvées spéciales de la cave. Un seul service à 19h30 tous les jours. Réservation vivement recommandée.

Comment s'y rendre et circuler

BUS

Les bus circulant en direction de l'est vers Puerto Rico (1,55 €, 15 min) et Playa del Inglés (2 €, 45 min) ne manquent pas. Le bus n°1 (8,75 €, 2 heures) part toutes les heures pour Las Palmas. Des ferries circulent par ailleurs entre le port et Puerto Rico (adulte/enfant 6,50/3,50 €, 30 min).

VOITURE

Il y a deux parkings souterrains : le plus économique, dans la Calle La Mina, est indiqué lorsqu'on arrive en ville. On y trouve généralement de la place. Le stationnement dans la rue est payant dans tout le centre-ville (1,80 €/heure).

Mogán

1 415 HABITANTS

Comme Puerto de Mogán est une bouffée d'air frais sur une côte sud envahie par le béton et la Guinness pression, la route GC-200 au nord de la ville permet une échappée loin des hordes de vacanciers. En remontant progressivement une large vallée vers Mogán, à 8 km, vous traverserez un paysage de montagnes et de champs d'avocatiers, culture dominante par ici.

Mogán est une petite ville paisible et préservée, dans un joli cadre montagneux. Si elle est dépourvue d'authentiques curiosités, elle n'en demeure pas moins un lieu paisible et ravissant, parfait pour un déjeuner ou une petite balade.

Où se restaurer

La plupart des bars et restaurants se trouvent dans la Calle San José, sinueuse artère principale.

El Tomate CANARIEN €

(Calle San José ; plats 8-10 € ; fermé dim midi). Le restaurant le plus chic de la ville sert des plats traditionnels comme le ragoût de chèvre et la *ropa vieja*, ainsi qu'une carte assez classique de tapas.

Restaurante Acaymo CANARIEN €€

(www.restauranteacaymo.com ; Carretera General Km 15 ; plats 12-18 €, menu du jour 12,50 € ; 13h-16h et 19h-tard ; P). Ne vous laissez pas rebuter par les drapeaux qui flottent à l'extérieur. Ce restaurant établi de longue date est apprécié de la clientèle locale comme des touristes. Il est surtout réputé pour ses plats de viande (veau, agneau, lapin et bœuf), mais sert aussi des grands classiques canariens comme le *gofio escaldado de pescado* (épais ragoût de gofio – mélange de céréales grillées – et bouillon de poisson). On peut loger sur place également (et faire sa cuisine soi-même).

Casa Enrique CANARIEN €€

(Calle San José 7 ; plats à partir de 9-15 € ; 13h-16h et 19h-tard). Bonne cuisine canarienne classique, délicieux café et gâteaux.

De Mogán à La Aldea de San Nicolás

De Mogán, la GC-200 serpente ensuite vers le nord-ouest et parcourt 26 km jusqu'à La Aldea de San Nicolás dans un superbe paysage montagneux, à la beauté malheureusement gâchée par la mer de serres en plastique à l'approche du village. Faites une halte pour un jus de papaye frais à **Las Cañadas** (tapas 4-7 € ; 9h-19h ven-mer), à environ 8 km de Mogán sur votre gauche : ce bar-restaurant gentiment excentrique offre une vue magnifique, l'attrait exotique de quelques tortues et d'un caméléon, et un petit musée présentant du matériel agricole ancien, des radios et autre bric-à-brac. On peut également y acheter du miel produit localement et des avocats à la taille impressionnante (en saison).

La route sinue ensuite à travers **Los Azulejos**, une formation rocheuse colorée composée de différents minerais verts, jaunes et ocre scintillants. Pour plus de sécurité, prenez vos photos depuis un belvédère indiqué, le **Mirador de la Fuente de los Azulejos**, où se trouve un stand de jus de fruits délicieux.

Fuerteventura

☎ 928 / 107 000 HABITANTS

Dans ce chapitre ➡

Le top des plages

- Playa de Cofete (p. 101)
- Parque Natural de Corralejo (p. 90)
- Playa de la Barca (p. 98)
- Playa de la Mujer (p. 89)

Le top des hébergements

- Casa Isaítas (p. 229)
- Hotel Rural Mahoh (p. 229)
- Soulsurfer Hotel (p. 230)

Pourquoi y aller

Fuerteventura n'est qu'à 100 km de la côte africaine, et certaines ressemblances sont frappantes dans le paysage ainsi que dans les maisons de style nettement nord-africain, dont les toits en terrasse recueillent les eaux pluviales. Avec ses volcans couleur safran, l'île rappelle aussi sa voisine Lanzarote, en plus colorée.

La plupart des visiteurs viennent davantage pour profiter du vent et des vagues que pour apprécier ses paysages désertiques à la beauté abstraite. Deuxième île de l'archipel par la taille (après Tenerife), Fuerteventura bénéficie d'un ensoleillement quasi permanent et possède les plus grandes plages, et aussi les plus belles, des Canaries.

Les principales stations balnéaires se trouvent aux deux bouts de l'île. Corralejo, à la pointe nord, est appréciée des Britanniques en quête de soleil, alors qu'au sud, Morro, plus posée, est surtout fréquentée par les Allemands.

L'île a reçu le statut de réserve de biosphère de l'Unesco en 2009.

Quand partir

- La haute saison va de décembre à février. À cette période, les hébergements affichent complet longtemps à l'avance. Le temps, un peu plus frais et venteux, reste très agréable.
- À la fin du printemps (d'avril à mai), la température est idéale, même si les plages sont parfois bondées à Pâques.
- Juillet et août voient affluer en nombre les vacanciers espagnols, ainsi que les familles qui voyagent avec des enfants. La température dépasse souvent les 30°C, toutefois, il fait rarement une chaleur écrasante. Le championnat du monde de planche à voile a lieu en juillet.
- L'automne est une période idéale pour les fêtes et festivals, avec notamment le Festival international des cerfs-volants de Corralejo et la Fiesta de la Virgen del Rosario, dans la capitale. La température moyenne en journée tourne autour de 20°C, tandis que les nuits se font progressivement plus fraîches.

Histoire

Fuerteventura a eu plusieurs noms au cours de son histoire : d'abord appelée Planaria par les Romains (Plaines, en raison de son absence de relief), elle fut ensuite rebaptisée Fuerteventura (Grande Aventure) à l'époque des premiers conquérants européens. En 1405, avec à leur tête le noble normand Jean de Béthencourt, les conquérants trouvèrent l'île scindée en deux royaumes tribaux séparés par un muret long de 6 km. Le premier, Jandía, englobait la péninsule sud et remontait au nord jusqu'à La Pared. Le second, Maxorata, occupait le reste de l'île.

Béthencourt établit une base permanente et une chapelle dans la zone montagneuse qui prendra le nom de Betancuria, Santa María de Betancuria devenant la capitale de l'île. L'emplacement fut choisi pour ses ressources en eau, dont la présence demeure visible aujourd'hui encore : il s'agit en effet de l'une des régions les plus luxuriantes de l'île. En outre, le terrain montagneux offrait quelques défenses naturelles contre les raids des pirates.

Après s'être progressivement installés dans toute l'île, les Européens occupèrent El Cotillo, l'ancien siège du royaume guanche Maxorata, au XVIIe siècle. Les familles Arias et Saavedra prirent à cette époque le contrôle du *señorío*, le gouvernement insulaire qui représentait la Couronne espagnole. Au XVIIIe siècle, des officiers de la milice de l'île installèrent un pouvoir rival à La Oliva. Petit à petit, *los coroneles* (les colonels) imposèrent un pouvoir très dur à tous les niveaux, s'enrichissant aussi bien aux dépens des *señores* que des paysans surexploités. Vous en apprendrez davantage sur le règne des colonels en visitant leur extraordinaire ancienne résidence, la Casa de los Coroneles, à La Oliva.

La milice finit par être dispersée en 1834, et, en 1912, à l'instar d'autres îles de l'archipel, Fuerteventura obtint une certaine autonomie administrative avec la mise en place du *cabildo* (autorité locale).

Depuis/vers Fuerteventura

AVION

L'**aéroport de Fuerteventura** (☎902 40 47 04 ; www.aena.es) est à 6 km au sud de Puerto del Rosario, à El Matorral. **Binter Canarias** (www.binternet.com) assure des vols directs vers la Grande Canarie et Tenerife, d'où partent des correspondances pour les autres îles de l'archipel.

BATEAU

Fred Olsen (☎902 10 01 07 ; www.fredolsen.es). Les ferries effectuent 6 traversées par jour de Corralejo à Playa Blanca (27 €, 25 min), sur Lanzarote. On peut acheter les billets au port de Corralejo. Il y a également une liaison de Morro Jable à Las Palmas de Gran Canaria (45 €, 2 heures, 2/jour).

Naviera Armas (☎928 54 21 13, à Corralejo et Morro Jable 902 45 65 00 ; www.navieraarmas.com). Six ferries partent quotidiennement de Corralejo pour Playa Blanca (26 €, 35 min) sur Lanzarote. Au départ de Morro Jable, des ferries lèvent l'ancre chaque jour à destination de Las Palmas de Gran Canaria (41 €, 3 heures) et de Santa Cruz de Tenerife (70 €, 6 heures 30). Au départ de Puerto del Rosario, des ferries desservent Las Palmas de Gran Canaria (35 €, 6 heures 30) et Santa Cruz de Tenerife (62 €, 11 heures) à 11h du mardi au samedi.

Trasmediterránea (☎à Puerto del Rosario 902 45 46 45 ; www.trasmediterranea.es). Assure une liaison hebdomadaire à destination de Puerto del Rosario au départ de Las Palmas de Gran Canaria (33 €, 6 heures) le samedi. Des bateaux naviguent également entre Santa Cruz de Tenerife et Santa Cruz de La Palma (trajets indirects), mais les traversées sont longues. Mieux vaut opter pour l'avion.

Comment circuler

BUS

La compagnie Tiadhe dessert 17 itinéraires couvrant les principales destinations de l'île.

VOITURE

Conduire ici est un vrai plaisir. Le terrain est plat pour l'essentiel, et les routes sont en excellent état. Cicar est une agence locale de location de voiture fiable. Elle a des bureaux à l'aéroport, à Puerto del Rosario et dans toutes les grandes stations balnéaires.

DISTANCES (KM)

	Puerto del Rosario	Corralejo	El Cotillo	Caleta de Fuste
Corralejo	32			
El Cotillo	58	20		
Caleta de Fuste	10	36	56	
Costa Calma	64	90	87	56

Distances approximatives

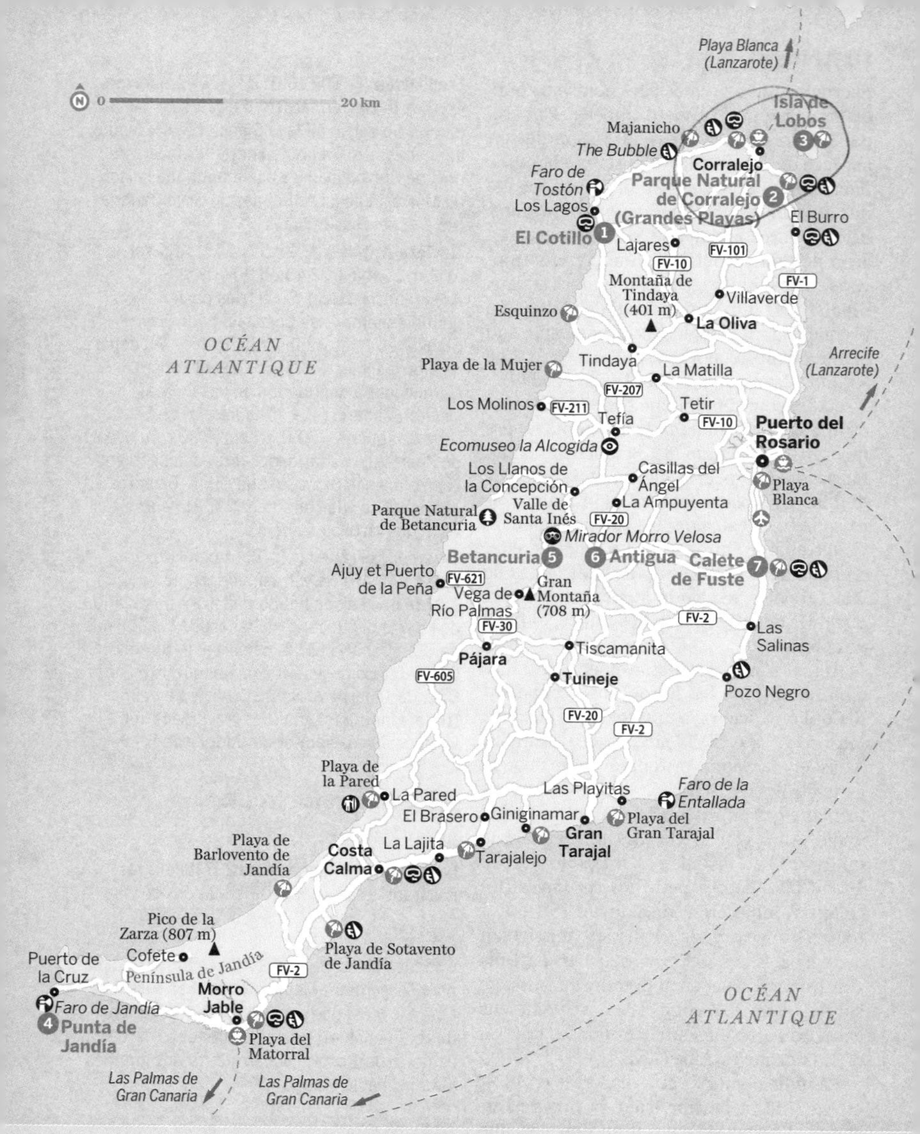

À ne pas manquer

1 Les joies du surf et de la planche à voile, ou simplement un café dans la ville côtière décontractée d'**El Cotillo** (p. 95)

2 Le doux sable fin des dunes du **Parque Natural de Corralejo** (p. 90)

3 Les vagues de l'**Isla de Lobos** (p. 92), l'un des excellents spots de surf de Fuerteventura

4 Un festin de poisson et fruits de mer au bout du monde, sur la **Punta de Jandía** (p. 101)

5 La charmante **Betancuria** nichée dans une vallée à la végétation luxuriante (p. 83)

6 Une dégustation de fromage *majorero* au **Museo del Queso Majorero** (p. 85) d'Antigua

7 Des soins de thalasso et d'aromathérapie en bord de mer au **Balneario Thalasso** (p. 87), à Caleta de Fuste

PUERTO DEL ROSARIO

29 012 HABITANTS

Puerto del Rosario, capitale de l'île, regroupe plus de la moitié de la population insulaire. C'est une petite ville portuaire assez moderne, qui ne prit vraiment son essor qu'au XIXe siècle. Si vous y arrivez par avion, ou même en bus, il est probable que vous la traversiez. Elle peut paraître déroutante en raison de ses vastes faubourgs, mais il suffit de rejoindre la vieille ville, derrière la promenade du front de mer, pour trouver la majorité des boutiques, bars et restaurants.

Longtemps négligée, la capitale s'efforce maintenant de séduire les touristes, notamment grâce au street art et à l'installation de sculptures. Elle ne compte pas de curiosité ou de site d'importance, mais se prête agréablement à une balade et à une pause-déjeuner.

Histoire

Puerto del Rosario ne fut longtemps qu'un hameau de pêcheurs. En 1860, la position stratégique de son port lui valut de devenir la capitale de l'île.

Jusqu'à 1956, on surnommait le lieu Puerto de las Cabras, car les chèvres venaient s'y abreuver. Mais les malheureuses ont fini exportées sous forme de côtelettes. Une première tentative de réhabilitation consista à donner au port le nom plus distingué de Puerto del Rosario (port du Rosaire).

Quand l'Espagne dut quitter le Sahara en 1975, elle installa environ 5 000 soldats de sa *Legión extranjera* (Légion étrangère) sur Fuerteventura pour surveiller le nord de l'Afrique. S'il n'y reste aujourd'hui que 1 000 hommes à peine, l'immense caserne de Puerto del Rosario est toujours en service.

À voir

Procurez-vous un guide *Puerto on Foot* (Puerto à pied) à l'office du tourisme. Le guide comprend un plan facile à suivre englobant 16 des sculptures les plus centrales. Il existe aussi un plan détaillé des fresques murales. Devenue piétonnière depuis peu, l'Avenida 1 de Mayo part de l'église principale en direction de l'ouest. Elle est bordée de boutiques et de bars.

Casa-Museo Unamuno MUSÉE

(Calle Rosario 11 ; 9h-14h lun-ven). GRATUIT Ce petit musée rend hommage au philosophe Miguel de Unamuno, qui vécut ici en 1924 après avoir été exilé d'Espagne. Son crime : avoir critiqué, verbalement et dans ses écrits, la dictature de Primo de Rivera. Il s'enfuit ensuite en France avant de retrouver son poste de maître de conférences et recteur de l'université de Salamanque lorsque les républicains arrivèrent au pouvoir en Espagne en 1931.

Les quatre pièces de la maison sont de plain-pied et remplies de mobilier de l'époque, depuis la chambre (où figure le pot de chambre), jusqu'à la bibliothèque avec son bureau d'origine. Des brochures sont disponibles en anglais.

Centro de Arte Juan Ismael CENTRE ARTISTIQUE

(Calle Almirante Lallermand 30 ; 10h-13h et 17h-21h mar-sam). GRATUIT Baptisé du nom d'un artiste né à Fuerteventura, ce centre accueille des expositions temporaires. Aucune des toiles de Juan Ismael n'est exposée, mais l'on peut acheter des souvenirs et des reproductions de ses œuvres surréalistes.

Fête

Fiesta de la Virgen del Rosario FÊTE RELIGIEUSE

(7 oct). Puerto del Rosario se pare de son costume de fête, en l'honneur de la sainte patronne de la capitale. Des processions accompagnent l'effigie de la Vierge que l'on transporte dans toute la ville.

Où se restaurer

Plusieurs bons restaurants aux prix modiques font de Puerto del Rosario un endroit où se faire plaisir en mangeant à l'extérieur. Le **mercado** (marché ; Calle Garcia Escámez s/n) local est petit, mais idéal pour goûter (et acheter) le fameux *queso artesanal de cabra* (fromage de chèvre artisanal).

Casa Toño ESPAGNOL €€

(928 34 47 36 ; Calle Alcalde Alonso Patallo 8 ; plats 12-20 € ; 13h-16h et 19h-tard lun-sam). Il faut réserver pour avoir une table dans ce restaurant très prisé qui apporte une touche avant-gardiste à la scène gastronomique de Puerto del Rosario. Sa spécialité est le thon rouge légèrement saisi. Vous goûterez aussi à de nombreuses tapas concoctées avec des produits locaux d'une grande fraîcheur. La carte des gins, impressionnante, en propose près de 50 variétés différentes.

Mar y Monte ESPAGNOL €€

(Carretera a los Pozos 6 ; plats 12-16 € ; 13h-16h et 19h-tard). C'est l'un des restaurants en terrasse donnant sur la Playa Chica à l'extrémité sud

BUS À TARIF RÉDUIT

Si vous comptez circuler régulièrement en bus, il est intéressant d'investir dans une carte BtF Bono (15 €). Annoncez votre destination au chauffeur en lui présentant votre carte et vous économiserez environ 30% à chaque trajet. On peut partager une seule carte à deux ou plus. La carte s'achète dans le bus – attention : les billets de 50 € ne sont pas acceptés.

de la ville. La carte, très variée, comprend une bonne sélection de tapas et quantité de plats de poisson et fruits de mer.

El Cangrejo Colorao ESPAGNOL €€€
(☎928 85 84 77 ; Calle Juan Ramón Jiménez 1 ; plats 14-24 € ; ⏲13h-16h et 19h-tard). Une ambiance d'élégance un peu désuète se dégage de ce restaurant de front de mer aux nappes blanches. Les classiques du menu comprennent des ragoûts de viande, mais les habitants recommandent surtout les plateaux de fruits de mer et le poisson frais. Réservation conseillée au dîner.

Où prendre un verre

La vie nocturne limitée de Puerto del Rosario s'adresse avant tout aux habitants. Les bars sont concentrés dans les ruelles étroites de la vieille ville, en face de l'office du tourisme, et dans la Calle León y Castillo, en tournant le dos à la mer.

Pub La Tierra BAR
(Calle Eustaquio Gopar ; ⏲19h-minuit). Niché dans une étroite ruelle pavée, ce bar est parfait pour boire un verre en terrasse. Le rock, le jazz et le blues dominent la playlist.

Camelot DISCOTHÈQUE
(Calle Ayose 6 ; ⏲23h-3h jeu-sam). Un bar à la déco médiévale, associant vidéos musicales, prestations de DJ locaux. Des concerts, de qualité assez inégale, ont également lieu.

Renseignements

Office du tourisme (www.turismo-puertodelrosario.org ; Avenida Marítimo ; ⏲9h-19h lun-ven, 10h-13h sam). Office extrêmement utile dont le personnel enthousiaste renseigne sur toute l'île. Sur la promenade, en face de l'Hotel Roquemar.

Office du tourisme provincial (www.visitfuerteventura.es ; Almirante Lallermand 1 ; ⏲7h-15h lun-ven).

Depuis/vers Puerto del Rosario

Les bus **Tiadhe** (☎650 53 28 66 ; www.tiadhe.com) partent de l'arrêt principal situé juste après l'angle de l'Avenida León

AVIS AUX AMATEURS DE FROMAGE

Plus qu'ailleurs dans l'archipel, la cuisine traditionnelle de Fuerteventura est d'une grande simplicité. Elle est basée sur la fraîcheur et la qualité des ingrédients, venus surtout de l'océan. Malheureusement, avec la banalisation de la "cuisine internationale", on voit arriver des plats décongelés sur les tables des restaurants des stations les plus touristiques.

Les chèvres sont nombreuses sur l'île et leur viande est très appréciée. Mais c'est le fromage qui emporte tous les suffrages. Appelé *majorero*, il est si réputé qu'il bénéficie d'une *denominación de origen* (appellation d'origine), certifiant qu'il est véritable et fabriqué sur place. C'est le premier fromage de chèvre des Canaries, et même de toute l'Espagne, à avoir reçu ce label.

Au cœur de ce processus, il y a la très productive chèvre Majorero, importée à l'origine d'Espagne continentale. Dans l'idéal, le fromage s'achète frais, moelleux, et recouvert d'une croûte blanche pulvérulente qui jaunit avec l'âge. Le *majorero*, l'un des meilleurs fromages de chèvre d'Europe, est un fromage riche et crémeux à la saveur de noisette, qui se marie particulièrement bien avec les fruits. Les fromages entiers sont souvent recouverts de farine de céréales (*gofio*), de paprika ou huilés pour une meilleure conservation. Rien ne vaut un marché pour acheter votre *queso* (fromage), car il y a toujours plusieurs étals de fromage. Demandez à goûter avant d'acheter.

Pour en apprendre davantage sur le fromage – et les chèvres – visitez le Museo del Queso Majorero (p. 85) à Antigua.

y Castillo et de l'Avenida Constitución. Voici les lignes parmi les plus empruntées au départ de Puerto del Rosario :

Bus n°1 Morro Jable via Costa Calma (10 €, 2 heures, au moins 12/jour)

Bus n°2 Vega de Río Palmas via Betancuria (3,30 €, 50 min, 3/jour)

Bus n°3 Caleta de Fuste via l'aéroport (1,50 €, 30 min, au moins 18/jour)

Bus n°6 Corralejo (3,40 €, 40 min, au moins 16/jour)

Bus n°7 El Cotillo (4,35 €, 45 min, 3/jour)

Comment circuler

Même si la ville est très étendue, le quadrillage de rues rend les déplacements assez faciles. Un grand parking gratuit est aménagé juste après le marché en direction de l'est dans l'Avenida Marítimo.

Un bus municipal fait le tour de la ville toutes les heures. Les **taxis** se réservent par téléphone (928 85 02 16, 928 85 00 59).

DEPUIS/VERS L'AÉROPORT

Le bus n°3 se rend à l'aéroport en 10-15 minutes (1,30 €). En taxi, comptez environ 10 €.

LE CENTRE

Le centre de Fuerteventura offre les paysages les plus variés de cette île par ailleurs quasi désertique. Les reliefs montagneux du Parque Natural de Betancuria contrastent au sud avec les palmiers de l'oasis de Vega de Río Palmas. Sur les côtes ouest et est, les falaises rocheuses alternent avec de petites plages de galets noirs et de modestes villages de pêcheurs.

L'ensemble tranche aussi avec les plaines centrales aux couleurs cuivrées qui entourent Antigua, ponctuées de moulins à vent séculaires. On trouve ici certaines des plus belles routes panoramiques de l'île, en particulier aux alentours de Betancuria et de Tefía.

Betancuria

800 HABITANTS

Ce petit village très vert, niché dans les replis protecteurs des collines de basalte, est un patchwork de murets de pierre sèche, de palmiers et de modestes maisons aux murs chaulés. Une superbe église du XVIIe siècle et son jardin veillent sur l'ensemble.

Jean de Béthencourt trouva ce lieu idéal et s'y installa en 1405, y faisant bâtir sa résidence et une chapelle. Il donna à l'endroit, en toute simplicité, son propre nom, qui allait évoluer au cours des ans pour devenir Betancuria. Au cours du XVe siècle, des frères franciscains s'y installèrent et agrandirent la ville qui, bien que très modeste, resta la capitale de l'île jusqu'en 1834. La proximité des côtes d'Afrique du Nord faisait de Fuerteventura une proie facile pour les pirates marocains et européens, qui réussirent à plusieurs reprises à vaincre les défenses naturelles de Betancuria et à la mettre à sac.

Aujourd'hui, Betancuria est assez touristique, comme en attestent les cartes de restaurant en plusieurs langues, les boutiques de souvenirs et l'habit traditionnel que porte le personnel des musées. Elle n'en mérite pas moins la visite, mais il vaut mieux alors prévoir d'arriver tôt le matin, avant les cars de touristes.

À voir

Si vous arrivez du nord, vous verrez à gauche les ruines du premier **monastère** de l'île, qui fut érigé par les Franciscains. Le village, malgré ses dimensions modestes, offre beaucoup à voir.

Casa Santa María MUSÉE
(adulte/enfant 6/3 € ; 10h-16h lun-sam ;). Bien que s'adressant ostensiblement aux touristes, ce musée n'en mérite pas moins la visite. Le propriétaire allemand, Reiner Loos, a acheté le vaste édifice d'origine dans les années 1990 et a passé plusieurs années à collecter des objets d'artisanat traditionnel et des outils agricoles, tout en réalisant dans le même temps un splendide jardin paysager. À l'intérieur, on peut voir des artisans au travail, mais aussi goûter à du fromage et à du *mojo* (sauce épicée) locaux, et même visiter la "chèvrerie virtuelle". Le clou du spectacle reste néanmoins un documentaire en 3D produit avec art, qui traite de la faune marine des côtes de la région, notamment la tortue verte, une espèce rare.

Museo Arqueológico de Betancuria MUSÉE
(Calle Roberto Roldán ; adulte/enfant 2 €/gratuit ; 10h-18h mar-sam). Les passionnés d'archéologie apprécieront ce petit musée consacré aux tribus guanches, et qui abrite notamment un squelette découvert dans une tombe de la région dont on estime qu'il a entre 600 et 1 000 ans. D'autres objets datent de l'occupation romaine. Le droit d'entrée comprend une excellente brochure en anglais.

FUERTEVENTURA, LE PARADIS DES SPORTIFS

Fuerteventura est une destination de choix toute l'année pour les fanas d'activités sportives. Si chevaucher les vagues avec ou sans voile ou kite est l'activité numéro un, d'autres, moins exigeantes en adrénaline, sont également au menu. Les paysages paisibles mais âpres de Fuerteventura offrent de multiples possibilités de randonnées : cratères volcaniques, haciendas abandonnées et littoral déchiqueté se dévoilent aux intrépides. La réserve naturelle de l'Isla de Lobos est aussi un excellent lieu de balades, il suffit de prendre à droite en descendant du ferry pour faire le tour de l'île. L'ascension de la Caldera de la Montaña livre une vue sur les alentours littéralement fantastique.

Quant à la pratique du VTT, l'aventure est tout à fait particulière à Fuerteventura. Selon un adepte, "faire du cyclisme dans l'intérieur, c'est un peu comme rouler sur la Lune". La plupart des stations balnéaires ont des agences de location de vélos. Procurez-vous dans les offices du tourisme un exemplaire de la carte Eco-Fuerteventura, qui détaille les itinéraires de randonnée et de cyclisme dans toute l'île.

Si vous avez envie de travailler votre swing, Caleta de Fuste s'honore du premier terrain de golf de l'île homologué PGA, le Fuerteventura Golf Club. Ou profitez juste des alizés pour pratiquer le cerf-volant. Si vous êtes à Corralejo début novembre, vous assisterez peut-être au festival, qui se déroule sur la plage : des centaines de cerfs-volants emplissent le ciel bleu pendant trois jours, tel un essaim de papillons multicolores.

Iglesia de Santa María ÉGLISE
(Calle Alcalde Carmelo Silvera ; 1,50 € ; 10h-16h lun-sam). Cette église datant de 1620 possède un magnifique sol en pierre, un plafond en bois et un authentique autel baroque. Ne manquez pas la sacristie où sont exposés vêtements sacerdotaux et objets religieux d'autel, et qui comporte un plafond en bois sculpté aux tons rouge et or. La précédente église gothique fut détruite par des pirates en 1593. Le billet d'entrée donne également accès au **Museo de Arte Sacro** attenant, qui expose les habituelles peintures religieuses et statues.

Fête

Día de San Buenaventura FÊTE RELIGIEUSE
(14 juil). Les habitants rendent hommage au saint patron de la ville lors de cette fête qui remonte au XVe siècle.

Où se restaurer

Valtarajal CANARIEN €
(Calle Juan de Béthencourt ; raciónes 6-8 € ; 13h-16h et 19h-tard lun-sam). Adresse douillette baignant dans une ambiance pleine d'authenticité, et servant un bon choix de *raciónes* (grandes portions de tapas).

Casa Santa María CANARIEN MODERNE €€€
(928 87 82 82 ; www.restaurantecasasantamaria.com ; Plaza Santa María de Betancuria 1 ; plats 20-25 € ; 12h-17h lun-sam). Dans le cadre du musée éponyme, ce restaurant semble avoir été importé d'Andalousie. Tâchez d'obtenir une table dans l'une des cours fleuries. Le menu exploite les chèvres sous toutes leurs formes, des grillades au fromage frit accompagné de chutney aux pommes et des salades où, une fois encore, le fromage de chèvre a la part belle. Onéreux mais l'endroit mérite la dépense.

Comment s'y rendre et circuler

Le bus n°2 (2,80 €, 50 min) passe par le bourg trois fois par jour sur son trajet entre Puerto del Rosario et Vega de Río Palmas, à une courte distance au sud.

Un petit parking gratuit est aménagé au sud du centre.

Environs de Betancuria

Ce secteur se distingue par des paysages splendides et une vue panoramique exceptionnelle. Pour commencer, à quelques kilomètres au nord de Betancuria, sur la FV-30, un **belvédère** très pratique, aménagé de part et d'autre de la route, permet d'admirer et d'identifier les divers sommets s'élevant à l'horizon. Les immenses statues qui se dressent ici représentent les deux rois préhispaniques de l'île, Ayose et Guize. Plus loin, le **Mirador de Morro Velosa** (www.artesaniaymuseosdefuerteventura.org ; 10h-18h lun-sam) GRATUIT offre une vue envoûtante sur les paysage lunaires, étranges et mélancoliques de l'île. Vous pourrez faire étape au bar installé ici, qui dispose de grandes baies vitrées et d'un espace d'exposition consacré au paysage et à l'environnement.

La vue est presque aussi spectaculaire du col par lequel passe la FV-30 avant de bifurquer au nord pour descendre à Valle de Santa Inés.

Dans le joli village de **Casillas del Ángel**, sur la FV-20, la petite **Iglesia de Santa Ana** abrite une sculpture sur bois du XVIIIe siècle représentant la sainte.

Pour faire un excellent repas, faites un tour à **La Era** (☎633 113888 ; Carretera General de Casillas del Ángel ; plats 14-22 € ; ⌚13h-16h et 19h-tard mar-dim), à l'ouest de la ville. La jolie salle à manger de ce long bâtiment ocre attire les hommes d'affaires de toute la région, venus pour ses plats traditionnels locaux magnifiquement préparés. Il est impératif de réserver.

De Betancuria, en partant au sud vers Pájara, on rejoint rapidement la petite oasis de **Vega de Río Palmas** (plaine fertile de la rivière Palma), dont le nom s'explique à mesure qu'on s'en approche : la route longe un cours d'eau pratiquement à sec en surface mais au sous-sol suffisamment humide pour permettre à une rangée de palmiers de se développer.

Antigua

1 800 HABITANTS

Au XVIIIe siècle, cette bourgade assoupie conserva un an durant le titre de capitale. Aujourd'hui, il fait bon y flâner avant de visiter son excellent musée. Vous trouverez un DAB et une station-service, pour faire le plein d'espèces ou de carburant.

À voir

Museo del Queso Majorero MUSÉE

(☎646 972202 ; artesaniaymuseosdefuerteventura.org ; adulte/enfant 2 €/gratuit ; ⌚10h-18h mar-sam ; P 👪). Ce nouveau musée, l'un des meilleurs de l'île, comporte quantité d'expositions interactives, dont une "traite virtuelle" ! Les enfants adorent toucher tous les boutons donnant des renseignements sur la flore et la faune de l'île, tandis que les adultes se familiarisent avec la production de *majorero* (fromage de chèvre), et apprennent des astuces de dégustation du produit fini. Il y a sur place une boutique vendant une gamme de fromages, mais pas de possibilités de dégustation pour l'instant, hélas.

On peut monter un moulin à vent restauré avant de visiter le jardin de cactées et la boutique d'artisanat. Tous les bénéfices de la boutique vont directement aux artisans.

Iglesia de Nuestra Señora de Antigua ÉGLISE

(⌚10h-14h). L'une des plus anciennes églises de l'île est érigée sur une jolie place, à l'emplacement d'une chapelle du XVIe siècle. Son atout le plus intéressant est un bel autel peint en rose et vert.

Depuis/vers Antigua

Le bus n°1 (2,15 €, 30 min) s'y arrête en chemin entre Puerto del Rosario et Morro Jable.

Environs d'Antigua

Il vous faudra un véhicule pour accéder aux villages de La Ampuyenta et Tiscamanita.

À voir

Ermita de San Pedro de Alcántara CHAPELLE

L'Ermita de San Pedro de Alcántara, du XVIIe siècle, se trouve dans le minuscule village de La Ampuyenta. L'*ermita* (chapelle) est entourée d'un solide mur protecteur construit par les Normands. À l'intérieur, les murs de la nef sont décorés de grandes fresques naïves datant de 1760. Si la comparaison avec la chapelle Sixtine est un peu exagérée, il faut convenir que les tons pastel et la simplicité d'exécution des fresques suscitent l'admiration.

Le mieux pour la visiter est de participer à une visite guidée gratuite au départ du **Centro de Interpretación de Las Ermitas de Fuerteventura** (⌚visites guidées 10h30, 12h30, 14h30 et 16h30 mar-sam) GRATUIT. Outre la chapelle, la visite englobe la Casa Museo Doctor Mena (XIXe siècle) et la maison natale de Fray Andresito, moine franciscain né à La Ampuyenta en 1800.

Centro de Interpretación de los Molinos MUSÉE

(www.artesaniaymuseosdefuerteventura.org ; adulte/enfant 2 €/gratuit ; ⌚10h-18h lun-sam). Ce moulin à vent en activité comporte un petit centre d'accueil des visiteurs donnant tous les renseignements possibles et imaginables sur les moulins à vent. Un guide gratuit est disponible en anglais. Lors de notre passage, il n'y avait pas de meunier au moulin, ce qui n'empêche pas de goûter au *gofio* (aliment à base de céréales grillées,

VAUT LE DÉTOUR

AJUY ET PUERTO DE LA PEÑA

Si vous êtes motorisé, au départ de Pájara un chemin de traverse de 9 km vous conduit au nord-ouest jusqu'à Ajuy et, à côté, à Puerto de la Peña. Le minuscule village de pêcheurs et la plage de sable noir tranchent avec les étendues dorées du sud de la péninsule de Jandía. Ici, les habitants et les bateaux de pêche occupent le devant de la scène, et le front de mer se résume à deux bons petits restaurants qui préparent la pêche du jour.

Une fois repu de poisson frais, faites une balade de 40 minutes aller-retour le long de la côte. Le sentier part de l'extrémité nord de la plage et passe devant un vieux four en pierre calcaire avant de prendre la direction de grottes impressionnantes creusées dans la falaise.

qui remplace traditionnellement le pain dans la cuisine canarienne). À Tiscamanita, à 9 km au sud d'Antigua.

Pájara

2 000 HABITANTS

Pájara est une oasis de verdure au milieu d'un paysage désertique, dont le grand atout réside dans son **Iglesia de Nuestra Señora de Regla**. Cette superbe église du XVIIe siècle se distingue par son ornementation extérieure aux motifs animaliers d'inspiration aztèque. Les retables sobres derrière l'autel reposent des excès du baroque espagnol que l'on rencontre en Espagne continentale (mettre une pièce dans la machine à droite de l'entrée pour les éclairer). Ils offrent également un exemple des influences mexicaines. N'oubliez pas de lever les yeux vers le superbe plafond en bois sculpté.

Où se restaurer

On trouve plusieurs restaurants corrects et un hébergement exceptionnel dans le bourg (voir p. 229).

Ca'Luisa CRÊPERIE €

(Calle Nuestra Señora de Regla 19 ; crêpes 3-5 € ; 13h-16h et 19h-tard mar-dim). Si vous vous lassez des tapas, les crêpes salées et sucrées de cet établissement sympathique vous changeront agréablement.

Casa Isaítas CANARIEN €€

(928 16 14 02 ; www.casaisaitas.com ; Calle Guize 7 ; plats 10 € ; 10h-16h30 ;). Installé dans l'hôtel du même nom, ce restaurant est le meilleur du bourg. La carte variée propose notamment quantité de soupes et ragoûts copieux, d'intéressantes tapas et un bon choix de plats végétariens.

Comment s'y rendre et circuler

Le bus n°18 (3,30 €, 30 min, 3/jour) circule entre Pájara et Gran Tarajal, d'où l'on peut prendre des bus de correspondance pour Puerto del Rosario et Morro Jable.

Les places de stationnement dans la rue sont assez nombreuses, et un parking gratuit est aménagé au sud de l'église, en face de l'hôtel rural Casa Isaítas.

Caleta de Fuste et ses environs

L'ambiance de cette jolie station chic rappelle celle des petites villes cossues du sud de la Californie, surtout autour du mini-village de Barceló, qui fait face à la plage principale. Caleta est souvent surnommée El Castillo (surtout sur les panneaux routiers) en référence à la tour Martello trapue du XVIIIe siècle qui se dresse dans le port. Elle est située à proximité de l'aéroport, et, si vous voyagez avec de jeunes enfants, le grand arc sablonneux de la plage aux eaux peu profondes est parfait. Mais si vous cherchez un peu d'authenticité, regardez ailleurs : cette station balnéaire a été construite de toutes pièces, même s'il faut reconnaître que c'est un lieu reposant doté de plusieurs bons hôtels et de restaurants corrects.

Plage

Playa del Castillo PLAGE

La plage de sable blanc qui fait face à la station possède un terrain de volley et on peut y faire des **promenades à dos de chameaux** (12 € les 30 min pour 2 pers). Idéale pour les familles, elle est toutefois bien petite comparée aux dunes et aux étendues infinies de sable de Corralejo et de Jandía.

VAUT LE DÉTOUR

ITINÉRAIRES PANORAMIQUES

Le trajet entre **Betancuria** et **Pájara** par la FV-30 est l'un des plus spectaculaires de l'île, mais risque de ne pas plaire à ceux qui souffrent de vertige. L'étroite route en lacets serpente au milieu d'un paysage de pics volcaniques et de champs de lave, avec, parfois, la mer qui apparaît au loin. Au printemps, les sommets s'ornent d'un vert qui contraste de façon étonnante avec les tons ocre et rouge des sols.

L'itinéraire via **La Pared** en direction du sud et de la **Península de Jandía** est presque aussi grandiose. Fuerteventura est considérée comme relativement plate par rapport à Lanzarote et aux autres îles de l'ouest, mais on ne le devinerait jamais en suivant cette route qui serpente à travers un spectaculaire paysage accidenté.

À voir et à faire

Museo de la Sal MUSÉE
(musée du Sel ; Las Salinas ; adulte/enfant 5 €/gratuit ; 10h-18h mar-sam). Immédiatement au sud de Caleta, ce musée présente des expositions audiovisuelles expliquant l'histoire du sel et montrant comment il est extrait de l'eau de mer. Le musée est perché au-dessus de l'océan juste à côté de salines encore exploitées.

Sports nautiques

Deep Blue PLONGÉE
(606 27 54 68 ; www.deep-blue-diving.com ; plongée orientation 23 €, stage de plongée Open Water 390 € ;). Emplacement pratique à côté du port pour cette agence établie de longue date qui propose des cours, des plongées pour plongeurs déjà titulaires d'un brevet (à partir de 30 €), des cours pour enfants (45 €) et des sorties de snorkeling (20 €).

Fuerte Fun Center PLANCHE À VOILE
(www.fuerte-surf.com ; Playa de Caleta de Fuste ; location équipement par heure/jour/semaine 25/60/220 € ; 10h-17h dim-ven). Tout au bout de la plage, cette adresse fiable propose des cours pour débutants de 4 heures moyennant 90 €, location de matériel comprise. Également : location de stand-up paddleboards (15/40 € par heure/jour).

Excursions en bateau

Oceanarium Explorer EXCURSIONS EN BATEAU
(928 54 76 87 ; port de plaisance Puerto Castillo ;). Cet opérateur organise tout un choix d'activités à faire en famille, notamment des sorties de pêche d'une demi-journée (à partir de 70 €), des locations de kayak et Jet-Skis (à partir de 6 €/heure), des rencontres avec les otaries et des excursions en bateau (adulte/enfant 40/20 €) permettant d'apercevoir des dauphins et des baleines.

Golf

Fuerteventura Golf Club GOLF
(www.fuerteventuragolfclub.com ; Carretera de Jandía ; 18 trous 75 €). Ce club au green de 1,5 km² dispose de tous les équipements haut de gamme et d'un magasin pro, et un joueur de la PGA y est en résidence.

Vélo

Caleta Cycles CYCLOTOURISME
(676 60 01 90 ; Hôtel Los Geranios ; circuits 30/50 €). Ce prestataire britannique organise des excursions guidées et loue des vélos (10 €/jour).

Thalassothérapie

Balneario Thalasso THALASSO
(928 16 09 61 ; www.barcelo.com ; Calle Savila 2 ; circuit spa 25 €, massage à partir de 60 €/heure). Impossible de ne pas voir l'immeuble vitré derrière la plage et son enseigne "Thalasso" géante. L'établissement propose tout un ensemble de soins. Optez pour la formule "total aloe" (99 €), qui combine un gommage, un enveloppement et un massage avec de l'aloe vera produit sur l'île, ou contentez-vous des divers bains bouillonnants et autres jets du circuit spa. Les clients qui résident au Barceló ont droit à des tarifs réduits.

Où se restaurer et prendre un verre

Frasquita PRODUITS DE LA MER €€
(928 56 69 98 ; Playa de Caleta de Fuste ; plats 15 € ; 13h-16h et 19h-tard mar-dim ; P). Ne vous fiez pas aux apparences. Malgré ses tables et ses chaises en plastique, c'est un des meilleurs restaurants de fruits de mer de l'île. Ici, pas de carte, mais seulement du poisson frais et des fruits de mer présentés sur un plateau : il suffit de montrer ce que l'on souhaite manger. Pensez à réserver pour

obtenir une table dans la salle à manger vitrée donnant sur la plage.

Los Caracolitos PRODUITS DE LA MER €€
(☎928 17 42 42 ; Salinas del Carmen 22 ; plats 10-15 € ; fermé dim soir ; P). Sur la côte qui domine les salines, voici une excellente solution de rechange par rapport aux menus touristiques des restaurants de la station balnéaire. Poisson et fruits de mer ont la part belle, et les voyageurs ne tarissent pas d'éloges sur la soupe aux coquillages. À 2 km au sud de Caleta de Fuste – si la balade le long de la côte ne vous dit rien, le restaurant propose une navette gratuite.

El Faro BAR
(Puerto Castillo ; 19h-minuit). Sur un ponton s'avançant dans l'océan, cet élégant bar vitré est l'adresse de choix pour un cocktail au couchant. Également : bonne carte des bières et en-cas légers. L'établissement fait partie du Barceló, mais est ouvert à tous.

Renseignements

Office du tourisme (Centro Comercial Castillo ; 9h-15h lun-ven). On peut se procurer des brochures et des dépliants, mais il y a rarement quelqu'un sur place pour vous renseigner.

LE NORD

Route de La Oliva

De Puerto del Rosario, la FV-10 part plein ouest vers l'intérieur et traverse les paysages typiques de Fuerteventura : la terre ocre et les volcans à distance créent un paysage nu et austère dont les couleurs et les formes changent au gré de la course du soleil. Avant de franchir la chaîne formant l'épine dorsale de l'île, la route traverse les hameaux assoupis de **Tetir** et **La Matilla**. La petite chapelle de ce dernier, datant de 1902, est un bon exemple des constructions rustiques des Canaries : fonctionnelle, sobrement décorée et plaisante sur le plan esthétique.

À 7 km au sud de La Matilla, et à 1 km après le village de Tefía, au bord de la FV-207, l'**Ecomuseo la Alcogida** (adulte/enfant 5 €/gratuit ; 10h-18h mar-sam ;), est un hameau agricole restauré, avec maisons meublées, dépendances et animaux domestiques (les chiens enchaînés peuvent gêner certaines sensibilités). L'ensemble donne une idée de la dureté de la vie rurale il n'y a pas si longtemps encore. Des artisans installés dans certains bâtiments fabriquent dentelles et vannerie. Il y a des explications en anglais, ainsi qu'une boutique de souvenirs et un bar.

En empruntant la FV-211 vers l'ouest au départ de Tefía, on rejoint Los Molinos. Cet autre itinéraire enchanteur emprunte une route qui serpente paresseusement à travers de petites collines avec, çà et là, de majestueux palmiers et des troupeaux de chèvres. En route, vous ne pouvez pas rater le vieux moulin à vent, utilisé pour moudre les céréales servant à faire le *gofio* et installé juste en face d'un observatoire surmonté d'un dôme blanc bien reconnaissable.

La route continue à serpenter vers la crête de la colline avant de redescendre en longeant une gorge spectaculaire pour

VAUT LE DÉTOUR

POZO NEGRO

À 20 km au sud de Caleta de Fuste, Pozo Negro est l'un des hameaux de pêcheurs les plus authentiques de Fuerteventura. Le trajet de 5 km qui mène de la FV-2 à la côte est absolument splendide, et vous croiserez probablement de nombreux marcheurs. Le paysage se distingue ici par des palmeraies, de vertes prairies, des troupeaux de chèvres et des pics déchiquetés. En chemin, repérez les panneaux indiquant **Poblado de La Atalayita** (www.artesaniaymuseosdefuerteventura.org ; adulte/enfant 2 €/gratuit ; 10h-18h mar-sam), un village préhispanique doté d'un petit centre d'information. Ce dernier était fermé lors de notre passage, mais si vous êtes dans le coin, les ruines en roche volcanique méritent vraiment le petit détour par une piste en terre.

Pozo Negro est aux antipodes de Caleta de Fuste : le village se résume à quelques maisons, des bateaux de pêche aux couleurs vives et deux restaurants de produits de la mer, tous deux appréciés et très semblables. Spécialisés dans la paella, ils disposent chacun d'une terrasse donnant sur la plage de galets. Pozo Negro est fréquenté par les véliplanchistes, mais il faut apporter son équipement.

LA MONTAGNE DE LA CONTROVERSE

Il a beau ne s'élever qu'à 400 m d'altitude, le **mont Tindaya** est la montagne la plus importante et la plus célèbre de l'île. Ce sommet, à 7 km au sud de La Oliva, tient une place particulière dans l'histoire et la mythologie locales. Plus de 200 gravures rupestres guanches ont été découvertes sur ses flancs, dont beaucoup ont la forme d'empreintes de pas dirigées, semble-t-il, vers le pic de Teide, sur Tenerife. La population locale prétend que des phénomènes inexpliqués se produisent près de cette montagne : les malades guérissent, les personnes malveillantes subissent un juste châtiment, etc.

Mais ces dernières années, la montagne a périodiquement fait les gros titres des journaux pour une raison bien différente. En 1985, le sculpteur basque Eduardo Chillida avait choisi le mont Tindaya pour en faire le site d'un projet gigantesque censé être son chef-d'œuvre. Cela souleva un tollé de protestations. En effet, le projet impliquait de retirer 64 000 m³ de roche afin de creuser une grotte de 40 m de haut. Appelé "monument à la Tolérance" par Eduardo Chillida, cette œuvre devait permettre au spectateur de prendre la pleine mesure de la taille de la montagne. L'artiste est décédé en 2002, mais neuf ans plus tard, les autorités locales ont fini par donner leur feu vert. Le projet s'est une fois de plus enlisé jusqu'à ce que début 2015, la famille d'Eduardo Chillada en cède les droits au gouvernement canarien ainsi qu'au *cabildo* de Fuerteventura. La protestation fait rage, même si les autorités persistent dans leur volonté de mener le projet à bien, au motif qu'il devrait développer un "tourisme de qualité".

Un simple **sentier de randonnée** mène au sommet, et passe par certaines gravures rupestres en chemin. Renseignez-vous toutefois à l'office du tourisme de Corralejo. Si l'on entame la construction du grand projet de Chillada, la montagne sacrée de Fuerteventura restera certainement hors d'atteinte un bon moment.

rejoindre le hameau de **Los Molinos**. Ses quelques maisons sans prétention surplombent une petite plage de galets gris dont partent vers l'est des sentiers de falaise que fréquentent les chèvres, les oies et les chats ensauvagés. Si vous y faites halte, surtout ne manquez pas de déjeuner de produits de la mer au **Restaurante Casa Pon** (plats 8-14 € ; ⏲13h-16h et 19h-tard mar-dim) en admirant les brisants de l'Atlantique.

À 2 km au nord de Los Molinos, le long d'une piste accidentée, s'étend la **Playa de la Mujer**, une jolie plage de sable très appréciée des surfeurs.

Si vous suivez la FV-10 plutôt que l'itinéraire côtier, repérez la statue de Miguel de Unamuno qui jouit d'un emplacement spectaculaire, à mi-hauteur de la **Montaña Quemado**. Le philosophe avait dit autrefois qu'il aurait aimé être enterré à cet endroit.

Le bus n°7 qui circule entre Puerto del Rosario et El Cotillo s'arrête trois fois par jour à Tetir, La Matilla et Tindaya. Le bus n°2 (1,70 €, 20 min, 2/jour), entre Puerto del Rosario et Vega de Río Palmas, passe par Tefía. Aucun bus ne dessert Los Molinos, mais la route, très belle, est revêtue (et donc aisément praticable en voiture).

La Oliva

1 370 HABITANTS

Un temps capitale de l'île, de fait sinon en titre, La Oliva garde quelques traces de jours plus glorieux. Le massif campanile du XVIIIᵉ siècle de l'**Iglesia de Nuestra Señora de la Candelaria** est le point focal de la ville, sa masse volcanique noire contrastant fortement avec les murs chaulés immaculés de l'église.

À voir

Cette bourgade a de quoi combler les amateurs d'art et d'histoire. Tâchez de venir un mardi ou un vendredi, quand le **marché** (⏲10h-14h) alimentaire et artisanal s'installe en ville et que l'on peut se procurer le forfait de la **Ruta de los Coroneles** (forfait 6 € ; ⏲10h-14h). Celui-ci donne accès aux deux musées, à la galerie d'art et à l'église.

♥ **Casa de los Coroneles** MUSÉE
(www.artesaniaymuseosdefuerteventura.org ; 3 € ; ⏲10h-18h mar-sam ; P). Cet édifice du XVIIIᵉ siècle, restauré avec soin, a conservé son patio central traditionnel et ses balcons en bois. Le rez-de-chaussée accueille maintenant des expositions temporaires

d'art moderne internationalement réputées tandis que le 1er étage est consacré à l'histoire de l'édifice. Ne manquez pas la modeste chapelle et son carrelage d'origine. Adjacent à la *casa*, un cône volcanique parfait témoigne du talent de la nature.

La "maison des colonels" a une histoire fort intéressante. Dès le début du XVIIIe siècle, les officiers qui occupaient cette "maison des colonels" contrôlaient virtuellement l'île. Accumulant pouvoir et fortune, ils pressurèrent à tel point les paysans que Madrid, confrontée à de multiples jacqueries sanglantes, dut dissoudre la milice en 1834.

♥ Centro de Arte Canario GALERIE D'ART
(Calle Salvador Manrique de Lara ; entrée 4 € ; 10h-17h lun-ven, 10h-14h sam ; P). Autre point d'intérêt, ce musée d'art comporte un jardin de sculptures et des galeries emplies d'œuvres d'artistes canariens comme César Manrique, Ruben Dario et Alberto Agullo. Deux galeries sont consacrées à l'aquarelliste Alberto Manrique (sans lien avec César), artiste dont les paysages et les scènes d'intérieur, plus nombreuses, ont été primés en Espagne. La galerie est proche de la Casa de los Coroneles – suivez les panneaux depuis le centre-ville.

Casa Cilla Museo del Grano MUSÉE
(adulte/enfant 1,50 €/gratuit ; 10h-15h et 16h-18h mar, 10h-15h ven, 10h-14h sam). Situé à 250 m au nord de l'église, sur la route d'El Cotillo, ce petit musée est consacré aux céréales, à leur production et, plus généralement, à la rude vie des fermiers.

Depuis/vers La Oliva

Le bus n°7 (2,40 €, 35 min) entre Puerto del Rosario et El Cotillo passe ici trois fois par jour.

Corralejo

16 300 HABITANTS

L'opinion que vous aurez de ce lieu dépendra de l'endroit où vous vous trouvez. Malgré le nombre de touristes, l'ancien village de pêcheurs près du port, ses rues étroites et inégales, ses bons restaurants de produits de la mer et même quelques maisons de pêcheurs, tout comme la plage principale, conservent leur charme. Deux rues plus loin dans l'intérieur, on se retrouve dans une station balnéaire anonyme typique, avec ses sandwicheries et ses rues en damier. Ça pourrait être pire : les bâtiments sont bas et il reste encore quelques vrais bars espagnols.

Ce qui caractérise Corralejo, ce sont les dunes de sable blanc aveuglant au sud de la ville, ondulant nonchalamment depuis le rivage, et ses immenses et fabuleuses plages. Personne ne peut construire dans ou près de cette zone, parc naturel protégé... pour l'instant. Malheureusement la chaîne hôtelière Riu y a érigé deux hideux monolithes de béton avant la mise en place de la réglementation.

Plages

Parque Natural de Corralejo PLAGE
Ce parc naturel protégé longe la côte est sur une dizaine de kilomètres depuis Corralejo. Le lieu est souvent très venté, d'où sa popularité auprès des véliplanchistes et des kitesurfeurs. Les habitants ont fait la preuve de leur ingéniosité pour résoudre le problème du sable collant à la crème solaire. Ils ont érigé des petits remparts de pierres sèches en haut de monticules couverts de buissons pour protéger du vent les adorateurs du dieu soleil. Le parc, aussi appelé

SUR LA CRÊTE DES VAGUES

Les activités sont avant tout nautiques sur Fuerteventura. Caleta de Fuste, Morro Jable et Corralejo attendent plongeurs et véliplanchistes, mais pour la planche à voile, le meilleur spot se trouve près de Costa Calma. Les surfeurs taquinent les rouleaux sur la côte entre Corralejo et Los Molinos, ainsi qu'à La Pared. Le kitesurf gagne aussi des adeptes grâce aux vents forts et réguliers qui balayent la côte.

Pensez aussi à vous procurer la *Surfers' Map*, une carte très pratique disponible dans la plupart des offices du tourisme. Elle répertorie tous les clubs de surf, ainsi que les camps de surfeurs, et quelques cybercafés (pour surfer sur Internet). Enfin, cette carte indique les meilleurs spots de l'île et leur attribue une note.

Les cours et les magasins de location de matériel de sports nautiques sont indiqués tout au long de ce chapitre.

Grandes Playas, est gratuit. Transats et parasols sont disponibles à la location devant les deux hôtels de luxe (qui, soit dit en passant, gâchent le paysage).

Playa Corralejo Viejo et Playa Muelle Chico PLAGE
Les petites plages de sable entourant le port sont baignées d'eaux peu profondes. Toute l'année, des sculpteurs de sable viennent y laisser libre cours à leur imagination.

À voir et à faire

Les sports nautiques constituent l'essentiel des activités, et les principales plages où surfer sont accessibles en taxi. Les marins d'eau douce se rabattront sur la marche et le cyclotourisme, ou encore sur le golf de 9 trous juste au sud de la ville.

Sports nautiques

Dive Center Corralejo PLONGÉE
(☎928 53 59 06 ; www.divecentercorralejo.com ; Calle Nuestra Señora del Pino 22 ; plongée à partir de 45 €). Ce club de plongée réputé fonctionne depuis 1979. Installé juste derrière le front de mer, il propose des cours pour débutants (50 €). Si vous êtes expérimenté, optez pour un cours plus avancé du type photographie sous-marine (240 €).

Kayak Fuerteventura KAYAK
(☎650 899893 ; www.kayakfuerteventura.com ; sortie d'une demi-journée 35 €). Le circuit côtier est idéal pour les débutants. Les kayakistes plus expérimentés privilégieront le circuit plus long jusqu'à l'Isla de Lobos (50 €/pers, matériel de snorkeling inclus). Possibilité également de louer des kayaks (50 €/jour) et du matériel de snorkeling (10 €/jour).

Billabong Surf Camp SURF
(☎639 501777 ; www.billabongsurfcamp.com ; Galera Beach ; cours 1 journée 45 €, cours avancé 3 jours 120 €). Corralejo est à juste titre un rendez-vous prisé des surfeurs, et compte quantité d'écoles de surf. Établie de longue date sur la plage, celle-ci propose des cours incluant le matériel, l'assurance, et le transport jusqu'aux vagues. Également : sorties "surfari" jusqu'aux spots voisins, et hébergement sur la plage.

Flag Beach Windsurf Center SURF
(☎609 029804 ; www.flagbeach.com ; Flag Beach ; ☎928 86 63 89 ; location de surf 12 €/jour ; 👪). Flag Beach propose des cours de planche à voile pour débutants (140 € les 3 jours), et la location de planches à voile (35/60 € par heure/jour). Le personnel compte aussi d'excellents moniteurs de kitesurf, qui encadrent un cours d'initiation de 2 jours moyennant 230 €. Organise aussi l'hébergement au besoin.

Ventura Surf Center PLANCHE À VOILE
(☎928 86 62 95 ; www.ventura-surf.com ; Calle Fragata ; cours 1 heure 30 à partir de 45 €, location de matériel à partir de 50 €/jour). Sur la plus grande partie de la côte et dans le détroit entre Corralejo et Lanzarote – l'Estrecho de la Bocaina – les conditions sont idéales autant pour la planche à voile que pour le kitesurf. Ce club est installé sur la plage, au bout de la Calle Fragata, au sud du centre.

FUERTEVENTURA POUR LES ENFANTS

Les plages sont le principal attrait de l'île pour les familles. Beaucoup offrent un sable blanc fin et des eaux peu profondes qui permettent aux petits de patauger gaiement. La **Playa del Castillo** (p. 86) et la **Playa del Matorral** (p. 100) sont toutes deux très agréables. Pour des plaisirs aquatiques plus sophistiqués, l'énorme **Baku Water Park** (Avenida Nuestra Señora del Carmen 41 ; adulte/enfant 25/19 € ; ⏲10h-18h), à Corralejo, dispose d'un bowling, d'un golf miniature et d'une piste de conduite, sans parler des bassins à vague, toboggans "kamikaze" et autres circuits aquatiques.

Quantité d'**excursions en bateau** proposées dans les stations balnéaires ciblent un public familial. À Caleta de Fuste, Oceanarium Explorer propose chaque jour un **circuit d'observation des baleines et des dauphins** ; à Corralejo, des bateaux réguliers partent pour l'**Isla de Lobos**, dotée d'une jolie plage déserte à la Robinson Crusoë. On peut ensuite explorer cette île à la force des mollets. Le **Museo del Queso Majorero** (p. 85) d'Antigua, un musée interactif consacré au fromage, est celui qui plaît le plus aux enfants. Si vous n'avez rien contre les zoos, mettez le cap sur l'**Oasis Park** (p. 97), à La Lajita, pour une visite aux mammifères, oiseaux et animaux marins. L'établissement propose aussi des spectacles et des balades à dos de dromadaire.

VAUT LE DÉTOUR

ISLA DE LOBOS

Les 4,7 km² dénudés de l'Isla de Lobos doivent leur nom aux *lobos marinos* (loups de mer) qui y vivaient jadis. Il s'agissait en fait de *focas monje* (phoques moines), disparus au XVᵉ siècle à cause de marins affamés qui avaient échoué sur les rivages arides et désolés de l'île. Par chance, ceux-ci sont peu à peu réintroduits dans l'île.

Prenez part à une excursion sur l'île au départ de Corralejo, cela en vaut la peine. Une fois sur place, vous pouvez faire une courte balade, commander votre déjeuner sur le quai (réservez en arrivant si vous comptez manger ici) et vous rendre sur la jolie petite plage. Compléter le tour de l'île à pied prend environ 1 heure. Veillez à bien rester sur les chemins balisés. Vous trouverez aussi un petit **centre d'interprétation** (⏲10h-17h) GRATUIT avec d'intéressantes expositions sur l'histoire et la géographie de l'île.

Emportez vos jumelles car l'île est une destination propice à l'observation des oiseaux, sans compter que vous pourriez bien apercevoir un requin ou deux. Ceux-ci fréquentent en effet les eaux de Lobos. L'Isla de Lobos est également idéale pour faire du surf, aussi apportez votre planche et ne vous inquiétez pas des requins : ce sont des requins-marteaux, une espèce inoffensive. Enfin, l'île est appréciée des plongeurs et des amateurs de snorkeling. Le stand-up paddle (SUP) est un moyen aussi agréable qu'insolite de découvrir l'île. **Red Shark** (☎928 86 75 48 ; www.redsharkfuerteventura.com) propose des excursions à la journée incluant le transport à bord d'un Zodiac, la location de matériel et un cours assez bref (65 €/pers).

La façon la plus économique de s'y rendre est de prendre le **ferry Grupo de Lobos** (p. 92). Il part de Corralejo à 10h, 11h, 12h, 13h, 15h30, 16h30 et 17h15 ; en sens inverse, il quitte l'île à 10h15, 11h15, 12h15, 13h45, 16h et 17h. Vous pouvez également opter pour une mini-croisière en bateau à fond transparent à destination de l'île.

Cours de surf (journée complète 45 €) et location de planches (12 €/jour).

Excursions en bateau

Grupo Lobos EXCURSIONS EN BATEAU
(☎616 986982 ; www.grupolobos.es ; Estacíon Marítimo ; adulte/enfant 15/7,50 € ; 👪). Des ferries se rendent régulièrement à l'Isla de Lobos (7 départs quotidiens de 10h à 17h15). Le dernier bateau rentre à 18h. L'agence propose également des mini-croisières d'une heure (adulte/enfant 18/9 €) dans un bateau à fond transparent jusqu'à l'île (départ à 13h chaque jour, ainsi qu'à 16h30 et 17h15 en fonction de la demande). Achetez vos billets au kiosque sur le port.

Vélo et randonnée

Easy Riders Bikecenter VÉLO
(☎928 86 70 05 ; www.easyriders-bikecenter.com ; Calle Nuestra Señora del Carmen 5 ; excursion 4 heures 42 € ; ⏲9h-13h et 18h-20h lun-sam). Organise des circuits guidés toute l'année (horaires flexibles en fonction de la demande), dont un circuit sur l'Isla de Lobos. Également : location de vélos (à partir de 10 €/jour) et renseignements sur les itinéraires cyclables.

Natoural Adventure RANDONNÉE
(☎664 849411 ; www.natouraladventure.com ; trek à partir de 48 €). Propose plusieurs treks guidés plus ou moins longs (de 6 km à 12 km), de niveau de difficulté variable.

Où se restaurer

La zone piétonnière autour du petit port de Corralejo regroupe quantité de restaurants avec terrasses d'où l'activité principale consiste à observer le ballet des passants.

Antiguo Café del Puerto ESPAGNOL €
(Calle La Ballena 10 ; tapas à partir de 3 € ; ⏲13-16h et 19h-tard). Un lieu accueillant aux murs peints au chiffon, qui sert de bons vins et plus d'une cinquantaine de tapas à déguster sur la terrasse avec vue sur l'océan.

Citrus Surf Cafe CAFÉ €
(www.citrus-surfcafe.com ; Calle Anzuelo 1 ; plats 8 € ; ⏲9h-minuit lun-sam ; 📶✍). Recommandé par nos lecteurs, cet établissement décontracté propose diverses cuisines plaisant à ceux qui sont las des tapas. La carte (gravée sur une planche de surf) comporte entre autres des salades inventives, des plats Tex-Mex, des hamburgers et des wraps. Accompagnez votre déjeuner d'un smoothie

ou d'un jus de fruits fraîchement pressé. Concerts certains soirs sur la terrasse couverte à l'arrière.

La Factoria ITALIEN €

(Avenida Marítimo 9 ; pizzas à partir de 8 €, pâtes à partir de 10 € ; ⏲13h-16h et 19h-tard ; 🖉). Originaire de Bologne, le propriétaire connaît son affaire. Ses pâtes, confectionnées tous les jours, sont aussi délicieuses que ses pizzas bien garnies à la pâte fine et croustillante – même sa *mama* vous le dirait. Sur la plage dans le vieux port.

♥ **Restaurante Avenida** ESPAGNOL €€

(Calle General Prim 11 ; plats 8-16 € ; ⏲13h-16h et 19h-tard mar-dim ; 👪). Malgré son emplacement, quelque peu éloigné de la plage, cet établissement ne désemplit pas d'une clientèle canarienne enjouée qui apprécie sa cuisine sans chichis. Les poutres apparentes et les meubles massifs en bois sombre lui confèrent une ambiance rustique. Comptez à partir de 8 € seulement pour du poulpe grillé. Côté viandes grillées, vous vous régalerez d'agneau, de poulet, de lapin ou de porc.

La Arrocería ESPAGNOL €€

(☎928 53 52 91 ; Calle Pejin 10 ; plats 12-17 € ; ⏲13h-16h et 19h-tard mer-dim). Aux Canaries, on sait que l'on a déniché une adresse typiquement locale lorsque la carte est rédigée uniquement en espagnol. Niché au cœur de petites ruelles, ce sympathique établissement possède un élégant décor sur le thème nautique et propose une splendide carte minimaliste centrée sur les plats de riz. Outre les habituelles paellas aux fruits de mer, on sert ici des paellas à la viande et végétariennes, ainsi que de la *fideuà*, paella à base de vermicelles au lieu de riz.

El Andaluz ESPAGNOL €€

(Calle La Ballena 5 ; plats 10-18 € ; ⏲18h30-22h lun-sam). Ce restaurant est encensé de toutes parts. L'intérieur, plein de caractère, abrite quelques tables seulement, aussi, venez tôt pour être sûr d'avoir une place. Le *menú degustación* (19 €) de 4 plats, avec viande et poisson, est une bonne affaire. Les recettes font beaucoup plus appel aux herbes aromatiques et aux légumes que d'ordinaire dans la gastronomie espagnole, et les végétariens pourront se régaler d'une savoureuse quiche aux poireaux.

🍷 Où prendre un verre

Boire un verre à Corralejo n'est pas un problème. Les bars, les discothèques et (si vraiment on vous y oblige) les clubs de karaoké occupent la plus grande partie du **Centro Comercial Atlántico** (Avenida Nuestro Señora del Carmen). Pour une ambiance plus décontractée, rendez-vous dans la Calle La Iglesia, une rue piétonnière comptant des bars à vins et quelques sympathiques établissements parfaits pour un cocktail dans une ambiance tranquille.

Waikiki CLUB

(Calle Arístides Hernández Morán 11 ; ⏲10h-tard). Bien que l'établissement fasse également office de restaurant en journée, mieux vaut venir s'y amuser le soir, lorsque surfeurs, clubbeurs, familles et amis se retrouvent en

À VÉLO SUR LA ROUTE CÔTIÈRE

Certes, on peut parcourir en voiture la route côtière accidentée qui va de **Corralejo** à **El Cotillo**, mais elle se prête tout particulièrement au vélo (ou à la marche) car elle est quasiment sans relief. Empruntez la piste au nord de la gare routière de Corralejo située dans l'Avenida Juan Carlos 1. Cette piste en terre aplanie serpente entre des champs de lave, puis passe au bout de 5 km à un paysage plus évocateur du désert. Au bout de 8 km, on atteint le petit village de pêcheurs de **Majanicho**, dont les maisons se serrent au bord d'un bras de mer où dansent les bateaux, et qui possède la plus petite chapelle qu'on ait jamais vue. De là, vous pouvez faire un détour par la FV-101, route asphaltée qui conduit à **Lajares** (7 km), pour une pause gourmande dans l'une des fabuleuses boulangeries, ou bien poursuivre jusqu'à El Cotillo. Vous découvrirez en chemin des plages de sable blanc émaillées de criques de roches noires, ainsi que quelques-uns des spots de kitesurf et de planche à voile les plus courus. En venant directement de Corralejo, on rejoint au bout de 20 km le phare d'El Cotillo, appelé Faro de Tostón. Là, vous pourrez en profiter pour visiter le Museo de la Pesca Tradicional. Sinon, continuez votre chemin jusqu'au centre d'El Cotillo (4,5 km) à travers le paysage de désert et de broussailles de Los Lagos.

VAUT LE DÉTOUR

LAJARES : LA DOUCEUR DE VIVRE

Située à 13 km au sud-ouest de Corralejo par la FV-101 et la FV-109, Lajares possède une modeste artère principale à l'ambiance paisible et décontractée. Quelques étrangers ont ouvert ici des restaurants, des commerces, des bars de surf et de délicieuses boulangeries formant un ensemble des plus sympathiques. Envie d'une portion de tarte au chocolat, de cheese-cake crémeux parsemé de baies ou d'un petit-déjeuner scandinave avec œufs durs et fromage ? Rendez-vous chez **Pastelo**. Si vous préférez une délicieuse part de tarte aux fruits et à la crème pâtissière, faites un tour de l'autre côté de la rue chez le minuscule **El Goloso**. Pour manger quelque chose de plus substantiel, installez-vous au **Canela Café**, un café tendance, dont le menu varié comprend entre autres un curry de potiron (8 €) et le choix classique de viande rouge et de crevettes au beurre d'ail (17 €). Des concerts de musique acoustique ont lieu les week-ends.

L'un des meilleurs marchés d'artisanat se tient également ici le samedi matin. Si vous le manquez, repliez-vous sur Cabracadabra qui vend des vêtements en soie imprimée, ou rendez-vous non loin chez La Vaca qui propose des pulls tricotés main.

Si vous poursuivez jusqu'à El Cotillo, empruntez la petite route immédiatement à l'est du centre, direction nord jusqu'à Majanicho, puis suivez la route côtière menant à El Cotillo.

bord de plage dans un décor où s'épanouissent les hibiscus, pour siroter des cocktails et profiter de la musique qui joue jusque très tard. Les *piñas coladas* sont sublimes.

Zazamira CAFÉ

(Calle La Iglesia 7 ; ⏲10h-23h mer-lun ; Wi-Fi). Niché au bout d'une rue étroite proche du port, ce café sert des jus de fruits frais (orange ou papaye, par exemple) et du café épicé au ginseng. On peut aussi siroter des cocktails alcoolisés tout en observant les souvenirs de Bob Marley qui ornent les murs.

Mojito Beach Club BAR

(Avenida Marítimo ; ⏲11h-tard ; Wi-Fi). Un bar tendance et décontracté à deux pas de l'océan, proposant une carte de mojitos exotiques.

☆ Où sortir

♥ **Rock Island Bar** DISCOTHÈQUE

(www.rockislandbar.com ; Calle Crucero Baleares ; ⏲19h30-tard ; Wi-Fi). Durant ces 21 dernières années, Mandy et son mari musicien Gary ont fait de ce bar l'un des plus appréciés de la ville. Des concerts acoustiques ont lieu tous les soirs, pour le plus grand plaisir des amateurs.

Achats

À moins de vouloir faire emplette de sets de table souvenirs ou de casquettes Kiss-me-Quick, vous avez tout intérêt à faire votre shopping (y compris dans les magasins de chaînes nationales) dans la partie de l'Avenida Nuestra Señora del Carmen, qui part de l'office du tourisme vers l'ouest pour rejoindre la Calle Crucero Baleares.

No Work Team VÊTEMENTS DE PLEIN AIR

(Avenida Nuestro Señora del Carmen 46 ; ⏲10h-14h et 17h-19h lun-ven, 10h-14h sam). La marque de surfwear local est No Work Team. Cette boutique vend des vêtements confortables et de bonne qualité à l'esprit surf pour hommes, femmes et enfants.

ℹ Renseignements

Office du tourisme (www.corralejograndesplayas.com ; Avenida Marítimo 2 ; ⏲8h-15h lun-ven, 9h-15h sam-dim). Sur le front de mer, près du port. Nombreux dépliants et brochures.

ℹ Depuis/vers Corralejo

BUS

La gare routière se trouve sur l'Avenida Juan Carlos I. Le bus n°6 (3,30 €, 40 min) relie régulièrement la gare routière à Puerto del Rosario.

Le bus n°8 (3,10 €, 40 min, 13/jour) rejoint à l'ouest El Cotillo via La Oliva.

VOITURE ET MOTO

Cicar (☎928 82 29 00 ; www.cicar.com) possède une agence à l'entrée du Centro Comercial Atlántico. Celle-ci pratique des tarifs très corrects (petite voiture low-cost à partir de 120 € environ la semaine de location).

Rent A Bike Club (☎928 86 62 33 ; Avenida Juan Carlos I 21 ; ⏰9h-13h et 17h-20h lun-sam, 9h-13h dim). Si deux roues et un moteur vous suffisent, arrêtez-vous au bien nommé Rent A Bike Club, face à la gare routière. Scooters et motos reviennent respectivement à 40 € et 65 € la journée, assurance comprise.

Comment circuler

Il est très facile de se déplacer en ville, et les places de stationnement gratuit sont nombreuses, surtout dans les petites rues proches de la grande Avenida Nuestro Señora del Carmen.

On peut commander un **taxi** (☎928 53 74 41, 928 86 61 08) ou bien aller à la station de taxis pratique près du Centro Comercial Atlantico. La course entre le centre et les principales plages vous coûtera environ 8 €.

El Cotillo

2 100 HABITANTS

Cet ancien village de pêcheurs a beaucoup de caractère. Petit bourg côtier balayé par les vents, à l'écart des sentiers battus, il possède l'ambiance décontractée propre aux destinations de surf. Jusqu'ici, il a réussi à éviter les constructions anarchiques. Gastronomes, amateurs de sports nautiques et vacanciers en quête de détente s'y plaisent beaucoup. La Calle Muelle Pescadroes, derrière le vieux port, s'orne de peintures et de sculptures, et fait donc office de galerie d'art en plein air. Cette artère piétonnière est jalonnée de boutiques hippies et de bars à tapas animés.

Ancien siège du pouvoir des chefs tribaux de Maxorata (royaume guanche du nord de Fuerteventura), El Cotillo est restée pratiquement ignorée depuis la conquête. Seules exceptions : les pirates qui tentèrent d'y accoster de temps à autre, et la lente invasion moins sanguinaire des amateurs de bronzette, qui apprécient la simplicité tranquille des lieux.

À voir

Museo de la Pesca Tradicional — MUSÉE

(musée de la Pêche traditionnelle ; Faro de Tostón ; adulte/enfant 3/1,50 € ; ⏰10h-14h30 et 15h15-18h mar-sam ; 🅿). Cet intéressant musée est installé à côté du fameux phare rayé de la ville. Grimpez jusqu'au sommet du phare d'origine, considérablement plus petit, afin de profiter de la vue panoramique, puis visitez les différentes galeries. Renseignements en anglais à disposition, ainsi que plusieurs vidéos très instructives sur les méthodes de pêche traditionnelle.

Castillo de Tostón — CHÂTEAU

(adulte/enfant 1,50 €/gratuit ; ⏰10h-15h lun-ven, 9h-14h sam-dim). Ce *castillo* aux formes épanouies n'est pas vraiment un château, mais plutôt une tour Martello. Les expositions sur l'art et l'histoire sont intéressantes, quoique la vue panoramique sur la plage de surf soit le grand atout du lieu.

Activités

Les sports nautiques sont la principale activité ici.

Seuls les pratiquants expérimentés s'attaqueront à la vague appelée **The Bubble**, au nord du centre, moins innocente que son nom (La Bulle) le laisse penser. Pour vous y rendre, vous devrez disposer d'un véhicule. Heureusement, les surfeurs moins expérimentés ont aussi de nombreuses occasions de se faire plaisir.

Shock Wave — SURF

(www.shockwavesurfschool.com ; Calle Pintor Néstor de la Torre 1 ; cours une demi-journée 50 €). Cette école de surf est chaudement recommandée par les voyageurs. Cours de 4 heures à 5 jours (195 €) et possibilité de louer planche et combinaison (à partir de 15 €/jour).

Riders Surf 'n' Bike — SURF

(www.riders-surfnbike.com ; Calle 3 de Abril 1979 ; cours de surf à partir de 45 €, location planche à partir de 10 €/jour). Club sympathique établi à l'entrée de la ville. Outre les cours, possibilité de louer des planches de surf, des boogie-boards, des stand-up paddleboards et, pour ceux qui préfèrent la terre ferme, des vélos (10 €/jour).

Où se restaurer

La ville abrite certains des restaurants les plus raffinés de la côte nord, où la prise du jour tient le haut du pavé. Ne manquez pas non plus les cafés en terrasse de la Calle Muelle Pescadores, une rue piétonnière.

♥ El Goloso de Cotillo — CAFÉ €

(Calle Pedro Cabrera Saavedra 1 ; sandwichs 3 €, tartes 2 € ; ⏰7h30-19h30 ; 📶). Régalez-vous de tartes succulentes dans cet établissement paisible à l'extrémité nord de la ville. On sert aussi des jus de fruits frais et des milk-shakes, et le café est excellent. Au dessert, mention spéciale à la divine tarte meringuée au citron.

El Mentidero CAFÉ €
(Calle Punta Aguda 1 ; sandwichs 3-8 € ; 8h-17h mar-dim ;). Un café populaire à la forte personnalité. Parfait pour un petit-déjeuner, un verre de jus de fruits fraîchement pressés, un déjeuner léger ou une part de gâteau accompagnée d'un très bon café.

Mare Alta TAPAS €
(Calle 3 de Abril 1979 25 ; tapas 4-9 €, plats 8-12 € ; 16h-minuit dim-ven). Bar à tapas dont les propriétaires belges servent des recettes inventives dans une cour ravissante.

La Marisma PRODUITS DE LA MER €€
(Calle Mariquita Hierro ; plats 14-20 € ; 13h-16h et 19h-tard). Intérieur à thème nautique, comme de juste, et carte de poisson et fruits de mer superbement préparés. Dans cette ville où les vues magnifiques ne manquent pas, cet établissement peut se prévaloir de l'une des plus belles.

Casa Rústica MÉDITERRANÉEN €€
(Calle Constitución 1 ; plats 10-15 € ; 19h-23h). Adresse prisée de longue date des touristes comme des habitants. On se régale d'un choix varié de plats préparés avec art dans une confortable salle rustique, ou aux quelques tables en terrasse. La cuisine, espagnole, est mâtinée d'influences italiennes, comme en témoignent les gnocchis au mascarpone et au *jamón serrano*.

Restaurante La Vaca Azul ESPAGNOL €€
(Vieux Port ; plats 14-20 € ; 12h30-tard mer-lun). S'il bénéficie d'une position royale au-dessus de la plage de galets, c'est la vache surréaliste installée sur le toit (éclairée la nuit d'un bleu… électrique) qui a la meilleure vue. L'endroit vaut surtout pour son emplacement, quoique l'on ne puisse guère se tromper en commandant une assiette de poisson frais. Quelques plats végétariens également.

Azzurro MÉDITERRANÉEN €€
(Carretera Al Faro ; plats 10-15 € ; 13h-23h mar-dim). Donnant sur la plage de Los Lagos, Azzurro sert des pâtes et des plats de la mer de qualité.

Achats

Clean Ocean Project VÊTEMENTS
(www.cleanoceanproject.org ; 11 Calle del Muelle de Pescadores ; 10h-14h et 17h-21h lun-ven, 10h-14h sam). Faites un saut dans cette boutique soucieuse d'écologie pour sa gamme de surfwear aux verts et aux bleus tendres. La société reverse une partie de ses profits aux opérations de nettoyage des plages et d'alerte antipollution, et possède des boutiques à Lajares et à Corralejo. Allez sur son site Internet pour plus d'infos.

HORS DES SENTIERS BATTUS

FARO DE LA ENTALLADA

Accroché au sommet d'une falaise près du village de pêcheurs de Las Playitas, le phare de la Entallada fait une excellente destination si vous cherchez un itinéraire panoramique qui vous emmène hors des sentiers battus. On ne peut pas pénétrer dans le phare, mais la route sinueuse qui y conduit est agréable, et la vue sur la mer mérite amplement quelques photos. Après la visite, déjeunez de poisson et fruits de mer à Las Playitas.

Depuis/vers El Cotillo

Le bus n°7 (4,20 €, 45 min) pour Puerto del Rosario part tous les jours à 6h30, 12h et 17h. Le bus n°8 (3,10 €, 40 min, 13/jour) dessert Corralejo. Les places de stationnement dans la rue sont très nombreuses, mais le système de voies à sens unique peut désorienter les conducteurs. Il y a aussi amplement la place de se garer près du *castillo*.

LE SUD-EST

Tarajalejo

Ce paisible hameau de pêcheurs est peu perturbé par les touristes, en dépit de la présence du Bahía Playa, un quatre-étoiles qui domine le front de mer. Sa petite plage grise n'a rien de spectaculaire, mais elle n'est pas surpeuplée. En outre, il est très agréable de flâner sur la large promenade qui la longe. Arrêtez-vous boire un verre au **Piscolabis Adeyu**, modeste établissement en bord de plage qui sert de la paella le dimanche. L'endroit se prête parfaitement à la pratique de la planche à voile. Renseignez-vous sur les cours et les locations de planches à l'hôtel Bahía Playa.

Le bus n°1 (5,70 €, 1 heure 20, toutes les heures) reliant Puerto del Rosario et Morro Jable s'arrête à Tarajalejo.

La Lajita

Un autre petit village de pêcheurs, avec une plage de sable noir et de galets, une anse émaillée de bateaux de pêche colorés et un front de mer intact. Malheureusement, des immeubles sans grâce s'élèvent ensuite sans interruption jusqu'à la route principale. À la sortie sud se trouve le plus grand parc à thème de l'île, **Oasis Park** (www.fuerteventuraoasispark.com ; Carretera General de Jandía ; adulte/enfant 25/16 € ; 9h-18h ;). On peut se promener autour du petit zoo, peuplé de singes, d'oiseaux exotiques et d'autres animaux, et assister à différents spectacles mettant en scène des phoques, des oiseaux de proie et des perroquets. On peut aussi faire un **tour à dos de dromadaire** (35 min adulte/enfant 11/8 €). Si vous préférez les plantes, visitez le jardin botanique du parc et ses 2 300 variétés de cactées.

Le bus n°1 (6 €, 1 heure 20, toutes les heures) s'arrête à la bretelle d'accès à la ville sur la route principale. Il suffit de poursuivre à pied jusqu'au zoo tout proche. Oasis Park assure chaque jour le transport gratuit en bus au départ de toutes les grandes stations balnéaires.

PENÍNSULA DE JANDÍA

Classée parc naturel, la plus grande partie de la péninsule est protégée. Le sud-ouest est une remarquable succession de collines rocheuses et de plaines dénudées jusqu'aux falaises de l'ouest de Morro Jable. Buissons, dunes et plages se partagent le reste de la péninsule.

L'endroit est sillonné de routes de gravier, de pistes en terre et de routes goudronnées. Un 4x4 est recommandé pour aller à Cofete, mais pas obligatoire. Un bus à 4 roues motrices s'enfonce dans les profondeurs de la péninsule. Ce trajet chaotique est à lui seul une excellente raison de s'aventurer dans les parages.

Costa Calma

Costa Calma, à 25 km au nord-est de Morro Jable, est un enchevêtrement de rues en sens unique parsemées d'immeubles d'habitation, de centres commerciaux (au moins huit !) et, à l'occasion, d'hôtels. La longue plage de sable est superbe, mais l'endroit n'a ni âme ni passé, son unique vocation étant de satisfaire les touristes (essentiellement) allemands.

Activités

Davinga Surf School SURF

(677 411090 ; www.davinga-surf.com ; Centro Commercial El Palmeral ; cours une demi-journée 45 €, location planche une demi-journée 15 €). Location de planches, journées surf d'essai, cours de 3 et 5 jours pour débutants.

Acuarios Jandia PLONGÉE

(928 87 60 69 ; www.acuarios-jandia.com ;). Ce club ayant pignon sur rue propose un large éventail de cours, des plongées en piscine s'adressant aux tout-petits (30 €) aux stages Advanced Open Water (290 €).

Club Mistral PLANCHE À VOILE

(667 796688 ; www.club-mistral-fuerteventura.com ; cours 6 heures à partir de 160 €, location planche à partir de 75 €/jour). Agence professionnelle dispensant également des cours de kitesurf (2 heures à partir de 120 €).

Où se restaurer et prendre un verre

Rapa Nui CAFÉ €

(Centro Comercial Bahia Calma ; sandwichs 3-6 € ; 9h-18h). Bon choix les jours ensoleillés (et ils sont nombreux), cet établissement dispose d'une très jolie terrasse avec vue sur la mer. Géré de concert avec la boutique de surf attenante, il propose des sandwichs, des en-cas, des glaces (faites sur place), des cocktails et des cafés à une clientèle essentiellement constituée de jeunes surfeurs bronzés. Également : cours de surf tous les jours.

Bar Synergy BAR

(Calle Playa de las Pilas, Centro Comercial Costa Calma ; 19h-3h lun-sam). Venez donc boire ici un mojito à l'apéritif. Avec son élégante déco dans des tons sobres et ses baies vitrées donnant sur l'océan, au loin, ce bar est ce qui se fait de plus tendance à Costa Calma.

La Pared

Situé sur la côte ouest, La Pared est un autre spot de surf réputé. À l'approche de la ville, par le sud, cherchez le panneau *queso artesano* à droite. C'est l'endroit où acheter le fromage de chèvre bio local.

Activités

Adrenalin Surf School SURF
(☎928 94 90 34 ; www.adrenalin-surfschool.com ; cours débutant 4 heures, 45 €). Propose des cours de surf et la location de planches (20 €/jour).

Waveguru SURF
(☎619 804447 ; www.waveguru.de ; location planche une demi-journée à partir de 15 €). Cette école de surf établie de longue date propose des cours débutants de 4 heures (50 €) à 1 semaine (220 €), ainsi que des cours pour surfeurs plus expérimentés. Également : cours de stand-up paddle (SUP ; cours 1 journée 80 €) et possibilité d'organiser un hébergement en appartement ou en camping.

Où se restaurer

Restaurante Bahía La Pared PRODUITS DE LA MER €€
(☎928 54 90 30 ; plats 12-15 € ; ⏲13h-16h et 19h-tard). Surplombant le basalte noir et la plage de sable, ce restaurant a pour spécialité le poisson frais et la paella aux fruits de mer. Il gère également la piscine adjacente, avec toboggan pour enfants (⏲12h-17h), gratuite pour les clients.

ARTISANAT DE QUALITÉ

Partout en Europe, les magasins d'artisanat d'État pratiquent des tarifs très élevés. Mieux vaut donc les éviter si l'on a un budget serré. À Fuerteventura cependant, les *Tiendas de Artesanía* ont une politique différente, et plus juste : les artisans déterminent leurs tarifs et reçoivent 100% des profits.

Le gouvernement a seulement pour rôle de vérifier l'authenticité des objets artisanaux – un rôle, hélas, de plus en plus important de nos jours étant donné les importations prolifiques de dentelles et autres produits de fabrication chinoise. Vous pourrez vous repérer grâce au sceau de garantie, à liseré vert pour les créations originales, et à liseré brun pour l'artisanat traditionnel. Toutes les étiquettes doivent être numérotées et indiquer les coordonnées de l'artisan. Vous trouverez ces fameuses boutiques au Molino de Antigua, à Betancuria, à Puerto del Rosario et même à l'aéroport.

Depuis/vers La Pared

Le bus n°4 relie La Pared à Morro Jable (2,80 €, 45 min) une fois par jour.

Playa de Sotavento de Jandía

Cette dénomination englobe l'ensemble des plages magnifiques qui s'étendent sur la côte est de la péninsule. Ce paradis pour adeptes de la baignade, de la bronzette et de la planche à voile déroule kilomètre après kilomètre un sable blanc et fin qui s'enfonce presque imperceptiblement dans l'immensité turquoise de l'océan.

Lorsque l'on pense à Sotavento, c'est généralement l'image de la **Playa de la Barca** qui surgit d'abord. Cette plage est indiquée depuis la FV-2, à 2,5 km au sud de Costa Calma. Spot idéal de planche à voile et de kitesurf, elle est équipée d'excellentes infra-structures pour pros et débutants. À marée basse, l'étendue de sable blanc fait près de 200 m de large. Et, lorsque la marée monte, elle crée un lagon turquoise peu profond idéal pour les enfants (ou les apprentis véliplanchistes). Tous les sports nautiques sont ici organisés par **René Egli** (☎928 54 74 83 ; www.rene-egli.com ; location planche par jour/semaine à partir de 70/350 €, cours débutant à partir de 140 € ; ⏲10h-17h), qui possède un club de planche à voile à l'extrémité nord de la plage et un club de kitesurf au sud. Ce dernier compte un petit bar-restaurant. Avec sa palmeraie et ses transats au bord de l'eau, il rappelle les Caraïbes. Les cours et la location de matériel reviennent moins cher en réservant. Possibilité également d'organiser au besoin l'hébergement.

Chaque année en juillet, pendant les dix jours d'une manche du **Windsurfing World Championship** (www.fuerteventura-worldcup.org), fini le calme somnolent des lieux. L'intense activité sportive diurne n'a d'égale que l'animation nocturne. Ce championnat du monde de planche à voile, attire en effet véliplanchistes et kitesurfeurs du monde entier.

Le bus n°5, qui circule entre Costa Calma (1,40 €, 20 min) et Morro Jable (1,70 €, 30 min) 7 fois/jour, dépose ses passagers au Melia Gorriones Hotel, immédiatement au-dessus de la Playa de la Barca.

Morro Jable

16 700 HABITANTS

Plus tranquille que Corralejo, son homologue du Nord, Morro Jable est une station pratiquement exclusivement allemande. Son point fort est sa plage de sable blond, bordée de résidences et d'hôtels s'intégrant merveilleusement dans le paysage. Elle s'étend sur environ 4 km depuis la partie ancienne de la ville. Le charme s'estompe quelque peu quand on s'en éloigne pour emprunter le grand axe à chaussées séparées, bordé de centres commerciaux et d'hôtels beaucoup plus hauts. Plus ancien, le centre-ville, en haut de la colline, offre un aperçu de ce à quoi ressemblait l'endroit avant le début du ballet incessant des vols charters.

Plage

Playa del Matorral PLAGE

La magnifique plage principale, part de Morro Jable et s'étend sur plus de 4 km en direction de l'est. Idéale pour les familles, elle permet de se faire plaisir en pratiquant sports nautiques, pédalo, ou en s'étendant simplement sur le sable. La plage étant rarement déserte, les amateurs de vraie solitude disposant d'un véhicule iront 7 km plus à l'est.

Activités

Naturellement, la plupart des activités se pratiquent dans, sur ou au bord de la mer.

Ocean World PLONGÉE

(☎ 928 54 14 18 ; www.tauchen-fuerteventura.com ; plongée avec équipement 45 €, stage de plongée Open Water 360 €). Plongées quotidiennes à 9h et 14h.

Surfers Island SURF

(www.surfers-island.es ; Calle Melindraga 2 ; cours 4 heures 49 €, location planche 12 €/heure). École de surf réputée proposant aussi des cours de kitesurf, de stand-up paddle (SUP), de planche à voile et de voile.

Volcano Bike LOCATION DE VÉLOS

(www.volcano-bike.com ; Calle Melindraga, Club Hotel Aldiana Jandia ; location de vélo à partir de 12 €/jour ; ⏲ 9h-11h et 17h-19h). Organise aussi divers circuits à vélo sur l'île.

Où se restaurer

Attention, fast-foods et cuisine internationale insipide cernent les appartements, résidences et centres commerciaux de l'Avenida Saladar. Cherchez les établissements authentiques qui servent des produits de la mer du côté de la vieille ville.

Bar La Parada TAPAS €

(Calle Nuesta Señora del Carmen 6 ; tapas 3-6 € ; ⏲ 13h-16h et 19h-tard ; 📶). Bien que la petite

LA NAISSANCE DES TORTUES

La Península de Jandía est le berceau d'un important programme de protection des tortues, grâce auquel les tortues caouannes sont peu à peu réintroduites après une disparition d'une centaine d'années. Le programme date de janvier 2007, année où 145 tortues sont sorties de leur œuf sur la plage de Cofete, sur la côte ouest, dans le Parque Natural de Jandía.

Les plages de Fuerteventura sont le deuxième site au monde retenu pour cette expérience, le premier se trouvant au Mexique. Les œufs ont été prélevés dans une colonie des îles du sud du Cap-Vert, dont l'environnement et les plages ressemblent à ceux de Cofete, particulièrement par la qualité de l'eau, du sable et surtout du climat suffisamment chaud. Les œufs de tortues sont élevés dans des nids artificiels et, avant que les bébés tortues traversent la plage en rampant vers leur avenir incertain, ils sont transférés dans les aquariums de la "nurserie" à Morro Jable. Là, on attend qu'ils soient assez forts pour nager. À ce stade, on leur implante une puce pour pouvoir les suivre et on les relâche dans la mer.

On espère qu'une fois adultes, ces tortues reviendront pondre leurs œufs à Cofete et qu'ainsi, l'espèce se reproduira de nouveau spontanément sur l'île. Les organisateurs du projet comptent répéter l'opération au moins tous les cinq ans afin d'enrayer la disparition de cette espèce de tortue marine.

On peut visiter la **nurserie** (⏲ 9h-13h lun-ven) GRATUIT, où l'on s'occupe également des tortues blessées découvertes sur l'île. Vous la trouverez dans le port de Morro Jable.

carte soit traduite en plusieurs langues, on entend presque uniquement parler espagnol autour de soi. Les *señores* locaux viennent se régaler de copieux ragoûts de chèvre, de lapin ou de pois chiches. Le dimanche est le jour de la paella. La portion, généreuse, ne coûte que 7,50 €.

La Bodega de Jandía TAPAS €

(Calle Diputado Manuel Velazquez Cabrera ; tapas 4-9 € ; ⏲13h-16h et 19h-tard mer-lun). Jambons suspendus au plafond et habitants passant commande d'une voix forte : cet établissement a beaucoup plus de cachet et d'ambiance que les restaurants touristiques du front de mer. Au menu : des spécialités canariennes comme la *ropa vieja* (ragoût à la viande) et la *mousse de gofio* (mousse de céréales grillées). Le dimanche, venez vous régaler d'une assiette de paella attablé dans la rue pavée piétonnière.

La Laja PRODUITS DE LA MER €€

(Calle Tomas Grau ; plats 10-18 € ; ⏲13h-16h et 19h-tard). Bonne adresse pour les produits de la mer, à l'angle de la promenade en bois jouissant de superbes vues.

Où prendre un verre et sortir

La vie nocturne se concentre sur le front de mer de la station. Le Centro Comercial Cosmo regroupe aussi quelques bars et une discothèque, mais, actuellement, il a l'air un peu négligé.

Olympia BAR

(Centro Comercial Playa Paradiso, Avenida Saladar ; ⏲10h-1h). Son confortable mobilier en osier, son bar central et ses baies vitrées donnant sur le front de mer rendent ce lieu idéal pour un cocktail après le dîner. La musique est également relaxante.

Achats

Un petit **marché** (Avenida Saladar ; ⏲9h-14h lun et jeu) a lieu sur un parking à l'ouest de l'office du tourisme. La plupart des étalages étant tenus par des Africains du Nord et de l'Ouest, pas facile d'y trouver des produits ayant un soupçon de parfum des Canaries.

Centro Comercial Cosmo CENTRE COMMERCIAL

(Avenida Saladar). Ce vaste centre regroupe quantité de boutiques vendant des produits détaxés.

Renseignements

Office du tourisme (Centro Comercial Cosmo, Avenida Saladar ; ⏲8h-15h lun-ven). Nombreuses brochures et personnel serviable.

Depuis/vers Morro Jable

Le port, Puerto de Morro Jable, est à 3 km du centre-ville par la route.

Le bus n°1 dessert Puerto del Rosario (10 €, 2 heures, au moins 12/jour) entre 5h45 (en semaine) et 22h30. Le bus n°10 (9,70 €, 1 heure 45, 3/jour), plus rapide, passe par l'aéroport. Le bus n°5 (2,70 €, 40 min) pour Costa Calma circule fréquemment.

DEPUIS/VERS L'AÉROPORT

Le bus n°10 (8,20 €, 1 heure 30, 3/jour) relie la ville et l'aéroport. En taxi, comptez environ 75 €.

Comment circuler

Un grand parking gratuit est aménagé à côté de l'office du tourisme dans le Centro Comercial Cosmo. Trouver une place de stationnement dans la vieille ville est plus problématique. Pour appeler un taxi, composez le ☎928 54 12 57.

Environs de Morro Jable

Plus sauvages que leurs homologues sous le vent, les longues plages de la péninsule de Jandía sont également plus difficiles d'accès.

Un 4x4 n'est pas nécessaire pour rejoindre le phare, en revanche, il est appréciable d'en avoir un pour emprunter la piste en terre sinueuse qui mène à Cofete.

Punta de Jandía

À 2 km au sud de Morro Jable, la route goudronnée disparaît au profit d'une piste en terre. Mais l'itinéraire est suffisamment emprunté pour être bien aplani. Au départ de Morro Jable, la piste sinue le long de la côte sud de la péninsule jusqu'au phare isolé (⏲10h-18h mar-sam) GRATUIT de la Punta de Jandía. Le phare abrite des expositions traitant de la flore, de la faune et de la géologie du Parque Natural de Jandía.

Juste avant le phare, on atteint **Puerto de la Cruz**, petit village de pêcheurs doté d'une plage. Ses 3 restaurants sont tous spécialisés dans le poisson frais. Ils ont des terrasses à ciel ouvert, mais seul **El Caletón** (plats 8-12 € ; ⏲déj mar-dim) profite de la vue sur l'océan. Le ragoût de poisson est la spécialité locale. Le site du phare est superbe au couchant, toutefois, il faut s'empresser de rentrer sitôt

100% LOCAL

LA VILLA WINTER : UNE DEMEURE BIEN MYSTÉRIEUSE

Lorsqu'enfin on arrive à Cofete, impossible de ne pas remarquer la belle demeure abandonnée en surplomb de la côte. Une vision qui est de plus tout à fait intrigante. L'imposante demeure dotée de tourelles, comme un château, fut construite par l'ingénieur allemand Gustav Winter dans les années 1930. Les rumeurs selon lesquelles Winter aurait été lié au parti nazi ont beau n'avoir jamais été confirmées, les théories du complot entourant la Villa Winter (aussi appelée Casa de los Winter) restent "virales". L'ingénieur aurait, paraît-il, voulu introduire l'agriculture dans la région, mais l'on n'a guère de preuves à cet égard. En outre, à l'époque, il n'y avait probablement aucune route conduisant à l'étrange demeure. Pour certains, cette dernière aurait été construite afin de servir de cachette à de hauts dignitaires nazis, dont Hitler lui-même. D'autres ont prétendu que Cofete cachait une base sous-marine secrète, que des tunnels traversaient la montagne, ou encore que la maison abritait une clinique de chirurgie plastique à destination des généraux allemands ayant besoin de changer d'identité.

Il y a un gardien sur place. Moyennant un petit pourboire, il fait visiter la maison. Certains visiteurs affirment avoir vu le sous-sol qui recèlerait des chaînes, des cellules et des impacts de balle. Mais comme pour tout ce qui concerne la Villa Winter, impossible d'avoir une certitude absolue. Une chose est sûre en revanche : la Villa Winter est un lieu fascinant qui vous donnera envie de creuser davantage pour connaître la vérité. Ou, à défaut, pour entendre d'autres légendes...

le soleil disparu à l'horizon pour ne pas avoir à conduire sur des chemins de terre à la nuit tombée.

Cofete

À environ 10 km de Morro Jable, un embranchement partant au nord-est franchit un col et redescend jusqu'à Cofete, petit hameau marquant l'extrémité sud des plages de Barlovento de Jandía. Virages étroits, descentes en pente raide et aucun garde-fou : négocier la piste en terre qui vient jusqu'ici requiert des nerfs d'acier. Un bélevédère se trouve à mi-chemin. Il s'agit d'un endroit battu par les vents, où la plupart des gens abandonnent et font demi-tour. Mais si vous persévérez, vous serez récompensé par l'une des plages les plus spectaculaires et les plus reculées de l'archipel. Des pistes sablonneuses, franchissables à pied ou en 4x4, sinuent jusqu'à cette portion de littoral aux prises avec les éléments.

La **Playa de Cofete**, plage principale, est très belle car complètement vierge de toute construction. Attention toutefois avant de piquer une tête : les vagues et les courants sont bien plus puissants que les eaux généralement plus calmes baignant l'autre côté de l'île. Si vous êtes sûr de votre technique et possédez le matériel nécessaire, c'est un bon spot pour faire du surf. Le **Restaurante Cofete** (☎ 928 17 42 43 ; plats 8-14 € ; ⏲ 11h-19h) y propose des boissons et des en-cas, et une carte plus sophistiquée qu'on ne l'attendrait de ce lieu littéralement au bout du monde. On y trouve notamment du poisson frais et de la *carne de cabra en salsa* (chèvre en sauce).

Si vous n'osez pas vous attaquer seul à la route, vous pouvez emprunter le drôle de petit bus 4x4 (2,70 €, 1 heure 30), qui effectue le trajet au départ de Morro Jable à 10h et 14h tous les jours (retour à 12h30 et 16h30). Le bus s'arrête également à Puerto de la Cruz et au phare.

Lanzarote

928 / 142 000 HABITANTS

Dans ce chapitre ➡

Le top des restaurants

- El Navarro (p. 109)
- Lilium (p. 107)
- La Cabaña (p. 123)

Le top des hébergements

- Hotelito del Golf (p. 233)
- Finca de Arrieta (p. 232)
- Caserío de Mozaga (p. 232)

Pourquoi y aller

Hérissée de 300 cônes volcaniques, Lanzarote fascine par sa géologie exceptionnelle, qui lui vaut d'être classée au patrimoine mondial de l'Unesco. Son paysage revêt un aspect rude et lunaire, émaillé çà et là de vallées bucoliques plantées de palmiers qui contrastent avec des champs de lave noire à l'aspect irréel. Longtemps apparentée aux groupes de touristes et aux stations balnéaires, l'île connaît toutefois des changements et accueille maintenant un nombre croissant de voyageurs indépendants. En réponse à cela, le gouvernement a lancé une grande mesure de signalisation de l'île pour indiquer les chemins de randonnée, tout en augmentant le nombre d'hébergements.

Le développement des sites touristiques majeurs de Lanzarote a été orchestré par feu l'artiste César Manrique, originaire de l'île. Son influence reste importante grâce à une fondation culturelle qui promeut la conservation de l'intégrité culturelle et architecturale de Lanzarote.

Quand partir

- Le Carnaval annuel de l'île, qui a lieu en février ou mars, est certes moins important que celui de Tenerife ou de la Grande Canarie, mais il est célébré avec beaucoup d'enthousiasme, en processions et en musique.
- Pâques, juillet, août et décembre sont les périodes les plus chargées.
- Les billets d'avion moins chers au départ d'autres villes européennes sont normalement plus nombreux en automne et au printemps (hors vacances de Pâques).
- Le Día de San Ginés a lieu le 25 août. Les festivités se déroulent à travers toute l'île.

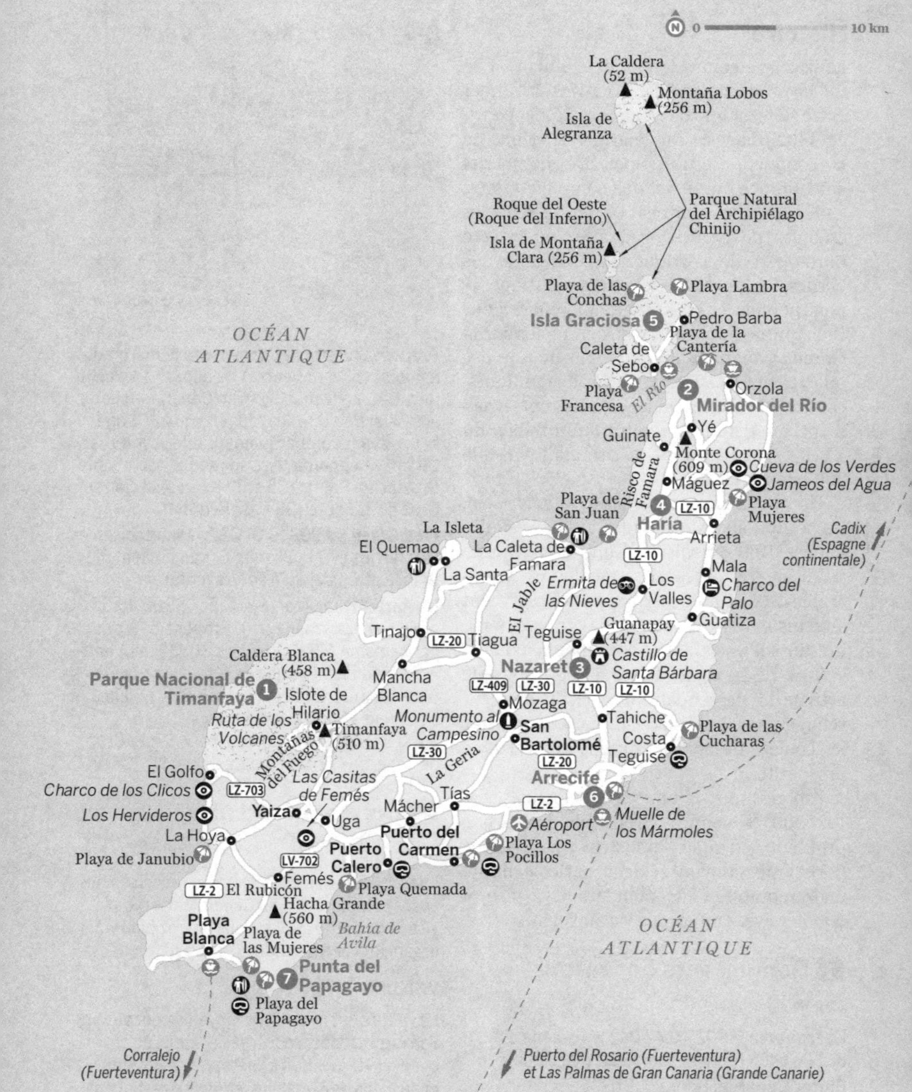

À ne pas manquer

❶ Le magnifique **Parque Nacional de Timanfaya** (p. 120) aux paysages volcaniques surnaturels évoquant la Lune

❷ Le panorama vertigineux depuis le **Mirador del Río** (p. 115)

❸ Les échos des fêtes de stars des années 1970 dans la luxueuse et fantasque résidence **Lagomar**, à Nazaret (p. 111)

❹ L'oasis de verdure et de palmiers de **Haría** (p. 116)

❺ Une nuit sur l'**Isla Graciosa** (p. 114), entre plages désertes et randonnées faciles

❻ Les restaurants, bars et clubs de la Marina Lanzarote à **Arrecife** (p. 104)

❼ Séance de farniente sur les plages de sable doré de **Punta del Papagayo**, sur la côte sauvage du Sud (p. 125)

Histoire

Lanzarote a connu son lot de malheurs. Elle fut la première des îles Canaries à tomber entre les mains de Jean de Béthencourt, en 1402, dans ce qui marqua le début de la conquête de l'archipel. De nombreux autochtones furent vendus comme esclaves, alors que les autres durent subir les attaques de pirates originaires de la côte nord-ouest de l'Afrique. La Cueva de los Verdes, aujourd'hui le site touristique le plus populaire, constituait un refuge pour ceux qui ne pouvaient pas se réfugier sur la Grande Canarie et protéger leur maison des pillages massifs. Des corsaires britanniques, comme sir Walter Raleigh, pillèrent également le territoire, au point qu'au milieu du XVIIe siècle, Lanzarote ne comptait plus que 300 habitants.

Un malheur ne venant jamais seul, les éruptions volcaniques massives des années 1730 détruisirent une douzaine de villes et certaines des meilleures terres arables. Le drame permit paradoxalement aux insulaires d'exploiter la grande fertilité du sol volcanique, notamment pour la culture de la vigne. Grâce à cette nouvelle activité, les descendants de ceux qui s'étaient réfugiés sur la Grande Canarie pour fuir les coulées de lave connurent une certaine prospérité.

Aujourd'hui, un peu plus de 142 000 personnes vivent sur Lanzarote, profitant d'une industrie touristique florissante et d'un secteur agricole limité mais rentable. Cette population va jusqu'à doubler avec l'afflux des vacanciers.

Depuis/vers Lanzarote

AVION

L'**aéroport** (☎902 40 47 04 ; www.aena.es) de l'île est à 6 km au sud-ouest d'Arrecife.

Binter Canarias (☎902 391 392 ; www.bintercanarias.com) et la nouvelle compagnie **Canary Fly** (☎902 80 80 65 ; www.canaryfly.es) proposent des vols directs vers la Grande Canarie et Tenerife. Canary Fly assure aussi des vols directs vers La Palma.

BATEAU

Les ferries au départ du Puerto de los Mármoles, à Arrecife, relient Lanzarote à la Grande Canarie et, moins fréquemment, à Tenerife et La Palma. De Playa Blanca, au sud, des ferries réguliers traversent jusqu'à Corralejo, sur Fuerteventura.

Trasmediterránea (carte p. 106 ; à Arrecife ☎902 45 46 45 ; www.trasmediterranea.es).

DISTANCES (KM)

	Yaiza	Playa Blanca	Puerto del Carmen	Arrecife
Playa Blanca	14			
Puerto del Carmen	13	29		
Arrecife	23	39	38	
La Caleta de Famara	25	40	25	16

Distances approximatives

Propose un ferry hebdomadaire le mercredi à minuit (33 €, 8 heures) au départ d'Arrecife jusqu'à Las Palmas de Gran Canaria. Achetez vos billets au terminal du ferry jusqu'à une heure avant l'embarquement ou sur Internet. Un ferry hebdomadaire se rend aussi à Santa Cruz de La Palma (35 €,32 heures) et Santa Cruz de Tenerife (35 €, 17 heures).

Fred Olsen (☎902 10 01 07 ; www.fredolsen.es). Des ferries (30 €, 25 min, 6/jour) relient Playa Blanca et Corralejo à Fuerteventura.

Naviera Armas (carte p. 106 ; ☎902 45 65 00 ; www.navieraarmas.com). Propose 5 ferries par semaine (49 €, 5 heures 30, 30 min) entre Arrecife et Las Palmas de Gran Canaria et 6 par jour (25 €, 35 min) entre Playa Blanca et Corralejo à Fuerteventura. Il y a aussi 5 ferries par semaine pour Santa Cruz de Tenerife (72 €, 10 heures.

Comment circuler

BUS

Intercity Bus Lanzarote gère un réseau de bus assez complet sur l'île. Cependant, si vous visitez de petites villes, vous devrez bien vous organiser car les services sont peu fréquents.

VOITURE

La voiture est le meilleur moyen de découvrir Lanzarote. Vous trouverez de nombreuses agences de location à l'aéroport, à Arrecife et dans les principales stations touristiques.

ARRECIFE

56 900 HABITANTS

Arrecife est une agglomération de taille raisonnable, dotée d'une agréable promenade de type méditerranéen, d'une plage de sable engageante et – il faut bien le dire – de petites rues bordées pêle-mêle de bâtiments défraîchis, de boutiques élégantes, de bars sans prétention et de restaurants plus ou moins bons. Elle compte un nombre limité de lieux dignes d'intérêt, parmi lesquels deux châteaux, une jolie lagune et une marina à la sympathique ambiance festive. Surtout, Arrecife a l'avantage d'être une vraie ville qui ne vit pas exclusivement du tourisme.

Histoire

Le manque d'allure d'Arrecife vient essentiellement du fait qu'elle ne devint la capitale de l'île qu'en 1852, remplaçant alors Teguise. Le Castillo de San Gabriel fut édifié en 1574 pour défendre le port, puis reconstruit à la suite d'une attaque. Son voisin plus petit et plus trapu, le Castillo de San José, situé plus haut sur la côte, a été construit entre 1776 et 1779.

Vers la fin du XVIIIe siècle, un semblant de ville avait commencé à prendre forme autour du port. La croissance commerciale et la fin de la piraterie au XIXe siècle permirent à Arrecife de prospérer. Les menaces ayant disparu, Lanzarote n'avait plus besoin d'une capitale protégée à l'intérieur des terres, d'où le changement de statut de la ville.

À voir

Arrecife ne pose pas de problèmes d'orientation. À l'exception notable du Castillo de San José et du port, tous les lieux à visiter se trouvent dans une zone étroite autour du centre-ville.

Museo Internacional de Arte Contemporáneo MUSÉE

(MIAC ; Carretera de Puerto Naos ; adulte/enfant 4/2 € ; 10h-20h). Transformé en 1994 par la Fondation César Manrique pour accueillir un musée d'art contemporain et un restaurant, le **Castillo de San José** fut bâti au XVIIIe siècle pour lutter contre les pirates et fournir du travail aux habitants de l'île. Il gère aujourd'hui l'une des principales collections d'art moderne des Canaries, où quelques œuvres de jeunesse de Manrique côtoient celles de Miró, Millares, Rivera, Sempere et Tápies.

Charco de San Ginés LAGUNE

(Avenida César Manrique). Ce très joli lac, parcouru de bateaux survolés de mouettes, a tout d'un cadre de carte postale. Les bâtiments et les restaurants voisins forment un séduisant mélange de légère décrépitude et de façades fraîchement blanchies à la chaux rehaussées de bleu.

Museo de Historia de Arrecife MUSÉE

(928 80 28 84 ; Calle Aquilino Fernández 26 ; 10h-17h lun-ven, 10h-14h sam). GRATUIT Situé sur un petit îlot devant la promenade du front de mer, ce musée de taille réduite occupe le Castillo de San Gabriel datant du XVIe siècle. Il présente la géologie, la faune et la flore, ainsi que l'époque préhispanique et la conquête de l'île (informations en espagnol uniquement). Sur le toit, découvrez une vidéo sur l'île tournée de manière amusante, ainsi qu' une belle vue sur la ville.

PASS TOURISTIQUES

Si vous prévoyez de visiter plusieurs sites gérés par le gouvernement de Lanzarote (*cabildo*) – et c'est vivement conseillé – investissez dans un *bono*. Ce ticket couvre 3, 4 ou 6 sites, notamment les Jameos del Agua, les Montañas del Fuego, la Cueva de los Verdes, le Mirador del Río, le Jardín de Cactus et le MIAC à Arrecife. Le ticket pour les 6 lieux (adulte/enfant 30/15 €) permet une économie substantielle. Les pass sont valables pendant 14 jours et sont vendus dans chacun des sites.

Iglesia de San Ginés ÉGLISE

(Plaza de San Ginés ; avant et après la messe). Cette église, datant de 1665, renferme une statue du saint patron de l'île originaire de Cuba.

Centro Insular de Cultura El Almacén CENTRE CULTUREL

(928 81 01 21 ; Calle José Betancourt 33). Lors de nos recherches, cette galerie-cinéma avait fermé pour rénovation. Renseignez-vous auprès de l'office du tourisme.

Plage

Playa del Reducto PLAGE

La plage principale de la ville, Playa del Reducto, est idéale pour la baignade. Joli croissant de sable blanc planté de palmiers et bordé d'une promenade, elle est sûre pour les enfants, plutôt propre et étonnamment vide. Il est possible de poursuivre à pied vers le sud, le long de la mer, jusqu'à Puerto del Carmen (12 km, environ 3 heures).

Fêtes

Carnaval CARNAVAL

(fév ou mars). Le carnaval a lieu sur toute l'île, mais plus particulièrement à Arrecife. Les festivités démarrent la semaine précédant le mercredi des Cendres.

Arrecife

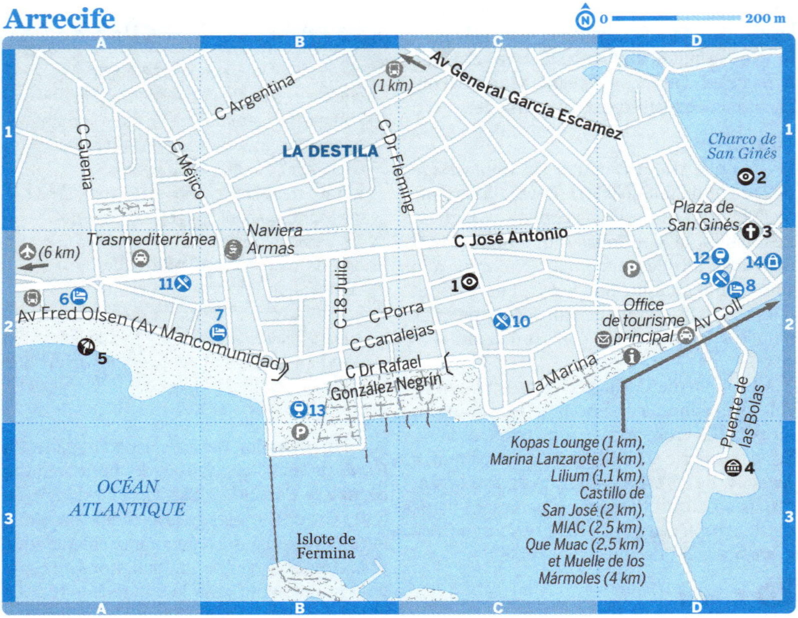

Arrecife

À voir

1 Centro Insular de Cultura El Almacén ... C2
2 Charco de San Ginés ... D1
3 Iglesia de San Ginés ... D2
4 Museo de Historia de Arrecife ... D3
5 Playa del Reducto ... A2

Où se loger

6 Hotel Diamar ... A2
7 Hotel Lancelot ... B2
8 Hotel Miramar ... D2

Où se restaurer

9 Bar Andalucía ... D2
10 Domus Pompeii ... C2
11 El Barrilito ... A2

Où prendre un verre et faire la fête

12 La Tentacion ... D2
13 Star City ... B2

Achats

14 Marché de La Recova ... D2

Día de San Ginés FÊTE RELIGIEUSE

(25 août). Le jour du saint patron de l'île, est une fête majeure jusque dans le moindre village. À Arrecife, les rues aux abords de l'Iglesia de San Ginés accueillent les manifestations les plus festives.

Où se restaurer

Les amateurs des produits de la mer devraient se rendre au Charco de San Ginés, où les restaurants de fruits de mer et de poisson ne manquent pas. Quelques cafés et restaurants en plein air sont situés dans la Calle Ruperto González Negrín et l'Avenida La Marina. Pour un dîner de choix ou un cocktail, on mettra le cap sur l'élégante Marina Lanzarote.

Bar Andalucía TAPAS €

(Calle Luis Martín 5 ; fermé dim). Ouvert depuis 1960 dans une petite rue latérale, ce bar aux carreaux de style andalou est décoré de tableaux à vendre. Les poivrons farcis, l'aloyau au xérès et les tapas semblent venus tout droit de Séville. Bonne carte des vins également.

El Barrilito TAPAS €

(Calle José Antonio ; tapas 4-8 € ; 13h-16h et 19h-tard mar-dim ;). La terrasse donnant sur une route fréquentée n'est pas aussi attrayante que celles des restaurants face à l'océan, mais l'établissement excelle dans les saveurs locales. Large choix de tapas – goûtez les dattes enroulées dans du bacon – et menu de *montaditos* (minisandwichs).

Lilium CANARIEN MODERNE €€
(928 52 49 78 ; www.restaurantelilium.com ; Avenida Olof Palme, Marina Lanzarote ; plats 12-18 € ; 13h-16h et 19h-tard mer-lun ; P). Nouvelle adresse élégante, tout à fait dans le ton de la Marina rénovée, pour le Lilium, qui continue sur sa belle lancée avec des plats réussis comme la cuisse de canard confite et sa sauce aux figues ou les noix de Saint-Jacques accompagnées de bananes, noix de coco, caviar et citron vert. Les ingrédients canariens traditionnels ne manquent pas à l'appel : *gofio* (mélange de céréales grillées), sirop de palme et *almogrote* (délicieux mélange de fromage de chèvre, d'ail et de poivrons) sont ainsi revisités. Réservation recommandée.

Domus Pompeii ITALIEN €€
(Calle José Betancourt 19 ; plats 7-12 € ; 13h-16h et 19h-tard lun-sam ;). Le propriétaire de cette trattoria est originaire de Pompéi, d'où un décor à l'antique, de délicieuses pizzas napolitaines à pâte fine et des pâtes maison accommodées de sauces fraîches. Le *limoncello* offert apporte une touche sympathique.

Que Muac MÉDITERRANÉEN €€€
(928 81 23 21 ; Castillo de San José, MIAC ; plats 15 € ; 10h-16h tlj, 19h-23h ven-sam ; P). Situé dans le Castillo de San José, c'est l'un des établissements les plus luxueux d'Arrecife, mais la cuisine – avec des plats comme l'épaule d'agneau farcie aux noix – n'est pas tout à fait à la hauteur du cadre. Préférez le déjeuner au dîner, pour profiter pleinement de la décoration de Manrique et de la vue sur l'océan depuis les grandes baies vitrées.

Où prendre un verre

Quelques clubs et bars occupent une courte portion de la Calle José Antonio centrale. Ils ouvrent de 22h à 4h environ, mais le turnover est trop fréquent pour pouvoir recommander une adresse en particulier. La chic Marina Lanzarote, avec ses restaurants et ses bars à cocktails avec terrasse donnant sur le port, est le nouveau secteur où sortir le soir.

La Tentacion BAR
(Plaza de las Palmas ; 19h-minuit lun-sam). En face de l'Iglesia de San Ginés. Bons vins et tapas, dont des recettes d'inspiration cubaine comme le *yucca frita* (manioc frit).

Star City BAR
(Arrecife Gran Hotel, Avenida Fred Olsen ; 10h30-minuit). Nul ne saurait manquer ce gratte-ciel vert, érigé avant que Manrique ne revienne sur l'île et instaure des règles strictes de construction. Qu'il plaise ou non, cet immeuble de 17 étages tire avantage d'une vue panoramique sans égale. Ouvert tous les jours pour un café ou un cocktail.

Kopas Disco CLUB
(Avenida Olof Palme, Marina Lanzarote ; 23h-6h ven-sam ;). Le club le plus chic d'Arrecife attire une clientèle aisée venue écouter des DJ locaux et, parfois, des groupes. Attenant au club, le **Kopas Lounge** (Avenida Olof Palme, Marina Lanzarote ; 10h-2h lun-sam) joue la carte du mobilier blanc et propose un vaste choix de gins.

BE APPLI !

Si vous voyagez avec votre smartphone, consultez la **Lanzarote App** (www.applelanzarote.es), qui offre des réductions sur des activités et permet de réserver, entre autres, des hébergements et des restaurants.

LANZAROTE À PIED

Le paysage volcanique surréaliste de Lanzarote s'apprécie mieux à pied. Des chemins de randonnée bien balisés sillonnent l'île, mais il est parfois difficile de trouver le point de départ des randonnées. Rendez-vous à l'office du tourisme local, et, si vous n'y trouvez rien, allez au **cabildo** (www.cabildodelanzarote.com ; Avenida Fred Olsen) d'Arrecife. Le gouvernement insulaire est chargé de déblayer, baliser et rénover les sentiers de randonnée, et de réaliser des cartes détaillées indiquant les itinéraires et les informations essentielles comme la durée de la marche, le type de terrain et le niveau de difficulté, ainsi que la flore, la faune et les points d'intérêt à découvrir en chemin. Pour commencer, vous trouverez les renseignements de base sur le site Web touristique (www.turismolanzarote.com).

CÉSAR MANRIQUE

César Manrique est la personnalité originaire de l'île la plus connue et on retrouve sa patte partout : qu'il s'agisse de ses sculptures mobiles ornant les ronds-points ou de l'absence de gratte-ciel ou de panneaux publicitaires.

Né le 24 avril 1919, Manrique est surtout connu pour son travail en tant qu'artiste contemporain. Influencé par Picasso et Matisse, il présente sa première exposition d'art abstrait en 1954. Mais ce n'est que 10 ans plus tard que sa carrière artistique atteint son apogée avec une exposition au musée Guggenheim de New York. Mais Manrique n'oublie pas Lanzarote. En 1966, après son succès américain, il revient chez lui avec une foule d'idées destinées à mettre en valeur la beauté de l'île, pour lui, incomparable.

Manrique s'emploie d'abord à promouvoir la protection des méthodes traditionnelles de construction et l'interdiction des panneaux publicitaires. Artiste aux multiples facettes, il se lance ensuite dans une série de projets, Lanzarote devenant son support de création. Il réalise en tout sept projets majeurs sur l'île, ainsi que de nombreux autres dans l'archipel des Canaries et au-delà.

Aujourd'hui, on peut dire que c'est essentiellement sa campagne pour la protection de l'architecture typique et de l'environnement qui a obligé le gouvernement à promulguer des lois limitant l'urbanisation de l'île. Au début des années 1980, lorsque l'essor du tourisme menace de détruire ces avancées, l'opposition acharnée de Manrique trouve un écho chez nombre de Canariens et conduit à la création du groupe écologiste El Guincho. Ce dernier, dont l'artiste a été nommé président à titre posthume, a connu quelques succès dans la lutte contre les promoteurs.

En traversant les villages de Lanzarote, on constate que le style traditionnel – des maisons blanchies à la chaux avec des portes vertes, des volets aux fenêtres et de curieuses cheminées en forme d'oignon – demeure la norme, suivant fidèlement l'esprit de Manrique.

Achats

Pour un maximum de boutiques, rendez-vous sur l'artère piétonne Avenida León y Castillo.

La Recova Market MARCHÉ
(Calle Manuel Miranda ; 9h-14h lun-sam). Situé entre l'Avenida León y Castillo et le Charco de San Ginés, le marché municipal historique regroupe quelques stands d'artisanat. L'endroit est aussi agréable pour un café sous les arbres.

Renseignements

Office du tourisme principal (928 81 31 74 ; www.turismolanzarote.com ; La Marina ; 9h30-17h lun-ven, 10h-13h sam). Situé dans un beau kiosque à musique sur la promenade.

Office du tourisme (Marina Lanzarote ; 8h-19h lun-sam). Situé à l'extrémité nord de la marina. Bureau de location de voitures sur place également.

Depuis/vers Arrecife

BUS

Intercity Bus Lanzarote (928 81 15 22 ; www.intercitybuslanzarote.es) gère des bus vers toutes les grandes villes et stations touristiques. La principale gare routière est au nord du centre-ville, dans la Vía Medular, mais certaines lignes partent d'un **arrêt** (carte p. 106) plus pratique, à côté du *cabildo* (gouvernement local) dans l'Avenida Fred Olsen. Parmi les lignes les plus fréquentées figurent :

Bus n°1 Costa Teguise (1,40 €, 20 min, toutes les 20 min)

Bus n°2 Puerto del Carmen (1,70 €, 40 min, toutes les 20 min)

Bus n°6 Playa Blanca (3,60 €, 1 heure, toutes les heures)

Bus n°7 Teguise (1,40 €, 30 min, 6/jour)

Bus n°9 Órzola (3,60 €, 1 heure, 5/jour)

VOITURE ET MOTO

Il existe de nombreuses agences de location, en particulier aux abords de l'Avenida Mancomunidad et de la Calle Dr Rafael González Negrín.

Comment circuler

Deux ou trois *guaguas municipales* (bus locaux) suivent des itinéraires en ville, mais il y a peu de chances que vous en ayez besoin.

Le stationnement est limité. Des emplacements de parking gratuits sont disponibles à El Charco de San Ginés. Autrement, rendez-vous au Gran Hotel sur le front de mer, bénéficiant d'un parking souterrain. Vous pouvez appeler un taxi (928 80 08 06), sinon une station de taxis jouxte l'office du tourisme dans La Marina et une autre se tient dans la Calle José Antonio.

DEPUIS/VERS L'AÉROPORT

L'aéroport de Lanzarote se trouve à 6 km au sud d'Arrecife. Les bus n°s 22 et 23 (1,40 €, 10 min) assurent la liaison avec le centre-ville environ toutes les 30 minutes de 7h30 à 22h30 de lundi à samedi, et de 8h à 21h le week-end. La course en taxi tourne autour de 12 €.

DEPUIS/VERS LE PORT

Puerto de los Mármoles se situe à 4 km au nord-est du centre-ville. Le bus n°1 s'y arrête. La course en taxi vous reviendra à 10 € environ.

> **BONO BUS**
>
> Si vous prévoyez d'effectuer plusieurs trajets en bus, la carte Bono Bus permet d'économiser jusqu'à 30%. En vente dans les gares routières, elle coûte 10 €, 20 € ou 30 € (tout dépend du nombre de trajets que vous comptez effectuer). Insérez-la dans le lecteur du bus et indiquez au chauffeur votre destination. Le prix du trajet est automatiquement débité de la carte.

LE NORD D'ARRECIFE

Costa Teguise

Au nord-est d'Arrecife, Costa Teguise est parfaitement agréable à condition de ne pas s'attendre à des ruelles pavées et une quelconque architecture ancienne. Il s'agit en effet d'une station balnéaire construite de toutes pièces, qui regroupe des centres commerciaux animés, des plages familiales, des sports nautiques et une profusion de bars et de restaurants souvent médiocres. Bref, l'endroit manque un peu d'âme, d'autant qu'il ne s'articule même pas autour d'un village de pêcheurs.

La plage la plus attrayante est la Playa de las Cucharas. Les plages plus au sud pâtissent d'une vue sur le port et les usines proches d'Arrecife. Le centre commercial Las Cucharas forme l'épicentre de la localité.

À voir et à faire

Lanzarote Aquarium AQUARIUM
(www.aquariumlanzarote.com ; Centro Comercial El Trébol ; adulte/enfant 12,50/8 € ; 10h-18h ;). Un bon endroit pour occuper les enfants par temps pluvieux, mais certains déplorent le prix relativement élevé de l'entrée et l'intérieur sombre. Il compte 3 bassins de manipulation, un aquarium à requins et un tunnel immergé donnant à voir des poissons colorés et autres créatures des mers.

Olita Treks RANDONNÉE
(619 16 99 89 ; www.olita-treks.com ; Centro Comercial Las Maretas ; randonnée 40 €). Ce centre organise d'excellentes randonnées d'une journée ou d'une demi-journée dans toute l'île, comme à l'Isla Graciosa, les volcans de l'île et la région viticole. La plupart des randonnées durent environ 4 heures (le prix comprend le transport).

Calipso Diving PLONGÉE
(928 59 08 79 ; www.calipso-diving.com ; Avenida Islas Canarias, Centro Comercial Calipso ; plongée avec équipement 44 €). Établi de longue date, Calipso propose des cours et des plongées de qualité. Possibilité pour les plongeurs expérimentés de louer du matériel.

Aquatis Diving Center PLONGÉE
(928 59 04 07 ; www.diving-lanzarote.net ; Playa de las Cucharas ; plongée avec équipement 40 €, plongée en aquarium 200 €). Outre les prestations habituelles, le centre offre la possibilité de plonger au milieu des requins au Lanzarote Aquarium – comptez 50 € supplémentaires pour les plongeurs non qualifiés.

Bike Station CYCLOTOURISME
(628 102177 ; www.bikelanzarote.com ; Avenida Islas Canarias, Centro Comercial Las Maretas ; location de vélo par jour/semaine à partir de 14/70 € ; 10h-12h et 18h-19h). Loue des vélos et organise des circuits (à partir de 45 €) sur l'île.

Où se restaurer et prendre un verre

Les restaurants ne manquent pas, mais il faut parfois bien chercher pour dénicher des plats espagnols au milieu de l'omniprésente cuisine de pub britanique.

El Navarro CANARIEN MODERNE €€
(928 59 21 45 ; Avenida del Mar 13 ; plats 12-18 € ; 19h-23h lun-sam). La réservation est indispensable pour essayer ce petit restaurant, considéré comme l'un des meilleurs de l'île. Le menu se compose d'une demi-douzaine de plats seulement, tous délicatement préparés avec des ingrédients frais et locaux.

À NE PAS MANQUER

FONDATION CÉSAR MANRIQUE

À 6 km seulement au nord d'Arrecife, la **Fundación César Manrique** (928 84 31 38 ; www.fcmanrique.org ; adulte/enfant 8 €/gratuit ; 10h-18h) était la demeure de Manrique, qui jouit sur l'île d'un statut posthume proche de celui du héros mythique. Il fit construire sa maison, Taro de Tahiche, au milieu des champs de lave à la sortie de la ville. Avec leurs fauteuils en cuir et leur piscine encastrée, ses pièces souterraines formées par les immenses bulles d'air issues de la matière en fusion ont l'air d'un repaire à la *James Bond*. Une galerie entière est consacrée à l'artiste et à quelques œuvres mineures de ses contemporains, dont Picasso, Chillida, Miró, Sempere et Tàpies. En septembre 1992, six mois à peine après l'inauguration de sa fondation, César Manrique mourut tragiquement dans un accident de voiture à quelques mètres de là.

De la Sala 10, jetez un coup d'œil à travers la baie vitrée sur l'impressionnant bâtiment moderne semi-enfoncé dans la lave et surmonté d'une série de dômes. Ancienne propriété d'un riche architecte originaire de Tenerife, il a été racheté par la fondation au début de 2011, mais il n'est pas ouvert au public.

Conservez votre ticket ; en le présentant à la Casa Museo César Manrique (p. 116), à Haría, vous obtiendrez une réduction sur le prix de l'entrée.

Au moins sept bus Arrecife-Teguise desservent quotidiennement l'endroit. Repérez l'énorme structure mobile de Manrique qui domine le rond-point et descendez sur 200 m la route de San Bartolomé.

La Bohemia GRILL €€
(928 59 17 72 ; Avenida Islas Canarias 22 ; plats 12-18 €, tapas 4-9 € ; 13h30-23h jeu-mar). Fréquenté par les habitants comme par les touristes, cet élégant établissement, avec d'excellents steaks et grillades, est le paradis des carnivores. Bon choix de tapas, avec mention spéciale pour les *papas bravas*.

Los Aljibes MICROBRASSERIE
(610 454294 ; Calle Bravo Murillo 6 ; 19h-minuit ;). À mi-chemin entre Costa Teguise et Tahiche, près du golf, se trouve la première microbrasserie de Lanzarote. Ce bar sympathique et lumineux sert une bonne cuisine et 2 bières différentes brassées sur place. Jardin parsemé de palmiers et de cactus, et vue sur la montagne.

Où sortir

Jazz Mi Madre! CONCERTS
(Avenida Islas Canarias, Calipso Centre, Local 1 ; 21h30-3h30 mer-dim). Qui l'eût cru ? Ici, pas de techno assourdissante ni de pop usagée. Attendez-vous à des concerts de jazz et de blues, et à un public aussi mûr qu'enthousiaste.

Renseignements

Office du tourisme (928 59 25 42 ; Avenida Islas Canarias ; 9h-17h lun-ven, 9h-14h30 sam-dim). Demandez la brochure pour en savoir plus sur les 3 randonnées autour de la ville et au-delà (entre 4,6 km et 10 km).

Depuis/vers Costa Teguise

Le bus nº1 circule entre Arrecife et Costa Teguise via Puerto de los Mármoles de 7h à minuit (1,40 €, 20 min, toutes les 20 min).

Teguise

1 800 HABITANTS

Teguise, à 12 km au nord d'Arrecife, a des allures de *pueblo* espagnol et de médina nord-africaine. Formée de constructions basses autour d'une place, la ville s'inscrit comme une petite oasis au milieu des plaines centrales dénudées de Lanzarote. Quelques bars et des restaurants corrects témoignent de son orientation résolument touristique. Une poignée de monuments rappellent que Teguise fut la capitale de l'île, avant de céder la place à Arrecife en 1852.

Maciot, un neveu du conquérant normand Jean de Béthencourt, s'installa dans cette ancienne cité guanche et épousa Teguise, fille du potentat local. S'ensuivirent la fondation de plusieurs couvents et une certaine prospérité qui suscita bientôt la convoitise. Après maintes attaques de pirates, la violence atteignit son paroxysme en 1618, lorsqu'une armada de 5 000 boucaniers algériens envahit la ville... Ce n'est pas un hasard si l'une de ses rues se nomme Callejón de la Sangre (allée du Sang).

Teguise est totalement prise en otage par un immense marché touristique le dimanche

VAUT LE DÉTOUR

UNE GROTTE DE CÉLÉBRITÉS

Dans le centre du bourg assoupi de **Nazaret**, sur la route de Tahiche à Teguise, un panneau conduit jusqu'à **Lagomar** (www.lag-o-mar.com ; Calle Los Loros ; adulte/enfant 5/2 € ; 10h-18h ; P). Construit dans la roche et agrémenté de cheminées fantasques, de dômes, de miradors et d'escaliers en colimaçon, ce restaurant-bar-musée-galerie évoque à la fois le Mexique et le Maroc. Des expositions sont régulièrement organisées et un petit musée retrace l'histoire de l'édifice. De nombreux mythes et légendes entourent cette maison, mais une chose est sûre, elle fut dessinée par César Manrique et Jesús Soto, un célèbre architecte de Lanzarote. Elle est présentée comme la maison d'Omar Sharif, bien que l'acteur n'y ait vécu que très brièvement, puisqu'il l'a perdue au bridge contre un promoteur immobilier local. C'est un lieu peu connu et agréablement peu fréquenté. Le mieux est de s'y rendre le soir pour dîner au **restaurant** (928 84 56 65 ; plats 14-20 € ; 12h-23h30 mar-dim) ou prendre un cocktail au **bar** (18h30-1h mar-dim), et pouvoir ainsi imaginer, sans avoir à payer l'entrée, les folles soirées qui y étaient organisées.

Non loin, le **Barstro** (689 451108 ; Calle Las Perdices ; tapas 4-8 €, plats 12-20 € ; 13h-23h jeu-dim, 18h-23h mer ; P) est un bar à tapas et bistro très sympathique servant une cuisine inventive inattendue dans une ville de 900 âmes.

matin, agrémenté d'étals à hamburgers et de statues humaines. Allez-y un autre jour si vous voulez éviter cette cohue. La ville manque d'hébergement, mais la situation centrale de Teguise en fait une agréable destination, facilement accessible pour une journée d'excursion.

Á voir

Plusieurs couvents émaillent la ville et la promenade dans les rues piétonnières constitue un plaisir en soi. Procurez-vous une brochure détaillant les bâtiments historiques de la ville à l'office du tourisme.

Museo de la Piratería MUSÉE

(Castillo de Santa Bárbara ; www.teguise.es ; adulte/enfant 3 €/gratuit ; 9h-16h lun-sam, 10h-16h dim ; P). Ce modeste mais fascinant musée est installé dans l'imposant **Castillo de Santa Bárbara**, datant du XVIe siècle. Plus ancien château des Canaries, il remplit parfaitement son rôle de musée de la Piraterie, perché au sommet de Guanapay face à un paysage saisissant. Les expositions illustrent les nombreuses attaques menées sur Lanzarote par les pirates venus d'Europe et d'Afrique au fil du XVIe siècle, tandis que Teguise était la capitale de l'île. Idéal pour les enfants.

Convento de Santo Domingo GALERIE

(Calle Guadalupe ; 9h-14h lun-ven, 10h-14h dim). GRATUIT Les expositions tournantes d'art contemporain contrastent à merveille avec l'austère monastère du XVIIe siècle.

Casa Museo del Timple MUSÉE

(www.casadeltimple.org ; Plaza de la Constitución ; adulte/enfant 3 €/gratuit ; 9h-16h lun-ven, 9h-15h dim). Installé dans le Palacio Spínola du XVIIIe siècle, ce musée est consacré au *timple*, un instrument à cordes traditionnel canarien semblable au ukulélé. Des *timples* de différentes époques sont présentés, ainsi que des instruments similaires venus du monde entier (informations en espagnol uniquement). La meilleure partie consiste à explorer le superbe bâtiment ancien.

Museo Diocesano de Arte Sacro GALERIE

(Calle San Francisco, Convento de San Francisco ; adulte/enfant 1,50 €/gratuit ; 9h30-16h30 mar-sam, 10h-14h dim). Ce couvent du XVIIe siècle renferme une modeste collection d'art religieux.

Fête

Fiesta de Nuestra Señora del Carmen FÊTE RELIGIEUSE

(16 juil). Elle se déroule avec force danses et réjouissances, en l'honneur de la sainte patronne de la ville.

Où se restaurer

Outre les adresses mentionnées ci-dessous, on trouve quantité de bons établissements de tapas sur la place principale et dans les allées voisines.

La Cantina FUSION €€

(928 84 55 36 ; www.cantinateguise.com ; Calle León y Castillo 8 ; tapas 6 €, plats 12-20 € ;

⏲10h-23h ; 📶✎). Tenu par Benn et Zoe, un charmant couple d'Anglais, ce restaurant occupe l'une des plus anciennes bâtisses de l'île, vieille de quelque 500 ans. Les produits locaux dominent la carte – essayez le plateau de fromage local, *papas arrugadas* (pommes de terre ridées), *gofio* et *mojo* (sauce épicée). Excellente carte des vins et boutique de produits du cru.

Restaurante Hespérides Bio MÉDITERRANÉEN **€€**
(Calle Leon y Castillo, Casa León ; plats 15 €, tapas 5-15 € ; ⏲13h-23h lun-ven, 10h-16h dim ; ✎). Ce petit restaurant partage ses locaux avec un magasin d'aliments diététiques et un centre de thérapies alternatives. La cuisine, méditerranéenne et éclectique, comprend une soupe de lentilles corail et tomate, un risotto au tofu, et un calamar farci au fromage de chèvre, à arroser de vins bio locaux. Ambiance décontractée et cadre cosy, agrémenté de lampes marocaines et œuvres d'art un peu audacieuses.

ℹ Renseignements

Office du tourisme (☎928 84 53 98 ; www.turismoteguise.com ; Palacio Spínola ; ⏲10h-17h lun-ven, 10h-15h30 sam-dim). Le bureau devait être transféré dans la Casa de la Cultura, à côté de l'église.

ℹ Depuis/vers Teguise

De nombreux bus, dont les n°s 7 et 9 (1,40 €, 30 min) en provenance d'Arrecife, s'arrêtent à Teguise sur le chemin d'Órzola et de Haría. Des bus et des circuits organisés vous emmènent au marché du dimanche au départ de Costa Teguise, Puerto del Carmen et Playa Blanca.

LE NORD

Les localités du nord de Lanzarote se présentent comme des grappes de constructions blanchies à la chaux, cernées d'étendues de lichens et de champs de lave. Les principaux sites de la région associent l'œuvre de César Manrique à celle de la nature. Parmi eux figurent la maison de l'artiste transformée en musée, des grottes de lave étonnantes, un jardin de cactus et un superbe point de vue, où trônait jadis un canon. Le nord-ouest de l'île offre probablement le plus bel aperçu de la beauté naturelle de Lanzarote. Au programme : charmantes villes préservées, de superbes balades et un panorama éblouissant.

Guatiza et Charco del Palo

Juste au nord de la petite Guatiza, le **Jardín de Cactus** (www.centrosturisticos.com ; adulte/enfant 5,50/2,75 € ; ⏲10h-18h), signalé par un cactus en métal de 8 m de haut hérissé d'épines, aurait été, à en croire certains, le lieu favori de César Manrique. De fait, aménagé dans une ancienne carrière, il tient davantage de l'œuvre d'art géante que du jardin botanique, et cela malgré la présence d'environ 1 500 espèces, toutes soigneusement étiquetées. La situation du jardin, entre Guatiza et Mala, n'est pas un hasard, les cactus sont assez rares sur l'île mais ici, ils représentaient autrefois le cœur de l'économie. La cochenille est particulièrement attirée par le cactus *Opuntia leucotricha* et, jusqu'à la fin du XIXe siècle, ces insectes étaient récoltés et séchés, puis utilisés pour produire un colorant rouge vif. Si la cochenille a été délaissée avec l'arrivée des colorants synthétiques, certains agriculteurs

LANZAROTE AVEC DES ENFANTS

Lanzarote possède de nombreux attraits pour les enfants. Plusieurs sites imaginés par Manrique devraient leur plaire et les distractions spécialement conçues pour eux sont nombreuses dans les stations balnéaires du Sud. En termes de musée, essayez le **Museo de la Piratería** (p. 111) à Teguise. L'attraction la plus courue de l'île est le **parc tropical Guinate** (p. 116), qui abrite oiseaux, aquarium, jardin botanique et spectacles. En plus des bateaux à fond vitré présents partout, les activités liées à la mer ne manquent pas. **Submarine Safaris** (p. 123) à Puerto Calero vous immerge dans les fonds marins, alors que les amoureux du ciel choisiront **Paracraft** (☎619 068680 ; www.watersports-lanzarote.com ; Playa Chica, Puerto del Carmen ; ⏲10h-18h), qui propose du parachutisme ascensionnel (10 min, 50 €). Si vous êtes lassé de la mer, l'**Aquapark** (☎928 59 21 28 ; www.aquaparklanzarote.es ; Avenida del Golf ; adulte/enfant 22/17 € ; ⏲10h-18h) de Costa Teguise saura vous divertir.

vivent toujours de ces insectes, et vous remarquerez quantité de cactus dans cette région. Il y a un bar-restaurant sur place.

Si vous voulez piquer une tête (ou faire des emplettes) dans le plus simple appareil, rendez-vous à quelques kilomètres au nord de Guatiza, dans la station naturiste de **Charco del Palo**, aux plages de sable et criques rocheuses. Prenez la route étroite en direction de la plage au sud de Mala.

Arrieta

890 HABITANTS

L'attrait majeur du village de pêcheurs d'Arrieta réside dans la petite **Playa de la Garita**, mélange de roche volcanique et de sable, qui abrite un bar-restaurant convivial, parfait pour se détendre devant une bière et des tapas.

On trouve aussi en ville de bons restaurants de produits de la mer, où affluent les habitants le week-end. Juste sur la route principale, l'**Almanecer** (La Garita 46 ; plats 8-12 € ; ⏲ven-mer) jouit d'une terrasse avec vue sur la mer particulièrement appréciée. Sans artifices, le menu change en fonction des prises du moment.

Les bus n°s 7 et 9 (2,65 €, 45 min) d'Arrecife passent par Arrieta en rejoignant Haría et Órzola.

Malpaís de la Corona

La lave est l'élément emblématique de Lanzarote et les "mauvaises terres de la Couronne" témoignent des éruptions volcaniques qui secouèrent le nord de l'île il y a plusieurs siècles, même si la flore reprend lentement et patiemment le dessus. C'est là que se cachent deux des grottes les plus connues de Lanzarote, là où une ancienne coulée se répandit dans la mer.

La Cueva de los Verdes et les Jameos del Agua – des cavités rocheuses aménagées par César Manrique comme une sorte de retraite new age avec bar – se situent à 1 km l'une de l'autre. Bien indiquées, elle se toruvent à environ 4 kilomètres au nord-ouest d'Arrieta.

♥ **Cueva de los Verdes** GROTTE

(☎928 84 84 84 ; www.centrosturisticos.com ; adulte/enfant 9/4,50 € ; ⏲10h-18h ; P). Ce gouffre béant de 1 km de long est la partie la plus spectaculaire d'un tunnel de lave de plus de 8 km, généré par une éruption volcanique remontant à quelques 5 000 ans. En creusant un sillon vers la mer, les couches supérieures se refroidirent et formèrent une croûte sous laquelle le magna en fusion continua à couler jusqu'à la fin de l'éruption. Des circuits guidés de 45 minutes, en anglais, ont lieu toutes les 30 minutes environ.

Vous serez guidé à travers deux chambres superposées, dont le plafond présente ce qui ressemble à des mini-stalactites, bien qu'aucune eau ne pénètre à l'intérieur de la grotte. Ces étranges excroissances pointues furent en réalité formées par la projection de bulles d'air et de lave sous l'effet des gaz libérés par la coulée. La matière se figea ensuite au contact de l'air en dégoulinant du plafond.

La grotte doit son nom à une famille de bergers, les Verdes, qui en étaient propriétaire il y a deux siècles. À d'autres époques, elle servit de refuge lors des attaques de pirates.

Si vous souffrez du dos, sachez que certains passages nécessitent de se courber, brièvement, à 90°.

De septembre à avril, des concerts, essentiellement de jazz et de blues, sont programmés

Jameos del Agua GROTTE

(☎928 84 80 20 ; adulte/enfant 9/4,50 € ; ⏲10h-18h30 ; P). La première grotte de cet ensemble évoque la nef d'une vaste basilique marine. La lave en fusion coula par ici en se dirigeant vers la mer, mais l'eau s'infiltra pour former l'étonnant lac bleu au cœur du site. Manrique eut l'idée géniale d'y installer

VILLÉGIATURE ÉCOLOGIQUE

Séjournez dans une yourte mongole à la **Finca de Arrieta** (p. 232), totalement écologique et alimentée par les énergies solaire et éolienne. Fruits, légumes et vin bio pourront vous être proposés en guise de bienvenue et les poules résidentes vous approvisionneront en œufs. Les propriétaires Tila et Michelle mettent aussi à disposition une voiture hybride avec la plupart des réservations. Autres avantages : les leçons de planche à voile et de surf, et les conseils sur les randonnées possibles. Les yourtes, à la décoration juste ce qu'il faut d'ethnique, sont magnifiquement aménagées.

100% LOCAL

VISITER SANS LA FOULE

Les sites mêlant art et nature sur Lanzarote changent des toboggans aquatiques et parcs à thème qui font la réputation de l'archipel. Cependant, ils sont très fréquentés, et, avec la succession de cars touristiques, il arrive que l'on parcoure les œuvres de Manrique en piétinant dans une file interminable de visiteurs. En arrivant tôt ou en visitant tard, vous éviterez la foule. Essayez de vous rendre à la première heure ou après 15h aux Jameos del Agua, à la Cueva de los Verdes et au Parque Nacional de Timanfaya en particulier.

des bars et un **restaurant** (20h-minuit mar, mer et sam) autour du lac, puis une piscine et une salle de concerts de 600 places, à l'acoustique remarquable.

En regardant de près, vous verrez au fond de l'eau de minuscules crabes blancs aveugles (*Munidopsis polymorpha*), seuls représentants de l'espèce vivant en dehors des profondeurs océanes. Tenez compte des panneaux et résistez à la tentation de jeter des pièces dans le lac, car leur corrosion pourrait tuer ces créatures uniques. L'accès des personnes à mobilité réduite n'est pas vraiment possible vu le nombre d'escaliers.

De juillet à septembre, des concerts sont organisés les mardis, mercredis et samedis soir.

Órzola

La plupart des gens se contentent de traverser ce village de pêcheurs du nord de Lanzarote sur le chemin de l'Isla Graciosa. C'est bien dommage, car la région compte de magnifiques plages de sable, ainsi que de très bons restaurants de poisson au bord du port, ce qui vous garantit des produits de première fraîcheur.

Le bus n°9 relie Órzola à Arrecife (3,60 €, 1 heure, 5/jour).

Plages

Vous trouverez une série de plages et de criques rarement bondées, connues sous le nom de **Playas Caletones**. Elles se trouvent à l'est de la ville et tirent avantage d'une beauté naturelle et sauvage agrémentée de sable blanc et de lagunes peu profondes.

Au nord d'Órzola, la **Playa de la Cantería** est une autre superbe plage de sable, encadrée par des falaises et célèbre pour ses grosses vagues (la baignade y est déconseillée).

Archipel de Chinijo

Ce petit archipel au nord de Lanzarote est constitué de 5 îlots. Avec les falaises de Famara, sur Lanzarote, ils forment une réserve naturelle. La région est inaccessible et seul Graciosa, unique îlot habité de l'ensemble, fait exception. Les autres – Montaña Clara, Alegranza, Roque del Este et Roque del Oeste – sont connus pour leur avifaune et n'accueillent que des chercheurs, mais vous pouvez les admirer de près lors d'excursions en bateau organisées par le **Lanzarote Active Club** (www.lanzaroteactiveclub.com ; circuit d'une journée 65 €).

Isla Graciosa

Graciosa est un lieu de délassement idéal. Un jour ou deux suffisent pour découvrir l'île entière et recharger ses batteries, mais, si vous souhaitez rester un peu, vous découvrirez d'excellents spots de surf, divers sports nautiques, de modestes randonnées, de superbes plages et, surtout, toute la paix et la tranquillité du monde.

Environ 700 personnes vivent sur l'île, et presque toutes dans le village de **Caleta de Sebo**. Son joli port accueille les bateaux pour Órzola. Derrière se déploient 27,5 km² de garrigue largement aride, interrompus par cinq sommets volcaniques mineurs alignés du nord au sud.

À environ 30 minutes de marche au sud-ouest du village s'étend la ravissante **Playa Francesa**. Les jolies plages de sable, **Playa de las Conchas** (où la baignade est déconseillée) et **Playa Lambra**, bordent l'extrémité nord de l'île. Les eaux des plages du sud sont généralement plus calmes.

Lorsqu'il vente, Caleta de Sebo semble le fruit du croisement entre un village marocain et un avant-poste du Far West balayé par les vents de sable. À mille lieues du tourisme de masse, l'endroit ne possède aucune route goudronnée et de vieilles Land Rover bringuebalantes constituent le principal mode de transport.

À voir et à faire

Museo Chinijo MUSÉE
(www.museochinijo.com ; Calle Margarona 27 ; 9h-17h lun-sam). GRATUIT Se présentant comme le plus petit musée du monde, l'endroit renferme des expositions bien présentées sur la géographie et l'histoire de l'archipel, ainsi que des panneaux sur les cétacées de la région, et sur la production de sel et d'aloès sur Lanzarote.

Buceo La Graciosa PLONGÉE
(www.buceolagraciosa.es ; plongée avec location d'équipement à partir de 35 €). Faune et flore marines abondent dans les eaux de l'archipel de Chinijo. Cette agence propose des plongées au large de Graciosa et d'Alegranza.

La Graciosa Water Experience SPORTS NAUTIQUES
(649 375051 ; www.lagraciosawaterexperience.com). Sorties en kitesurf et paddle, et location de planches de surf.

Où se restaurer et prendre un verre

Girasol PRODUITS DE LA MER €€
(Avenida Virgen del Mar ; plats 8-10 € ; 13h-16h et 19h-tard). Les restaurant de La Graciosa se ressemblent tous, mais le Girasol est ouvert de longue date et possède une terrasse appréciable face à l'océan. Bon choix de poisson frais et quelques plats de viandes canariens. Agréables chambres de *pensión* (30 €) à l'étage, avec balcons donnant sur la mer.

Las Arenas DISCOTHÈQUE
(Calle Mar de Barlovento ; à partir de 0h30 ven-sam). Si l'envie d'accélérer un peu le rythme vous prend, essayez ce pub-discothèque à l'arrière de la Pensión Enriqueta, qui n'ouvre ses portes aux fêtards qu'après minuit.

Depuis/vers la Isla Graciosa

Deux compagnies de bateaux gèrent des ferries entre Órzola et Caleta de Sebo : **Biosfera Express** (928 84 25 85 ; www.biosferaexpress.com ; adulte/enfant aller-retour 20/10 €) et **Lineas Marítimas Romero** (928 59 61 07 ; www.lineasromero.com ; adulte/enfant aller-retour 20/11 €). Les horaires sont bien répartis, et, au total, il y a quotidiennement 16 ferries aller-retour. Prévoyez des cachets contre le mal des transports, car la mer peut être fort agitée entre Órzola et Punta Fariones.

Si vous ensabler de temps à autre ne vous dérange pas, le vélo est un bon moyen d'explorer l'île. On trouve quelques agences de location bien indiquées près du port.

Mirador del Río

À environ 2 km au nord de Yé, l'armée espagnole installa à la fin du XIXe siècle des batteries d'artillerie sur un site stratégique dominant El Río, le détroit qui sépare Lanzarote de l'Isla Graciosa. Le pays était entré en guerre contre les États-Unis à propos de Cuba et mieux valait être prudent. En 1973, César Manrique transforma l'emplacement des canons en un point de vue spectaculaire.

Le **Mirador del Río** (928 52 65 51 ; www.centrosturisticos.com ; adulte/enfant 4,50 €/2,25 € ; 10h-18h) comporte une boutique de souvenirs et un bar. Le panorama vertigineux embrasse les flots de lave qui coulèrent jusqu'à l'océan avant de se figer, ainsi que l'Isla Graciosa et les îlots volcaniques alentour.

ÉVÉNEMENTS SPORTIFS

Music Marathon Festival (www.musicmarathon.com). Série de courses jusqu'à 20 km, avec musique live au fil de la course. Mars.

Ironman Lanzarote (www.ironmanlanzarote.com). Considéré comme l'une des compétition Ironman (triathlon) les plus difficiles au monde. Mai.

Volcano Triathlon (www.clublasanta.com). Triathlon pour tous. Mai.

Wine Run Lanzarote (www.lanzarotewinerun.com). Semi-marathon dans la région viticole, coïncide avec un festival de gastronomie traditionnelle. Juin.

Haria Extreme (www.hariaextreme.com). Difficile trail de 80 km, avec possibilités de sections plus courtes. Dates variables.

Travesia a Nado "El Rio" (www.lanzarotedeportes.com). Course en mer sur 2,6 km de vagues et de courants entre Lanzarote et l'Isla Graciosa. Octobre.

PAROLE D'EXPERT

KIRSTY JONES : CHAMPIONNE DU MONDE DE KITESURF

Je vais en vacances à Lanzarote depuis mes 15 ans, époque à laquelle est née ma passion pour le surf et la planche à voile. À 16 ans, un jour de grand vent, j'ai décidé d'essayer la planche à voile sur la plage de Puerto del Carmen. Je suis, depuis, accro à l'énergie et à la puissance du vent et des vagues. Il y a quatre ans, après avoir voyagé partout dans le monde en tant que kitesurfeuse professionnelle, j'ai décidé d'acheter une maison à Lanzarote.

Meilleures plages pour le kitesurf Mis à part Famara, j'adore kitesurfer sur la Playa del Risco, méconnue des touristes. Elle se trouve au pied des falaises de l'immense Mirador del Río dans le nord. Elle est difficile d'accès (surtout avec le matériel), mais la vue est incroyable et l'expédition en vaut la peine. Pour ne pas avoir à marcher avec l'équipement, certaines écoles de surf de Famara proposent une excursion en bateau jusqu'à cette plage.

Endroit secret L'un de mes endroits préférés se trouve en fait juste en face de ma maison à Charco del Palo, mais sous l'eau ! Dès que le vent cesse, il y a un emplacement près des rochers où je peux passer des heures à pratiquer l'apnée, le snorkeling et explorer les fonds marins. On y trouve des grottes et des formations rocheuses étonnantes, ainsi qu'une multitude de poissons dans une eau limpide.

Et sur terre ? J'aime explorer le littoral rocheux du Nord-Est et du Nord-Ouest à la recherche de bois flotté et d'autres objets que la marée et les vagues ramènent. Je les utilise ensuite pour décorer mon arrière-cour.

Guinate

L'intérêt de ce village réside dans son **parc tropical** (www.guinatetropicalpark.com ; adulte/enfant 15/9 € ; 10h-17h), qui regroupe environ 1 300 espèces d'oiseaux exotiques rares, un bassin à pingouins et quelques animaux, dont des singes et des suricates. Évitez toutefois le spectacle des perroquets, à moins d'aimer voir des volatiles à bicyclette et d'autres fadaises de ce genre.

Guinate est situé à 5 km au sud du Mirador del Río. Juste après le parc se trouve un autre **point de vue** sur El Río et les îlots, cette fois entièrement gratuit.

Haría

1 004 HABITANTS

Le célèbre auteur originaire des Canaries Alberto Vázquez-Figueroa a décrit Haría comme "le plus beau village du monde". Bien que l'assertion demeure subjective, le lieu tire sans conteste avantage d'un charmant cadre bucolique, au milieu d'une vallée plantée de palmiers et ponctuée de bougainvillées et de poinsettias aux couleurs éclatantes. Aux XVIIe et XVIIIe siècles, les habitants plantaient traditionnellement un palmier pour célébrer la naissance d'un enfant (plus exactement, 2 pour un garçon et 1 pour une fille !). Plus tard, cette oasis de style nord-africain devint une destination thermale fréquentée par des Canariens fortunés.

L'avenue piétonnière centrale, la Plaza León y Castillo, s'étire à l'ombre des eucalyptus et accueille le samedi matin un superbe marché de produits locaux et d'artisanat. Toute la semaine, argenterie, céramique, broderie, et charmantes pièces en roseaux et feuilles de palmier sont à l'honneur au **Taller de Artesanía Reinaldo Dorta Déniz** (Calle Barranco de Tenesía ; 10h-13h30 lun, 10h-13h30 et 16h-19h mar-sam), un atelier d'artisanat collé à l'hôtel de ville, où l'on peut voir les artisans au travail avant d'acheter.

À voir

Casa Museo César Manrique MUSÉE
(928 84 31 38 ; www.fcmanrique.org ; Calle Elvira Sanchez ; adulte/enfant 10/5 € ; 10h30-14h). Dernière demeure de l'enfant chéri de l'île, cette propriété bordée de palmiers est devenue un musée et sanctuaire. La maison, figée dans le temps, renferme toujours les vêtements de Manrique dans le placard et sa collection d'art personnelle sur les murs. Le décor est plutôt modeste comparé à son ancienne maison à Tahiche, mais la salle de bain principale est sublime. L'attrait

principal, son atelier, est resté exactement tel qu'il était le jour de sa mort, ses travaux en cours toujours sur place.

Conservez votre ticket : il permet une réduction du prix d'entrée de la Fundación César Manrique (p. 110) à Tahiche.

Où se restaurer

La Puerta Verde MÉDITERRANÉEN €€

(☎928 83 53 50 ; Calle Fajardo 24 ; plats 12-18 € ; ⏲13h-16h et 19h-tard). Juste au nord du centre, le restaurant le plus haut de gamme de Haría est à l'écart de l'itinéraire touristique. Excellente adresse pour un café accompagné d'une délicieuse part de gâteau, c'est surtout un endroit de choix pour un dîner lors d'une occasion spéciale. Les plats créatifs marient les cuisines canarienne, espagnole et italienne, avec quelques touches venues du nord de l'Europe. L'agneau lentement rôti est excellent. Réservation recommandée pour le dîner.

Depuis/vers Haría

Le bus n°7 (3,15 €, 45 min) relie Haría à Arrecife via Teguise et Tahiche six fois par jour.

La Caleta de Famara

Bien avant de connaître la célébrité, Manrique passa nombre d'étés dans son enfance sur la **plage** sauvage de La Caleta de Famara, une des plus belles de Lanzarote,aujourd'huiencorepeufréquentée. Le discret village en bord de mer, donnant sur des falaises spectaculaires, revêt une atmosphère bohème et fait peu de concessions aux touristes lambda, hormis quelques restaurants face au rivage.

Famara offre des vagues parmi les meilleures d'Europe, à l'instar d'**El Quemao**, à environ 15 km au sud (uniquement pour les surfeurs très expérimentés). Si vous ne souhaitez pas tâter de la planche, allez-y pour observer les surfeurs.

Si vous voulez dormir sur place, ne cherchez pas plus loin que les nombreuses écoles de surf. Toutes proposent des appartements abordables à proximité.

Activités

Zoo Park Famara SURF

(☎928 52 88 46 ; www.zooparkfamara.com ; Avenida El Marinero 5 ; location planche et combinaison 10 €/jour, cours de surf 40 €/jour). École de surf ouverte de longue date proposant également des cours de kitesurf (90 €/jour) et de stand-up paddle (45 €/jour). Hébergements indépendants, et surf camps incluant hébergement et cours (à partir de 300 €/semaine).

Famara Surf SURF

(☎653 989550 ; www.famarasurf.com ; Avenida El Marinero 39 ; cours de surf 39 €/jour). Cours de surf, ventes et location de planches (12 €/jour, combinaison incluse). Dispose aussi de divers hébergements en ville.

SAVEURS DE LANZAROTE

Bien que la cuisine de Lanzarote diffère peu de celle des îles voisines, on note quelques particularités. Les *papas arrugadas* (pommes de terre ridées) sont généralement accompagnées d'une sauce *mojo* (sauce épicée), laquelle se décline en *mojo verde* (au persil), en *mojo de cilantro* (à la coriandre fraîche) et classique *mojo picón* (au paprika très relevé).

Les influences latino-américaines se retrouvent aussi dans de nombreux plats. Les amoureux de la viande apprécieront le bœuf argentin de premier choix ou encore la chèvre et le lapin. De même apprécie-t-on le classique *puchero*, traditionnellement à base de morceaux variés de viande, de légumes et pois chiches.

Les amateurs de fruits de mer se régaleront d'un coquillage endémique, la *lapa*, sorte de bernique grillée (pour détacher la chair de la coquille) accompagnée de *mojo verde*. Malgré leur aspect peu engageant, les *lapas* à chair noire se révèlent plus savoureuses que celles à chair orange.

Profitez aussi de votre séjour sur place pour goûter les vins locaux, surtout le malvoisie sec (*malvasía*). Les vignes, qui prospèrent sur le sol volcanique, sont plantées dans de petits cratères pour les protéger du vent. Les insulaires plantent et récoltent le raisin à la main, ce qui implique un coût de main-d'œuvre élevé. En achetant du vin de Lanzarote, vous contribuez activement à la préservation d'une méthode de viticulture traditionnelle menacée.

DÉLICES DE SHAKESPEARE

On dit que Shakespeare aimait particulièrement le vin blanc sec ou *malvasía* (malvoisie). On trouve de nombreuses références dans ses œuvres et il n'est pas le seul auteur à voir apprécié la boisson canarienne – Robert Louis Stevenson et John Keats ont eux aussi cité le vin canarien à leur époque.

Où se restaurer

Surf Bar Clandestino PIZZA €

(www.clandestino-surf-adventure.com ; Avenida El Marinero 25 ; pizza 4 € ; 8h-tard ;). Planches de surf suspendues au plafond, pizzas et petit-déjeuner (3 €) à très bon prix, choix de cocktails : ce café décontracté vise clairement une clientèle de surfeurs. Cours de surf et de yoga.

El Risco CANARIEN MODERNE €€

(Calle Montaña Blanca 30 ; plats 10-18 € ; 13-16h et 19h-tard). Un superbe emplacement, une terrasse face à la mer et un intérieur bleu et blanc sur le thème marin. La carte affiche les plats les plus élaborés de la ville – goûtez la terrine de chevreau et de lapin au cognac.

Restaurante Sol PRODUITS DE LA MER €€

(Calle Salvavidas 48 ; plats 12-18 € ; 13h-16h et 19h-tard). Installez-vous sur la terrasse face à l'océan et observez le ballet des surfeurs en mangeant du poisson grillé ou de petits calamars frits. Le week-end, l'établissement fait le plein de familles canariennes – c'est toujours bon signe.

Depuis/vers La Caleta de la Famara

Le bus n°20 (2,20 €, 50 min) relie Arrecife à La Caleta de Famara 5 fois par jour (en semaine uniquement).

RÉGION VITICOLE

Oubliez toute notion préconçue de l'apparence d'une région viticole. Sur Lanzarote, les coteaux ne sont pas striés par les rangées nettes de vignes. Cela ne signifie pas que la région n'est pas belle, mais comme partout sur l'île, il s'agit d'une beauté plus singulière. Ici, le paysage saisissant, composé de hautes montagnes noires, est parsemé de murets de pierre en forme de croissant. Derrière chacun d'entre eux, contrastant joyeusement avec le paysage monochrome, des vignes basses sont abritées du vent.

Les viticulteurs locaux ont découvert que le profond sol volcanique, enrichi par le passé sismique de l'île, est idéal pour le raisin. Toutefois le rendement est faible, et le travail important pour obtenir une vendange correcte. Sur www.dolanzarote.com, découvrez des renseignements sur les divers vignobles de l'île ainsi qu'une carte.

Si vous n'êtes pas motorisé, il existe des visites organisées des vignobles. Essayez le **Bodega Hopping Tour** (650 819069 ; www.lanzaroteactiveclub.com ; 59 €/pers) du Lanzarote Active Club, qui comprend 4 vignobles et un déjeuner de tapas. Les bus conduisant ici sont rares. La ligne la plus utile est la n°32, qui relie Arrecife à La Florida et à Masdache (1,40 €, 30 min, 10/jour).

San Bartolomé et ses environs

Anciennement baptisée Ajei par les Guanches, San Bartolomé (5 800 habitants) devint au XVIIIe siècle le fief du chef militaire Francisco Guerra Clavijo y Perdomo et de ses descendants. Aménagé dans une maison canarienne du XVIIIe siècle, le vaste **Museo del Tanit** (www.museotanit.com ; Calle Constitución 1 ; adulte/enfant 6 €/gratuit ; 10h-14h lun-sam) présente tous les aspects de la vie sur l'île depuis 200 ans. Des explications sont disponibles en anglais. Le musée étant mal indiqué, il faut d'abord suivre les panneaux vers le "centro urbano". Une simple balade dans la ville endormie aux places plantées de palmiers sera peut-être plus attrayante que le musée.

À quelques kilomètres au nord-ouest de la ville, sur la route de Tinajo, se dresse la silhouette blanche du **Monumento al Campesino** (monument au Paysan), sculpture contemporaine élevée en 1968 par César Manrique en hommage au travail agricole ingrat qu'endurèrent les insulaires pendant des décennies. À côté, le **Museo del Campesino** (www.centrosturisticos.com ; 10h-18h ; P) GRATUIT se compose d'ateliers d'artisans, notamment de tissage et de céramique.

Ironie du sort dans un lieu dédié à ceux qui connurent souvent la faim, la majorité des gens viennent ici pour le **restaurant** (plats 12-16 € ; 12h30-16h ;), doté d'une grande salle circulaire en sous-sol et d'un tunnel. Sa cuisine locale, bien préparée, s'accompagne d'un bon choix de vins et de rhums, sur fond de musique canarienne. Sur la carte figurent aussi un menu varié de tapas, un choix de ragoûts canariens et quelques gourmandises locales, comme le *bienmesabe* (pâte épaisse faite de miel et d'amandes).

À 2 km au sud-ouest, en direction de Yaiza, se trouve les **Bodegas La Florida** (☎928 59 30 01 ; www.bodegaslaflorida.com ; Calle La Florida 89 ; dégustation 1,50 € ; 11h-18h ; P), le premier domaine viticole de cette route. On peut déguster jusqu'à 6 vins dans cette belle ferme restaurée, construite il y a quelque 150 ans. Le vignoble et la cave se visitent (7 €/pers dégustation incluse), mais il faut réserver.

Un kilomètre plus au sud, le **Museo del Vino El Grifo** (www.elgrifo.com ; entrée verre de vin inclus 4 € ; 10h30-18h ; P) est attaché au plus ancien domaine viticole des Canaries (1775). Cet intéressant musée présente du matériel ancien de vinification, datant principalement des XIXe et XXe siècles, ainsi que des pièces plus anciennes. Probablement plus intéressante, la salle de dégustation permet de goûter un choix de vins produits sur place. La dégustation simple coûte 1,50 €, comptez 6 € par personne pour 6 dégustations avec un plateau de fromage local. Il est nécessaire de réserver pour les visites (10 €, dégustations incluses).

Direction plein sud, sur la route de Tías, se trouvent les **Bodegas Vega de Yuco** (☎928 52 43 16 ; www.vegadeyuco.es ; Camino del Cabezo ; dégustations 1 € ; 8h-15h lun-ven ; P). La terrasse est agréable pour boire en admirant le paysage et on y trouve un jardin botanique à explorer après la dégustation.

Tiagua

À 8 km au nord-ouest de San Bartolomé, le **Museo Agrícola El Patio** (www.museodelpatio.com ; Calle Echedey 18 ; adulte/enfant 5 €/gratuit ; 10h-17h lun-sam ;) recrée en plein air une ferme du XIXe siècle dotée d'une cave à vins et donne un aperçu de la culture traditionnelle de l'île. Les panneaux explicatifs, dont certains textes édifiants et agaçants, sont en anglais. On peut y voir du matériel agricole, un moulin, et, à l'occasion, un chameau ou un âne qui ruminent. Sont également proposés une dégustation de fromage de chèvre local et un choix de *malvasía* et de muscats.

Tiagua se situe sur la ligne du bus n°16 (1,40 €, 30 min) reliant Arrecife à La Santa. Le bus n°20 (1,40 €, 25 min) pour La Caleta de Famara marque aussi l'arrêt.

L'APPLI "LA GERIA"

Dans l'espoir d'attirer plus de visiteurs dans la région viticole, le *cabildo* (gouvernement insulaire) et les vignobles ont créé une application gratuite pour smartphone appelée "La Geria". Elle comprend des cartes et des renseignements sur les caves et sur d'autres sites et activités de la région.

La Geria

La route LZ-30, qui serpente vers le sud-ouest, de Mozaga à Yaiza, est l'un des itinéraires les plus intéressants et agréables de l'île. La route bien goudronnée traverse la région de La Geria, croisant souvent des rangées de vignes cultivées derrière les emblématiques murets semicirculaires.

À voir

Bodega Rubicón DOMAINE VITICOLE
(☎928 17 37 08 ; www.vinosrubicon.com ; Ctra La Geria, Km 2 ; dégustation 1-3 €/demi-verre ; 9h-18h ; P). Installée dans une ancienne ferme (*cortijo*) du XVIIe siècle, cette bodega comprend aussi un très bon restaurant (plats 10-12 €). Parmi les vins que l'on peut déguster figure le muscat primé. Vous pouvez aussi jeter un coup d'œil au musée, qui abrite de vieux pressoirs.

Bodega La Geria DOMAINE VINICOLE
(☎928 17 31 78 ; www.lageria.com ; Ctra La Geria, Km 5 ; dégustations 1,50 €/demi-verre 9h30-19h lun-sam, 10h-18h dim ; P). La Geria, établie à la fin du XIXe siècle, est la première bodega de l'île à avoir proposé des visites guidées et à avoir vendu du vin aux visiteurs. Vous pouvez y acheter des bouteilles de *malvasía* sec ou *semi-dulce* (mi-sucré) autour de 12 €. Bon bar/café sur place (tapas 6-8 €).

Fête

Les vendanges ont lieu de fin juillet à septembre, période pendant laquelle les divers vignobles accueillent de nombreux évènements.

Fiesta de la Vendimia CULTURE
(⏲mi-août). Festival viticole le plus grand et le plus reconnu, la joyeuse Fiesta de la Vendimia se tient à la Bodega La Geria. Le raisin fraîchement cueilli est déversé dans de grands bacs pour être foulé au pied par les participants.

Où se restaurer

El Chupadero TAPAS €
(☎659 596178 ; www.el-chupadero.com ; tapas 4,50-10,50 € ; ⏲13h-16h et 19h-tard ; P). À 4 km au nord d'Uga sur la LZ-30, ce restaurant élégant tenu par un Allemand mérite le détour. Soupes maison, délicieuses tapas à déguster avec un malvoisie local sur une terrasse face aux vignes. Concerts le dimanche.

LE SUD ET LE SUD-OUEST

C'est dans le sud de Lanzarote que se trouvent les stations balnéaires les plus fréquentées qui attirent une clientèle familiale rêvant de farniente au soleil, ponctué de pêches en mer et de sorties nocturnes dans les bars.

La côte ouest, en revanche, est un tout autre monde, composé de falaises frappées par les vagues et de paisibles villages blanchis à la chaux.

Parque Nacional de Timanfaya

L'éruption qui débuta le 1er septembre 1730 et secoua l'extrémité sud de Lanzarote fut l'un des phénomènes volcaniques les plus impressionnants de l'histoire, se traduisant chaque jour par le jaillissement et la coulée de 48 millions de m^3 de lave, tandis que des pluies de roches en fusion s'abattaient sur la campagne et la mer. Lorsqu'elle cessa enfin au bout de six longues années, plus de 200 km^2 avaient été dévastés, dont 50 villages et hameaux.

Les **Montañas del Fuego** (montagnes de Feu), au cœur des 51 km^2 de ce sombre **parc national** (☎928 84 00 57 ; www.centrosturisticos.com ; adulte/enfant 9/4,50 € ; ⏲9h-17h45, dernier circuit en bus à 17h), portent bien leur nom. Quand vous atteindrez le point de vue conçu par Manrique sur une éminence appelée l'Islote de Hilario, grattez la terre pour en extraire quelques cailloux et voyez combien de temps vous pouvez les garder dans la main. La température atteint déjà 100°C à quelques centimètres à peine et dépasse 600°C à 10 m de profondeur. Cette chaleur intense est provoquée par la chambre de magma qui bouillonne à 4 km de la surface.

Quelques maigres végétaux particulièrement résistants, parmi lesquels 200 espèces de lichens, poussent çà et là sur ce paysage sans vie dont les formes fantastiques déclinent des nuances de noir, de gris, de brun et de rouge. Une fine terre couleur cuivre dévale les cônes volcaniques, arrêtée par des amas de lave solidifiée à la silhouette tourmentée. Surtout, n'oubliez pas votre appareil photo.

À l'Islote de Hilario, près du restaurant, de la boutique de souvenirs et du parking, des animateurs présentent une série de trucs amusants : une touffe de brindilles enfoncée dans le sol s'enflamme instantanément et de l'eau versée dans un trou jaillit tel un geyser ; vous avez alors trois secondes exactement pour prendre la photo du siècle !

Le parc n'étant pas desservi par les transports publics vous devrez disposer d'un véhicule. Ce dernier pouvant tout à fait être un vélo – le secteur est d'ailleurs populaire parmi les cyclistes.

À voir et à faire

Centre d'accueil de la Mancha Blanca MUSÉE
(☎928 11 80 42 ; www.mma.es ; Ctra de Yaiza a Tinajo, Km 11,5 ; ⏲9h-17h ; P). GRATUIT Le centre présente d'excellentes vidéos et des expositions instructives sur le parc, dont une simulation d'éruption volcanique. Juste au nord de la lisière du parc, sur la LZ-67.

Ruta de los Volcanes CIRCUIT EN BUS
Inclus dans le droit d'entrée du parc national, des bus brun clair empruntent cet itinéraire passionnant de 14 km à travers des paysages volcaniques des plus spectaculaires. Les bus partent environ toutes les 20-30 minutes et le trajet dure une trentaine de minutes. Vers 10h, la file d'attente peut-être longue pour entrer dans le parc et participer au circuit.

Le commentaire enregistré en trois langues comprend un intéressant témoignage du prêtre Don Agustín Cabrera.

Circuits guidés CIRCUITS PÉDESTRE
(www.reservasparquesnacionales.es). Il est possible de marcher dans le parc national de Timanfaya, à condition de s'organiser à l'avance pour participer à un circuit guidé

de huit personnes. Celui de **Tremesana** (3,5 km, 2 heures ; en espagnol et en anglais) part du centre d'accueil de la Mancha Blanca à 10h les lundis, mercredis et vendredis. Beaucoup plus exigeante, la **Ruta del Litoral** (9 km, 6 heures) fait l'objet d'un circuit une fois par mois (date variable). Réservez via le site Internet, plusieurs semaines à l'avance. Les deux itinéraires sont gratuits.

Echadero de Camellos BALADE EN DROMADAIRE
(2 pers 12 €). La balade de 20 minutes en dromadaire permet de visiter le parc autrement. Les dromadaires se trouvent à l'entrée sud du parc, tout près de la LZ-67.

Où se restaurer

Restaurant del Diablo BARBECUE €€
(☎ 928 84 00 56 ; Islote de Hilario ; plats 12-16 € ; ⏲ 12h-16h30 ; P). Ce restaurant fantaisiste mais sympathique, conçu par Manrique, possède, à l'arrière, un barbecue naturel alimenté par un volcan. La nourriture elle-même n'a rien d'exceptionnel, mais l'endroit vaut pour son originalité. Devant cette débauche de lapins, de steaks et de poulets, les végétariens risquent toutefois de se sentir un peu oubliés. Bonne carte des vins.

Puerto del Carmen

Avec sa plage à quatre rangées de parasols, il s'agit de la station balnéaire la plus fréquentée de l'île et de la plus ancienne conçue de toutes pièces. Si vous recherchez une once d'authenticité, mieux vaut mettre le cap sur le port d'El Varadero, à l'extrémité ouest du front de mer. L'endroit a en effet vaguement gardé son côté village de pêcheurs et rien ne vient interrompre la vue sur l'océan. Sinon, le centre-ville s'adresse surtout à une clientèle de touristes britanniques, ses restaurants et ses bars rivalisant pour les œufs au bacon les moins chers ou la diffusion d'événements sportifs sur grand écran. Son artère principale, la clinquante Avenida de las Playas jalonnée de boutiques, de bars et de restaurants, longe la plage.

Plages

Playa Grande PLAGE
Bien qu'elle soit bondée et couverte de chaises longues et de parasols, la Playa Grande n'en demeure pas moins spectaculaire avec ses 1 200 m de long. Elle se révèle idéale pour les familles (eau peu profonde, bons équipements, toilettes et glaces).

Playa Los Pocillos PLAGE
À quelques kilomètres au nord de Playa Grande, ce croissant de sable s'étire sur 1 km. Il est connu pour sa mer calme et ses vents favorables à la pratique de la planche à voile.

Activités

Si se délasser avec une bière ou faire la sieste sur la plage semble être l'activité de prédilection de la plupart des vacanciers, les options plus dynamiques abondent. Hormis la plongée, on peut citer le Jet-Ski, le banana boat et le parachute ascensionnel. Il est également possible d'arpenter les 6 km de plage ou de pratiquer le vélo sur les pistes prévues à cet effet.

Sports nautiques

Safari Diving PLONGÉE
(☎ 928 51 19 92 ; www.safaridiving.com ; Playa de la Barrilla 4 ; plongée avec équipement 39 €). Offre un choix de cours comprenant une leçon d'initiation à la plongée (60 €).

Canary Island Divers PLONGÉE
(☎ 928 51 54 67 ; www.canaryislanddivers.com ; Calle Alemania 1 ; plongée avec équipement 35 €). Propose aussi un cours d'une heure de plongée pour enfants (*bubblemaker*, 40 €).

Manta Dive Centre PLONGÉE
(☎ 928 51 68 15 ; www.manta-diving-lanzarote.com ; Calle Juan Carlos I 6 ; plongée avec équipement 39 €). Un des plus vieux centres, qui organise aussi des stages de 3 jours (420€) et des sorties d'une demi-journée en snorkeling (25 €).

School 3S SURF
(☎ 928 51 40 34 ; www.school3s.es ; Calle Chalana 2 ; cours de paddle 45 €/jour). Outre les cours de stand-up paddle donnés à Puerto del Carmen, des cours de surf ont généralement lieu ailleurs sur l'île, ainsi que des cours de yoga (15 €/jour).

Cyclotourisme

Renner Bikes VÉLO
(☎ 928 51 06 12 ; www.mountainbike-lanzarote.com ; Avenida de las Playas, Centro Comercial Marítimo ; location de vélos 15 €/jour). Une bonne adresse centrale pour louer ou acheter un vélo.

Équitation

Lanzarote a Caballo ÉQUITATION
(☎ 928 83 00 38 ; www.lanzaroteacaballo.com ; Carretera Arrecife-Yaiza ; trek 2 heures 60 € ; ⏲ 10h-13h ven-mer ; 👪). Balade d'une heure pour les

ROUTE PITTORESQUE : LA LZ-702

Lanzarote compte maintes superbes routes, notamment celles qui serpentent dans la région des vins. La moins connue est la LZ-702, que peut rejoindre, juste avant Uga, quiconque vient de l'ouest (Arrecife, Puerto del Carmen, etc.). La route monte et tourne entre les pâturages des chèvres, et les vallées luxuriantes se détachent sur la mer à l'ouest et les montagnes à l'est.

Traversez le hameau de Las Casitas de Femés (2,3 km), puis continuez vers **Femés** (8 km). Cherchez le panneau indiquant **Femés Quesería Rubicón** (Plaza San Marcial 3 ; ⏲10h-20h lun-sam, 10h-15h dim), une des meilleures adresses pour faire le plein de fromage de chèvre local (goûtez-le avant). Au prix de 9-12 €/kilo, vous aurez le choix entre le fumé, le frais, le mi-séché ou celui recouvert de paprika ou encore le *gofio* (aliment à base de céréales moulues et grillées utilisées à la place du pain aux Canaries). Ensuite, filez vers **Balcón de Femés** (Plaza de Femés) pour un café avec vue panoramique sur la côte. Suivez le sentier pittoresque qui relie Plaza de Femés à Playa Quemada (11 km). Comptez environ 4 heures.

Plein sud, continuez votre route vers **Playa Blanca** (8,3 km), entourée de larges vallées et de paysages marins.

débutants (40 €) ou treks guidés de 2 heures pour les plus expérimentés. Parmi les autres activités figurent des balades en dromadaire et des sorties en buggy tout terrain.

Où se restaurer

Au milieu de la choucroute, des *fish and chips* et d'autres plats étrangers offerts dans la zone de divertissement de l'Avenida Playas, vous tomberez à l'occasion sur quelques tables de spécialités locales. Pour trouver des restaurants servant de la cuisine espagnole, dirigez-vous à pied vers le vieux port.

Vino + Lanzarote TAPAS €€
(Calle Roque del Este, Centro Comercial Barracuda ; tapas 3-12 € ; ⏲13h-16h et 19h-tard ; 📶). L'affiche à l'extérieur de ce sympathique bar à tapas installé derrière l'Hotel Los Fariones indique “Nous sommes contre la guerre et les menus touristiques”. La petite carte comprend d'intéressantes tapas, dont quelques recettes végétariennes. Excellente carte des vins.

Casa Roja ESPAGNOL €€
(Avenida Varadero ; plats 10-18 € ; ⏲13h-16h et 19h-tard). Cette adresse discrète donnant sur le joli port jouit sans doute du plus bel emplacement en ville. La carte met le poisson à l'honneur, votre futur repas nageant dans l'aquarium à l'entrée.

Blooming Cactus VÉGÉTARIEN €€
(☎608 293873 ; www.bloomingcactus.co.uk ; Calle Teide ; plats 4-10 € ; ⏲18h-23h mar-dim ; ✍). Une rareté à Lanzarote que ce restaurant végétarien. On peut y manger un satay de légumes, de la moussaka, des curries et du *stefado* (ragoût de légumes). Options végétaliennes et sans blé également proposées.

Restaurante La Cañada CANARIEN €€€
(Calle César Manrique 3 ; plats 12-18 € ; ⏲13h-16h et 19h-23h lun-sam). Tout près de l'Avenida de las Playas, il prépare avec amour des spécialités des Canaries comme les huîtres (à partir de 3,50 € pièce), la chèvre rôtie, le bar en croûte de sel et les délicieuses *papas arrugadas* (pommes de terre ridées). Finissez votre repas par une crêpe Suzette.

Où prendre un verre et faire la fête

La majorité des bars, discothèques et nightclubs s'égrènent le long de l'Avenida de las Playas, sur le front de mer. On y trouve notamment des pubs irlandais, des bars-karaoké et les quelques inévitables établissements interlopes. Si vous recherchez un concentré de lieux où faire la fête, essayez le Centro Comercial Atlántico – les noms des clubs peuvent changer mais l'atmosphère reste la même.

Cervecería San Miguel BAR
(Avenida Varadero ; ⏲10h30-3h). Bel emplacement à côté du port, où il fait bon déguster une assiette de moules arrosée d'une bière à la pression (Guinness, Paulaner et John Smith's Bitter).

Où sortir

Gran Casino de Lanzarote CASINO
(Avenida de las Playas 12 ; ⏲19h-4h). Casino face à l'océan avec bar et restaurant correct, ainsi que les habituelles machines à sous et tables de jeux.

Renseignements

Office du tourisme (www.puertodelcarmen.com ; Avenida de las Playas ; 9h-16h lun-ven, 9h-13h sam). Á mi-chemin le long de la Playa Grande.

Comment s'y rendre et circuler

BUS

Les bus qui parcourent l'Avenida Playas marquent des arrêts fréquents et poursuivent leur route jusqu'à Arrecife (1,70 €). Ils circulent environ toutes les 20 minutes, 24/24h.

VOITURE

Le stationnement est un cauchemar ici, surtout l'été. Garez-vous dans le parking payant de la Calle Juan Carlos ou celui tout proche du Centro Commercial Biosfera (Calle Juan Carlos), qui dispose de nombreuses places.

Puerto Calero

À quelques kilomètres à l'ouest de Puerto del Carmen, Puerto Calero constitue sa parfaite antithèse. Il s'agit en effet d'un port de plaisance agréable et relativement paisible, bordé de joyeux cafés et restaurants au style marin, où de nombreux habitants portent des chaussures de bateau. Un bateau-bus part de Puerto del Carmen sept fois par jour (aller/aller-retour 6/10 € ; 15 min).

Plage

Playa Quemada PLAGE

À environ une demi-heure de marche du port (1,5 km), plein sud, entourée d'un superbe paysage de montagnes et de mer, se déploie la Playa Quemada, une plage de sable noir préservée et isolée ponctuée de superbes restaurants de produits de la mer.

Activités

Squalo Diving Center PLONGÉE

(928 84 95 78 ; www.squalodiving.com ; Hotel Costa Calero). Tenu par des Anglais, le centre dispense des cours de certification PADI – dont un concerne la plongée de nuit (290 €), et la photographie numérique sous-marine (210 €).

Catlanza CIRCUIT EN BATEAU

(928 51 30 22 ; www.catlanza.com ; adulte/enfant 59/39 €). Ce bateau de plus de 20 m de long se rend sur les Playa del Papagayo, où il mouille et où vous déjeunerez tout en profitant du bar, du Jet-Ski, du snorkeling et du pont ensoleillé.

Fishing Mizu PÊCHE

(636 474000 ; www.sportfishinglanzarote.com ; pêcheur/accompagnant 75/50 €). Emmené par le renommé Tino García, vous irez pêcher à bord de son bateau le makaire bleu et d'autres gros poissons. Le prix comprend l'équipement complet et le transfert à Puerto Calero depuis votre hôtel.

Karolines Cruceros CIRCUIT EN BATEAU

(928 84 96 22 ; www.karolinescruceros.com ; adulte/enfant 48/29 €). Chacun peut faire du snorkeling, nager ou siroter du champagne (inclus dans le prix) à la faveur de cette croisière d'une journée comprenant le déjeuner.

Submarine Safaris CIRCUIT EN BATEAU

(928 51 28 98 ; www.submarinesafaris.com ; adulte/enfant 55/32 € ; 10h, 11h, 12h et 14h). Le sous-marin jaune propose des plongées d'une heure à une profondeur de 30 m. Réductions en réservant en ligne.

Où se restaurer

La Cabaña MÉDITERRANÉEN €€

(650 685662 ; www.lacabanamacher.com ; Mácher ; plats 14-20 € ; 19h-tard mar-sam). La Cabaña se trouve à 15 minutes en voiture, dans le hameau de Mácher. Tenu par un couple d'Anglais aussi enthousiastes qu'expérimentés, l'endroit jouit d'une belle réputation de par ses plats innovants d'inspiration méditerranéenne. Le menu change toutes les semaines mais attendez-vous à des plats comme le magret de canard rôti à la confiture de figue ou les crevettes tigrées entourées de bacon et farcies aux dattes.

Amura MÉDITERRANÉEN €€€

(928 51 31 81 ; plats 15-22 € ; 13h-16h et 19h-tard). Passez outre les bars et restaurants anglo-saxons jusqu'à repérer cette vaste terrasse avec vue panoramique sur la mer. Le menu inclut des délices comme le homard sauce cava ou le cochon de lait désossé à la mandarine et au fruit de la passion.

Yaiza

884 HABITANTS

Blanchie à la chaux et parfaitement tenue, Yaiza a déjà remporté de nombreux prix de propreté. L'**Iglesia Nuestra Señora de los Remedios**, construite au XVIIIe siècle,

Il n'y a guère lieu de s'attarder ici, mais, pour qui arrive à l'heure du déjeuner avec un petit creux, la ville possède plusieurs restaurants agréables, ainsi que **La Bodega de Santiago** (☎928 83 62 04 ; Calle García Escámez 23 ; plats 15-20 € ; ⏲mar-dim ; P), excellente. Situé à l'entrée nord de Yaiza et décoré d'un grand ficus, le bâtiment est vieux de quelque 200 ans et constitue le décor idéal pour les couples désireux de profiter des espaces intimistes et de la musique classique. Le menu est moderne et privilégie la viande, comme le porc à l'orange ou les côtelettes de veau. Réservation recommandée.

El Golfo et ses environs

Cet ancien village de pêcheurs à l'architecture traditionnelle se distingue par son atmosphère bohème et décontractée, où les "kitscheries" pour touristes n'ont guère leur place. Plusieurs bars en bordure de mer se prêtent à merveille à la contemplation du coucher de soleil. Les restaurants ne manquent pas non plus. Le front de mer égrène son chapelet d'établissements de produits de la mer, dont le **Restaurante Placido** (Avenida Marítima 39 ; plats 10-18 €), le **Lago Verde** (Avenida Marítima 46 ; plats 12-22 €), où vous pouvez aussi vous renseigner pour louer un appartement. Un peu à l'écart du principal groupe de restaurants, **El Caletón** (Avenida Marítima 5 ; plats 8-16 €) possède des tables en extérieur directement sur les rochers.

Au sud d'El Golfo s'étire la route la plus pittoresque de l'île : la LZ-703, entourée par les sommets volcaniques d'un côté et par la mer et les plages de sable noir de l'autre côté.

La plage se situant en face du **Charco de los Clicos** est à voir. Le Charco, petite piscine vert émeraude située en face de la plage, tire sa couleur de l'algue qui s'y trouve. Il a constitué la toile de fond de l'affiche du film *Un million d'années avant J.-C.*, sur laquelle Raquel Welch s'expose dans un bikini en fourrure. Sa couleur est rehaussée par les roches volcaniques environnantes. La baignade comporte des risques, car la mer peut devenir très agitée.

Sur la route côtière qui conduit à La Hoya, vous pourrez admirer les deux grottes de **Los Hervideros**, où la mer s'engouffre dans un flot d'écume. À 6 km de là, les **Salinas de Janubio**, dont on extrait quelque 15 000 tonnes de sel marin à l'année, s'étendent derrière la longue Playa de Janubio.

Playa Blanca

Il y a quelques années, Playa Blanca était une sorte de Puerto del Carmen, en plus calme et plus petit. Dans les faits, c'est toujours le cas, mais la station balnéaire est devenue méconnaissable durant cette dernière décennie : hôtels et immeubles – bien que généralement peu élevés – occupent jusqu'à la pointe de la réserve naturelle de la Punta del Papagayo. L'atmosphère est assez chic, mais l'endroit manque indéniablement de charme. On retrouve un peu de l'âme locale après l'église, là où commence le village de pêcheurs d'origine. La plage principale, à drapeau bleu, tire avantage de son sable, d'une couleur très pâle (d'où son nom de plage Blanche), et de bonnes infrastructures. Cela dit, vous serez mieux à Corralejo, sur l'île de Fuerteventura, dont les plages et les dunes surpassent largement celles du coin. Un marché d'art et d'artisanat s'y tient les mercredis et samedis matin dans le port huppé de la Marina Rubicón.

Activités

Cala Blanca PLONGÉE
(☎928 51 90 40 ; www.calablancasub.com ; Centro Comercial el Papagayo ; plongée avec équipement 40 €). Cette agence propose des cours individuels, un grand choix de cours et des sorties en snorkeling (adulte/enfant 40/25 €).

Papagayo Bike LOCATION DE VÉLOS
(☎928 34 98 61 ; www.papagayobike.com ; Calle La Tegala 13 ; location de vélos à partir de 16 €/jour). Location de vélos et excursions simples, avec rafraîchissements et transferts aller-retour de l'hôtel au point de départ de l'itinéraire.

Où se restaurer

Restaurante Casa José ESPAGNOL €€
(Plaza Nuestra Señora del Carmen 8 ; plats 10-15 € ; ⏲8h-23h lun-sam, 13h-23h dim). Installé en face de l'église, cet humble restaurant rehaussé de vert à la manière traditionnelle sert d'excellents plats de produits de la mer dans une atmosphère comme à la maison.

El Horno de la Abuela ESPAGNOL €€
(Calle La Tegala ; plats 8-16 € ; ⏲13h-16h et 19h-tard). Restaurant ouvert de longue date dans la vieille ville servant une copieuse cuisine espagnole. Chèvre, cochon de lait et autres viandes sont à l'honneur.

Romantica INTERNATIONAL €€
(Avenida de Papagayo 10 ; plats 10-15 € ; ⏲13-16h et 19h-tard). Avec une vue sur l'océan et une carte un peu plus imaginative que dans la plupart des restaurants alentour, le Romantica est toujours apprécié des voyageurs. Le menu éclectique comprend pâtes, steaks et canard nappé de sauce à la mangue.

Casa Pedro ESPAGNOL €€
(Paseo Marítimo 77 ; plats 10-17 € ; ⏲13h-16h et 19h-tard). Emplacement superbe sur le front de mer et bons plats régionaux et de fruits de mer.

ℹ Renseignements

Office du tourisme (Calle El Varadero ; ⏲7h-19h). Un bureau utile avec quantité de brochures détaillant les activités locales.

ℹ Depuis/vers Playa Blanca

Le bus n°6 (3,60 €, 1 heure) relie toutes les heures Playa Blanca à Arrecife.

Punta del Papagayo

De charmantes criques de sable doré parsèment la côte sud-est qui aboutit à la Punta del Papagayo. Le promontoire lui-même a le statut de réserve naturelle protégée. La route au-delà de la barrière de péage branlante (3 € par véhicule) n'est plus goudronnée mais reste praticable, même à bord d'une petite voiture, tant que la route soit sèche. Sinon, optez pour la solution de facilité et prenez le **bateau-taxi Papagayo Beach** (☎928 51 90 12 ; aller-retour adulte/enfant 18/9 € ; ⏲10h-17h), qui part de Playa Blanca 4 fois par jour et fait une halte à la Marina Rubicón.

La côte sud-est, qui mène à la Punta del Papagayo, est ponctuée d'une série de jolies criques de sable doré et de plages, dont la Playa del Papagayo et la **Playa Mujeres**, aussi pittoresque qu'isolée, s'étirant sur 90 m, à l'ouest de la *punta*. Elle est particulièrement appréciée des plongeurs et des surfeurs.

Papagayo est extrêmement populaire et, malheureusement, il semble que le nombre de voitures autorisées quotidiennement dans la réserve soit illimité. Arrivez tôt si vous voulez être seul sur la plage un moment.

Tenerife

☎ 922, 822 / 890 000 HABITANTS

Dans ce chapitre ➡

Le top des restaurants

- Guaydil (p. 139)
- La Hierbita (p. 134)
- Tito's Bodeguita (p. 146)

Le top des hébergements

- Hotel Alhambra (p. 235)
- Hotel Adonis Capital (p. 234)
- Hotel Sun Holidays (p. 235)

Pourquoi y aller

Tenerife est la grande dame (un peu grivoise) de l'archipel. Attirant plus de 10 millions de visiteurs chaque année, les stations balnéaires du sud de l'île offrent festivités et night-clubs à l'ambiance essentiellement britannique, des plages de sable blanc et des hôtels-clubs. Il suffit pourtant de s'écarter des touristes à la peau brûlée par le soleil pour découvrir une île cultivée et civilisée, d'une extraordinaire diversité.

Parmi les multiples expériences figurent les promenades dans la forêt tropicale, l'exploration des boutiques de créateurs, les sombres paysages des champs de lave, un carnaval presque aussi sexy et sensuel que celui de Rio, des musées, des temples dédiés à l'art moderne et des vieilles cités coloniales. Avant tout, Tenerife est un île spectaculaire et rien n'est plus imposant que le Pico del Teide coiffé de neige, le point culminant d'Espagne et site de fabuleuses randonnées.

Quand partir

- De décembre à février, le climat est agréablement doux, sauf sur El Teide où des chutes de neige barrent l'accès à la montagne au cœur de l'hiver.
- Le printemps (mars-avril) est la saison de la randonnée et des fleurs sauvages. Les surfeurs profiteront des plus belles vagues en mars.
- De mai à septembre, le soleil brille 11 heures par jour et la température moyenne atteint 28°C en août ; elle est un peu plus fraîche durant les mois précédents et suivants.
- En automne (octobre-novembre), la température est idéale (21°C) et les touristes, moins nombreux ; certains hôtels baissent un peu leurs prix.

Histoire

Appelés Guanches et vivant dans des grottes, les premiers habitants de Tenerife seraient arrivés d'Afrique du Nord vers 200 av. J.-C. Dernière à tomber lors de la conquête espagnole (en 1496), l'île devint ensuite une importante escale commerciale. Cela lui valut des incursions des pirates, puis l'invasion des Britanniques en 1797 lors de la bataille de Santa Cruz, au cours de laquelle l'amiral Nelson perdit un bras.

En 1821, Madrid déclara Santa Cruz de Tenerife la capitale de l'archipel, au grand dam des élites de Las Palmas, sur la Grande Canarie. Il fallut attendre 1927 pour que Madrid partage l'archipel en deux provinces, Santa Cruz devenant la capitale provinciale de Tenerife, La Palma, La Gomera et El Hierro. À mesure que se renforçaient les liens économiques entre les Canaries et les Amériques, nombre d'insulaires traversèrent l'océan pour s'installer notamment au Venezuela et à Cuba. Ces dernières années, des émigrants et Latino-Américains aisés ont inversé le mouvement, apportant des influences évidentes dans la cuisine et la musique de Tenerife.

Depuis/vers Tenerife

AVION

Deux aéroports desservent l'île. **Tenerife Sur** (Reina Sofía ; ☎ 922 75 95 10 ; www.aena.es), à 20 km à l'est de Playa de las Américas, accueille les vols internationaux. La plupart des vols inter-îles, (plus quelques vols internationaux et vers l'Espagne) utilisent **Tenerife Norte** (Los Rodeos ; ☎ 922 63 56 35 ; www.aena.es), plus petit et plus ancien. La compagnie **Binter Canarias** (☎ 092 39 13 92 ; www.bintercanarias.com) relie l'île au reste de l'archipel.

BATEAU

Ferries depuis Santa Cruz

Les agences de voyages et le principal bâtiment de l'**Estación Marítima Muelle Ribera** (carte p. 130) à Santa Cruz (d'où partent les bateaux Fred Olsen) vendent des billets pour toutes les compagnies. Le siège de Naviera Armas se situe plus loin, au sud de la gare maritime.

Un ferry hebdomadaire **Trasmediterránea** (**Acciona** ; à Madrid ☎ 902 45 46 45 ; www.trasmediterranea.com ; Estación Marítima Muelle Ribera) part le vendredi à 23h30 de Santa Cruz de Tenerife et fait les escales suivantes :

- Las Palmas de Gran Canaria, Grande Canarie (à partir de 22 €, 8 heures 30)

DISTANCES (KM)

	Santa Cruz de la Tenerife	Puerto de la Cruz	Los Cristianos	Puerto de Santiago
Puerto de la Cruz	74			
Los Cristianos	158	140		
Puerto de Santiago	73	40	27	
Parador Nacional de Teide	128	90	64	40

Distances approximatives

- Puerto del Rosario, Fuerteventura (à partir de 26 €, 20 heures 30)
- Arrecife, Lanzarote (à partir de 28 €, 24 heures)

Naviera Armas (carte p. 130 ; ☎ 902 45 65 00 ; www.navieraarmas.com) gère un important service de ferry dans l'archipel au départ de Santa Cruz de Tenerife :

- Las Palmas de Gran Canaria, Grande Canarie (à partir de 31 €, 2 heures 30, 21/semaine)
- Morro Jable, Fuerteventura (à partir de 70 €, 6 heures 30, 1/jour)
- Puerto del Rosario, Fuerteventura (à partir de 62 €, 11 heures 30, 1/jour)
- Arrecife, Lanzarote (à partir de 72,50 €, 11 heures, 1/jour lun-ven)

Fred Olsen (☎ 902 10 01 07 ; www.fredolsen.es) propose de 3 à 6 ferries par jour de Santa Cruz à Agaete, dans le nord-ouest de la Grande Canarie (36 €, 1 heure 15), où vous pouvez prendre son bus gratuit jusqu'à Las Palmas (35 min).

Ferries depuis Los Cristianos

Les ferries entrent et sortent du port de Los Cristianos jour et nuit. Naviera Armas et Fred Olsen, plus rapide et plus cher, partent de cet endroit. Les billets s'achètent dans les agences de voyages ou dans le bâtiment principal de l'Estación Marítima.

Les destinations desservies par **Naviera Armas** au départ de Los Cristianos comprennent les suivantes :

- San Sebastián de La Gomera, La Gomera (30 €, 1 heure, 3/jour lun-ven, 1 sam, 2 dim)
- Santa Cruz de La Palma, La Palma (41 €, 3 heures 30, 1/jour dim-ven)
- Valverde, El Hierro (4,50 €, 3 heures 45, départ 17h30 dim-ven)

De Los Cristianos, **Fred Olsen** dessert notamment :

- San Sebastián de La Gomera, La Gomera (32,50 €, 50 min, 3/jour lun-ven, 2/jour sam-dim)
- Santa Cruz de La Palma, La Palma (à partir de 42 €, 2 heures, 1/jour dim-ven)

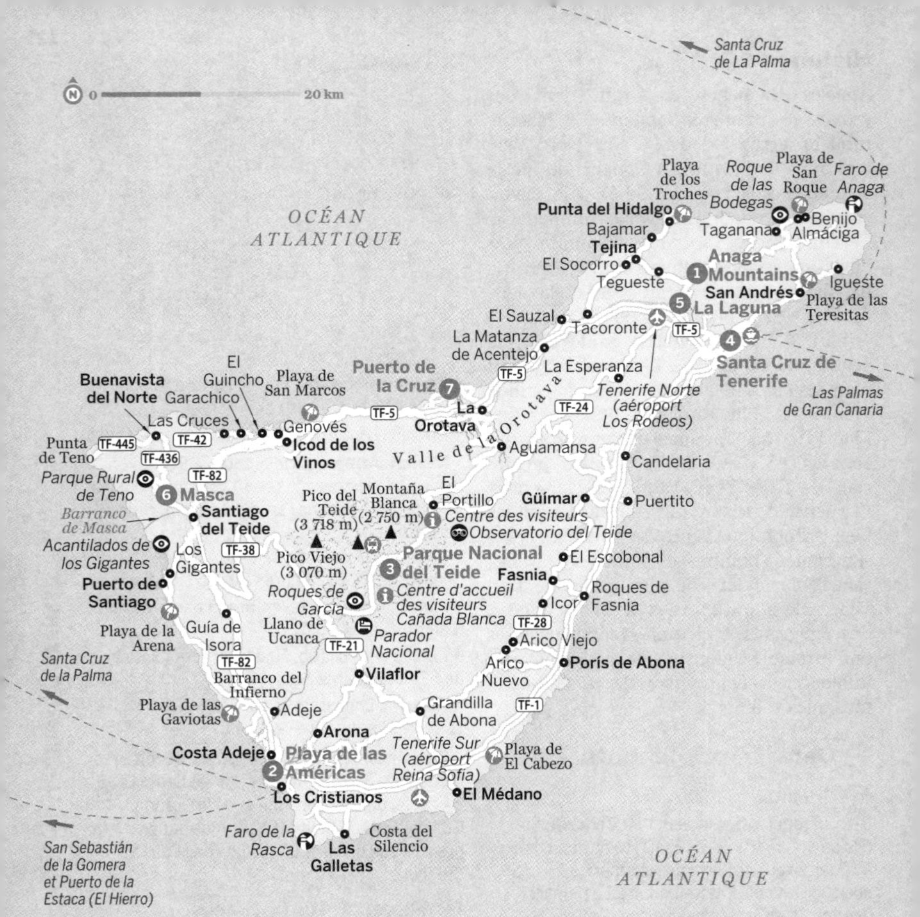

À ne pas manquer

❶ Les magnifiques **monts Anaga** (p. 140), la région géologique la plus ancienne de l'île

❷ La vie nocturne et ses néons à **Playa de las Américas** (p. 159)

❸ Une randonnée dans les fabuleux paysages lunaires du **Parque Nacional del Teide** (p. 152)

❹ La superbe vague de l'**Auditorio de Tenerife** (p. 135) à Santa Cruz de Tenerife

❺ La visite de **La Laguna** (p. 136) et du quartier historique le mieux préservé de l'île

❻ Le ravissant village de **Masca** (p. 157) et son emplacement extraordinaire

❼ La charmante station balnéaire de **Puerto de la Cruz** (p. 141), balayée par les embruns

Comment circuler

TITSA (Transportes Interurbanos de Tenerife SA ; www.titsa.com) exploite un réseau de bus qui dessert toute l'île, ainsi que des lignes urbaines dans Santa Cruz et diverses villes.

Les agences de location de voitures sont nombreuses et vous ne devriez pas avoir de problème, même pour une location immédiate. Les agences internationales sont présentes dans toutes les grandes stations balnéaires et les aéroports.

Vous trouverez des taxis partout dans l'île, mais ils reviennent cher. Mieux vaut louer une voiture.

SANTA CRUZ DE TENERIFE

207 000 HABITANTS

Ne négligez pas le port de Santa Cruz, la capitale animée, dans votre hâte de rejoindre les plages. Cette jolie ville, authentiquement espagnole, possède des bâtiments attrayants, peints de couleurs vives, des boutiques originales ou sophistiquées, de beaux musées, un auditorium époustouflant, et une oasis tropicale de chants d'oiseaux, de fontaines et de verdure dans le parc municipal. La capitale offre en outre un bon choix d'hôtels et restaurants de qualité, ainsi qu'un excellent réseau de bus, ce qui en fait une base pratique pour explorer le nord-est de Tenerife.

Histoire

Alonso Fernández de Lugo débarqua à Tenerife en 1494 pour entamer la conquête de la dernière et plus rétive île de l'archipel. La Laguna, à quelques kilomètres dans les terres, prospéra en tant que première capitale de l'île. Santa Cruz de Santiago (ancien nom de Santa Cruz de Tenerife) stagna jusqu'à l'essor de son port aux XVIIIe et XIXe siècles. Il fallut attendre 1803 pour qu'un décret royal "libère" Santa Cruz du contrôle municipal de La Laguna. Elle ne devint officiellement une ville qu'en 1859.

À voir

La majorité des sites et musées de Santa Cruz se rejoignent aisément à pied de la **Plaza España**, sur le front de mer. Rénovée, la place comporte un immense bassin circulaire avec une fontaine qui crache de l'eau quatre fois par jour (indiquant les marées hautes et basses). La Calle Castillo, rue piétonne et principale artère commerçante, se situe immédiatement à l'ouest.

♥ Museo de la Naturaleza y el Hombre — MUSÉE

(www.museosdetenerife.org ; Calle Fuente Morales ; adulte/enfant 3/1,50 € ; 9h-19h mar-dim). Attraction phare de la ville et l'un des meilleurs musées de l'archipel, ce musée, consacrée aux sciences naturelles et à l'archéologie, occupe un ancien hôpital civil. Les momies et crânes guanches constituent indéniablement le clou des collections.

Des expositions instructives présentent la faune, la flore et la géologie ; la vidéo de l'éruption d'El Teide est particulièrement impressionnante. Les enfants apprécieront les expositions interactives avec boutons qui clignotent et grands écrans. Actuellement, les légendes sont uniquement en espagnol, mais la plupart des salles disposent de panneaux avec explications en anglais. Le musée comprend un café et une boutique de cadeaux.

♥ Tenerife Espacio de las Artes — ART

(TEA ; www.teatenerife.es ; Avenida de San Sebastián 10 ; adulte/enfant 7 €/gratuit, film 4 € ; 10h-20h mar-dim). Ce spectaculaire édifice moderne abrite un excellent musée d'art qui comprend 3 grandes galeries lumineuses. Ne manquez pas la collection permanente de peintures et d'œuvres audiovisuelles consacrées à Óscar Domínguez ; né à Tenerife, il est considéré comme le troisième plus grand peintre surréaliste espagnol (après Joan Miró et Salvador Dalí). Les expositions temporaires présentent souvent des travaux d'artistes espagnols prometteurs, et reflètent des thèmes contemporains d'avant-garde.

L'endroit comprend un cinéma qui projette des films le week-end, une grande bibliothèque et salle multimédia avec 36 ordinateurs connectés à Internet et disponibles gratuitement, un café populaire et une excellente boutique de souvenirs.

♥ Iglesia de Nuestra Señora de la Concepción — ÉGLISE

(Plaza Iglesia ; 9h-21h dim, messes 9h et 19h30). Difficile de ne pas remarquer l'impressionnant clocher de la plus vieille église de la ville, qui possède des plafonds de style mudéjar. L'église actuelle date des XVIIe et XVIIIe siècles, mais le bâtiment d'origine fut édifié en 1498, juste après la conquête de l'île.

Santa Cruz de Tenerife

Santa Cruz de Tenerife

Les incontournables

1 Auditorio de Tenerife C7
2 Iglesia de Nuestra Señora de la Concepción C4
3 Museo de la Naturaleza y el Hombre C4
4 Tenerife Espacio de las Artes C4

À voir

5 Castillo de San Cristóbal D3
6 Centro de Arte La Recova C4
7 Fort de San Juan B7
8 Iglesia de San Francisco C3
9 Museo de Bellas Artes C3
10 Museo Militar de Almeyda D1
11 Parque García Sanabria B2
12 Teatro Guimerá C4

Activitiés

13 Parque Marítimo César Manrique A7

Où se loger

14 Hotel Adonis Capital C3
15 Hotel Contemporáneo B1
16 Hotel Taburiente B1
17 Pensión Casablanca B3
18 Principe de Paz C3

Où se restaurer

19 Bodeguita Canaria C4
20 Da Canio III C1
21 El Aguarde A2
22 El Lateral 27 .... C3
23 Gom B1
24 La Casita B3
25 La Hierbita C4
26 La Llave de Las Nubes C3
27 Mercado de Nuestra Señora de África B5
28 Plaza 18 .... C3
29 Tasca B1

Où prendre un verre et faire la fête

30 Bar Zumería Doña Papaya B3
31 Barbas Bar D2
32 JL Murphy C4
33 Mojos y Mojitos C4

Où sortir

Auditorio de Tenerife .... (voir 1)
Teatro Guimerá .... (voir 12)

Achats

34 Carolina Boix C3
35 El Corte Inglés B6
36 La Isla B3
37 Rastro C5

Au cœur de l'autel en argent étincelant, la *Santa Cruz de la Conquista* (Sainte Croix de la conquête), qui a donné son nom à la ville, date de 1494.

Jetez un coup d'œil à l'**antichambre** de la sacristie. Le retable de la chapelle qui la jouxte fut sculpté dans du cèdre sur ordre de Don Matías Carta, un personnage puissant qui mourut avant son achèvement. Il est enterré en dessous et son portrait blafard sur le mur fut réalisé après sa mort. La chapelle abrite aussi une belle toile de Juan de Miranda, *La Adoración de los Pastores* (L'Adoration des bergers).

Museo de Bellas Artes — ART

(www.santacruzdetenerife.es ; Plaza Príncipe de Asturias ; 10h-20h lun-ven, 10h-15h sam-dim). GRATUIT Établi en 1900, cet excellent musée faisait autrefois partie de l'église adjacente (remarquez le fabuleux vitrail). Il possède une collection éclectique de peintures d'artistes principalement espagnols, canariens et flamands, dont Ribera, Sorolla et Brueghel. Il présente aussi des sculptures, dont un Rodin, et des expositions temporaires. Les immenses scènes de bataille du peintre espagnol Manuel Villegas Brieva sont particulièrement émouvantes. Sachez que les galeries sont accessibles via plusieurs volées de marches, et qu'il n'y a pas d'ascenseur.

Iglesia de San Francisco — ÉGLISE

(Calle José Murphy ; horaires variables). Cette jolie église baroque des XVIIe et XVIIIe siècles comporte un plafond richement sculpté et des retables élaborés. Renseignez-vous à l'office du tourisme sur les concerts organisés ici.

Centro de Arte La Recova — GALERIE D'ART

(www.santacruzdetenerife.es ; Plaza Isla de la Madera ; 11h-13h et 18h-21h mar-sam). GRATUIT Aménagée dans un ancien marché, cette galerie accueille des expositions temporaires d'artistes contemporains des Canaries et d'Espagne continentale.

Teatro Guimerá — ÉDIFICE REMARQUABLE

(www.teatroguimera.es ; Plaza Isla Madera ; 11h-13h et 18h-20h mar-ven). L'un des joyaux architecturaux de la ville, ce théâtre du XIXe siècle possède un intérieur somptueux, qui rappelle le Teatro Real de Madrid, avec des balcons semi-circulaires et d'abondantes dorures abondantes. Devant le théâtre une grande sculpture représente un masque théâtral.

Castillo de San Cristóbal CHÂTEAU

(Plaza España ; 10h-18h lun et mer-ven, 11h-19h sam-dim ; P). GRATUIT Sous la Plaza España subsistent des vestiges du château qui jadis se dressait à cet endroit. Une entrée du côté mer de la place donne accès aux ruines (certains la confondent avec les marches qui descendent vers les toilettes publiques !). Un petit musée retrace l'histoire du château.

Museo Militar de Almeyda MUSÉE

(Calle San Isidro 1 ; 10h-14h mar-sam). GRATUIT Ce musée explique l'histoire militaire de l'archipel et la résistance victorieuse de la cité, qu'incarne une superbe maquette de 30 m du navire amiral *Theseus*. La pièce maîtresse est *El Tigre*, le canon qui aurait arraché le bras de l'amiral Nelson lorsqu'il attaqua Santa Cruz en 1797.

Parque García Sanabria PARC

(près Calle Méndez Núñez). À la lisière nord du centre-ville, le parc municipal abrite un charmant ensemble de fleurs et d'arbres méditerranéens et subtropicaux, des sculptures et çà et là, des fontaines et de larges allées. Le parc est idéal pour pique-niquer à l'ombre d'un banian indien et passer un après-midi tranquille en écoutant le chant des oiseaux. Il comprend aussi un agréable café.

Auditorio de Tenerife ÉDIFICE REMARQUABLE

(922 27 06 11 ; www.auditoriodetenerife.com ; Avenida Constitución ; visite guidée 12h30 lun-sam oct-juin et 17h30 lun-sam juil-sept ; P). GRATUIT Cet auditorium en forme de magnifique vague blanche a été conçu par l'architecte espagnol de renommée internationale Santiago Calatrava ; aussi emblématique que l'Opéra de Sydney, il possède une excellente acoustique. Des visites guidées multilingues (à réserver sur le site Internet) font découvrir les coulisses de ce splendide édifice.

Si vous manquez de temps pour la visite ou un concert, venez au moins boire un verre au café installé dans la vaste entrée principale. Vous pouvez aussi faire tout le tour de l'auditorium afin de prendre de belles photos.

Palmetum JARDIN

(www.palmetumsantacruz.com ; Avenida Constitución ; adulte/enfant 6/2,80 €, avec Parque Marítimo César Manrique 7,30/3,30 € ; 11h-13h et 16h-20h mar-dim ; P). Inauguré en 2013 sur une ancienne décharge, ce jardin botanique de 12 ha possède la collection de palmiers la plus diverse d'Europe, avec des arbres provenant du monde entier. Une brochure détaillée, avec carte, aide à les identifier, de même que les fiches signalétiques. Ce jardin paisible invite à flâner et dispose de bancs bien placés pour contempler la mer.

3 JOURNÉES PARFAITES À TENERIFE

Jour 1

Commencez votre circuit à **Santa Cruz**, en admirant les œuvres classiques du **Museo de Bellas Artes** (p. 131), puis les beautés de la nature au **Parque García Sanabria** (ci-dessus). Découvrez la créativité de l'Espagne contemporaine au **Tenerife Espacio de las Artes** (p. 129), une galerie d'art moderne. Ensuite, retour dans le passé lointain au **Museo de la Naturaleza y El Hombre** (p. 129), avant de terminer la journée par une balade jusqu'à l'**Auditorio de Tenerife** (ci-dessus) ou au Palmetum (ci-dessus), voisin.

Jour 2

Explorez les jolies rues de **Garachico** (p. 151) sur la côte nord-ouest, avant de faire route à l'ouest jusqu'à **Punta de Teno** (p. 156), la pointe sauvage de Tenerife. Accrochez-vous à votre siège pendant le trajet spectaculaire qui mène à **Masca** (p. 157), puis descendez vers la mer pour vous détendre sur le sable à **Los Gigantes** et **Puerto de Santiago** (p. 158).

Jour 3

Passez la tête au-dessus des nuages dans le splendide **Parque Nacional del Teide** (p. 152). Les plus intrépides en bonne forme physique entreprendront la randonnée d'une journée jusqu'au sommet. Si vous êtes moins sportif, prenez le téléphérique qui vous déposera juste en dessous. Enfin, la marche facile autour des **Roques de García** (p. 154) est à la portée de tous.

Au centre, un espace octogonal ombragé, entouré de murs en roche volcanique et de cascades, abrite les espèces les plus délicates, dont des palmiers grimpants du Yucatan.

Castillo de San Juan FORT
(Avenida Constitución). Le secteur central du front de mer a été amplement rénové et une agréable promenade de 10 minutes au sud-ouest de la Plaza España conduit au Castillo de San Juan, un édifice trapu du XVIIe siècle. Il s'agit en fait d'une modeste forteresse plutôt que d'un château, jadis le site du commerce d'esclaves africains.

Activités

Parque Marítimo César Manrique PARC AQUATIQUE
(☎657 65 11 27 ; Avenida Constitución ; adulte/enfant 2,50/1,50 €, avec Palmetum 7,30/3,30 € ; ⏲10h-19h). Juste à côté de la principale *avenida* de la ville, ce parc comprend de superbes piscines design et des transats où profiter du soleil en appréciant la vue magnifique et une boisson fraîche. Adapté à tous les âges, il est parfait pour les enfants.

Fêtes et festivals

Outre le carnaval, Santa Cruz accueille plusieurs autres fêtes :

Festival de Música de Canarias MUSIQUE
(www.festivaldecanarias.com ; ⏲jan et fév). Principal événement pour les mélomanes, il a lieu tous les ans à Santa Cruz de Tenerife et à Las Palmas de Gran Canaria (Grande Canarie).

Día de la Cruz FÊTE RELIGIEUSE
(⏲3 mai). Cette journée est célébrée dans toute l'île, mais surtout à Santa Cruz (et à Puerto de la Cruz), où croix et chapelles sont décorées de fleurs en l'honneur de la fondation de la ville.

Où se restaurer

Des *terrazas* (terrasses) occupent la plupart des places, où les habitants aiment se retrouver et profiter du soleil. Celles de la Plaza Candelaria et les terrasses ombragées qui bordent le Parque Garcia Sanabría comptent parmi les plus plaisantes.

Bodeguita Canaria CANARIEN €
(www.bodeguitacanaria.es ; Calle Imeldo Serís 18 ; plats 8-10 € ; ⏲13h-16h et 20h-23h30 lun-sam ; 👪). Prisée des habitants, cette *bodegua* possède une ambiance rustique avec des meubles massifs en bois sombre et un charmant cadre daté. Essayez des plats locaux comme la *ropa vieja* (littéralement "vieux vêtements"), un savoureux ragoût de viande avec pois chiches, légumes et pommes de terre. Les desserts, tout aussi roboratifs, comprennent des *torrijas,* la version espagnole du pain perdu.

LA CITÉ DE LA SCULPTURE

En 1974, Santa Cruz a accueilli une exposition internationale de sculpture de rue, avec les œuvres de maîtres emblématiques comme Henry Moore, Joan Miró et Óscar Domínguez. Aujourd'hui, vous pouvez admirer ces sculptures magnifiques en vous promenant dans la ville. Renseignez-vous à l'office du tourisme sur les circuits thématiques qui partent du **Parque García Sanabria** (p. 132), où plusieurs œuvres sont exposées en permanence.

La Llave de Las Nubes CANARIEN €
(Calle Dr Allart 46 ; plats 7-10 €, menú del día 8 € ; ⏲9h-17h lun-ven). Les propriétaires de ce petit restaurant sont des passionnés de cuisine. Chaque matin, ils achètent des produits frais au marché et mitonnent quelques plats inspirés de la cuisine maison traditionnelle. Les soupes sont particulièrement bonnes ; goûtez celle au cresson si elle est proposée. L'endroit est toujours plein, et vous devrez peut-être attendre une table (pas de réservations).

Tasca CANARIEN €
(Calle Dr Guigou 18 ; plats 6-10 € ; menú del día 7 € ; ⏲12h-15h et 19h-23h lun-sam). Aux antipodes culturel et gastronomique des stations balnéaires du Sud, cette institution de quartier ne fait aucune concession aux étrangers. Le menu du déjeuner (en espagnol) est si peu cher que la clientèle locale fait souvent la queue pour obtenir une table et se régaler d'énormes portions de plats canariens classiques.

La Casita CAFÉ €
(www.lacasitacafe.es ; Calle Jesús Nazareno 14 ; plats 7-8 €, gâteaux 2,50 € ; ⏲10h-minuit mar-sam ; 📶). Dirigé par une jeune équipe branchée et décoré comme une maison de campagne de grand-mère, ce café attrayant compte plusieurs salles cosy, ornées d'antiquités et

À NE PAS MANQUER

LE CARNAVAL DE SANTA CRUZ

Caractérisé par une exubérance et une animation typiquement carnavalesques, le **carnaval** (www.carnavaltenerife.com ; ⏲ fév) de Santa Cruz est une fête orgiaque ininterrompue 24h/24. Les festivités commencent généralement début février et durent environ trois semaines. Défilés et concours de costumes ont lieu sur le *Recinto Ferial* (champ de foire), et des fêtes bon enfant occupent les rues du crépuscule jusqu'à l'aube, particulièrement autour de la Plaza España.

Ne croyez pourtant pas que le carnaval soit juste une excuse pour se déguiser et s'amuser. Si cela n'est pas toujours évident, l'événement comporte un message politique implicite. Pendant la dictature de Franco, le carnaval était interdit et il n'y avait pas grand-chose à célébrer. La complicité de l'Église catholique avec les fascistes constituait une autre source de frustration, et quand le carnaval a été relancé après la mort de Franco, les habitants de Santa Cruz en ont profité pour dénoncer et ridiculiser l'hypocrisie morale et sexuelle des deux pouvoirs. Aujourd'hui encore, nombre de participants se déguisent en religieuses aguichantes et en prêtres pervers, et les drag-queens sont légion. Réservez votre hébergement longtemps à l'avance, du moins si vous avez l'intention de dormir !

de carrelages d'origine. Il met l'accent sur les plats simples comme les salades, les burgers et les croquettes, et offre de succulents gâteaux et tartes, notamment au chocolat, aux fraises et au Baileys.

♥ La Hierbita CANARIEN MODERNE €€

(☎ 922 24 46 17 ; www.lahierbita.es ; Calle Clavel 19 ; plats 10-15 € ; ⏲ 12h-16h et 19h-23h mar-sam, 12h-16h lun). Ce restaurant plein de cachet fut le premier de la ville à obtenir une licence d'alcool, en 1893 quand la Calle Clavel était le cœur du quartier chaud et qu'une partie de l'établissement était une maison close. Le bâtiment conserve nombre d'éléments d'origine et d'antiques souvenirs. Les salles sont réparties sur 2 étages au parquet grinçant, et de vieilles photos fanées ajoutent au charme de l'endroit.

La cuisine est une version haut de gamme des recettes canariennes traditionnelles ; les plats de poisson et fruits de mer sont particulièrement mémorables, de même que les soupes et ragoûts à base de légumineuses.

El Lateral 27 CANARIEN €€

(Calle Béthencourt Alfonso 27 ; plats 10-14 € ; ⏲ 7h30-minuit lun-sam ; 👪). Le personnel cordial, les clients heureux et une carte de plats locaux appréciés continuent de faire d'El Lateral une adresse favorite de Santa Cruz. Des plats comme le ragoût de queue de bœuf (ou de chèvre), l'aloyau en sauce à l'ail et la tourte aux fruits de mer combleront les affamés. Les végétariens devront chercher un autre endroit.

Da Canio III ITALIEN €

(carte p. 130 ; Calle San Martín 76 ; pizza 8-10 €, pâtes 10-12 € ; ⏲ 13h-16h et 19h-23h lun-sam ; 👪). Tenu par des Italiens, ce restaurant sert de bonnes pizzas et pâtes dans une salle en pierre et terre cuite joliment aménagée. Le choix étourdissant de pizzas (une bonne vingtaine) est parfait pour les familles les plus difficiles ; les pâtes et les risottos sont également recommandés.

Plaza 18 CANARIEN MODERNE €€

(☎ 922 17 30 14 ; Plaza San Francisco ; plats 11-16 € ; ⏲ 12h-23h lun-jeu, 12h-1h ven-sam). Ce restaurant branché, dans l'un des plus jolis coins de la ville, surplombe de splendides banians et massifs de fleurs, avec l'Iglesia de San Francisco en arrière-plan. La décoration est chic et colorée, et la cuisine ne déçoit pas (la plupart du temps). La carte comprend des risottos, des burgers gastronomiques, des salades et des *tostas* aux garnitures variées, ainsi que d'excellents vins locaux.

Gom CANARIEN MODERNE €€

(☎ 922 27 60 58 ; Calle Dr Guigou 27 ; plats 10-15 € ; ⏲ 13h-16h et 19h-23h ; P 📶). Faisant partie de l'Hotel Taburiente (p. 234) adjacent, ce restaurant sophistiqué propose une carte moderne de plats classiques canariens et espagnols, revus de manière créative. L'un des plus huppés du centre-ville, il accueille au déjeuner une élégante clientèle d'affaires.

El Aguarde CANARIEN MODERNE €€€

(☎ 922 28 91 42 ; www.restauranteelaguardetenerife.es ; Calle Costa y Grijalba 21 ; plats 15-25 € ;

13h-16h lun-sam, 21h-23h mar-sam ;). Des lecteurs ne tarissent pas d'éloges sur ce restaurant à l'élégance minimaliste et sur sa cuisine raffinée. La carte change selon la saison, mais comprend toujours une bonne sélection de plats de viande et de poisson, et au moins un plat végétarien. Les desserts sont exquis ; goûtez la mousse de citron avec cava et menthe.

Faire ses courses

Mercado de Nuestra Señora de África MARCHÉ €

(Avenida de San Sebastián ; 9h-14h ; P). Datant de 1944, ce marché appelle l'Amérique latine avec son entrée voûtée, sa tour d'horloge et ses vendeurs de fleurs. Petit selon les standards espagnols, il n'en est pas moins tentant avec quelque 140 étals de fruits, de légumes et de poisson. Vous pouvez aussi acheter des victuailles pour un pique-nique telles que pain, fromage, vin et charcuterie.

Où prendre un verre et sortir

L'essentiel de la vie nocturne gravite autour de l'extrémité nord de l'Avenida Anaga ; les établissements changent fréquemment. Pour une ambiance plus sophistiquée, rejoignez les cafés et bars pittoresques de la Calle Antonio Domínguez Alfonso (ou Calle Noria), l'une des plus anciennes rues de la ville.

Bar Zumería Doña Papaya BAR À JUS DE FRUITS

(Calle Callao de Lima 3 ; jus 2-3,50 € ; 9h-19h lun-ven, 9h-15h sam). De délicieux jus de fruits frais, notamment de fraise, mangue, papaye, avocat et diverses combinaisons. Des employés y viennent à midi pour un repas simple et rapide.

Barbas Bar BAR

(Calle Marina 9 ; 18h-2h lun-sam). Les hommes qui portent la *barba* (barbe) sont particulièrement bien accueillis dans ce bar de style saloon, en face du port. Les bières d'importation prédominent, avec un vaste choix de la Crabbie's Original à la Corona. Bonne ambiance et musique live à l'occasion.

Murphy's PUB

(Plaza de la Concepción ; 17h-2h30 lun-jeu, 17h-3h30 ven-sam, 18h30-2h30 dim ;). Ambiance sympathique et Guinness à la pression dans ce pub irlandais plus élégant que nombre de ses confrères. Musique live presque tout les week-ends.

Mojos y Mojitos BAR

(Calle Antonio Domínguez Alfonso 38 ; 12h-minuit dim-jeu, 12h-4h ven-sam ;). Un bar détendu, qui sert une cuisine correcte dans la journée et se transforme en soirée en bar à cocktails cool et night-club animé, avec DJ et parfois musique live.

Où sortir

Les bars et night-clubs font souvent office de salles de concert occasionnelles, notamment autour de la Calle Antonio Domínguez Alfonso (ou Calle Noria).

Auditorio de Tenerife CONCERTS

(billetterie 922 270 611 ; www.auditoriodetenerife.com ; Avenida Constitución ;). Le principal espace culturel de Tenerife se distingue par ses coquilles de béton blanc arrondies, surmontées d'un toit évoquant la crête d'une vague prête à s'abattre. L'auditorium occupe et embellit considérablement un site de 2 ha face à l'océan. Il accueille, entre autres, des opéras, des ballets et des concerts de musique classique de classe internationale.

Teatro Guimerá THÉÂTRE

(billetterie 902 33 33 38 ; www.teatroguimera.es ; Plaza Isla Madera ; billets 12-18 € ; 11h-13h et 17h-20h). Ce fabuleux théâtre Art déco est une salle prisée pour son programme culturel, qu'il s'agisse de musique ou de théâtre.

Achats

La Calle Castillo, piétonne, et les rues alentour constituent le principal secteur commerçant. À côté d'un nombre croissant de magasins de chaînes internationales, quelques petits commerces familiaux et boutiques résistent à l'uniformisation.

El Corte Inglés GRAND MAGASIN

(www.elcorteingles.es ; Avenida Tres de Mayo 7 ; 9h30-21h lun-sam ;). Immense, ce grand magasin offre tout ce que l'on peut désirer. Il abrite aussi un restaurant et un supermarché, excellent mais cher, qui vend d'intéressants produits d'importation.

Rastro MARCHÉ

(José Manuel Guimerá ; 9h-15h dim). Ce vaste marché aux puces s'installe le dimanche dans deux rues parallèles, qui partent du Mercado de Nuestra Señora de África et longent José Manuel Guimerá jusqu'à la côte. Il propose l'habituel mélange d'articles, dont des DVD piratés, des sous-vêtements soldés et des bijoux artisanaux, dans une ambiance animée et joyeuse.

La Isla Libros LIVRES
(www.laislalibros.com ; Calle Imeldo Serís 75 ; ⏲9h30-20h lun-ven, 9h30-13h30 sam). Cette librairie à l'ancienne s'étend sur 4 niveaux dispose d'ouvrages en anglais, dont des romans, ainsi que des guides et cartes des Canaries.

Carolina Boix CHAUSSURES
(www.carolinaboix.com ; Calle Valentín Sanz 10 ; ⏲9h30-20h30 lun-ven, 10h-20h30 sam). Créatrice de chaussures, Carolina Boix est née et vit à Tenerife, et possède des boutiques dans tout l'archipel. Fabriquées avec des tissus artisanaux, ses chaussures à prix doux (pour homme et femme) sont réputées pour leur style contemporain et confortable.

Renseignements

Office du tourisme (☎922 23 95 92 ; www.todotenerife.es ; Plaza España ; ⏲9h-18h lun-ven, 9h30-13h30 sam). Le principal office du tourisme se tient sur la Plaza España. Le personnel organise des visites de la ville à 12h les mardi, jeudi et samedi (3 €, 1 heure 30).

Depuis/vers Santa Cruz de Tenerife

BUS

Les bus TITSA partent de la **gare routière** (carte p. 130 ; www.titsa.com ; Avenida Tres de Mayo), à côté de l'Avenida Constitución. Principales lignes :

Bus n°102 Puerto de la Cruz (5,25 €, 55 min, toutes les 30 min) via La Laguna et Tenerife Norte

Bus n°103 Direct Puerto de la Cruz (5,25 €, 40 min, plus de 15/jour)

Bus n°110 Direct Los Cristianos et Playa de las Américas (9 €, 1 heure, toutes les 30 min)

Bus n°325 Los Gigantes (7,10 €, 2 heures, 6/jour)

Bus n°350 La Orotava (1,45 €, 45 min, 2/jour)

Bus n°s 014 et 015 La Laguna (1,45 €, 20 min, toutes les 10 min)

TRAMWAY

Une ligne de tramway (www.metrotenerife.com) relie le centre de Santa Cruz et La Laguna. Le billet coûte 1,35 € et le trajet dure 40 minutes ; c'est de loin le moyen le plus agréable de circuler entre les deux villes.

VOITURE ET MOTO

Les agences de location de voitures (certaines louent aussi des motos) sont nombreuses. Les plus importantes possèdent un comptoir à la *estación marítima* (gare maritime).

BONO BUS

Si vous voyagez essentiellement en transport public, acheter une carte BonVia ou Bono Bus (www.titsa.com) est un bon investissement. Valable pour tous les bus TITSA de l'île, ainsi que dans les tramways de Santa Cruz, ces cartes donnent droit à 30% de réduction sur les tarifs standards. Elles coûtent de 7,50 € (12 trajets) à 45 € (billet mensuel pour usager régulier) et s'achètent dans toute gare routière ou station de tramway, ainsi que dans quelques kiosques à journaux.

Comment circuler

DEPUIS/VERS L'AÉROPORT

De Tenerife Norte, les bus TITSA nos102, 107 et 108 (2,65 €, 20 min) rallient Santa Cruz. Le n°102 (4,75 €, 1 heure) continue jusqu'à Puerto de la Cruz via La Laguna, à 3 km seulement de l'aéroport.

Un taxi revient à 20 € environ jusqu'à Tenerife Norte, et 70 € jusqu'à Tenerife Sur.

BUS

TITSA gère les bus urbains de Santa Cruz. De la gare routière, plusieurs bus passent régulièrement par le centre (Plaza General Weyler et Plaza España), dont les nos910 et 914. Les bus nos920 et 921 suivent des itinéraires circulaires. Un trajet coûte 1,25 €.

TAXI

Les principales stations de taxis se situent sur la Plaza España et à la gare routière.

VOITURE

Des parkings payants sont installés sous la Plaza España et dans le Mercado de Nuestra Señora de África, près de l'Avenida de San Sebastián.

LE NORD-EST DE L'ÎLE

La Laguna

153 000 HABITANTS

La Laguna est largement considérée comme la plus belle ville de Tenerife. Facile à visiter dans la journée depuis Santa Cruz ou Puerto de la Cruz, son centre historique est un joyau, avec des rues étroites bordées de vieilles demeures aux tons pastel, des bars attrayants et des boutiques typiques. Son plan a servi de modèle à nombre de villes coloniales d'Amérique latine et, en 1999,

LES DEMEURES CANARIENNES DE LA LAGUNA

Belles façades aux doubles portes en bois, balcons sculptés et ornements en pierre grise caractérisent les demeures du XVIe au XVIIIe siècle de La Laguna, superbement préservées ; d'élégantes fenêtres aux persiennes en bois cachent de frais patios ombragés, entourés de vérandas au 1er étage, soutenues par des colonnes en bois élancées.

La Calle San Agustín et les rues alentour sont bordées de jolies maisons anciennes. Admirez la superbe façade de la **Casa del Montañés** (Calle San Agustín 16 ; 10h-19h lun-ven) avec ses cadres de fenêtres sculptés. Détruite par un incendie en 2006, la **Casa Salazar** (Calle San Agustín 28 ; 10h-19h lun-ven) possède une belle et austère façade baroque et deux ravissants patios ; elle abrite aujourd'hui des bureaux. L'imposante **Casa de los Capitanes** (Calle Carrera ; 9h-20h lun-ven, 9h-14h sam-dim), à côté de l'*ayuntamiento* (mairie), accueille l'office du tourisme. L'ancienne demeure du peintre surréaliste Óscar Dominguez, **Calle Carrera 66**, se distingue par sa façade bleue.

Une exubérante opulence caractérise la façade et l'intérieur du **Teatro Leal** (Théâtre royal ; www.teatroleal.com ; Calle Obispo Rey Redondo 54), du XIXe siècle, ouvert au public uniquement pour les représentations.

Chaque fois que vous voyez une porte ouverte, jetez un coup œil à l'intérieur – avec un peu de chance, le patio sera également ouvert, mais n'oubliez pas qu'il s'agit souvent d'habitations privées ou de bureaux.

La Laguna a été classée au patrimoine mondial de l'Unesco. Ville universitaire, elle se distingue par le dynamisme de sa jeunesse et une *marcha* (vie nocturne) particulièrement animée.

À voir

Les principaux sites se regroupent dans le centre historique. Ne redoutez pas de vous perdre : tout le *barrio* (quartier) ressemble à un musée d'architecture à ciel ouvert.

♥ Museo de la Historia de Tenerife MUSÉE

(Casa Lercaro ; www.museosdetenerife.org ; Calle San Agustín 22 ; adulte/enfant 3/1,50 € ; 10h-20h mar-dim). Si les documents, cartes, artefacts et descriptions de ce musée sont intéressants, la demeure du XVIe siècle qui l'abrite est remarquable avec sa galerie en bois finement sculptée et un charmant patio. Ne manquez pas les deux magnifiques calèches des XVIIIe et XIXe siècles exposées dans un espace distinct, à l'arrière du musée.

Iglesia de Nuestra Señora de la Concepción ÉGLISE

(Plaza Concepción ; tour 2 € ; 8h30-13h30 et 18h-19h30 lun-ven, jusqu'à 20h30 sam, 7h30-14h et 16h30-20h dim). Construite en 1502, l'une des premières églises de l'île a été remaniée à maintes reprises. Elle conserve des éléments gothiques et plateresques et les plafonds en bois sculptés de style mudéjar sont superbes. Remarquez les fonts baptismaux où étaient traditionnellement baptisés les Guanches (ceux qui n'avaient pas été exterminés), puis grimpez les 5 étages de la tour pour une vue époustouflante sur la ville et au-delà.

Catedral CATHÉDRALE

(www.catedraldelalaguna.blogspot.com.es ; Plaza Catedral ; 8h-18h lun-sam, 8h-14h dim). Cette cathédrale fut entièrement reconstruite en 1913. Dans la chapelle, un joli retable baroque du XVIe siècle est dédié à la Virgen de los Remedios. Ne manquez pas les impressionnantes peintures de Cristóbal Hernández de Quintana, l'un des meilleurs artistes de l'archipel au XVIIIe siècle, et la splendide chaire en marbre de Carrare sculptée par le Génois Pasquale Bocciardo en 1762.

Convento de Santa Clara COUVENT, MUSÉE

(angle Calle Anchieta et Calle Viana ; adulte/enfant 5 €/gratuit ; 10h-17h mar, jeu et sam). Ce couvent, le plus intéressant de tous ceux de La Laguna, est réputé pour son superbe balcon en bois treillissé et son cloître. Le musée occupe 9 salles et contient des œuvres d'art et des artefacts parmi les plus précieux de la collection du couvent, dont un magnifique autel en argent du XVIIIe siècle. Une présentation audiovisuelle de 10 minutes (en espagnol et en anglais) explique la fascinante histoire du couvent depuis sa fondation en 1547 par 10 religieuses franciscaines.

Fundación Cristino de Vera GALERIE D'ART
(www.fundacioncristinodevera.com ; Calle San Agustín 18 ; adulte/enfant 3 €/gratuit ; ⏲11h-14h et 17h-20h lun-ven, 10h-14h sam). La principale galerie d'art de la ville accueille à la fois d'excellentes expositions temporaires et une collection permanente d'œuvres du fameux artiste contemporain Cristino de Vera, né à Santa Cruz de Tenerife en 1931. Elle propose aussi une présentation audiovisuelle de l'artiste et de son œuvre, sous-titrée en anglais.

Iglesia de Santo Domingo ÉGLISE
(Calle Santo Domingo ; ⏲10h-19h). Ancien ermitage agrandi au XVIIe siècle, cette église renferme des peintures de Quintana et des peintures murales pleines de vie réalisées au XXe siècle par Mariano Cossío et Antonio González Suárez. Elle présente également des expositions d'art temporaires, et comprend un petit musée d'art sacré.

Santuario del Cristo ÉGLISE
(Santuario del Santísimo Cristo de La Laguna ; Plaza San Francisco ; ⏲8h-13h et 16h-20h45 lun-jeu et sam, jusqu'à 21h ven et dim). Au nord du vieux quartier, cette église abrite un christ en bois noirci, le crucifix le plus vénéré de l'île. Soyez discret car la plupart des personnes présentes sont des fidèles venus prier.

Convento de Santa Catalina COUVENT
(Plaza Adelantado ; adulte/enfant 3 €/gratuit ; ⏲10h-17h). Des nonnes cloîtrées occupent toujours ce couvent. Chaque année, le 15 février, la dépouille remarquablement conservée de sœur María de Jesús de León Delgado, morte en 1731, est exposée. Le couvent renferme aussi un petit musée d'art sacré.

Iglesia y Ex-convento de San Agustín ÉGLISE
(Calle San Agustín ; ⏲10h-20h mar-ven, 10h-15h sam-dim). Cette église en ruine est inaccessible, mais une brèche dans le mur permet de voir les cactus et autres plantes qui envahissent la structure. Les cloîtres, remplis de plantes et de fleurs tropicales, sont sans doute les plus beaux de la ville et ouverts au public. Les salles qui les entourent contiennent une galerie d'art avec des expositions fréquemment renouvelées d'œuvres locales.

Museo de la Ciencia y el Cosmos MUSÉE
(☎922 31 52 65 ; www.museosdetenerife.org ; Calle Vía Láctea ; tarif plein/enfant/étudiant 5 €/gratuit/3,50 €, planétarium 1 € ; ⏲9h-19h mar-dim ; P). Si vous aimez pousser des boutons et méditer sur les forces de la nature, vous apprécierez ce musée qui traite de concepts scientifiques clés de manière amusante et pédagogique. À 1,5 km au sud de la Plaza Adelantado, et facilement accessible par le tramway vers Santa Cruz (qui s'arrête devant), il comporte aussi un planétarium où observer les étoiles en plein jour.

Fêtes

Corpus Christi FÊTE RELIGIEUSE
(⏲juin). La Fête-Dieu est célébrée avec faste à La Laguna et à La Orotava (la date change chaque année, mais toujours en juin). D'immenses tapis floraux composés de tonnes de poussière volcanique, de pétales, de feuilles et de branches reproduisent des scènes bibliques élaborées dans les rues et sur les places.

Romería de San Benito Abad FÊTE RELIGIEUSE
(⏲1er dim de juillet). Cette fête, l'une des plus importantes de La Laguna, a lieu en l'honneur du saint patron des paysans et des récoltes.

Fiesta del Santísimo Cristo FÊTE RELIGIEUSE
(⏲7-15 sept). Processions religieuses, musique traditionnelle et feu d'artifice impressionnant.

DANS LES COULISSES DE LA LAGUNA

Ce qui fait l'intérêt et la beauté de La Laguna est souvent caché derrière de lourdes portes et des murs épais, à l'abri du regard des touristes curieux. Si vous souhaitez découvrir les coulisses de la ville, rejoignez l'une des fréquentes **visites guidées** (⏲visites 10h30, 12h et 16h lun-ven, 10h30 et 12h sam-dim) GRATUIT organisées par l'office du tourisme. Gratuites et en espagnol, elles peuvent être en français, anglais ou allemand (sur demande préalable 48 heures à l'avance). Elles partent de l'office du tourisme et comprennent la plupart des édifices et églises mentionnés ici, ainsi que d'autres bâtiments historiques impossibles à visiter en indépendant.

Où se restaurer

Les rues autour de la cathédrale offrent le meilleur choix de restaurants.

Tasca 61 BIO €

(Calle Viana 61 ; plats 7-9 € ; 12h30-15h30 et 19h30-22h30 mer-ven, 19h30-22h30 sam-dim). Des produits bio locaux et la philosophie slow food constituent les caractéristiques de ce petit restaurant, qui propose une sélection limitée de délicieux plats du jour. Même la bière provient de l'unique éco-brasserie de Tenerife, Tierra de Perros.

El Tonique CANARIEN TRADITIONNEL €€

(922 26 15 29 ; www.tascaeltonique.es ; Calle Heraclio Sánchez 23 ; plats 8,50-12 € ; 13h-17h et 20h-23h mar-sam, 20-23h lun). Descendez l'escalier jusqu'à ce restaurant cosy, aux murs couverts de rangées de bouteilles de vin poussiéreuses ; plus de 250 crus vieillissent dans les caves. La bonne cuisine justifie l'attente pour une table (il est fréquenté au déjeuner) et une assiette de *setas con gambas* (pleurotes et crevettes).

Guaydil CANARIEN MODERNE €€

(www.restauranteguaydil.com ; Calle Dean Palahí 26 ; plats 8-14 € ; 13h30-16h40 et 20h-23h30 lun-sam ; wifi). Rien ne déçoit dans ce restaurant délicieusement contemporain au cadre espiègle et amusant. Les plats sont habilement préparés, joliment présentés et à des prix raisonnables. Un conseil si vous commandez une salade : demandez une demi-portion car elles sont énormes (et recommandées) ; le personnel n'y verra pas d'objection. Couscous, crêpes aux crevettes et sorbet cubain au mojito font partie des spécialités.

Mercado de San Pablo MARCHÉ €€

(www.mercadossanpablo.com ; Calle Herradores 59 ; en-cas 2-5 €, plats 9-15 € ; 10h-23h lun-mer, 10h-minuit jeu, 10h-2h ven-sam, 13h-21h dim ; wifi). Dans ce marché cosmopolite et sophistiqué, plus de 30 stands de restauration et bars proposent un grand choix de cuisines – entre autres cubaine, asiatique, japonaise, mexicaine, libanaise et italienne –, toutes réalisées de manière gastronomique. Si vous faites vos courses, vous pourrez acheter des pains allemands, des fromages locaux et des plats préparés. Le jazz live constitue le fond sonore.

Où prendre un verre

La population estudiantine anime la vie nocturne et la plupart des bars se concentrent dans El Cuadrilátero, un petit rectangle au nord-est de l'université. Au cœur de ce dernier, la Plaza Zurita piétonne se résume à deux rangées parallèles de bars et de pubs : vous n'aurez que l'embarras du choix.

Strasse BAR

(Calle Doctor Antonio González 17 ; 18h-3h ; wifi). Un bar à l'éclairage tamisé avec un excellent choix de cocktails et de bières d'importation, un grand écran qui retransmet des clips et une ambiance joyeuse grâce à une clientèle d'habitués.

Pub Gabbana NIGHT-CLUB

(922 00 00 00 ; Calle Doctor Antonio González 11 ; 18h-2h). Un night-club fréquenté, prisé pour ses soirées karaoké et ses concours de chant. Situé au cœur du quartier des discothèques, il est généralement rempli d'étudiants.

100% LOCAL

LES "GUACHINCHES" : FESTOYER COMME UN CANARIEN

Abri de jardin, salon familial, garage vide, ce ne sont que quelques-uns des endroits typiques où trouver des *guachinches*, des gargotes sans prétention qui servent des repas maison traditionnels à moins de 10 €. Particulièrement répandus dans le Nord et très courus le week-end, les *guachinches* sont difficiles à dénicher quand on n'est pas du coin. Afin d'obtenir des informations, vous pouvez télécharger l'application Android ou Apple guachapp, ou consulter la page Facebook *Guachinches de Tenerife*, régulièrement actualisée.

Renseignements

Office du tourisme (922 63 11 94 ; www.todotenerife.es ; Calle Carrera 7 ; 9h-20h lun-ven, 9h-14h sam-dim). Dans une vieille maison charmante avec une cour intérieure ; demandez la brochure *San Cristóbal de La Laguna, World Heritage Site*.

Depuis/vers La Laguna

De nombreux bus desservent Santa Cruz. Le n°015 (1,35 €, 25 min) est le plus pratique car il rejoint directement la Plaza España. Le tramway relie aussi les deux villes (aller 1,35 €). Les bus nos 101, 102 et 103 rallient aussi régulièrement Puerto de la Cruz (4,10 €, 1 heure). Pour La Orotava (3,15 €, 1 heure 30), prenez le bus n°62.

Se garer dans les rues est un cauchemar ; mieux vaut aller directement au parking payant sous la Plaza San Cristóbal. Autant que possible, préférez les transports publics.

San Andrés et ses environs

Le village de San Andrés, composé de rues étroites et ombragées que bordent des maisons de pêcheurs aux couleurs vives, se situe à 6 km au nord-est de Santa Cruz. La tour ronde aujourd'hui en ruine protégeait jadis le village, qui compte quelques bons restaurants de poisson.

Plage

Playa de las Teresitas PLAGE

Le sable doré de la Playa de las Teresitas, juste après le village, a été importé du Sahara. Elle est essentiellement fréquentée par des Espagnols, insulaires et continentaux, et les enfants peuvent s'y baigner sans danger. Parking limité.

Où se restaurer

Bar El Peton POISSON €

(922 59 11 29 ; Calle Aparejo ; plats 7-9 € ; 7h-19h). Ce joli petit restaurant se tient à côté de la tour de San Andrés. Il ne compte que 3 ou 4 tables, généralement couvertes de succulents plats de poisson et fruits de mer.

Depuis/vers San Andrés

Le bus n°910 (1,25 €, 20 min), qui relie fréquemment Santa Cruz et San Andrés, continue jusqu'à Playa de las Teresitas.

Taganana et monts Anaga

Les monts Anaga, qui s'étendent à travers la pointe nord-est de l'île, offrent des paysages et des chemins de randonnée parmi les plus spectaculaires de Tenerife. Si la marche ne vous tente pas, vous pouvez découvrir ces montagnes accidentées en parcourant en voiture les nombreux lacets de la TF-12, la route qui relie La Laguna et San Andrés. Faites aussi le court détour escarpé jusqu'à Taganana par la TF-134.

Si la bourgade de Taganana n'offre guère d'intérêt, il suffit de continuer sur quelques kilomètres au nord pour rejoindre la côte et **Roque de las Bodegas**, qui compte plusieurs petits restaurants et bars. Les surfeurs locaux apprécient sa plage et plus encore le rivage rocheux d'**Almáciga**, à 1,25 km à l'est.

Pour explorer les sommets enveloppés de brume, vous devez quitter la route et continuer à pied. Le principal centre des visiteurs est la **Cruz del Carmen**, à peu près à mi-chemin entre La Laguna et Taganana sur la TF-12. Peuplée d'oiseaux qu'on entend gazouiller sans les voir, la forêt de lauriers qui entoure le centre des visiteurs est une jungle d'arbres noueux couverts de mousses. Plusieurs chemins bien balisés sillonnent cette forêt, dont un de 5 minutes accessible aux fauteuils roulants et aux poussettes. Une autre marche facile de 1,8 km (30 minutes aller-retour) conduit au **Llano de los Loros**, un superbe point de vue. Le centre des visiteurs vous renseignera sur ces chemins et d'autres plus exigeants.

Punta del Hidalgo et ses environs

Les plages de galets et les piscines naturelles de Punta del Hidalgo et de Bajamar constituaient jadis une station balnéaire populaire, mais sont aujourd'hui un peu négligées ; les seuls visiteurs sont des Européens du Nord en quête de soleil hivernal et des habitants venus respirer l'air iodé. Malgré cette description peu attrayante, l'endroit change agréablement de Santa Cruz et de La Laguna, et les montagnes alentour sont spectaculaires. En continuant au nord-ouest d'El Socorro, vous arrivez à la station balnéaire de **Bajamar** (via Tejina), sans grand charme. Vous pouvez nager en compagnie des habitants dans de grands bassins artificiels taillés dans le roc qu'éclaboussent les vagues de l'Atlantique.

À 3 km au nord-est, **Punta del Hidalgo** est plus intéressante, bien que dépourvue de ruines pittoresques ou d'églises médiévales. Relativement moderne comme la plupart des villes de la région, Punta doit son charme à son emplacement au bord de l'océan, au pied de hautes montagnes escarpées. Flânez le long de la promenade et arrêtez-vous pour un café, une *cerveza* (bière) ou un plat de poisson à la **Cofradia de Pescadores** (922 15 69 54 ; Punta del Hidalgo ; plats 10-16 € ; 13h-16h et 19h-22h lun-sam), en face du port. Toute cette portion de côte est idéale pour le surf, avec certains des meilleurs spots de la côte nord regroupés dans un petit secteur.

DU VIN ET DE LA BIÈRE

Le vin de Tenerife (et des Canaries en général) reste peu connu au niveau international, mais commence à se forger un nom. Le plus réputé et le premier à obtenir une DO (*denominación de origen*), qui certifie sa qualité et son origine régionale, est le rouge Tacoronte Acentejo. Les vins produits à Icod de los Vinos et à Güímar méritent aussi l'attention.

La **Casa del Vino La Baranda**, (ci-dessous), à El Sauzal, offre des dégustations de vin. Parmi les autres boissons locales figurent La Dorada, une bière de style lager brassée à Santa Cruz de Tenerife. Première éco-brasserie artisanale de l'archipel, Tierra de Perros (www.facebook.com/CervezaArtesanalTierraDePerros), basée à Los Realejos, produit diverses bières blondes et brunes.

Depuis/vers Punta del Hidalgo

De Santa Cruz, le bus n°105 dessert toutes les 30 minutes Bajamar (1,45 €, 1 heure) et Punta del Hidalgo (1,45 €, 1 heure 15) via La Laguna.

Tacoronte et El Sauzal

Tacoronte se situe au cœur de l'une des plus importantes régions viticoles de l'île. En contrebas du centre-ville moderne et signalée, l'**Iglesia de Santa Catalina** est une petite église chaulée, construite dans le style colonial des Canaries. Hormis quelques vieilles maisons traditionnelles, la ville ne compte guère de curiosités.

À voir

Casa del Vino La Baranda MUSÉE

(922 57 25 35 ; www.casadelvinotenerife.com ; Autopista del Norte, El Sauzal ; 10h30-18h30 mar, 9h-21h mer-sam, 11h-18h dim P). GRATUIT Ce musée, aménagé dans une maison rurale traditionnelle à El Sauzal, est consacré au vin et à sa fabrication ; il propose aussi des dégustations à coût modique. Cet endroit charmant offre une vue superbe sur El Teide par temps clair. Le musée comprend un restaurant réputé. En juillet et août, la cour centrale sert de cadre à des concerts classiques un mardi sur deux à partir de 20h30.

Adjacente, la **Casa de la Miel** (maison du Miel) ajoute une note de douceur avec des expositions instructives sur la production locale de miel.

Le musée est bien indiqué juste après la sortie "El Sauzal" sur l'autoroute.

Fête

Cristo de los Dolores VIN

(sept). Organisé le premier dimanche après le 15 septembre, Cristo de los Dolores est la grande fête de Tacoronte, avec festivités des vendanges et dégustations de vin.

Depuis/vers Tacoronte et El Sauzal

De Santa Cruz, le bus n°108 dessert ces villes (2,75 €, 40 min) toutes les 30 minutes ou toutes les heures (selon le moment de la journée).

LE NORD

Puerto de la Cruz

32 665 HABITANTS

Puerto de la Cruz est la doyenne du tourisme à Tenerife, accueillant des visiteurs étrangers depuis le XIXe siècle, quand elle était une villégiature prisée des ladies victoriennes. La ville reste aujourd'hui une charmante station balnéaire avec un cachet certain. Elle possède d'élégantes promenades en planches, des plages sûres pour la baignade, des restaurants traditionnels, une place centrale ombragée, de jolis parcs et jardins, sans oublier les nombreuses curiosités et activités. Les touristes et résidents étrangers étant principalement allemands, quantité de boulangeries vendent de délicieux pains et gâteaux de style germanique.

Histoire

Avant d'accéder au statut de ville indépendante au début du XXe siècle, Puerto de la Cruz n'était que le port de la riche région de La Orotava, exportant bananes, vin, sucre et cochenilles (insectes produisant une teinture rouge), et favorisant le développement d'une bourgeoisie prospère au XVIIIe siècle. Les Anglais arrivèrent au XIXe siècle, d'abord des marchands puis des visiteurs

Puerto de la Cruz

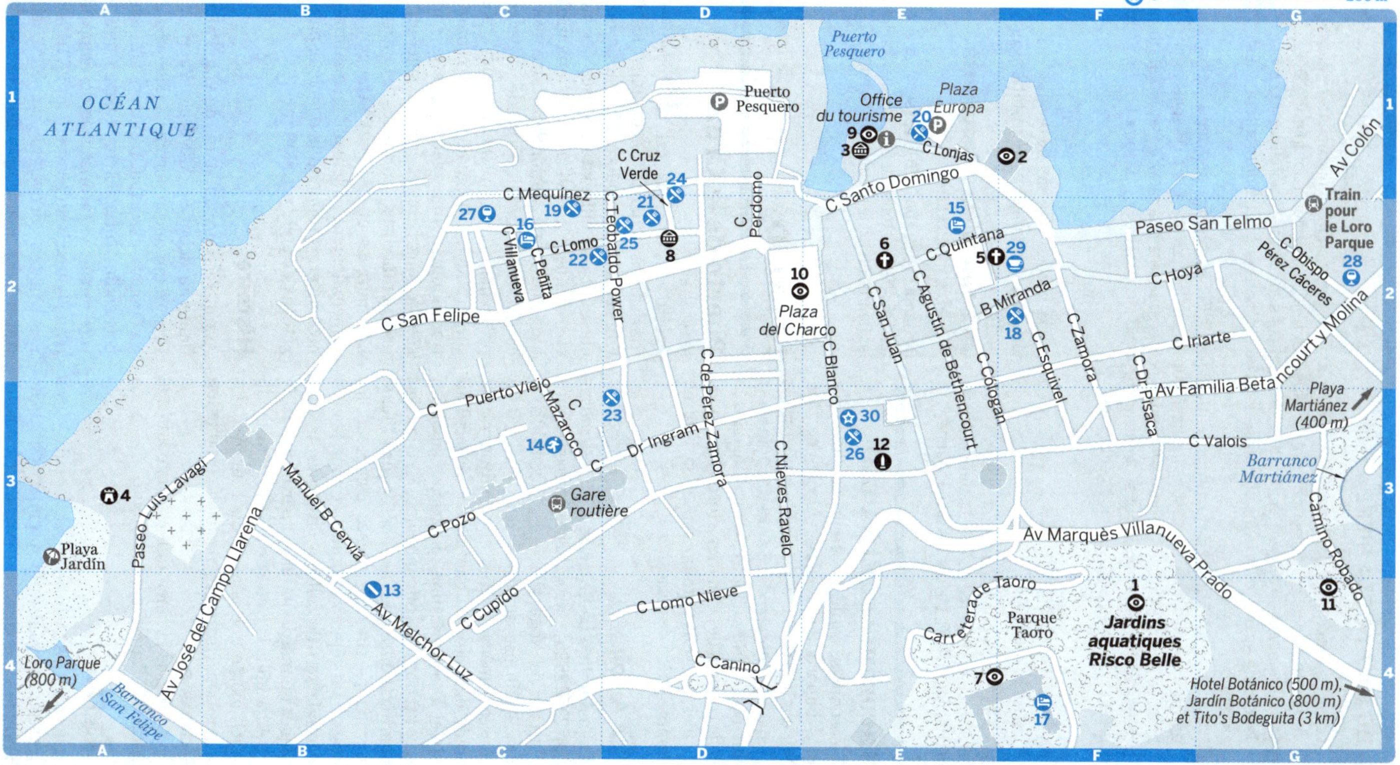

Puerto de la Cruz

Les incontournables
1 Jardins aquatiques Risco Belle F4

À voir
2 Hôtel de ville F1
3 Casa de la Aduana E1
4 Castillo de San Felipe A3
Ermita de San Juan .... (voir 6)
5 Iglesia de Nuestra Señora de la Peña de Francia E2
6 Iglesia de San Francisco E2
7 Mirador de la Paz E4
8 Museo Arqueológico D2
9 Museo de Arte Contemporáneo E1
10 Plaza Charco D2
11 Jardin Sitio Litre G4
12 Torreon de Ventoso E3

Activités
13 El Cardumen B4
14 Mountain Bike Active C3

Où se loger
15 Hotel Monopol E2
16 Hotel Sun Holidays C2
17 Hotel Tigaiga F4

Où se restaurer
18 El Limón F2
19 El Maná C2
20 La Confradía de Pescadores E1
21 La Papaya D2
22 La Rosa di Bari C2
23 Meson los Gemelos D3
24 Restaurante Mil Sabores D1
25 Selma & Louisa D2
26 Tapas Arcón E3

Où prendre un verre et faire la fête
27 Agora C2
28 Azucar G2
Bar Dinámico .... (voir 10)
29 Ebano Café F2

Où sortir
30 Blanco Bar E3

en quête de soleil, marquant le début de la vocation touristique de la ville.

À voir

La **Plaza Europa**, esplanade moderne construite en 1992, s'intègre bien au cadre historique alentour et constitue un bon point de départ pour visiter la ville. La **Casa de la Aduana** (Calle Lonjas ; 9h-20h lun-ven, 9h-17h sam-dim), l'ancien hôtel des douanes (1620) qui vend de beaux objets d'art et d'artisanat, abrite aussi l'office du tourisme. En face, l'**Ayuntamiento** (mairie) fut une fabrique de conditionnement des bananes jusqu'en 1973. Plusieurs demeures canariennes, dont beaucoup en piteux état, émaillent le centre-ville.

Museo de Arte Contemporáneo ART

(Casa de la Aduana, Calle Lonjas ; adulte/enfant 1,50 €/gratuit ; 10h-14h lun-sam). Premier musée d'art contemporain ouvert en Espagne (en 1953), il possède une collection bien présentée d'œuvres de grands artistes étrangers, espagnols et canariens tels que Will Faber, Óscar Domínguez et César Manrique. Le cadre, l'ancien hôtel des douanes, est presque aussi attrayant que les œuvres d'art.

Museo Arqueológico MUSÉE

(Musée archéologique ; www.museosdetenerife.org ; Calle Lomo 9 ; adulte/enfant 1 €/gratuit ; 10h-13h et 17h-21h mar-sam, 10h-13h dim). Ce petit musée bien agencé offre un aperçu du mode de vie guanche avec des reproductions d'un habitat troglodytique typique et d'une grotte funéraire où des pots et des ornements en argile attestent la croyance des Guanches en une vie après la mort. La pièce la plus intéressante est une petite idole en argile, l'une des rares jamais découvertes.

Plaza del Charco PLACE

Centrale, la magnifique "place de la Flaque" doit son nom au fait qu'elle était inondée par la mer à chaque tempête. Ombragée de ficus et de palmiers des Canaries et bordée de bars et de restaurants, elle constitue le principal lieu de rendez-vous de la ville, avec des kiosques, des bancs et une aire de jeux pour les enfants.

Iglesia de Nuestra Señora de la Peña de Francia EGLISE

(Calle Quintana ; 8h-18h). Cette jolie église du XVIIe siècle comporte trois nefs, un plafond de bois mudéjar et l'effigie du Gran Poder de Dios, un des saints les plus révérés de la ville. Un luxuriant jardin paysagé entoure le parvis.

Iglesia de San Francisco ÉGLISE

(Calle Quintana ; horaires variables). À deux pas de la Plaza del Charco, l'Iglesia de San Francisco jouxte la petite Ermita de San Juan, l'édifice le plus ancien de la ville (1599).

Castillo de San Felipe CHÂTEAU

(922 37 30 39 ; Paseo Luis Lavaggi 12). Ce modeste château, à côté de la Playa Jardín, accueille diverses expositions d'art temporaires et offre un programme régulier de

théâtre et de danse. Il était fermé pour rénovation lors de nos recherches ; renseignez-vous à l'office du tourisme.

Torreon de Ventoso TOUR

(Calle Valois). L'un des édifices historiques les mieux conservés de Puerto de La Cruz, cette tour faisant jadis partie du couvent des Augustins et servait à surveiller le port.

Jardín Botánico JARDIN

(922 92 29 81 ; Calle Retama 2 ; adulte/enfant 3 €/gratuit ; 9h-18h ; P). Créé en 1788, ce superbe jardin botanique contient des milliers de plantes provenant du monde entier. Aux vastes collections d'espèces tropicales et subtropicales s'ajoutent une grande variété de palmiers de toutes origines, un jardin d'herbes aromatiques et un gigantesque eucalyptus australien vieux de 200 ans. Un endroit charmant pour flâner un après-midi parmi la végétation.

Le jardin est bien indiqué si vous venez en voiture. La plupart des bus interurbains s'arrêtent à proximité en sortant de la ville. En taxi, comptez environ 8 €.

Jardins aquatiques Risco Belle JARDINS

(Parque Taoro ; adulte/enfant 4 €/gratuit ; 9h30-18h ; P). Il ne s'agit pas d'un quelconque jardin ancien : passez l'entrée et vous arrivez sur une vaste pelouse émaillée de tables et de chaises, d'arbres à agrumes et de plantes tropicales, comme les oiseaux de paradis et les poinsettias. Dans l'ancienne maison principale, un café sert boissons et en-cas. Moyennant un droit d'entrée modique, vous pouvez aussi visiter les splendides jardins aquatiques peuplés de hérons et de libellules, et dotés de bancs et d'une fausse tour d'observation.

Oasis de verdure remplie de chants d'oiseaux, ces jardins semblent à mille lieues du tohu-bohu de la côte. À ne pas manquer !

Jardin Sitio Litre JARDIN

(www.jardindeorquideas.com ; Camino Robado ; adulte/enfant 4,75 €/gratuit ; 9h30-17h). Ce ravissant jardin comporte des allées, des fontaines, des plantes et fleurs tropicales et subtropicales, ainsi que le plus ancien *drago* (dragonnier) de la ville. L'attraction majeure est la promenade dans la serre remplie d'orchidées, joliment présentées et accompagnées de légendes. Le jardin abrite un attrayant café en terrasse et une boutique de souvenirs (étonnamment kitsch). Une brochure gratuite explique l'histoire du jardin, liée aux Britanniques.

Remarquez la pelouse de croquet, prête pour une partie.

Mirador de la Paz PLACE

(Carreterade Taoro). Cette place offre une vue superbe qui aurait inspiré à Agatha Christie son recueil de nouvelles *Le Mystérieux Mr Quinn*. C'est aussi un bon endroit pour allonger le pas et découvrir les magnifiques parcs et jardins de la ville.

Loro Parque ZOO

(922 37 38 41 ; www.loroparque.com ; Calle Avenida Loro Parque ; adulte/enfant 34/23 € ; 8h30-18h45). En voyageant dans Tenerife, le drapeau du Loro Parque est tellement omniprésent que l'on pourrait croire que ce zoo parraine l'île ! Mais où ailleurs peut-on voir plus de 350 espèces de perroquets (la plus grande collection au monde) ? Il abrite aussi des tigres, des gorilles, des chimpanzés, une maison de pingouins avec de la "vraie" neige et un aquarium souterrain avec le plus long tunnel sous-marin du monde. Des orques et des dauphins sont gardés en captivité et utilisés pour des spectacles ; sachez que des chercheurs ont prouvé que la captivité est débilitante et stressante pour les cétacés, ce qu'accentuent encore les interactions avec l'homme.

Parmi les autres attractions figurent également un cinéma HD. Vous pouvez venir à pied de la ville, mais il est plus simple de monter dans le train gratuit qui part toutes les 20 minutes devant le McDonald's sur la Plaza Reyes Católicos.

Plages

Puerto de la Cruz compte plusieurs plages, toutes largement abritées des vagues et parfaites pour les jeunes enfants. Au cœur de la ville, de jolies **criques** rocheuses entourent le petit port, en contrebas du Paseo San Telmo.

Playa Martiánez PLAGE

(Avenida de Colón). Cette longue plage de sable se situe à l'extrémité est de la ville. Une grande jetée transforme les grosses houles de l'Atlantique en vagues plus douces, idéales pour apprendre à surfer. La plage est couverte de sable noir.

Playa Jardín PLAGE

(Paseo Luis Lavagi ; P). Cette plage de sable noir, à l'ouest du centre-ville, possède de bonnes infrastructures, dont des toilettes et des douches. D'énormes rochers ont

ACTIVITÉS SPORTIVES À TENERIFE

Aucune autre île de l'archipel ne semble offrir autant de possibilités de se dépenser que Tenerife. Planche à voile, kitesurf, surf, plongée, randonnée, pêche, golf et cyclotourisme sont autant d'activités quasi incontournables. Pour les sports nautiques, la plupart des infrastructures sont concentrées dans les stations balnéaires du Sud-Ouest et aux alentours ; la côte nord offre de nombreux spots de surf.

Tenerife est idéale pour la randonnée et l'escalade, avec de nombreux itinéraires, des simples promenades aux courses en montagne. Les nombreux chemins du Parque Nacional del Teide offrent les paysages les plus spectaculaires. Les monts Anaga, dans le Nord-Est, et les alentours de la Valle de la Orotava sont également superbes. Nombre de tour-opérateurs proposent des randonnées guidées, ainsi que les rangers à El Teide. Consultez les sites suivants et demandez des détails aux offices du tourisme :

- www.pateatusmontes.com
- www.gregorio-teneriffa.de, en allemand
- www.trekking-tenerife.com
- www.caminantesdeaguere.com

été placés dans la mer afin d'éviter qu'elle emporte le sable.

Activités

Lago Martiánez NATATION

(☎922 37 05 72 ; Avenida Colón ; adulte/enfant 3,50/1,20 € ; ⏲10h-crépuscule). Conçu par le Canarien César Manrique, ce parc aquatique comprend quatre piscines d'eau de mer et un grand "lac" central. Il peut être aussi bondé que les petites plages volcaniques alentour. Venez nager, bronzer et manger dans l'un des nombreux restaurants et bars.

Der Wanderstab RANDONNÉE

(☎922 37 60 07 ; www.derwanderstab.de ; randonnée 25-50 €). Des guides locaux retrouvent les marcheurs à la gare routière, d'où ils partent pour plusieurs randonnées, y compris El Teide et le nord-ouest. Si le tour-opérateur vise principalement une clientèle allemande, les guides parlent généralement très bien anglais. Réservation via le site Internet (en allemand).

El Cardumen PLONGÉE, PARAPENTE

(☎670 38 30 07 ; www.elcardumen.com ; Avenida Melchor Luz 3). Offre un choix de cours de plongée, dont une "plongée d'essai" pour les novices. Propose aussi du parapente.

Mountain Bike Active CYCLOTOURISME

(☎922 37 60 81 ; www.mtb-active.com ; Edificio Daniela 26, Calle Mazaroco ; location de vélo à partir de 30 €/jour ; ⏲9h30-13h30 et 17h-19h). En face de l'ancienne gare routière (désormais abandonnée), il organise des circuits à vélo à El Teide et aux alentours.

Fêtes

Carnaval FÊTE CULTURELLE

(⏲fév). Ne se laissant pas dépasser par Santa Cruz, Puerto de la Cruz offre des festivités tout aussi débridées pour le **carnaval**, en février.

San Juan FÊTE RELIGIEUSE

(⏲23 juin). La veille de la Saint-Jean, des feux de bois éclairent le ciel et, souvenir de l'époque guanche, des chèvres sont baignées dans la mer près de Playa Jardín.

Fiesta de los Cacharros FÊTE CULTURELLE

(⏲29 nov). Lors de cette fête insolite, célébrée à Taganana et à Puerto de la Cruz, les enfants courent dans les rues en traînant derrière eux vieilles casseroles, poêles, bouilloires, pièces de voiture, boîtes de conserve ou tout ce qui peut faire un bruit infernal.

Où se restaurer

La Ranilla, l'ancien quartier des pêcheurs à quelques rues au nord-est de la Plaza del Charco, abrite certains des restaurants les plus novateurs de la ville.

Selma & Louisa SUÉDOIS €

(Calle Lomo 18, La Ranilla ; petit-déj 4,50-5 € ; ⏲8h30-19h mar-dim ; ✎). Suivez l'odeur alléchante des roulés à la cannelle jusqu'à ce café écolo, tenu par deux Suédoises (mère et fille). Il sert de savoureux petits-déjeuners qui comprennent muesli maison, œufs brouillés et crêpes légères. Les soupes du jour sont tout aussi bonnes, de même que les sandwichs, les quiches et les pâtisseries.

Meson los Gemelos CANARIEN €
(☎922 37 01 33 ; Calle Peñón 4 ; plats 8-10 € ; 12h-23h jeu-mar ; P). Restaurant accueillant à l'ambiance sympathique, il se spécialise dans les viandes grillées. Des plantes et des outils agricoles décorent le vaste patio couvert. L'endroit est de plus en plus prisé des touristes, aussi préparez-vous à attendre à la porte. Réservation conseillée.

El Limón VÉGÉTARIEN €
(Calle Esquivel 4 ; plats 7-10 € ; 12h-23h lun-dim ;). Un pimpant restaurant végétarien avec une carte qui comprend, entre autres, burgers végétariens, kebabs de seitan, salades et jus de fruits. Il offre aussi un menu d'un bon rapport qualité/prix au déjeuner (10 €). La clientèle est presque exclusivement locale.

Tapas Arcón TAPAS €
(Calle Blanco 8 ; tapas 3-4,50 € ; 12h-15h et 17h-22h lun-sam). Les *papas arrugadas* (pommes de terre ridées) avec *mojo* (salsa épicée), ou les sauces spéciales Arcón (amande et piment doux, ou persil et coriandre) sont les tapas incontournables de l'Arcón.

Tito's Bodeguita CANARIEN €€
(☎647 93 34 33 ; www.titosbodeguita.com ; Camino de Duraznol ; plats 10-16 € ; 12h30-23h lun-sam ; P). Si l'emplacement manque de charme près d'un rond-point fréquenté à quelques kilomètres au sud du centre-ville, les patios, le jardin fleuri et l'intérieur plein de cachet de cette demeure campagnarde du XVIIIe siècle sont enchanteurs ; il y a même un ermitage attenant. Les plats, inspirés de la cuisine canarienne traditionnelle, comportent une touche novatrice ; les portions sont énormes et se partagent facilement. Réservez car l'endroit est très couru.

En voiture, suivez la TF-312 en direction d'Arenas, qui devient la TF-31 vers l'Autopista Norte, puis la TF-5 ; le restaurant se situe juste après la sortie 35. Sinon, prenez un taxi (environ 7 € depuis le centre-ville).

El Maná BIO, VÉGÉTARIEN €€
(www.elmana.es ; Mequínez 21, La Ranilla ; plats 9-16 € ; 13h-16h et 19h-22h mer-dim ;). Choisissez parmi les délicieux plats innovants d'une grande fraîcheur, qui changent selon les produits récoltés dans le potager. Attendez-vous à des combinaisons inhabituelles, comme les raviolis maison aux pommes vertes et raisins secs, et le couscous de légumes avec une sauce *ajoblanco* (à base d'amandes). Terminez sur une note sucrée avec la *panna cotta* vanille-mangue.

Restaurante Mil Sabores MÉDITERRANÉEN €€
(☎922 36 81 72 ; Calle Cruz Verde 5 ; plats 12-18 € ; 12h-23h). Temple autoproclamé de la cuisine méditerranéenne moderne, ce beau restaurant se distingue tout autant par sa décoration que par sa cuisine. Essayez une sucette de crevette avec maïs grillé et parmesan ou un plat mariant savamment porc, pommes et bacon. L'endroit est assez chic, sans être guindé. Réservation recommandée.

La Cofradía de Pescadores POISSON €€
(Calle Lonjas 5 ; plats 12-20 € ; 12h-15h ; P). Venez ici savourer les prises du jour, que vous pouvez aussi acheter sur le stand voisin et cuisiner vous-même. Faites attention aux prix, car certains plats de poisson sont vendus au poids. N'hésitez pas à casser votre tirelire pour la paella à la bisque de homard (40 € pour deux). La terrasse à l'arrière bénéficie de la vue sur le port de pêche.

La Rosa di Bari ITALIEN €€
(☎922 36 85 23 ; www.larosadibari.com ; Calle Lomo 23, La Ranilla ; plats 11-17 € ; 12h30-14h45 et 19h-22h45 mar-sam, 12h30-16h dim). Dans une charmante vieille maison qui abrite plusieurs salles romantiques, ce restaurant sans prétentions est l'un des plus chics de la ville. Régalez-vous de plats originaux comme les tagliatelles noires avec courgettes et crevettes, ou le poisson en croûte de moutarde.

La Papaya CANARIEN €€
(☎922 38 28 11 ; Calle Lomo 10, La Ranilla ; plats 10-16 € ; 12h-16h et 19h-23h jeu-mar ;). Prisée de longue date, La Papaya comporte plusieurs petites salles aux murs en pierre et un charmant patio autour d'un arbre splendide, drapé de bougainvilliers. Des plats comme le succulent saumon avec sauce à la *malvasía* (malvoisie) apportent des touches locales à la carte. Grand choix de plats pour les enfants.

Où prendre un verre et faire la fête

Puerto de la Cruz possède une scène latina effervescente, concentrée dans les bars et night-clubs de la Calle Obispo Pérez Cáceres. Le nom des établissements change aussi souvent que la marée.

Bar Dinámico BAR
(www.dinamicopuertodelacruz.com ; Plaza Charco ; 9h-minuit ;). Depuis les années 1950,

TENERIFE POUR LES ENFANTS

Avec de nombreux sites et activités permettant de distraire les enfants, Tenerife est une destination prisée des familles. Les **plages** des stations balnéaires du Sud (ainsi que Puerto de la Cruz) sont splendides, avec un sable parfait pour les châteaux et des eaux peu profondes. Les plus grands auront le choix entre divers sports nautiques, du **surf** à la **plongée**, à moins d'affronter la haute mer lors d'une **excursion d'observation des baleines ou des dauphins**.

Si la plage devient lassante, rejoignez les parcs à thème de Los Cristianos et de Playa de las Américas, tels le **Jungle Park** (p. 160) ou le **Siam Park** (p. 160).

le Dinámico existe sous une forme ou une autre et a compté les Beatles et Agatha Christie parmi ses clients. Cette vaste terrasse à l'ambiance latino-américaine, au centre de la Plaza del Charco, a plus de caractère que la plupart des établissements qui entourent la place.

Azucar CLUB

(Calle Obispo Pérez Cáceres ; 22h30-6h). Ce night-club latino sombre et sexy est installé dans un bel édifice colonial.

Agora BAR

(Plazoleta de Benito Pérez Galdós 6, La Ranilla ; 10h-minuit ;). Café et bar à cocktails à l'ambiance détendue, expositions d'art, prêt de livres, magazines à feuilleter et tables donnant sur l'une des plus jolies places de la ville. Et un propriétaire qui ressemble à Mel Gibson !

Ebano Café CAFÉ

(Calle Hoya 2 ; 10h-minuit ;). Un bâtiment superbe avec nombre d'éléments d'origine, idéal pour siroter un cocktail ou un bon capuccino en surfant sur Internet. Installez-vous en terrasse dans un confortable fauteuil en osier avec vue sur l'église. Sert également des tapas.

Où sortir

La musique live est quasiment omniprésente aux terrasses des restaurants, surtout autour de la Plaza del Charco. La ville compte aussi quelques salles de concert.

Blanco Bar MUSIQUE LIVE

(620 95 51 97 ; www.blancobar.com ; Calle Blanco 12 ; 20h-3h dim-jeu, 21h-5h30 ven-sam ;). Consultez le site Internet au préalable car outre les concerts, le programme comprend des pièces comiques, réservées à ceux qui parlent espagnol, et des expositions d'art. L'ambiance est excellente avec des boissons à prix raisonnables et l'entrée gratuite pour les concerts.

Renseignements

Office du tourisme (922 38 60 00 ; www.todotenerife.es ; Casa de la Aduana, Calle Lonjas ; 9h-20h lun-ven, 9h-17h sam-dim). Un excellent office du tourisme avec un personnel serviable et de nombreuses brochures et informations sur la ville.

Depuis/vers Puerto de la Cruz

Les bus partent de la Calle Cupido (derrière l'ancienne gare routière, aujourd'hui abandonnée). Des bus fréquents desservent Santa Cruz (5,25 €, 55 min) ; le n°103 est direct, tandis que le n°102 passe par l'aéroport Tenerife Norte et La Laguna. Parmi les autres lignes fréquentées, le n°348 rallie El Teide (6,20 €, 1 heure 30, 9h15) et revient à 16h. Le bus n°343 rejoint Costa Adeje (14,50 €, 2 heures, 6/jour) via Los Cristianos. Le bus n°345 part toutes les demi-heures de 7h15 à 20h40 pour La Orotava (1,45 €, 20 min).

Comment circuler

Les bus longue distance qui partent de Puerto de la Cruz ou passent par la ville font souvent office de bus urbains.

Les taxis sont largement disponibles et relativement peu chers pour une course en ville (un trajet de 15 minutes coûte environ 5 €).

La Orotava

41 725 HABITANTS

Cette ville coloniale possède des rues pavées, des places fleuries et plus de demeures castillanes que le reste de l'île. Avec La Laguna, La Orotava est l'une des plus jolies villes de Tenerife, et l'une des plus authentiquement canariennes de l'archipel.

La vallée luxuriante qui entoure la ville a été l'une des régions les plus prospères des Canaries depuis le XVIe siècle. La plupart des églises et manoirs furent édifiés au XVIIe siècle (certains datant du XVIe siècle). Plantée de bananiers, de châtaigniers et de

La Orotava

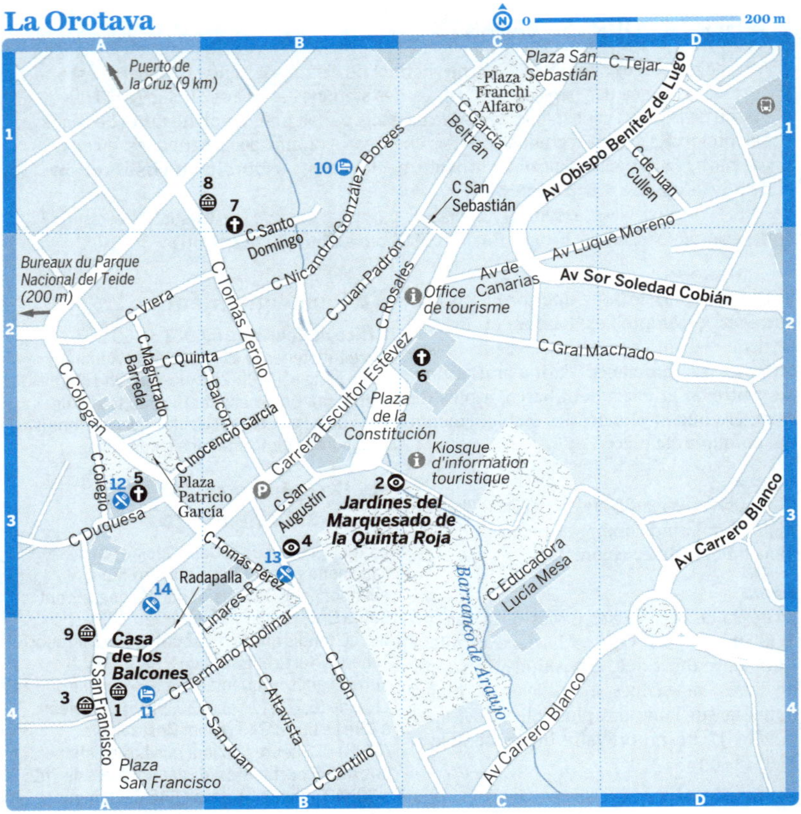

La Orotava

Les incontournables

1 Casa de los Balcones A4
2 Jardínes del Marquesado de la Quinta Roja B3

À voir

3 Casa del Turista A4
4 Hijuela del Botánico B3
5 Iglesia de la Concepción A3
6 Iglesia de San Agustín C2
7 Iglesia de Santo Domingo B1
8 Museo de Artesanía Iberoamericana B1
9 Museo de las Alfombras A4

Où se loger

10 Hotel Alhambra B1
11 Hotel Victoria A4

Où se restaurer

12 Bar la Duquesa A3
13 Casa Egon B3
14 Sabor Canario A3

vignes, la région est aussi excellente pour la randonnée, avec un réseau de chemins qui traversent les forêts de pins des Canaries et surplombent à 1 200 m la plaine côtière. L'office du tourisme peut vous conseiller des itinéraires.

À voir

La Orotava a su préserver sa beauté d'antan. Les demeures traditionnelles aux balcons en bois ouvragés, semblables à des galions de pirates, sont entourées de jardins soignés. Vous pouvez découvrir le centre à pied en une demi-journée. La **Plaza Constitución**, vaste et ombragée, est un bon endroit d'où démarrer. Sur le côté nord-est de la place se dresse l'**Iglesia de San Agustín** (Plaza de la Constitución), une église modeste avec un plafond en bois sculpté.

Casa de los Balcones ÉDIFICE HISTORIQUE
(www.casa-balcones.com ; Casa Fonesca, Calle San Francisco 3 ; 8h30-18h30). GRATUIT Le cadre est

sublime : une demeure ornementée de 1632 dont les pièces, décorées de photos anciennes et de souvenirs, entourent un patio central. L'une d'elles est consacrée à la dentelle. Négligez les importations chinoises et admirez les superbes dentelles locales ; vous verrez peut-être une démonstration. Sur place, une bodega possède un lagar (pressoir) d'origine ; demandez à goûter la liqueur de banane.

Jardínes del Marquesado de la Quinta Roja JARDINS

(Plaza de la Constitución ; 9h-18h lun-ven, 10h-15h sam-dim). GRATUIT Également appelés Jardín Victoria, ces jardins à la française du XVIIIe siècle dévalent à flanc de colline et sont couronnés par un petit mausolée en marbre destiné au Marqués de la Quinta Roja. Toutefois, l'épouse et la mère du marquis se disputèrent à sa mort sur le lieu de sépulture et la crypte ne fut pas utilisée pour sa fonction supposée ; personne ne sait ce qu'elle recèle.

Iglesia de la Concepción ÉGLISE

(www.concepcionorotava.info ; Plaza Patricio García ; 9h-20h). Au centre de la ville, cette église splendide fut construite en 1516, détruite par les séismes de 1704 et 1705, et reconstruite en 1768. Aujourd'hui, avec sa façade à trois pans et ses trois clochers de 24 m de haut, elle est considérée comme l'un des plus beaux exemples d'architecture baroque de l'archipel.

Hijuela del Botánico JARDIN

(Calle León ; 10h-15h lun-ven). GRATUIT Ce charmant jardin botanique, organisé autour d'un magnifique *drago* (dragonnier), est une annexe du Jardín Botánico de Puerto de la Cruz. Il abrite quelque 3 000 espèces de plantes, ainsi que nombre d'oiseaux et de papillons. Des bancs bien placés permettent de les admirer tranquillement.

Casa del Turista ÉDIFICE HISTORIQUE

(Calle San Francisco 4 ; 9h-18h30). Cet ancien couvent du XVIe siècle accueille aujourd'hui une boutique d'art et d'artisanat qui expose en permanence un tapis en sable volcanique, semblable à ceux réalisés pour la Fête-Dieu.

Museo de Artesania Iberoamericana MUSÉE

(musée d'Artisanat ibéro-américain ; Calle Tomás Zerolo 34 ; adulte/enfant 2 €/gratuit ; 9h-18h lun-ven, 9h30-14h sam). Installé dans l'ancien Convento de Santo Domingo, ce musée est consacré aux relations culturelles entre les Canaries et les Amériques. La collection comprend des instruments de musique, des céramiques et divers artefacts. Excellente boutique de souvenirs.

À NE PAS MANQUER

LE TOP DES VILLES HISTORIQUES

- **La Laguna** (p. 136). L'élégance d'antan combinée à l'enthousiasme de la jeunesse.
- **La Orotava** (p. 147). La plus belle architecture coloniale de Tenerife.
- **Garachico** (p. 151). Un port de pêche pittoresque entouré d'un splendide paysage.

Museo de las Alfombras MUSÉE

(Calle San Francisco 5 ; adulte/enfant 2 €/gratuit ; 10h-14h lun-ven). Ce musée rend hommage à la Fête-Dieu locale et à ses tapis traditionnels en fleurs et sables colorés d'El Teide. Aménagées dans une belle demeure de 1642, les expositions expliquent l'histoire de cette tradition, ainsi que la fabrication. Une présentation audiovisuelle en noir et blanc de 10 minutes montre des célébrations passées.

Iglesia de Santo Domingo ÉGLISE

(Calle Santo Domingo ; horaires variables). Cette église possède de portes superbement sculptées et un beau plafond mudéjar.

Fête

Corpus Christi FÊTE RELIGIEUSE

(juin) Célébrée avec faste à La Orotava, la Fête-Dieu a lieu en juin (la date change tous les ans). Des tapis floraux composés de pétales, de feuilles et de branches couvrent les rues. Sur la Plaza del Ayuntamiento, des scènes bibliques sont créées avec des sables colorés d'El Teide.

Où se restaurer

Prisés des touristes, les nombreux restaurants se regroupent principalement autour de la Plaza de la Constitución, le cœur de la ville.

Bar la Duquesa CANARIEN €

(Plaza Patricio García 6 ; plats 7,50-10 € ; 7h-16h lun-ven, 8h-15h sam ;). Tenu par une famille, ce bar est décoré de vieilles photos, de posters de la Vierge, de gourdes décoratives et d'ustensiles agricoles. La carte comprend

VAUT LE DÉTOUR

PROMENADES EN FAMILLE

À peu près à mi-chemin entre La Orotava et le massif du Teide, la route traverse le petit village d'**Aguamansa**. Juste après ce village et un peu plus haut à flanc de montagne, elle route devant plusieurs aires de stationnement d'où partent des chemins de randonnée parfaitement balisés. Les faibles déclivités et les courtes distances (vous pouvez aussi rejoindre facilement des itinéraires plus haut afin de rallonger la marche) les rendent parfaits pour une promenade en famille. La plupart des chemins sinuent à travers de fantastiques forêts de lauriers, qui ressemblent à des forêts de contes de fées. Dans d'autres secteurs, les lauriers cèdent la place à de magnifiques bosquets de pins si anciens qu'il faudrait deux ou trois hommes pour les entourer de leurs bras.

Chaque parking comporte un panneau détaillant les différents itinéraires alentour.

de roboratives spécialités locales comme la soupe de lentilles, la paella et le porc grillé. Des tables sont disposées sur les pavés, à l'ombre de l'église.

Casa Egon PÂTISSERIE €
(Calle León 5 ; gâteaux 0,80-1 € ; 10h-20h30). Fondée en 1916, la plus ancienne pâtisserie des Canaries conserve une ambiance d'antan avec ses peintures jaune pâle, d'antiques balances, un carrelage et des boiseries d'origine, comme une grande partie de la décoration. Parmi les gâteaux figurent les classiques locaux, tels les *roscos* à l'*anís* et le *cabello de angel* aux pommes.

Sabor Canario CANARIEN €€
(www.hotelruralorotava.es ; Hotel Rural Orotava, Calle Escultor 17 ; plats 10-15 € ; 12h-15h30 et 18h-22h mar-sam). Ce fabuleux restaurant, installé dans le patio verdoyant de l'Hotel Rural Orotava, sert une succulente cuisine traditionnelle. L'édifice lui-même est une splendide vieille maison canarienne remplie de souvenirs.

Renseignements

Bureaux administratifs du Parque Nacional del Teide (centre des visiteurs ; 922 92 23 71 ; www.reservasparquesnacionales.es ; Calle Sixto Perera González 25 ; 9h-14h et 15h30-18h mar-dim). Vous pouvez vous enregistrer ici pour l'ascension d'El Teide. Le centre présente une exposition de photos instructive et un court film sur le parc national. Il se situe juste au nord de la gare routière.

Office du tourisme (922 32 30 41 ; www.todotenerife.es ; Calle Calvario 4 ; 9h-17h lun-ven). Un itinéraire touristique bien signalé des principaux monuments de la ville part de là. Un kiosque d'information touristique (Plaza de la Constitución ; 10h-13h30 et 17h-19h lun-ven, 10h-14h sam-dim) se tient sur la Plaza de la Constitución.

Depuis/vers La Orotava

Se garer à La Orotava est un cauchemar. Si vous ne logez pas sur place, mieux vaut venir en bus de Puerto de la Cruz, à 9 km seulement. Le bus n°345 (1,45 €, 20 min) part environ toutes les demi-heures de 5h40 à 21h55. Le bus n°350 (1,45 €, 45 min, 2/jour), entre autres, vient de Santa Cruz. Si vous êtes en voiture, vous pouvez stationner dans la rue, mais arrivez tôt pour trouver une place.

Icod de los Vinos

23 725 HABITANTS

Un *drago* en forme de parasol fait la réputation de la ville. Il mérite effectivement le coup d'œil, et la place principale ombragée, la Plaza San Marcos, est un bel endroit verdoyant où se reposer et admirer l'Iglesia de San Marcos ; cette église aux murs chaulés possède un beau maître-autel en argent. Hormis la place et les quelques ruelles alentour, la ville n'a guère d'intérêt. Pour les restaurants et les hôtels, rejoignez Garachico, la localité voisine nettement plus attrayante. L'**office du tourisme** (922 81 21 23 ; www.todotenerife.es ; Calle San Sebastian 6 ; 9h-19h lun-ven) se situe près de la grand-place.

À voir

Parque del Drago PARC
(adulte/enfant 4/2,50 € ; 9h30-18h30 ; P). Après la Plaza Constitución (ou Plaza Pila), une place entourée de vieilles maisons canariennes, le "parc du Dragonnier" permet d'approcher, moyennant paiement, la fierté de la ville : un arbre qui serait le plus grand et le plus ancien dragonnier du monde, et aurait plus de 1 000 ans. Ces affirmations sont un peu optimistes ; il serait plus vrai de parler du plus grand

dragonnier du monde et du plus ancien des Canaries (il existe 40 espèces et sous-espèces de dragos).

Le parc abrite aussi un joli jardin botanique et un soi-disant sentier guanche, avec des statues de Guanches grandeur nature et une grotte remplie de crânes et d'ossements étonnamment ressemblants (parfaits pour effrayer les enfants !).

Musée de la Poupée Artlandya MUSÉE
(www.artlandya.com ; Camino el Moleiro 21 ; adulte/enfant 10 €/gratuit ; 10h-18h mar-sam ; P). Si une collection de poupées et d'ours en peluche peut sembler guère enthousiasmante pour les adultes, Georg, le propriétaire australien, est un personnage fascinant qui explique avec enthousiasme le procédé de fabrication des poupées tout en montrant sa superbe collection de plus de 300 pièces. Le musée est entouré d'un beau jardin et comprend un petit café.

Depuis/vers Icod de los Vinos

En voiture, suivez les panneaux jusqu'au parking payant. Sinon, le bus n°106, direct de Santa Cruz (7,45 €, 1 heure 15), part toutes les 2 heures entre 6h45 et 22h45. Le bus n°354 part de Puerto de la Cruz (3,60 €, 45 min) toutes les demi-heures de 7h30 à 22h30, et le n°460, de Playa de las Américas (7 €, 1 heure 30, 8/jour). La gare routière se situe au nord-est du centre-ville.

Garachico

6 800 HABITANTS

Charmante bourgade dans une vallée profonde flanquée de versants boisés et d'une côte rocheuse, Garachico a réussi à conserver son identité. Elle ne compte pas de grands hôtels, sans doute en raison de l'absence de vraie plage, bien que la baignade dans les criques rocheuses de la côte soit un plaisir rare.

Tenant son nom de l'îlot rocheux proche du littoral (*gara* signifie "île" en guanche, et *chico* "petit" en espagnol), Garachico est un endroit paisible où des maisons blanchies à la chaux bordent les ruelles pavées. Jadis important port de commerce, ses malheureux habitants subirent une série de calamités : tempêtes, inondations, incendies, épidémies et, en 1706, une éruption volcanique qui détruisit le port et engloutit la moitié de la cité sous la lave.

À la sortie de la ville, des chemins de randonnée suivent le tracé de la désastreuse coulée de lave.

À voir

L'âme de Garachico est la Plaza Libertad, avec ses grands palmiers, ses terrasses de café et son animation. Au coucher du soleil, les anciens coiffés de casquettes plates jouent aux cartes parmi les couples qui flânent, les enfants qui jouent au ballon et

SAVEURS DE TENERIFE

Ne confondez pas la cuisine traditionnelle de Tenerife avec celle de l'Espagne continentale ; les différences sont réelles, même si les tapas espagnoles sont omniprésentes. Les plats locaux reflètent des influences arabes et latino-américaines, avec plus d'épices, dont le cumin, le paprika et les piments séchés.

Comme dans le reste de l'archipel, le produit de base par excellence est le *gofio*, des céréales grillées qui remplacent le pain et peuvent être mélangées à des amandes et des figues pour confectionner des pâtisseries. La *cabra* (chèvre) et le *cabrito* (chevreau) constituent les principales sources de protéines animales. Le *conejo en salmorejo* (lapin mariné dans un mélange de feuilles de laurier, d'ail et de vin) est courant, tout comme les ragoûts (*potaje, rancho canario* ou *puchero*) de viande et de légumes, parfaitement mijotés. Les poissons sont aussi rois, tels les fameux chinchards (*chicharros*) de Santa Cruz de Tenerife, qui ont valu aux habitants leur surnom de *Chicharreros*.

Également recommandé, le *sancocho canario*, un plat de poisson salé accompagné de *mojo* (sauce relevée à base d'ail et de piments rouges). Le *mojo* accompagne habituellement les *papas arrugadas* (pommes de terre ridées), des petites pommes de terre nouvelles bouillies avec leur peau et salées. Le dessert le plus typique est le *bienmesabe* (littéralement le "goût me plaît"), mélange de miel, d'amandes de jaunes d'œuf et de rhum.

Si vous faites vos courses, les marchés sont les meilleurs endroits pour acheter des fruits et légumes de première fraîcheur.

les familles. À proximité, l'**Iglesia de Santa Ana** possède un grand clocher blanc et ses portes d'origine du XVIe siècle.

Dans le joli **Parque de la Puerta de Tierra**, près de la Plaza Juan González (ou Plaza Pila), la **Puerta de Tierra** (porte de la Terre) est le seul vestige de l'ancien port prospère de Garachico. Autrefois en bord de mer, la porte s'est retrouvée au centre de la ville après l'éruption.

Convento de San Francisco MUSÉE
(Plaza Libertad ; adulte/enfant 2 €/gratuit ; 11h-14h et 15h-18h lun-ven, 10h-16h sam). Ce musée éclectique occupe un couvent du XVIe siècle avec un cloître splendide. Les collections varient de la géologie et de l'histoire volcanique de l'île (avec des installations multimédias) à des sculptures contemporaines et de fascinantes photos de la ville au XIXe siècle.

Castillo de San Miguel CHÂTEAU
(Avenida Tome Cano ; adulte/enfant 2 €/gratuit ; 10h-16h). Une massive forteresse en pierre du XVIe siècle avec des photos et des explications sur la flore et la faune de la région, ainsi qu'une histoire chronologique de la ville. Grimpez au sommet de la tour pour la vue sur la ville et la côte.

Fête

Romería de San Roque FÊTE RELIGIEUSE
(16 août). Lors de la plus grande fête annuelle de Garachico, pèlerins (et fêtards) affluent de toute l'île pour rendre hommage à San Roque (saint Roc), le saint-patron de la ville qui l'aurait sauvée de la "mort noire" (peste) en 1601.

Où se restaurer

Pour le meilleur choix de bars et de restaurants, explorez les rues qui entourent la place principale.

Casa Ramón CANARIEN €
(Calle Esteban de Ponte 4 ; plats 6-8 € ; 13h-20h lun-sam). La salle lambrissée de ce petit restaurant, tenu par une vieille dame qui refuse toute concession à la modernité, vous transporte à une époque révolue. La musique sort d'un vieux magnétophone, l'addition est griffonnée sur un bout de papier et le café reste inconnu. Les plats du jour roboratifs sont inscrits à la craie quotidiennement.

Mirador de Garachico CANARIEN MODERNE €€
(922 83 11 98 ; Calle Esteban de Ponte 28 ; plats 11-18 € ; 8h-23h lun-sam ;). À la fois bar-restaurant contemporain et jolie boutique d'art et d'artisanat, le Mirador sert des plats inventifs, dont une timbale de lapin qui a gagné un concours gastronomique local. Attendez-vous à d'étonnantes combinaisons comme le gibier en sauce chocolat et poivre, ou les croquettes de poisson fumé avec épinards et banane. Terminez le repas par un verre de liqueur de fruits de la passion, qui vous fera rougir de plaisir.

Renseignements

L'**office du tourisme** (922 13 34 61 ; www.todotenerife.es ; Calle Esteban de Ponte 5 ; 10h-15h lun-ven) vend une carte de la ville (1 €).

Depuis/vers Garachico

Le bus n°107 relie la ville à Santa Cruz (8,15 €, 2 heures), La Laguna, La Orotava et Icod de los Vinos ; le bus n°363 circule depuis/vers Puerto de la Cruz (3,75 €, 1 heure, jusqu'à 20/jour).

LE CENTRE DE L'ÎLE

Parque Nacional del Teide

Dominant Tenerife telle une sentinelle, le spectaculaire Pico del Teide (El Teide ; 3 718 m) n'est pas seulement le point culminant des Canaries, mais aussi le plus haut sommet d'Espagne, et le point d'orgue de toute visite de Tenerife. Le Parque Nacional del Teide, qui couvre 189,90 km² et englobe le volcan et l'arrière-pays alentour, est un site classé au patrimoine mondial de l'Unesco et le parc national le plus fréquenté d'Espagne, avec quelque quatre millions de visiteurs chaque année. Si la plupart des randonneurs expérimentés ont entendu parler d'El Teide, rares sont ceux qui imaginent la beauté imposante de la montagne et du parc national alentour. On peut facilement passer une semaine à arpenter les chemins du parc et des alentours sans se lasser. Les visiteurs viennent pour la plupart en bus ou en voiture et s'éloignent très peu de la nationale qui serpente à travers le centre du parc, laissant aux autres davantage d'espace pour l'explorer. De nombreux chemins traversent le terrain volcanique, longent des formations rocheuses uniques et grimpent jusqu'au sommet d'El Teide.

Le secteur fut déclaré parc national en 1954 afin de protéger le paysage, qui compte 14 plantes endémiques à l'île. Fascinant sur le plan géologique, le parc contient des exemples de plus de 80% des types de formations volcaniques répertoriées dans le monde, dont des *badlands* (secteurs désolés et profondément érodés), des coulées de lave de type *pahoehoe* ou *lajial* et des lapilli. Il compte aussi des formations volcaniques complexes, comme des orgues et des cônes. Le parc protège près d'un millier de sites archéologiques guanches, pour beaucoup inexplorés et tous non signalés afin d'éviter que des visiteurs curieux emportent des "souvenirs". Le pic est entouré de *cañadas,* des dépressions plates sans doute causées par un glissement de terrain massif il y a 180 000 ans.

Le parc est spectaculaire quelle que soit la saison. La plupart des grimpeurs tentent l'ascension d'El Teide en été – quand les conditions climatiques sont les plus stables –, mais le début du printemps est idéal pour découvrir le parc dans toute sa splendeur, quand les pentes inférieures commencent à se couvrir de fleurs et que le sommet, si vous avez de la chance, est encore coiffé de neige. Ceux qui viennent en voiture des chaudes plaines côtières sont surpris par la froidure dans le parc. En plein hiver, il arrive que la neige bloque les routes qui le traversent et l'accès au sommet peut être fermé pendant des semaines.

El Teide domine la pointe nord du parc. Si la pénible ascension de 5 heures (aller) ne vous tente pas, prenez le téléphérique.

À voir

Pico del Teide MONTAGNE

(922 01 04 40 ; www.telefericoteide.com ; téléphérique adulte/enfant 26/13 € ; 9h-16h ; P). Le **téléphérique** constitue le moyen le plus simple de grimper au sommet d'El Teide. La vue est plendide, sauf si un gros nuage couvre le sommet. Par temps clair, la vallée volcanique s'étend majestueusement en contrebas, et vous pouvez voir les îles de La Gomera, de La Palma et d'El Hierro émergeant de l'Atlantique. Le téléphérique parcout 1 200 m en 8 minutes.

Quelques mots d'avertissement : l'ascension est déconseillée à ceux qui souffrent de problèmes cardiaques ou respiratoires ; l'oxygène est rare dans les nuages. Il fait froid, aussi, quel que soit le temps en bas, prévoyez un vêtement chaud. Les cabines du téléphérique transportent chacune 35 passagers et partent toutes les 10 minutes, mais venez tôt (avant 12h) car en période de pointe vous pouvez attendre 2 heures ! La dernière descente est à 17h. Sachez aussi que les conditions climatiques obligent souvent à l'arrêt plus tôt que prévu du téléphérique est souvent contraint de s'arrêter de circuler tôt ; des vents forts peuvent se lever soudainement et le téléphérique cesse de circuler presque aussitôt. Normalement, cela ne pose pas de gros problème aux visiteurs qui l'ont pris pour monter car un gardien du parc dans la station au sommet les prévient

À NE PAS MANQUER

LES PLUS BELLES RANDONNÉES DE TENERIFE

El Teide (ci-dessous). La randonnée la plus spectaculaire des Canaries.

Barranco de Masca (p. 157). Une descente exaltante dans une gorge encaissée.

Pico Viejo (p. 154). Le sommet oublié du Teide.

Llano de los Loros (p. 140). Une superbe balade en forêt à faire en famille.

C'EST ASTRONOMIQUE !

L'un des meilleurs endroits de l'hémisphère Nord pour observer des étoiles, l'**Observatorio del Teide** (C-824) se tient près de la nationale C-824, qui relie La Laguna et le centre des visiteurs d'El Portillo. Des scientifiques viennent du monde entier à cet observatoire et à celui de La Palma pour étudier le ciel. Pour une visite gratuite et ajouter votre nom à ceux qui ont regardé à travers les télescopes géants de décembre à mars, vous devez prendre rendez-vous. Pour plus d'informations, consultez le site www.iac.es. **Volcano Life Experience** (www.volcanolife.com), un tour-opérateur privé, propose plusieurs forfaits d'observation des étoiles à partir de 30 € par personne.

de l'arrêt imminent. En revanche, ceux qui sont montés à pied et souhaitaient redescendre en téléphérique peuvent se retrouver coincés.

Roques de García FORMATIONS ROCHEUSES

À quelques kilomètres au sud du sommet, en face du parador, une curiosité géologique se compose de colonnes de lave tordues, aux noms évocateurs comme le Doigt de Dieu ou la Cathédrale, résultats de l'érosion de vieilles coulées de lave ou de coulées verticales de magma. La plus curieuse est le **Roque Cinchado**, tandis que vers l'ouest s'étendent les étranges plaines désolées du Llano de Ucancas.

Le Roque Cinchado s'érode plus vite à la base qu'au sommet et finira par s'écrouler (restez à distance !). C'est une telle icône en Espagne qu'il a figuré pendant des années sur les billets de 1 000 pesetas. C'est l'endroit le plus populaire du parc, qui attire près de 90% des visiteurs. Le parking est toujours bondé, mais la plupart des touristes ne laissent leur voiture ou leur bus d'excursion que pour un rapide coup d'œil de 15 minutes. Si vous projetez de suivre à pied le chemin relativement facile qui fait le tour des formations (1 heure 30), vous serez sans doute seul.

Pico Viejo SITE D'INTÉRÊT

Appeler cette montagne le “Vieux Pic” est plutôt inapproprié, car il s'agit du dernier des volcans de Tenerife à avoir connu une éruption majeure. En 1798, son flanc sud-ouest s'est ouvert, laissant une entaille de 700 m. Aujourd'hui, on voit parfaitement où sont retombés les fragments de magma propulsés à 1 km dans les airs. Des torrents de lave se sont écoulés d'une ouverture secondaire plus basse pour se figer sur les pentes.

Jusqu'à aujourd'hui, aucune herbe ni lichen n'est apparu sur le versant aride. L'ascension de ce sommet est souvent négligée au profit du point culminant de l'Espagne, mais les connaisseurs l'estiment souvent plus impressionnante que celle du Teide, et certainement moins courue (la dernière fois que nous l'avons effectuée, nous étions seuls). Elle a aussi l'avantage de ne pas nécessiter un permis spécial.

Randonnées

Pour une petite promenade en famille autour des Roques de García, vous n'aurez besoin que de chaussures confortables et de vêtements chauds. Toute autre randonnée plus ambitieuse nécessite de vraies chaussures et bâtons de marche, des vêtements chauds, des provisions d'eau et de nourriture, une carte et une boussole. Si vous prévoyez l'ascension du Teide ou du Pico Viejo en hiver, sachez qu'ils sont souvent couverts d'un épais manteau neigeux. Vous aurez besoin d'un équipement d'hiver complet (polaires épais, blouson imperméable, gants, chapeau et lunettes de soleil). Les bâtons de marche sont indispensables et, sur certains itinéraires, les crampons sont nécessaires. Des règles très strictes définissent les endroits accessibles on non dans le parc ; vous ne devez pas quitter les chemins balisés, bien le tracé de certains en haute altitude soit très flou. Ne sous-estimez pas la difficulté de l'ascension du Teide : si ce n'est pas l'Himalaya, c'est une montagne

GRIMPER AU SOMMET D'EL TEIDE : LES FORMALITÉS

Rejoindre le sommet de l'arrivée du téléphérique nécessite une préparation. Un permis restreint le nombre de visiteurs autorisés à grimper à 150 par jour. Vous pouvez réserver en ligne sur le site www.reservasparquesnacionales.es (suivez les liens jusqu'à celui du Parque Nacional del Teide), jusqu'à 14h la veille de l'ascension (dans la mesure des places disponibles).

Vous pouvez aussi faire la demande en personne ou par courrier aux **Bureaux administratifs du Parque Nacional del Teide** (p. 150) à La Orotava.

Vous pouvez choisir entre plusieurs créneaux de 2 heures pour l'ascension finale jusqu'au sommet. Outre le permis, prenez votre passeport ou votre carte d'identité, qu'on vous demandera certainement. Si vous manquez votre créneau, vous ne serez pas autorisé à franchir la barrière.

Sachez que de mauvaises conditions climatiques entraînent parfois la fermeture du sommet pendant des semaines. Le site Internet fournit des informations sur les fermetures et les réouvertures prévues pour les randonneurs.

De la gare supérieure du téléphérique, une heure de marche conduit au sommet.

LE JOUR OÙ EL TEIDE AVALA LE SOLEIL

Aujourd'hui, les scientifiques peuvent expliquer avec précision une éruption volcanique : le magma provenant de l'intérieur de la terre finit par percer la croûte terrestre et propulse cendres, roches, gaz et lave fondue. Les Guanches, qui vivaient à Tenerife avant la conquête espagnole, avaient une version plus romantique du phénomène. Selon leur légende, l'éruption du XIIIe siècle se produisit quand El Teide avala le soleil. Les Guanches croyaient que Guyota, le diable, vivait dans El Cheide (ancien nom d'El Teide). Un jour, quittant sa tanière souterraine, il vit le soleil. Jaloux de sa lumière, il s'en empara et le cacha dans son antre, provoquant la mort, la destruction et l'obscurité sur l'île. Les Guanches prièrent alors Chaman, le dieu du ciel, de les aider, et celui-ci combattit Guyota dans le volcan. Les Guanches surent que Chaman avait gagné quand ils virent un matin le soleil de nouveau dans le ciel et le volcan fermé par des rochers, enfermant le démon à jamais.

Cette légende coïncide parfaitement avec ce qui se produisit après l'éruption médiévale. Un nuage de cendres cacha le soleil, et la seule lumière que virent les Guanches venait de la bouche du volcan en activité, ce qui les amena à croire que le soleil y était enfermé. Les cendres toxiques durent tuer quantité de plantes et d'animaux, et les grondements qui suivirent l'éruption furent assimilés au "combat" qui se déroulait dans le volcan. Le "couvercle" qui enfermait Guyota dans El Cheide était composé de nouvelles roches volcaniques.

difficile (surtout en hiver) et la proximité de l'océan provoque de rapides changements de temps entraînant parfois la fermeture inopinée du téléphérique (un problème de taille pour ceux qui montent à pied et prévoient la descente en téléphérique).

Randonnées guidées

Les rangers du parc offrent des marches guidées gratuites sur la montagne, en espagnol et en anglais. Le rythme est paisible avec de fréquentes pauses d'information. Même si l'altitude provoque l'essoufflement, ces marches conviennent pour toute personne en bonne condition physique, y compris les enfants de plus de 10 ans.

Les groupes partent à 9h15 et 13h30 du centre des visiteurs d'El Portillo, et à 9h30 et 13h de celui de Cañada Blanca. Les marches durent environ 2 heures. En raison de la taille limitée des groupes, la réservation est indispensable ; contactez les Bureaux administratifs du Parque Nacional del Teide (p. 150).

Randonnées en indépendant

Le guide général du parc répertorie 21 itinéraires, de 600 m à 17,60 km, dont balisés. Chacun est noté selon son niveau de difficulté, de faible à extrême. Il est interdit de s'éloigner des chemins balisés, restriction compréhensible dans un environnement où le plus petit brin d'herbe doit se battre pour survivre.

La montée du niveau de la route jusqu'à **La Rambleta** en haut du téléphérique, puis la descente en cabine, ne représentent pas un effort considérable. Toutefois, ceux qui n'ont pas l'habitude de la randonnée trouveront cette marche épuisante.

Descendez du bus (demandez au chauffeur de s'arrêter) ou laissez votre voiture au petit parking en bord de route (signalsé “Montaña Blanca” et “Refugio de Altavista”), à 8 km au sud du centre des visiteurs d'El Portillo et suivez la piste de 4x4 qui monte. En chemin, vous pouvez faire un court détour (30 minutes au plus), pratiquement plat, jusqu'au sommet arrondi de la **Montaña Blanca** (2 750 m), d'où la vue sur Las Cañadas et la sierra au-delà est superbe. Comptez 5 heures (aller) pour l'ascension jusqu'à La Rambleta. Si vous envisagez la descente en téléphérique, il est indispensable de prévoir suffisamment de temps (et de provisions) pour revenir à pied en cas de fermeture imprévue du téléphérique. Grimper au sommet de la Montaña Blanca et revenir constitue une randonnée moins exigeante (environ 2 heures 30 aller-retour).

Autre itinéraire long mais relativement facile, **Las Siete Cañadas** (16 km), entre les deux centres des visiteurs, se parcourt en 4 à 5 heures selon votre rythme ; vous devrez prévoir un transport qui vous attendra à la fin de la randonnée.

CARTES ET LIVRES

Des cartes de l'île sont disponibles partout. Celles d'Editorial Everest comptent parmi les meilleures. Il existe plusieurs bons guides de randonnée à Tenerife, de plus en plus remplacés par des versions en ligne. Seul ouvrage traduit en français, *Tenerife – Les 70 plus belles randonnées entre mer et montagne* de Klaus et Annette Wolsperger (édité par Rother Walking Guides), indique les coordonnées GPS et a été actualisé en mai 2015. Parmi les guides les plus intéressants en anglais, *Walk! Tenerife* (2e édition) et la carte jointe *Tenerife Hiking Map*, de David Brawn, publiés par Discovery Walking Guides ; *Tenerife Landscapes*, de Noel Rochford, publié par Sunflower (qui publie aussi *Southern Tenerife Landscapes* et *La Gomera Landscapes*) ; et enfin, *Tenerife & its Six Satellites*, d'Olivia M Stone, offre un fascinant aperçu de l'île à la fin du XVIIIe siècle.

La marche la plus spectaculaire et la plus difficile du parc grimpe au sommet du **Pico Viejo**, puis suit la crête qui le relie au Teide et monte jusqu'au sommet du Teide. Comptez au moins 9 heures (aller) et soyez prêt à descendre à pied si le téléphérique est fermé. Mieux vaut en fait marcher le premier jour jusqu'au Refugio de Altavista (3 270 m), y passer la nuit et continuer l'ascension jusqu'au sommet du Teide le lendemain matin ; cela vous laissera la majeure partie du deuxième jour pour descendre du Teide à pied si nécessaire.

Renseignements

Le parc possède deux excellents centres des visiteurs.

Centre des visiteurs d'El Portillo (☎922 92 37 71 ; www.reservasparquesnacionales.es ; Carretera La Orotava-Granadilla ; ⏲9h-16h ;). Centre bien conçu, avec une exposition géologique sur le parc, cartes de randonnée et conseils.

Centre des visiteurs de Cañada Blanca (www.reservasparquesnacionales.es ; Cañadas del Teide ; ⏲9h-16h ;). Excellent centre avec une exposition instructive qui comprend une présentation audiovisuelle sur l'histoire volcanique d'El Teide. Il était fermé temporairement pour rénovation lors de nos recherches.

Depuis/vers le Parque Nacional del Teide

Seulement deux bus publics desservent le parc chaque jour : le n°348 en provenance de Puerto de la Cruz (6,20 €, 1 heure, 9h15), et le bus n°342 depuis Los Cristianos (7 €, 1 heure 30, 9h30) ; tous deux arrivent au *parador* et repartent à 16h. Ils ne sont guère pratiques pour les voyageurs indépendants et disposer de son propre véhicule est le meilleur moyen de visiter le parc.

Quatre routes bien indiquées y conduisent. La C-824 depuis La Laguna et la C-821 depuis La Orotava (et Puerto de la Cruz) sont les plus jolies. La C-821 est la seule route qui traverse le parc ; elle passe près du *parado*, du téléphérique, des centres des visiteurs et de plusieurs miradors, où vous pouvez vous arrêter pour prendre des photos. Pour voir autre chose, vous devrez marcher. La C-821 continue jusqu'à Vilaflor, tandis que la nationale C-823 relie le parc à Chío et à Los Gigantes.

Vilaflor

La jolie bourgade de Vilaflor, sur les versants sud ensoleillés du Teide, est la plus haute localité de Tenerife et constitue une base superbe pour explorer le parc national. Elle compte plusieurs hôtels et restaurants, dont l'excellent **El Rincón de Roberto** (☎922 70 90 35 ; Avenida Hermano Pedro 27 ; plats 12-18 € ; ⏲12h-17h lun, 12h-22h mer-sam), qui sert une cuisine canarienne classique.

LE NORD-OUEST DE L'ÎLE

Punta de Teno

Si Platon confondit les Canaries avec l'Atlantide, ce fut sans doute en raison de lieux comme Punta de Teno : un endroit de rêve avec des vagues s'écrasant sur une plage volcanique noire, des montagnes solitaires s'élevant tels des géants en arrière-plan, et le bruissement constant des lézards courant dans les broussailles… Cet endroit splendide, à l'extrémité nord-ouest de l'île, n'est plus un secret mais conserve un charme sauvage que les visiteurs ne peuvent détruire. Vous pouvez pêcher depuis la pointe, vous baigner le long de la côte rocheuse ou simplement contempler le paysage.

Évitez de vous y rendre après de fortes pluies, car les glissements de terrain et les chutes de pierres sont fréquents.

VAUT LE DÉTOUR

À LA POINTE DE TENERIFE

La pointe nord-ouest de Tenerife offre un paysage spectaculaire et préservé. De Garachico, suivez la nationale TF-42 vers l'ouest après Buenavista del Norte, puis la TF-445 jusqu'à **Punta de Teno**, sauvage et isolée.

Vous devez revenir à Buenavista pour prendre la nationale TF-436 qui passe par la montagne pour rejoindre Santiago del Teide. Virages et lacets obligent à ralentir et permettent d'admirer la vue. Des vallées en terrasses apparaissent derrière les montagnes escarpées et **Masca** constitue une halte idéale. En arrivant à Santiago, vous pouvez suivre la TF-82 au nord vers Garachico ou au sud vers Los Gigantes, où des panneaux indiquent **Playa de la Arena**, une plage presque aussi jolie que Punta de Teno, mais plus construite.

Prévoyez au moins la matinée pour cet itinéraire.

Depuis/vers Punta de Teno

De Garachico, prenez la nationale en direction de Buenavista del Norte et suivez les panneaux jusqu'à la Punta, à environ 7 km. Le bus n°107 relie Santa Cruz et Buena Vista del Norte (9,35 €, 1 heure 30), mais vous devrez disposer d'un véhicule pour rejoindre Punta de Teno.

Santiago del Teide

Cette petite ville, juste au nord-ouest de la lisière du parc national et au croisement des routes vers Los Gigantes et Garachico, constitue une excellente base pour visiter ces endroits. De plus, Masca et les monts Teno sont à quelques minutes au nord-ouest, et de beaux chemins de randonnée sillonnent les alentours, superbes au début du printemps quand fleurissent les cerisiers. Le petit **office du tourisme** (922 86 03 48 ; www.todotenerife.es ; Avenida Marítima 34 ; 9h-16h mar-sam), sur la grand-place à côté de l'église, vous renseignera sur les belles promenades dans le secteur. La ville abrite aussi l'un des meilleurs hébergements de Tenerife.

Masca

Masca est sans doute le village le plus spectaculaire de Tenerife. Accroché en équilibre précaire au bord d'une crête, il semble qu'un souffle de vent suffirait à le faire basculer dans le vide, au fond de la vallée.

Activités

Parque Rural de Teno RANDONNÉE

Autour du village, le Parque Rural de Teno, accidenté et superbe, est prisé pour la randonnée ; si vous ne souhaitez pas marcher seul, **El Cardón** (922 12 79 38 ; www.elcardon.com) propose des guides qui partent les mercredis et samedis de Garachico, Los Silos ou Buenavista del Norte.

Barranco de Masca RANDONNÉE

Une randonnée populaire et exigeante descend le Barranco de Masca jusqu'à la mer. Comptez 6 heures de marche aller-retour, ou prenez le bus n°355 de Santiago del Teide à Masca à 10h35, descendez la gorge à pied, puis empruntez le ferry d'**Excursions Marítimas** (922 86 19 18 ; 15 €) pour revenir à Los Gigantes (15 €, 13h30, 15h30 et 16h30 tlj) à la fin de la randonnée.

Si vous devez aller de Los Gigantes à Santiago del Teide afin de prendre le bus pour Masca, sachez que le bus n°325 part de Los Gigantes à 8h40 (il y en a un autre à 17h15).

Tenez compte du panneau d'avertissement au début de cette randonnée, qui prévient que l'itinéraire n'est pas totalement sûr, et que vous entreprenez la marche à votre propre risque. Ne la tentez pas s'il existe le moindre risque de pluie ou de vents forts, car la chute de rochers et les glissements de terrain sont très fréquents. Si vous prévoyez de prendre le bateau-taxi pour revenir à Los Gigantes à la fin de la randonnée, emportez votre téléphone portable pour prévenir la compagnie en cas de retard : le bateau vous attendra. Des tronçons de l'itinéraire poseront problème à ceux qui souffrent du vertige.

Fête

Fiesta de la Consolación CULTURE

(déc) La première semaine de décembre, les villageois en costume traditionnel apportent des *timples* (sorte d'ukulélés) et d'autres instruments pour une soirée de musique canarienne.

HABITATION BIOCLIMATIQUE

Comme pour compenser les dégâts environnementaux causés par le nouveau port de containers controversé, Granadilla abrite également un ensemble d'habitations bioclimatiques dernier cri. Les 25 maisons, proposées à la location, ont été construites avec des matériaux recyclés et recyclables, utilisent des énergies renouvelables (électricité, eau, traitement des déchets) et ne dégagent aucune émission de dioxyde de carbone. Pour plus d'informations, consultez le site casas.iter.es/en.

Depuis/vers Masca

Le bus n°355 (1,30 €, 30 min) circule 2 fois par jour depuis/vers Santiago del Teide. La route jusqu'à Masca est spectaculaire et vertigineuse.

Los Gigantes et Puerto de Santiago

5 750 HABITANTS

Ces deux villes se sont fondues en une, et le nombre inquiétant de grues signifie le développement de l'urbanisation. Pour le moment du moins, les édifices bas et discrets s'étendent le long du littoral rocheux ponctué de criques et la ville reste l'une des plus jolies stations balnéaires de Tenerife, à des années-lumière de Las Américas. Juste au nord se dressent les impressionnants **Acantilados de los Gigantes** (falaises des Géants), des parois rocheuses hautes de 600 m qui jaillissent de l'océan. La base sous-marine de ces falaises est un paradis pour la vie marine, et l'un des plus beaux sites de plongée de l'île.

Les plus belles vues sur les falaises se découvrent de la mer (de nombreuses compagnies offrent de courtes croisières) et de la Playa de los Gigantes, une petite plage volcanique à côté du port de Los Gigantes. Si vous recherchez plus d'espace pour un bain de soleil, rejoignez la Playa de la Arena, une plus grande plage volcanique à Puerto de Santiago. Les deux stations accueillent une importante communauté d'expatriés britanniques et de nombreux restaurants servent des toasts aux haricots.

Activités

L'abondante vie marine en fait le meilleur site de l'île pour la plongée, également excellent pour l'observation des baleines et des dauphins.

Los Gigantes Diving Centre — PLONGÉE

(☎922 86 04 31 ; www.divingtenerife.co.uk ; port de Los Gigantes ; plongée avec location équipement 49 €, plongée d'initiation 60 € ; 9h30-17h lun-sam). Centre de plongée appartenant à des Britanniques et l'un des meilleurs de Tenerife.

Katrin — CROISIÈRE EN BATEAU

(☎922 86 03 32 ; www.dolphinwhalewatch.com ; port de Los Gigantes ; safari 2 heures 20 € ; 11h30-13h35). Un tour-opérateur réputé qui n'emmène que 20 passagers ou des groupes avec des besoins particuliers.

Nashíra Uno — CROISIÈRE EN BATEAU

(922 86 19 18 ; www.maritimaacantilados.com ; port de Los Gigantes ; croisière baleines et dauphins 2/3 heures 25/35 € ; 11h, 14h et 18h). Offre plusieurs croisières d'observation des baleines et des dauphins chaque jour, ainsi qu'un service de bateau-taxi de Masca à Los Gigantes (12 €).

Où se restaurer

Vous trouverez facilement un restaurant (la plupart se tiennent dans la marina Los Gigantes et le long de l'Avenida Marítima), mais peu sont vraiment bons.

El Mesón — CANARIEN €€

(☎922 86 04 76 ; Calle La Vigilia, Puerto Santiago ; plats 10-14 € ; 12h-16h et 19h-22h lun-sam ;). Les habitants considèrent ce grand restaurant comme l'un des meilleurs de la ville. Le propriétaire, un personnage, est du genre volubile. La carte propose un excellent choix de poissons et fruits de mer, ainsi que des plats de viande canariens et espagnols, dont un succulent ragoût de lapin et un cochon de lait rôti (à commander la veille). Terminez votre repas par un verre de rhum au miel maison offert.

El Baco de Nino — POISSON €€

(☎922 86 83 39 ; Paseo Marítimo, Puerto Santiago ; plats 10-15 € ; 13h-16h et 19h-23h mer-lun). Face à la mer, ce restaurant est un peu plus cher que les autres, mais localement réputé pour ses plats de poisson. Les jeunes poulpes sont un délice !

La salle est plutôt guindée, contrairement à la terrasse ensoleillée.

El Rincón de Juan Carlos CANARIEN MODERNE €€€

(☎922 86 80 40 ; www.elrincondejuancarlos.es ; Pasaje de Jacaranda 2, Los Gigantes ; plats 15-25 €, *menús* à partir de 29 € ; ⌚19h-22h lun-sam). Pour un repas de fête, choisissez cet élégant restaurant, juste à côté de la grand-place à Los Gigantes. Essayez l'un des somptueux *menús* dignes d'un roi, ou si vous regrettez le McDo, le burger de canard avec moutarde et fromages locaux. Réservation indispensable.

Renseignements

Office du tourisme (☎922 86 03 48 ; www.todotenerife.es ; Avenida Marítima, local 34 ; ⌚9h30-16h30 lun-ven, 9h30-12h30 sam). Au 2e étage du centre commercial, en face de Playa de la Arena.

Comment s'y rendre et circuler

Le bus n°473 circule depuis/vers Los Cristianos (4,65 €, 1 heure 15), et le bus n°325 (7,10 €, 1 heure 45, 6/jour) depuis/vers Puerto de la Cruz. Le trajet de 40 km depuis Los Cristianos est bien indiqué.

LE SUD DE L'ÎLE

Los Cristianos, Playa de las Américas et Costa Adeje

ENVIRON 150 000 HABITANTS

À la pointe sud-ouest de Tenerife, le soleil est aveuglant et le sable étincelant. C'est aussi le royaume des enseignes au néon et des touristes nord-européens rouge écrevisse. Les grands hôtels-clubs avec piscines et buffets à volonté ont transformé cette région de pêche somnolente en un secteur balnéaire méga-lucratif. Les longues plages de sable comptent parmi les plus animées et les mieux adaptées aux enfants de l'île. La vie nocturne comblera les noctambules et les restaurants sont légion.

La vieille ville de Los Cristianos conserve encore (de justesse) l'ambiance d'un village de pêcheurs, tandis que, juste après, Playa de las Américas, avec ses grands hôtels, ses centres commerciaux clinquants, ses fausses statues romaines et pyramides, évoque le kitsch de Las Vegas. De là, la Costa Adeje s'étend au nord sans interruption, bordée d'hôtels de luxe, de restaurants et night-clubs sophistiqués et de plages superbes.

Les voyageurs indépendants en route pour les îles occidentales doivent souvent passer au moins une nuit ici et la plupart se rendent directement à Los Cristianos,

LES PLAGES DE LA CÔTE SUD

Les plages de la côte sud de Tenerife comptent des bars de plage qui servent des mojitos et des restaurants chics. Pour une ambiance plus paisible, rejoignez celles des villes voisines de **Las Galletas** (p. 167) et **El Médano** (p. 169).

Playa de los Cristianos (Los Cristianos). Ce ruban de sable, long de 1 km, est la principale plage de la ville. Prisée des familles, surveillée par des sauveteurs, elle compte des rangées de transats, un filet de volley, des bars, des restaurants et des kiosques de glaciers.

Playa de las Vistas (carte p. 160 ; Playa de las Américas). Une sublime plage de sable doré (importé du Sahara !) de 1,5 km, qui relie Los Cristianos à Playa de las Américas. Bordée de bars et de restaurants, elle est protégée par des brise-lames et parfaite pour la baignade.

Playa de Troya (carte p. 160 ; Playa de las Américas). L'une des plages qui se fondent sans interruption dans la Playa centrale, avec un fin sable brun et d'excellentes infrastructures.

Playa del Duque (Costa Adeje). Bien-nommée, la plage du Duc, longue de 600 m, est une belle étendue de sable doré, avec des cabines en tissu rayé et d'élégants cafés et restaurants.

Playa de la Encaramada (La Caleta, Costa Adeje). Une plage volcanique de sable noir avec un excellent bar de plage ; un endroit prisé pour le deltaplane.

Playa de las Américas

qui possède des infrastructures adaptées à leurs besoins.

Si vous vous perdez, faites comme les habitants, repérez-vous aux hôtels et aux grands bâtiments.

À voir

Jungle Park ZOO

(carte p. 164 ; www.aguilasjunglepark.com ; Los Cristianos-Arona, Km 3 ; adulte/enfant 24/16 € ; 10h-17h30 ; P). Le Jungle Park est de loin l'attraction la plus populaire du Sud. Il abrite près de 500 animaux, dont deux rares tigres blancs, dans un cadre luxuriant avec lagunes, allées, plantes et arbres subtropicaux.

Siam Park PARC DE LOISIRS

(carte p. 164 ; 902 06 00 00 ; www.siampark.net ; Autopista del Sur sortie 28 ; adulte/enfant 34/23 € ; 10h-18h ; P). Plus grand parc à thème du sud de Tenerife, l'impressionnant Siam Pak offre la possibilité de dévaler un toboggan vertical haut de 28 m, de surfer dans une piscine, de glisser dans les entrailles d'un dragon et d'acheter des bibelots sur un marché flottant de Bangkok.

Playa de las Américas

À voir

1 Playa de las Vistas D5
2 Playa de Troya B2
3 Siam Park C1

Activités

4 Aqua Marina C5
5 K-16 Surf B4
6 Mare Nostrum C5

Où se loger

7 Anyka Sur D5
8 Marcus Management D4
9 Villa Cortés B4

Où se restaurer

10 Oriental Monkey C5

Où prendre un verre et faire la fête

11 Casablanca D5
12 Las Verónicas B2
13 Papagayo B2

Où sortir

14 La Pirámide B5

Achats

15 Artenerife B2

Aqualand PARC AQUATIQUE
(carte p. 164 ; www.aqualand.es ; Avenida de Austria 15, Costa Adeje ; adulte/enfant 25/17,50 € ; 10h-17h sept-juin, 10h-18h juil-août ; P). Ce vaste parc aquatique possède tous les toboggans et piscines de rigueur, mais aussi des dauphins dans un delphinarium, ce qui déplaira aux visiteurs qui savent que la captivité stresse ces animaux et réduit fortement leur espérance de vie.

Activités

Avec une moyenne annuelle de 2 800 heures d'ensoleillement, les plages sont reines, mais d'autres activités plus toniques changent agréablement du bain de soleil.

Plongée

La côte volcanique est excellente pour la plongée et les eaux calmes permettent aux débutants une "plongée d'initiation" dans l'océan. Comptez à partir de 35 € pour une plongée standard, avec des tarifs dégressifs si vous prévoyez plusieurs jours de plongée. Vous aurez le choix entre plusieurs centres.

Aqua Marina PLONGÉE
(carte p. 164 ; 922 79 79 44 ; www.aquamarina-divingtenerife.com ; Playa de las Vistas, Playa de las Américas ; plongée seule 39 €, cours bubblemaker pour enfants 35 € ; 9h-18h ;). Offre le choix classique de plongées d'un bateau, de cours et de plongées spéciales, ainsi que des sorties de snorkeling. Propose aussi des cours *bubblemaker* pour les enfants.

Voile et surf

Vous n'avez pas besoin de naviguer loin du rivage avant que la jungle d'hôtels de la plus grande station balnéaire de Tenerife cède la place aux douces pentes de l'île. Louez un bateau, réservez une excursion ou une circuit d'observation des baleines et naviguez sur les eaux séparant Tenerife de La Gomera, avec la superbe silhouette d'El Teide en arrière-plan. L'office du tourisme de Los Cristianos possède une liste de prestataires qui organisent tous sortes de sorties en bateau, dont certaines en haute mer à bord d'un bateau de pirates – comment résister !

Le spot de surf le plus connu de la ville, La Izquierda (la gauche en espagnol), se situe juste à l'ouest de Playa de Troyo. Cette longue gauche facile, entrecoupée de creux, est l'un des spots d'Europe les mieux gardés par la population locale.

K-16 Surf SURF
(carte p. 160 ; 922 79 84 80 ; www.k16surf.com ; Calle México 1-2 ; cours à partir de 35 €, location planche à partir de 12 €/jour). Location de planches et cours de surf.

Équitation

Plusieurs centres équestres proposent des promenades, mais tous ne sont pas accrédités ni fiables.

Finca Cabuquero ÉQUITATION
(646 88 38 23 ; www.horseridingintenerife.com ; Aldea Blanca, San Miguel de Abona ; promenade 1/2 heures 25/45 € ; 10h-14h et 16h-19h mar-dim ;). Tenue par des Britanniques, cette école d'équitation peut venir vous chercher à votre hôtel. Elle offre diverses sorties à cheval ou à poney, des itinéraires pour débutants aux pistes plus difficiles pour cavaliers expérimentés.

Golf

Grâce à la douceur constante du climat, le golf peut se pratiquer toute l'année à Tenerife. Bien que cette activité ne soit guère écologique (l'eau est un problème permanent et les golfs en consomment beaucoup), les parcours se multiplient autour de Playa de las Américas. Nous répertorions certains des meilleurs. Les prix indiqués

Los Cristianos

correspondent à la saison hivernale ; ils baissent considérablement au cœur de l'été.

Golf Costa Adeje GOLF

(www.golfcostaadeje.com ; Finca Los Olivos, Adeje ; adulte/enfant 18 trous 96/30 € ; 7h30-19h). Parcours à 18 et 9 trous. Le practice est aménagé sur 3 niveaux reliés par un ascenseur. Il abrite également, un hôtel luxueux qui offre un hébergement de style villa. Le golf se situe à Adeje, à quelque 6 km au nord-ouest de la Plaza del Duque. Prenez la sortie 79B sur la TF-1 Autopista del Sur et suivez les panneaux.

Golf del Sur GOLF

(www.golfdelsur.net ; Urbanizacíon Golf del Sur, San Miguel de Abona ; adulte/enfant 18 trous 87/43 € ; 7h30-19h). Un beau parcours avec pièces d'eau, palmiers majestueux et vue sur la mer.

Los Palos Centro de Golf GOLF

(www.golflospalos.com ; Carretera Guaza-Las Galletas, Km 7, Arona ; adulte/enfant 9 trous 25/17 € ; 7h-19h). Un joli petit parcours entouré de bananiers, qui met l'accent sur l'apprentissage ; idéal pour les débutants.

Observation des baleines

Au bout de Playa de los Cristianos, près du port, et à Puerto Colón dans Costa Adeje, des compagnies proposent des croisières de 2, 3 et 5 heures pour observer les baleines et les dauphins. Les prix comprennent généralement repas, boisson et une courte baignade. Les prestations sont similaires, avec une croisière de 2 heures à partir de 18 €.

Travelin' Lady CROISIÈRE

(carte ci-dessus ; 609 42 98 87 ; Rincón de Arona, Puerto de Los Cristianos ; adulte/enfant 18 €/gratuit ; 9h30-20h dim-ven, 12h-15h sam). Organise des croisières d'observation des baleines de 2 heures ; les hélices des bateaux sont protégées par une coque afin de ne pas blesser les animaux.

Los Cristianos

Activités
1 Travelin' Lady ... A3

Où se loger
2 Hotel Andrea's ... C2
3 Hotel Reveron Plaza ... B2

Où se restaurer
4 Bar Gavota ... C2
5 Bar Nuestro ... A3
6 Cofradia de Pescadores ... A3
7 El Cine ... B3
8 Le Bistrôt d'Alain ... C2
9 Original Bistro ... B2
10 Pescaderia Dominga ... A3
11 Rincón del Marinero ... A3
12 Sopa ... C2

Où prendre un verre et faire la fête
13 Beach House ... B3

Où sortir
14 Centro Cultural ... C2

Achats
15 La Alpizpa ... B3
16 Librería Barbara ... B2

Pêche

Comptez à partir de 49 € pour une sortie de pêche en haute mer de 3 heures. Renseignez-vous aux kiosques situés à l'extrémité ouest de Playa de Los Cristianos ou dans un office du tourisme.

Fête

Foire des Canaries FOIRE

(mi-mars). Pendant une semaine à Los Cristianos, cette foire présente la cuisine et les produits de l'archipel, avec dégustations gratuites et possibilité d'achat.

Où se restaurer

Vous ne risquez pas de mourir de faim. Le plus difficile est de dénicher un établissement de qualité à des prix corrects. Évitez les restaurants qui proposent leur carte internationale sur des affiches délavées par le soleil. Globalement, l'offre s'est améliorée ces dernières années, avec un nombre croissant de restaurants plus sophistiqués, ou de cuisines espagnole et canarienne traditionnelles.

Sur le front de mer, dans le quartier du port de Los Cristianos, quelques kiosques, dont la toujours populaire **Pescaderia Dominga** (carte p. ci-contre ; Puerto de Los Cristianos ; poisson 5-9 € ; 12h-19h lun-ven, 12h-15h sam), vendent la pêche du jour. Vous pouvez acheter du poisson et le préparer vous-même, ou demander qu'on le fasse frire et le savourer sur la jetée voisine, en balançant les jambes au-dessus de l'eau… Un délicieux pique-nique !

El Cine POISSON €

(carte p. ci-contre ; www.barelcine.es/en ; Calle Juan Bariajo 8, Los Cristianos ; plats 8-10 € ; 11h-23h). Ce restaurant mérite incontestablement une médaille pour ses produits de la mer à prix doux et simplement préparés. Installé depuis les années 1980, sa carte reste brève et le poisson du jour constitue toujours un bon choix. Niché dans un coude de la promenade, il est peu fréquenté par les touristes ce qui ajoute au charme de l'ambiance sans prétentions.

Sopa VÉGÉTARIEN €

(carte p. ci-contre ; Calle Montaña Chica 2, Los Cristianos ; salades et soupes 4-7 € ; 8h-21h lun-sam, 9h-21h dim ;). Une salle détendue avec canapés, livres et magazines et une carte de soupes, salades et burgers (aux épinards). Les gâteaux sont délicieux, notamment celui aux cerises et pâte d'amandes.

Mercado La Pepa MARCHÉ €

(922 79 48 85 ; www.mercadolapepa.es ; Centro Comercial La Pasarela, Los Cristianos ; en-cas 2,50-5 € ; 10h-23h lun-jeu, 10h-minuit ven-dim ; P). Ce marché d'alimentation pour gourmets a ouvert en 2015, et ne cesse de s'agrandir. Lors de notre passage, il comptait quelque 25 étals dont des traiteurs haut de gamme, un comptoir de poisson et fruits de mer, un stand de crêpes et de gaufres, un stand de sushis, un bar à vins et un stand d'en-cas végétariens. Il comprend une vaste terrasse avec vue sur les toits jusqu'à la mer, et une aire de jeux pour les enfants.

LE FLÉAU DE LA DEMI-PENSION

Les bars et les restaurants de Tenerife souffrent sérieusement de l'offre croissante de forfaits hôteliers comprenant la demi-pension à des prix imbattables. Les buffets des hôtels se composent principalement de cuisine internationale insipide visant à plaire au plus grand nombre. Faites passer le mot afin de soutenir les bars et restaurants locaux, avant que se multiplient les panneaux *se vende* (à vendre).

Costa Adeje

Costa Adeje

À voir
1 Aqualand D3

Activités
2 Aqua Club Termal D2
3 Vitanova Spa B1

Où se loger
4 Baobab Suites B1

Où se restaurer
5 La Torre del Mirador A1

Où prendre un verre et faire la fête
6 Chiringuito del Mirador A1

Achats
7 Plaza del Duque B1

Bar Nuestro CANARIEN €
(carte p. 162 ; Calle San Roque 12, Los Cristianos ; plats 5-8 € ; 8h-22h jeu-mar). Authentique bar de quartier, le Nuestro possède une salle aux allures de grange et propose une carte de plats canariens classiques, comme les pois chiches avec saucisses de porc et les sardines grillées.

Bar Gavota CAFÉ €
(carte p. 162 ; Avenida los Playeros 27, Los Cristianos ; petit-déj 5 € ; 8h-23h lun-sam). En face de l'église de Los Cristianos, le Gavota est l'un des rares bars centraux à conserver une ambiance typiquement espagnole et une clientèle locale d'habitués. L'endroit est parfait pour un petit-déjeuner de café et toasts ou pour un verre à toute heure.

Le Bistrot d'Alain FRANÇAIS €€
(carte p. 162 ; 922 75 23 36 ; Calle Valle Menendez 23, Los Cristianos ; plats 10-15 € ; 19h30-23h mar-dim). Caché à l'écart des foules, ce restaurant élégant et discret sert une cuisine française classique de qualité ; steak avec sauce au roquefort, cuisses de grenouille et ragoût de poisson avec crevettes, saumon et légumes figurent sur la carte. L'un des restaurants les plus réputés de la ville, il est, à juste titre, prisé des touristes français.

Cofradía de Pescadores POISSON €€
(carte p. 162 ; Muelle Los Cristianos, Los Cristianos ; plats 10-20 € ; 12h-22h dim-ven). Géré par la coopérative locale de pêcheurs, cet établissement reçoit chaque jour les poissons et fruits de mer les plus frais. Faites votre choix dans le grand aquarium proche de l'entrée, ou optez pour les recommandations du jour. La salle, claire et spacieuse, donne sur le port ; pour la trouver, repérez le panneau indiquant une petite porte sur le côté portant le mot "Bar", puis suivez la frise de poissons jusqu'à l'étage.

Original Bistro BISTROT €€

(carte p. 162 ; ☎ 922 79 20 31 ; Callejón Gonzalo, Los Cristianos ; plats 10-12 € ; ⌚ 18h-23h mer-lun ; 👪). Tenu par un couple anglo-espagnol, ce bistrot immensément populaire propose un menu de 3 plats avec plusieurs possibilités. Dénuée de toute sophistication, la cuisine maison est principalement britannique traditionnelle, préparée avec finesse, sans légume bouilli à l'excès.

La Torre del Mirador CANARIEN €€

(carte p. ci-contre ; ☎ 922 71 22 09 ; www.latorredemirador.es ; Playa del Duque, Costa Adeje ; plats 12-16 € ; ⌚ 10h-20h). Cet élégant bar-restaurant possède une charmante terrasse avec fleurs, palmiers et vue sur la mer. La carte comporte plusieurs bons plats de poisson et fruits de mer, comme les gambas à l'ail. Vous pouvez aussi partager une assiette de *pimientos de padrón* (petits piments doux sautés), l'accompagnement parfait d'une *cerveza* fraîche après une promenade.

Rincón del Marinero POISSON €€

(carte p. 162 ; Muelle Los Cristianos, Los Cristianos ; plats 9-15 € ; ⌚ 12h-23h). Preuve de la douceur constante du climat, toutes les tables de ce restaurant au cadre nautique sont installées sur une terrasse couverte. Spécialisé dans les produits de la mer, il propose, entre autres, une savoureuse *zarzuela* (ragoût de poisson et de fruits de mer).

♥ **Oriental Monkey** ASIATIQUE €€€

(carte p. ci-contre ; ☎ 922 78 92 91 ; www.theorientalmonkey.com ; Avenida de las Américas, Central Comercial Oasis, Playa de las Américas ; plats 18-25 € ; ⌚ 19h-23h lun-sam ; 📶). Désigné meilleur restaurant international des Canaries en 2013, avec le fameux chef Nacho Hernández aux fourneaux, cet établissement gastronomique marie une décoration exotique et une carte de plats d'inspiration asiatique préparés avec créativité, de la morue marinée dans du miso au tataki de thon avec aubergines fumées et couscous.

Vous passerez une soirée amusante grâce aux projections vidéo qui font voler des papillons roses au-dessus de votre table, ou nager des poissons dans votre assiette, en un perpétuel mouvement de couleurs aux tons doux.

Où prendre un verre et faire la fête

Après minuit, l'animation de Los Cristianos se concentre dans le Centro Comercial San Telmo, derrière Playa de las Vistas, quand cette petite artère commerçante, ennuyeuse dans la journée, se transforme en une série de night-clubs qui rivalisent de décibels jusque tard dans la nuit. Pour une ambiance plus élégante, cherchez ailleurs ; de nouvelles adresses sont chaque jour plus nombreuses.

♥ **Papagayo** BAR, NIGHT-CLUB

(carte p. 160 ; www.papagayobeachclub.com ; Playa de Troya, Avenida Rafael Puig Lluvina, Playa de las Américas ; ⌚ 10h-tard ; 📶). Sophistication et bon goût caractérisent ce restaurant, bar et night-club. Le blanc prédomine, avec fauteuils et canapés, auvents et rideaux, et jeux d'eau. Sur la carte, choisissez des plats légers comme les sushis. Le soir venu, l'endroit se transforme en un night-club tendance, avec DJ professionnel et danseurs.

Chiringuito del Mirador BAR

(carte p. ci-contre ; Playa del Duque, Costa Adeje ; ⌚ 12h-19h). Avec un décor et des meubles blancs qui contrastent avec le bleu de la mer, à quelques mètres, ce bar de plage (et restaurant) est parfait pour un cocktail ou une *cerveza* à la mi-journée, à accompagner d'une assiette de *gambas a la plancha* (crevettes grillées).

Beach House BAR

(carte p. 162 ; Paseo Dulce María Lenaz, Los Cristianos ; ⌚ 17h-tard ; 📶). Tenu par un Italien, ce bar se distingue par son ambiance élégante – musique douce, murs gris pâle, coussins aux couleurs acidulées et TV branchée sur une chaîne consacrée à la mode. Parfait pour siroter des cocktails.

Las Verónicas NIGHT-CLUB

(carte p. 160 ; Centro Comercial Las Verónicas, Las Américas). Comprenant 3 bâtiments adjacents, Las Verónicas abrite plusieurs clubs bruyants et turbulents, principalement destinés à une clientèle britannique de buveurs invétérés.

Casablanca NIGHT-CLUB

(carte p. 160 ; Centro Comercial San Telmo, local 17, Los Cristianos ; ⌚ 23h-tard). Le night-club le plus fameux de cette artère enfiévrée, où la piste de danse se remplit après minuit.

☆ Où sortir

Nombre des bars qui longent la principale artère de Playa de las Américas offre de la musique live le week-end. Renseignez-vous sur les concerts à l'office du tourisme.

LOIN DE TOUT : LES SPAS DE TENERIFE

Les vacances peuvent être épuisantes, surtout quand il y a tant à voir et à faire. Heureusement, il y a les spas...

Aqua Club Termal (carte p. 164 ; ☎ 922 71 65 55 ; www.aquaclubtermal.com ; Calle Galicia, Torviscas Alto, Costa Adeje ; 8h-22h). Près de Costa Adeje, réfugiez-vous dans cet aqua club sophistiqué, qui, selon sa brochure, est le plus complet complexe thermal et sportif d'Europe. Il couvre une superficie de 6 000 m² et comprend un hammam.

Vitanova Spa (carte p. 164 ; ☎ 922 71 99 10 ; www.vitanovatenerife.com ; Calle Alcalde Walter Paetzman, Playa del Duque, Costa Adeje ; 9h-21h). À Costa Adeje, ce spa propose des massages faciaux et corporels, dont un somptueux massage au chocolat, et un gommage anticellulite avec algues et raisins.

Mare Nostrum (carte p. 160 ; ☎ 922 75 75 45 ; www.marenostrumspa.com ; Avenida de las Américas ; 10h-19h). Faisant partie de ce grand complexe hôtelier de Playa de las Américas, il offre notamment enveloppements d'algues et électrothérapie pour les curistes, ainsi que massages et bains de vapeur pour ceux désireux de se détendre.

Hotel Botánico Spa (☎ 922 38 14 00 ; www.hotelbotanico.com ; Avenida Richard J Yeoward , Puerto de la Cruz). Cet hôtel haut de gamme possède un spa oriental pour des soins de bien-être, une pagode thaïlandaise dans un jardin luxuriant pour des massages thaïlandais traditionnels, et un hammam.

Centro Cultural THÉÂTRE
(carte p. 162 ; www.centroculturalcristiano.org ; Plaza Pescador 1, Los Cristianos ; prix variables). Divers événements culturels, tel le Cine de Verano, un festival d'été de films en plein air (en espagnol) tous les soirs sauf le mercredi. Un auditorium sert de salle de concert.

La Pirámide MUSIQUE LIVE
(carte p. 160 ; ☎ 922 75 75 49 ; www.piramidearona.com ; La Pirámide, Avenida de las Américas, Playa de las Américas ; billets à partir de 50 € ; 20h mer, 21h mar, jeu-dim). Ce vaste auditorium (l'un des plus grands d'Europe) propose régulièrement des spectacles de classe internationale, qui comprennent habituellement flamenco, opéra et danse. Vous pouvez combiner spectacle et dîner-buffet (à partir de 75 € ; dîner à 18h30 et 19h). Toutefois, de l'avis général, la nourriture est moins impressionnante que les spectacles.

Achats

Les centres commerciaux modernes se multiplient dans les stations balnéaires. Los Cristianos possède le meilleur choix de petites boutiques tenues par des familles, qui vendent des articles et souvenirs plus originaux.

Plaza del Duque CENTRE COMMERCIAL
(carte p. 164 ; www.plazadelduque.com ; Playa del Duque, Costa Adeje ; 10h-19h lun-ven, 10h-14h sam ;). Un petit centre commercial luxueux avec quelque 60 magasins, dont des boutiques de créateurs et un secteur pour enfants.

Artenerife ARTISANAT
(carte p. 160 ; www.artenerife.com ; Avenida Rafael Puig Lluvina, Playa de las Américas ; 9h30-13h30 et 17h-19h lun-sam). Établissement d'une chaîne de l'archipel qui contrôle sérieusement la qualité, Artenerife propose une superbe sélection d'objets artisanaux des Canaries.

La Alpizpa ARTISANAT
(carte p. 162 ; Paseo Marítimo, Los Cristianos ; 10h-14h et 17h-19h lun-sam). Sur le front de mer, cette boutique vend de l'art et de l'artisanat haut de gamme, créés par des handicapés.

Librería Barbara LIVRES
(carte p. 162 ; ☎ 922 79 23 01 ; Calle Pablo Abril 6, Los Cristianos ; 10h-13h et 17h-19h30 lun-ven, 10h-13h sam). Fondée en 1984, cette libraire vend un grand choix de livres en plusieurs langues (français, anglais, allemand et espagnol notamment), ainsi que magazines et des livres pour enfants.

Renseignements

Office du tourisme (www.todotenerife.es)
Los Cristianos (carte p. 162 ; ☎ 922 75 71 37 ; www.arona.org ; Centro Cultural, Plaza

Pescador 1) ; Playa de las Vistas (carte p. 160 ; ☎ 922 78 70 11 ; Centro Comercial San Telmo) ; Playa de las Américas (carte p. 160 ; ☎ 922 79 76 68 ; Centro Comercial City Center, Avenida Rafael Puig Lluvina) ; Costa Adeje (carte p. 160 ; ☎ 922 71 65 39 ; Avenida Litoral). L'office du tourisme de Costa Adeje se tient près du Barranco del Rey.

Depuis/vers les stations balnéaires du Sud

BUS

De nombreux bus verts TITSA sillonnent la région et font halte aux gares routières de Los Cristianos et de Playa de las Américas. Les bus n°110 (direct, 12,40 €, 1 heure, toutes les 30 min) et n°111 (omnibus) circulent depuis/vers Santa Cruz. Le bus n°343 dessert l'aéroport Tenerife Sur (3,70 €, 45 min), puis continue jusqu'à celui de Tenerife Norte. Nombre d'autres bus traversent les deux stations balnéaires en rejoignant des destinations comme Arona (bus n°480), Los Gigantes (bus n°473), Puerto de la Cruz (bus n°343), El Médano (bus n°470) et Las Galletas (bus n°467).

La gare routière de Playa de las Américas se situe entre le centre de Las Américas, San Eugenio et l'*autovía*. Los Cristianos ne dispose pas de gare routière ; les bus s'arrêtent dans l'Avenida Juan Carlos I, juste après le carrefour avec l'Avenida Amsterdam, en face du centre commercial Valdes. Pour des renseignements 24h/24 sur les bus, appelez le ☎ 922 53 13 00.

Comment circuler

La plupart des bus longue distance servent aussi de bus locaux et font halte dans les principales avenues de Los Cristianos et de Playa de las Américas avant de quitter les villes.

Des stations de taxis sont installées devant la plupart des centres commerciaux. Trouver un taxi la nuit ne pose habituellement aucun problème, car nombre de gens préfèrent marcher. Traverser la ville coûte de 6 à 8 €.

Las Galletas

La petite station balnéaire de Las Galletas se situe à quelques kilomètres au sud de Las Américas et, par comparaison, semble aussi calme qu'une bibliothèque, ce qui pour beaucoup est un atout. À un pâté de maisons de la promenade en planches, la verdoyante Rambla Dionisio González, agrémentée de bancs et d'aires de jeu, mène à l'office du tourisme et à la mer.

Plage

Playa Las Galletas PLAGE

Apportez serviette et parasol sur cette jolie plage volcanique de sable et de galets. Elle est bordée d'une charmante promenade, jalonnée de bars et d'excellents restaurants de poisson.

Activités

Le vent et l'eau ont sculpté les spectaculaires formations rocheuses de la **Montaña Amarilla** (montagne Jaune), une butte volcanique sur la côte, à la sortie de la ville. Pour la rejoindre, suivez l'Avenida José Antonio Tavio (à côté du complexe Ten Bel) jusqu'à la Calle Chasna. Au bout de la rue se trouent un petit parking et un chemin qui descend jusqu'à la mer. Vous pouvez crapahuter parmi les rochers, admirer la vue que ne gâche aucune construction ou faire le tour de la *montaña*.

Buceo Tenerife Diving Center PLONGÉE

(☎ 922 73 10 15 ; www.buceotenerife.com ; Calle María del Carmen García 22 ; plongée avec location équipement 36 € ; ⌚ 9h-18h). Cette école de plongée bien établie offre des réductions pour plusieurs plongées

Escuela de Vela las Galletas PLANCHE À VOILE

(☎ 629 87 81 02 ; Playa Las Galletas ; location planche à voile/catamaran 17/35 € l'heure ; ⌚ 11h-18h mar-dim). Cet établissement réputé loue des dériveurs et des planches à voile et propose des cours.

Où se restaurer

Pour trouver de simples bars à tapas fréquentés par les habitants, explorez les petites rues qui partent de la Rambla Dionisio González centrale. Sinon, les meilleurs restaurants bordent la promenade.

Bajío POISSON €€

(☎ 922 73 10 39 ; Puerto de Las Galletas ; plats 12-15 €). Une jeune équipe sympathique gère ce restaurant peint en bleu, qui surplombe le chantier naval. Les plats sont savoureux et joliment présentés, tels les succulents *tagliolini con mejillones* (pâtes aux moules) et l'assiette de *fritura de pescada* (friture de poisson) pour deux.

La Gaviota POISSON €€

(☎ 922 78 59 44 ; Calle La Marina 9 ; plats 10-16 € ; ⌚ 12h-22h jeu-mar ; P). Continuez vers l'ouest le long de la promenade et au-delà pour rejoindre ce plaisant restaurant de poisson, sur la plage. Le dimanche au déjeuner, un chanteur canarien accompagne le repas ; régalez-vous de *zarzuela* (24 € pour 2 pers), ou d'un plat similaire.

Renseignements

Office du tourisme (922 73 01 33 ; www.todotenerife.es ; 8h30-15h30 lun-ven, 9h-16h sam-dim). À l'extrémité ouest de La Rambla, la promenade bordée d'arbres parallèle au Paseo Marítimo.

Depuis/vers Las Galletas

Las Galletas se situe à quelques kilomètres de la sortie 26 de la TF-1. Les bus n°s 467, 470 et 473 relient la ville toutes les heures à Los Cristianos (1,90 €, 30 min) ; les bus n°s 112 et 115 circulent depuis/vers Santa Cruz (8,50 €, 1 heure 15).

L'EST DE L'ÎLE

La côte est de Tenerife semble oubliée, ce qui ne surprend guère au premier coup d'œil : le paysage est aride et poussiéreux, mais parsemé de petits villages pittoresques qui animent cet environnement austère. Si vous en avez le temps, n'hésitez pas à explorer cette région, dotée de quelques stations balnéaires tranquilles et d'une ambiance bien plus authentique que dans les stations internationales de la côte sud.

Si vous arrivez du sud, empruntez de préférence la nationale TF-28, l'ancien axe principal, qui serpente le long de la crête montagneuse au-dessus de la côte. L'alternative moins attrayante est l'autoroute très fréquentée (TF-1), qui relie le Sud à Santa Cruz en quelque 40 minutes de conduite.

Candelaria

16 000 HABITANTS

À 18 km au sud de Santa Cruz, Candelaria est un charmant petit port de pêche dont le principal titre de gloire est la basilique, édifiée en l'honneur de la sainte patronne de l'archipel. Il mérite amplement la visite, en particulier le dimanche quand les habitants se pressent à l'église pour assister à la messe dans une atmosphère de pèlerinage ; les échoppes alentour d'objets religieux, de fleurs et de souvenirs restent ouvertes toute la journée. Ignorez Las Caletillas, la morne station balnéaire adjacente, dont le seul attrait est une plage de galets noirs. De nombreux bars et restaurants locaux bordent la rue commerçante et le port de Candelaria.

À voir

Basílica de Nuestra Señora de Candelaria ÉGLISE

(7h30-13h et 15h-19h30 mar-dim ; P). Cette grande église coiffée d'un dôme date de 1959 et se dresse à la lisière du centre-ville, surplombant une plage rocheuse et flanquée d'une place où 9 grandes statues de guerriers guanches montent la garde. Le 15 août, durant la **Fiesta de la Candelaria**, la place se remplit de pèlerins et de fêtards venus de tout l'archipel. Si vous la visitez pendant une messe, vous devrez sans doute rester debout faute de place.

LA VIERGE DE CANDELARIA

En 1392, un siècle avant la conquête de Tenerife, une statue de la Vierge tenant une *candela* (chandelle) s'échoua sur le rivage près de l'actuelle Candelaria. Les bergers guanches qui la trouvèrent l'apportèrent à leur roi et, selon la légende, la population la vénéra. Quand les Espagnols conquirent l'île un siècle plus tard, ils déclarèrent la statue miraculeuse et, en 1526, le commandant Pedro Fernández de Lugo ordonna la construction d'un sanctuaire.

Selon l'explication logique du "miracle", il s'agissait de la figure de proue d'un navire naufragé ou d'une Vierge apportée par des marins français ou portugais, venus sur l'île avant la conquête espagnole. Quoi qu'il en soit, elle fut emportée par une violente tempête en 1826 et jamais retrouvée. La statue actuelle, qui trône somptueusement vêtue dans la Basílica de Nuestra Señora de Candelaria, fut sculptée peu après par l'artiste local Fernando Estévenez. Le 15 août, anniversaire du jour où elle aurait été trouvée par les Guanches, la Vierge est honorée par des processions, des messes et un spectacle kitsch de "Guanches" costumés rejouant leur adoration.

Renseignements

Un petit **office du tourisme** (☎922 50 04 15 ; Avenida Marítimo 176 ; ⏲9h-14h et 16h30-19h) se tient juste au nord de la basilique.

Depuis/vers Candelaria

En voiture, prenez la sortie 9 sur l'autoroute TF-1. Les bus n°s 111, 112, 115, 116, 122, 123 et 131 relient Candelaria et Santa Cruz (2, 35 €, 30 min).

Güímar et environs

16 000 HABITANTS

Bourgade rurale avec vue sur l'océan à distance, Güímar possède un centre-ville coquet, plaisant pour une promenade. La plupart des visiteurs viennent pour les énigmatiques pyramides.

À voir

Pirámides de Güímar RUINES

(☎922 51 45 10 ; www.piramidesdeguimar.es ; Calle Chacon, Güímar ; adulte/enfant 11 €/gratuit ; ⏲9h30-18h ; Ⓟ). Ces pyramides trop restaurées posent une question intéressante : les Canariens ont-ils eu des contacts avec l'Amérique avant le fameux voyage de Christophe Colomb ? Cette théorie fut développée par le scientifique norvégien Thor Heyerdahl, qui vécut à Tenerife jusqu'à sa mort en 2002 et fondait ses réflexions sur la ressemblance entre les pyramides mayas et celles de Güímar. Pour d'autres, il s'agit de terrasses dressées par des fermiers au XIXe siècle.

Musée archéologique et ethnographique d'Agache MUSÉE

(☎922 53 04 95 ; Plaza El Escobonal, El Escobonal ; ⏲17h-19h lun-ven). GRATUIT Ce modeste musée présente toutes sortes d'artefacts se rapportant aux Guanches et à la culture de l'île.

Où se restaurer

Café al Mar CAFÉ €

(☎626 39 00 96 ; Porís de Abona ; sandwichs 2,50 € ; ⏲8h-17h). Ce petit café, tenu par des Allemands, surplombe la crique de sable noir à Porís de Abona et sert des sandwichs, un excellent café et d'autres boissons.

Depuis/vers Güímar

Les bus n°s 120 et 121, qui partent environ toutes les heures de Santa Cruz (3,40 €, 50 min) font halte à la gare routière de Güímar, à quelques rues des pyramides. Vous aurez besoin d'une voiture pour explorer les environs.

El Médano

1 250 HABITANTS

Pas encore écrasé par le rouleau compresseur du développement, El Médano est un spot de niveau international pour les kitesurfeurs. L'ambiance détendue qu'apportent les sportifs donne à l'endroit un côté bohème et le rend bien plus plaisant que Las Américas, à proximité.

Plages

Playa El Médano PLAGE

El Médano possède la plus longue plage de Tenerife (2 km), que borde une promenade en planches, idéale pour une balade en soirée. Le vent qui fait le bonheur des kitesurfeurs rend la plage moins agréable pour un bain de soleil.

Playa La Tejita PLAGE

S'étirant sur 1 km environ, cette jolie plage préservée compte un simple bar à toit de chaume qui sert en-cas et boissons. Elle se situe juste à l'est de la Playa El Médano ; le premier tronçon est réservé aux nudistes.

Activités

Les ailes des kitesurfeurs ponctuent l'horizon. Plusieurs centres proposent des cours et louent l'équipement ; les débutants

HORS DES SENTIERS BATTUS

EXPLORER LA CÔTE EST

Après la visite des pyramides de Güímar, continuez au-delà d'El Escobonal, jusqu'à Fasnia et la petite **Ermita de la Virgen de los Dolores**, une chapelle perchée sur une colline à la lisière de la ville (près de nationale TF-620). Elle est habituellement fermée, mais justifie le court trajet pour la vue sur le paysage âpre et aride. Restez sur la TF-620 après l'*ermita* pour rejoindre **Roques de Fasnia**, une bourgade creusée dans la falaise volcanique ; elle possède une paisible plage de sable noir, rarement bondée. Un peu plus au sud, **Porís de Abona** est un charmant petit village de pêcheurs, entouré de nouvelles constructions. Il comprend une jolie crique avec des bateaux de pêche et une plage de sable noir propice à la baignade.

doivent savoir que les vents sont très forts et difficiles même pour les professionnels.

Azul Kite School KITESURF

(☎922 17 83 14 ; www.azulkiteboarding.com ; Paseo Mercedes Roja 26 ; cours 3 heures 145 € ; ⏲11h-20h mar-sam). Une école bien établie qui offre divers cours pour débutants, ainsi que pour des kitesurfeurs plus expérimentés.

30 Nudos Kite School KITESURF

(☎922 17 89 05 ; www.30nudos.com ; Paseo Nuestra Señora Mercedes de Roja 24 ; cours 3 heures 145 € ; ⏲10h-20h lun-sam). École très sympathique et professionnelle à l'excellente réputation.

Où se restaurer

Imperio del Pintxo TAPAS €

(Emilio José Garrido, Playa Chico ; raciónes 7-9,50 € ; ⏲10h-minuit ; 👪). Tenu par une jeune équipe dynamique, ce bar à tapas bénéficie de la vue sur la plage et les kitesurfeurs au loin. Venez vous régaler de savoureuses tapas et *raciónes* à partager, comme les tempura de légumes, les feuilletés au fromage de chèvre et les crevettes nappées de sauce *mojo* épicée.

El Astillero de Avencio POISSON €€

(☎922 17 82 20 ; Paseo Marcial García 2 ; plats 12-15 € ; ⏲13h-22h30 mar-dim). L'emplacement est superbe, au-dessus des vagues, le poisson et les fruits de mer sont toujours bons, et la paella est chaudement recommandée par des lecteurs. Comme souvent dans les restaurants de poisson espagnols, les légumes ne sont guère abondants, tout comme les desserts.

Renseignements

Office du tourisme (☎922 17 60 02 ; www.todotenerife.es ; Plaza del Médano ; ⏲9h-15h lun-ven, 9h-13h sam). Un office du tourisme bien fourni, avec des cartes décrivant 4 randonnées locales.

Depuis/vers El Médano

El Médano se situe juste à l'est de l'aéroport Tenerife Sur, près de la sortie 22 de la TF-1. Le bus n°470 part toutes les heures pour Los Cristianos (3,60 €, 1 heure 35), et le bus n°116 toutes les 2 heures de Santa Cruz (7,35 €, 1 heure 15).

La Gomera

922 / 21 952 HABITANTS

Dans ce chapitre ➡

Le top des restaurants

- Restaurante Breñusca (p. 176)
- Casa Efigenia (p. 178)
- Bar-Restaurante El Puerto (p. 186)
- Restaurante Junonia (p. 183)

Le top des hébergements

- Parador Nacional Conde de La Gomera (p. 238)
- Apartamentos Los Telares (p. 238)
- Finca Argayall (p. 239)
- Apartamentos Tapahuga (p. 239)

Pourquoi y aller

De loin, La Gomera ressemble à une forteresse imprenable, entourée de hautes parois rocheuses. Des routes étroites serpentent le long des falaises et des ravins, tandis que les maisons, tels des petits confettis blancs, semblent construites sur des surplombs inaccessibles. Vu de près, ce paysage tourmenté se transforme en vallées luxuriantes, falaises impressionnantes et formations rocheuses sculptées par l'ancienne activité volcanique et l'érosion.

La Gomera n'offre pas les plages dorées et la vie nocturne trépidante des stations balnéaires classiques. La rejoindre est aussi relativement laborieux ; le ferry qui part de Los Cristianos fait office de filtre et la plupart des visiteurs sont des randonneurs qui viennent parcourir les innombrables chemins qui sillonnent cette île spectaculaire.

Une ambiance bohème palpable règne à La Gomera ; vous verrez de nombreux résidents étrangers aux longs cheveux grisonnants, qui sont arrivés dans les années 1960 à l'époque du *Flower Power*, et ne sont jamais repartis.

Quand partir

➡ Mars et avril sont les mois les plus propices à la randonnée, avec une température idéale et l'éclosion des fleurs subtropicales sur les collines.

➡ Pendant les mois d'été, et particulièrement en août, Le thermomètre peut grimper à 30°C en août, quand le plus grand nombre d'excursionnistes viennent pour la journée de Los Cristianos. Juin et septembre sont un peu plus frais et des mois festifs, avec El Día de San Juan (Saint-Jean, 23-24 juin) et les Fiestas Columbinas (à partir du 6 septembre), des fêtes de rue qui durent une semaine.

➡ En hiver, attendez-vous à de la pluie en décembre et janvier, et à une température moyenne de 17°C. Repérez les champignons sauvages sur les menus locaux en février.

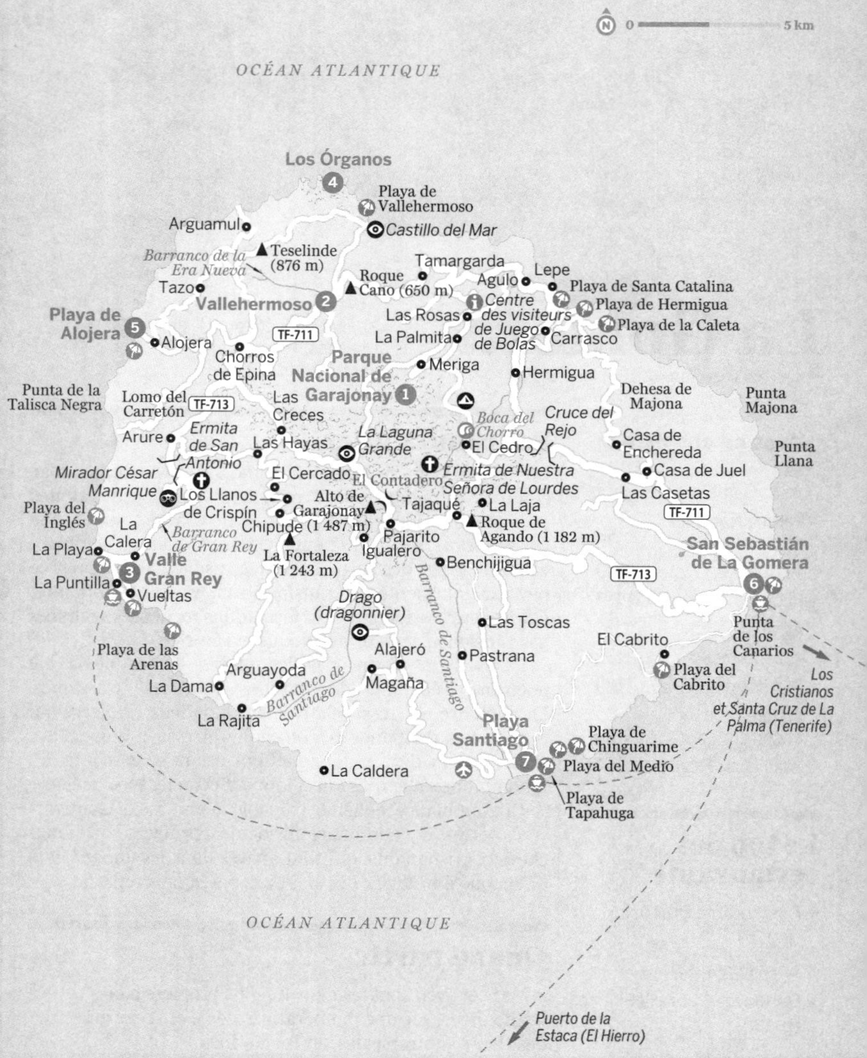

À ne pas manquer

1 Les chemins envahis de fougères du **Parque Nacional de Garajonay** (p. 178), la *laurisilva* (forêt de lauriers) au cœur de l'île

2 Les splendides fleurs, plantes et fruits tropicaux du luxuriant **Vallehermoso** (p. 182)

3 Le superbe **Valle Gran Rey** (p. 184), avec ses vallées profondes et ses cultures en terrasses à flanc de colline

4 Une croisière jusqu'à **Los Órganos** (p. 182), gigantesques formations rocheuses

5 Le farniente à **Playa de Alojera** (p. 182), la plage la plus isolée de l'île

6 Les ruelles pittoresques et le puits qui "baptisa l'Amérique" à **San Sebastián de La Gomera** (p. 173)

7 Un repas de poisson en bord de mer à **Playa Santiago** (p. 183), une paisible station balnéaire

Histoire

Au cours du XVe siècle, les Espagnols tentèrent en vain de conquérir La Gomera. Lorsqu'ils parvinrent finalement à s'établir sur l'île, au milieu du siècle, ce fut grâce à la pénétration lente et essentiellement pacifique du christianisme et de la culture européenne plutôt que par la force. Si les indigènes furent d'abord autorisés à conserver en grande partie leurs coutumes et leur autonomie, les choses changèrent lorsque Hernán Peraza le Jeune devint gouverneur. Sa brutalité provoqua la rébellion des Gomeros, qui fut sauvagement réprimée et coûta la vie à des centaines d'insulaires.

Après l'activité des premières années et l'effervescence que provoquèrent les escales de Christophe Colomb sur l'île, La Gomora connut une longue période d'isolement. Entièrement autosuffisante, elle eut peu de contacts avec le monde extérieur jusqu'aux années 1950, quand la construction d'un petit embarcadère à San Sebastián ouvrit la voie aux liaisons maritimes et au commerce.

Il restait cependant difficile de vivre de la terre sur les pentes escarpées de La Gomora et nombre de ses habitants émigrèrent à Tenerife ou en Amérique du Sud. Aujourd'hui, l'île est la plus prisée de l'archipel pour la randonnée, ce qui apporte un développement appréciable de son économie.

Depuis/vers La Gomera

AVION

L'**aéroport** (☎ 922 87 30 00 ; www.aena.es) se situe à 3 km du centre de Playa Santiago.

Binter Canarias (☎ 902 391 392 ; www.bintercanarias.com) relie La Gomera au reste de l'archipel plusieurs fois par jour, via Tenerife.

BATEAU

Plusieurs ferries et hydroglisseurs accostent quotidiennement dans le port affairé de San Sebastián, juste au pied de la ville. La plupart des visiteurs viennent pour la journée de Los Cristianos, Tenerife, et des ferries moins fréquents arrivent de La Palma et de la Grande Canarie.

Fred Olsen (☎ 902 10 01 07 ; www.fredolsen.es). Les bateaux de cette compagnie, les plus rapides et les plus chers, circulent depuis/vers Los Cristianos (Tenerife ; 32 €, 40 min, 3 fois/jour). Ils desservent aussi Santa Cruz de La Palma (42 € aller, 2 heures, 1/jour lun-sam).

Naviera Armas (☎ 922 87 13 24 ; www.navieraarmas.com). Navigue depuis/vers Los Cristianos (Tenerife ; 30 €, 1 heure) 3 fois/jour du lundi au vendredi, 1 fois le samedi et 2 fois le dimanche. Rallie aussi Santa Cruz de La Palma tous les jours sauf le samedi (à partir de 24 € aller, 2 heures 30).

LOCATION DE VOITURES

La Gomera offre un nombre de voitures de location limité et, sans réservation, vous risquez de ne pas en trouver à votre arrivée. Si possible, réservez en ligne à l'une des agences suivantes : www.cicar.com ; www.oasisrentacar.com ; www.autoslarueda.es ; ou www.aviacar.com

DISTANCES (KM)

	San Sebastián de la Gomera	Valle Gran Rey	Hermigua	La Laguna Grande
Valle Gran Rey	27			
Hermigua	16	23		
La Laguna Grande	18	11	8	
Vallehermosa	27	16	15	13

Distances approximatives

Comment circuler

BUS

Guagua Gomera (☎ 922 14 11 01 ; www.guaguagomera.com). La compagnie de bus locale gère un réseau complet de lignes dans l'île.

SAN SEBASTIÁN DE LA GOMERA

9 055 HABITANTS

Capitale de l'île dans tous les sens du terme – économique, administrative et historique –, San Sebastián possède un centre-ville charmant avec des places ombragées, des édifices délavés par le soleil et des rues plaisantes pour les piétons. Christophe Colomb y séjourna sur la route du Nouveau Monde et vous apprendrez maintes choses sur le grand navigateur, dont la moindre trace (réelle ou imaginaire) dans la ville est expliquée aux visiteurs. Si vous arrivez de Los Cristianos (Tenerife), ralentissez le pas ; le rythme nonchalant de San Sebastián diffère fortement de celui de sa voisine, de l'autre côté de l'eau.

Histoire

Le 6 septembre 1492, après un dernier ravitaillement à La Gomera, les trois caravelles de Christophe Colomb mirent le cap vers l'ouest au-delà des limites du monde connu. Lors de cette escale, San Sebastián venait juste d'être fondée. Quatre ans auparavant, en 1488, un terrible massacre avait réprimé un soulèvement contre le gouverneur de l'île, Hernán Peraza. Après les événements, l'ancienne Villa de las Palmas, sur un site appelé Hipalán par les Guanches, fut renommée San Sebastián.

L'essor du commerce transatlantique qui suivit les voyages de Colomb contribua à la prospérité de la ville ; située dans une baie protégée, elle comptait parmi les meilleurs ports des Canaries. Néanmoins, sa population ne dépassa les 1 000 habitants qu'au début du XIXe siècle. La période faste apporta aussi les dangers et, comme les autres îles, San Sebastián fut régulièrement attaquée par des corsaires anglais, français et portugais. En 1739, la flotte anglaise débarqua une armée d'invasion, qui fut repoussée.

Par la suite, le sort de la ville fut lié à celui du reste de l'île. Elle s'enrichit au XIXe siècle grâce au boom de la cochenille (un insecte qui produit un colorant carmin), puis cette industrie périclita lors de l'apparition des teintures synthétiques.

À voir

Ne manquez pas de flâner dans les rues pittoresques et paisibles de San Sebastián. Pour une vue panoramique San Sebastián d'en haut, montez jusqu'au Parador Nacional Conde de La Gomera, où le **Mirador de la Hila** surplombe la côte, la ville et les vertes montagnes escarpées au-delà.

Dans le centre-ville, la plupart des sites ont un lien réel ou imaginaire avec Christophe Colomb et forment un itinéraire que vous pouvez suivre. Après un verre dans l'un des bars en terrasse de la **Plaza Américas**, traversez la **Plaza Constitución**, ombragée par d'énormes ficus. Un marché d'art et d'artisanat s'y tient les samedis et mercredis matin.

L'office du tourisme organise des visites gratuites de la vieille ville les mercredi et vendredi à 11h.

3 JOURNÉES PARFAITES À LA GOMERA

Jour 1

L'île de La Gomera semble taillée sur mesure pour les randonneurs. Commencez par **La Laguna Grande**, arpentez les magnifiques forêts de lauriers noyées de brume avant d'émerger deux heures plus tard sur l'**Alto de Garajonay**, le point culminant de l'île. Par temps clair, vous verrez au loin le sommet enneigé d'El Teide, sur Tenerife, et en contrebas les épaisses forêts de La Gomera. Achevez la boucle pour rejoindre votre voiture, et offrez-vous un dîner bien mérité à la **Casa Efigenia** (p. 178).

Jour 2

La moitié nord de La Gomera est l'une des régions les plus fertiles des Canaries. Commencez la journée parmi les bananiers d'**Hermigua** et apprenez les secrets du *gofio* (céréales grillées qui remplacent le pain dans la cuisine canarienne) au **Museo de Gofio** (p. 180). Suivez ensuite la nationale qui serpente le long de la côte jusqu'à la jolie bourgade **d'Agulo**, pour flâner dans son beau quartier historique. Arrêtez-vous pour déjeuner au **Restaurante Las Rosas** (p. 182) et écoutez une démonstration de **silbo**, le langage sifflé de La Gomera. Continuez jusqu'à la bien nommée **Vallehermosa**, où vous pouvez achever la journée par une balade à Playa de Vallehermosa.

Jour 3

Pour nombre de touristes, le **Valle Gran Rey** (vallée du Grand Roi) justifie à lui seul un séjour à La Gomera. Vous allez découvrir pourquoi. Commencez par un petit-déjeuner au-dessus d'une plage déserte dans le jardin de la **Finca Argayall**. Marchez jusqu'au port et grimpez à bord d'un bateau pour un **circuit d'observation des baleines et des dauphins**. Revenez pour repas de poisson au **Bar-Restaurante El Puerto** (p. 186), puis faites la sieste sur l'une des plages de la ville. En soirée, montez dans la vallée pour un apéritif avec vue au **Mirador César Manrique**.

L'ESCALE DE COLOMB À LA GOMERA

Marin génois de condition modeste, Christophe Colomb (Cristoforo Colombo en italien) naquit en 1451. Il commença à naviguer de bonne heure et, fasciné par les voyages de Marco Polo, décida rapidement qu'il devait être possible de rejoindre l'Orient par l'ouest. Après avoir essuyé des refus pendant plusieurs années, il obtint en 1492 le soutien des Rois Catholiques d'Espagne, Fernando et Isabel.

Le 3 août, à la tête de trois petites caravelles – la *Santa María*, la *Pinta* et la *Niña* – Colomb leva l'ancre à Palos de la Frontera, en Andalousie. Avant de traverser l'océan, il fit escale à La Gomera pour un dernier ravitaillement, donnant ainsi à l'île son principal titre de gloire et nombre de ses futures curiosités touristiques. Parmi les provisions chargées à bord figurait du fromage de chèvre, l'un des produits les plus réputés de La Gomera.

Colomb repartit le 6 septembre, un jour célébré à San Sebastián par les Fiestas Columbinas. Les caravelles ne touchèrent terre que le 12 octobre, alors que les provisions et la patience des marins touchaient à leur fin. L'expédition "découvrit" plusieurs îles des Caraïbes et revint en Espagne en mars de l'année suivante.

Christophe Colomb effectua trois autres voyages, puis mourut seul et amer à Valladolid en 1504, toujours convaincu d'avoir trouvé une nouvelle route vers l'Orient.

♥ Casa de Colón — MUSÉE

(www.museoslagomera.es ; Calle Real 56 ; 10h-13h et 17h-20h mar-sam). GRATUIT Cette simple maison, construite à l'endroit où Colomb aurait résidé pendant son séjour sur l'île, abrite aujourd'hui un petit musée. Son principal attrait est la salle consacrée aux splendides poteries des tribus chimú, qui vivaient dans la région entre l'Équateur et Lima du XIe au XVe siècle. La galerie à l'étage accueille des expositions temporaires, généralement d'art et de photos.

Torre del Conde — FORT

(9h30-13h30 et 15h-18h lun-ven). GRATUIT Dans un luxuriant parc subtropical, la Torre del Conde est considérée comme le plus important exemple d'architecture militaire des Canaries. Elle renferme aujourd'hui une collection historique, dont des cartes de La Gomera datant de 1492. C'est ici que Beatriz de Bobadilla, l'épouse du cruel Hernán Peraza (p. 177), dut se barricader en 1488 en attendant les secours.

Le fort, édifié en 1447, fut le premier bâtiment important de l'île et reste le seul à avoir plus ou moins conservé son état d'origine.

Iglesia de la Virgen de la Asunción — ÉGLISE

(Calle Real ; 8h-18h30 lun-sam, 11h-20h dim). Christophe Colomb et son équipage seraient venus prier dans cette église avant d'embarquer pour le Nouveau Monde. La chapelle d'origine, construite en 1450, fut détruite par un incendie. L'église actuelle du XVIIIe siècle, en forme de croix latine, possède trois nefs et mêle des styles mudéjar (hispano-musulman), gothique et baroque. L'entrée en bois sculpté est splendide.

Museo Arqueológico de La Gomera — MUSÉE

(www.museoslagomera.es ; Calle Torres Padilla 8 ; 10h-19h mar-ven, 10h-14h sam-dim). GRATUIT Aménagé dans une maison de ville typique de La Gomera, ce petit musée présente le passé guanche de l'île et sa culture contemporaine. Des expositions révèlent la vie quotidienne des Guanches, ainsi que leurs structures sociales, politiques et religieuses. Les légendes sont uniquement en espagnol.

Casa de la Aguada — MUSÉE

(Calle Real 4 ; 8h30-18h lun-sam, 10h-13h dim). GRATUIT Près de la Plaza Constitución, cette maison est également appelée Casa de la Aduana ou Casa Condal, car elle fut à des époques différentes l'hôtel des douanes et la résidence du comte. Fermé pour rénovation lors de nos recherches, le musée couvre principalement l'histoire du bâtiment.

Selon le folklore local, Colomb aurait "baptisé l'Amérique" avec l'eau du puits situé dans le patio central.

Plages

Playa San Sebastián — PLAGE

La plage de sable volcanique de la ville est parfaite pour se détendre et se baigner, et ses eaux presque toujours calmes la rendent idéale pour les enfants. Elle est aussi le site d'une des fêtes les plus animées de la cité.

À NE PAS MANQUER

DÉLICES DU MARCHÉ

Le **marché** (Avenida Colón ; 9h-14h sam et mer ; P) de San Sebastián est un bon endroit pour acheter des délices locaux, comme le miel de La Gomera, réputé l'un des meilleurs d'Espagne, le *miel de palma*, (sirop de sève de palmier), l'*almogrote* (pâte à tartiner composée de fromage sec,de poivrons ou de piments, d'ail et d'huile d'olive) et le *queso gomero* (fromage de chèvre frais, doux et moelleux). Ce dernier peut accompagner les salades, être servi en dessert ou bien grillé et nappé de *mojo*, la sauce épicée rouge ou verte typique des Canaries, à base de petits piments, de paprika ou de coriandre et d'ail . Le marché s'installe à côté de la gare routière.

Playa de la Cueva PLAGE

Après le port, et accessible par un petit tunnel, la jolie Playa de la Cueva est petite et souvent venteuse. Par temps clair, Tenerife semble toute proche.

Activités

Au nord de la ville, au Km 8,4 sur la TF-711, une piste conduit à la **Dehesa de Majona**, un pâturage pratiquement inhabité. La piste débute près du point de vue, court vers les villages de chevriers de Casas de Enchereda et Casas de Juel, puis serpente vers la côte et rejoint des routes asphaltées près de Hermigua. Cet itinéraire isolé de quelque 24 km se parcourt à pied en 5 heures environ (aller).

Bike Hire Marina La Gomera LOCATION DE VÉLOS

(922 14 17 69 ; www.marinalagomera.es ; Puerto Deportivo Marina La Gomera, Avenida Fred Olsen ; demi-journée/journée 5/7 € ; 10h-18h ;). Une adresse pratique pour louer des vélos, sur le front de mer.

Fêtes et festivals

Pour une petite ville, San Sebastián possède un calendrier de fêtes chargé. Les suivantes ne sont qu'un aperçu.

Fiesta de San Sebastián FÊTE RELIGIEUSE

(20 jan). San Sebastián fête le saint patron de la ville.

El Día de San Juan SAINT-JEAN

(23-24 juin). Des feux de joie sont allumés sur la plage pour célébrer le solstice d'été.

Fiestas Columbinas FÊTES DE RUE

(à partir du 6 sept). Une semaine de fêtes de rue, de musique et d'événements culturels célèbre le premier voyage de Christophe Colomb.

Bajada de la Virgen de Guadelupe San Sebastián FÊTE RELIGIEUSE

(5 oct). Tous les cinq ans (2018, 2023, etc.), une flottille de bateaux de pêche escorte la statue de la Vierge de Guadalupe, la sainte patronne de la ville, de la chapelle de Punta Llana jusqu'à la capitale.

Où se restaurer

Restaurante Breñusca CANARIEN €

(922 87 09 20 ; Calle Real 11 ; plats 8-12 € ; 9h-22h lun-sam). Suivez les recommandations du propriétaire, Hipolito, qui présente les prises du jour. Il est là depuis les années 1980, tout comme la décoration : murs vert foncé, photos jaunies, fougères poussiéreuses... Peu importe, les habitants considèrent ce restaurant comme l'un des meilleurs de la ville et sont toujours nombreux dans le petit bar d'angle.

Outre les poissons et fruits de mer, la carte comprend des plats de viande roboratifs et des gâteaux maison.

La Forastera BISTROT €

(Calle Real 15 ; tapas 3,50-7 € ; 12h30-19h30 lun-sam). Ce petit bistrot offre un choix restreint de tapas méditerranéennes comme la quiche aux épinards ou le gratin poivrons et aubergines, ainsi que des desserts inventifs, telle la mousse de *gofio* légère comme une plume et nappée de miel local. Il ne compte que quelques tables en terrasse, rapidement occupées.

Bar-Restaurante La Hila CANARIEN €€

(680 58 35 37 ; Calle Virgen Guadalupe 2 ; plats 10-15 € ; 12h-16h30 et 18h-22h30). Si vous arrivez de Las Américas et ne pouvez plus avaler de tourtes et de petits pois, venez ici et choisissez un des plats de poisson *a la plancha*, inscrits chaque jour à la craie sur

le tableau noir, ajoutez un filet de citron et régalez-vous.

Repérez les volets peints en vert vif au coin d'une des ruelles les plus pittoresques de la ville.

Restaurante El Charcón POISSON €€
(☎922 14 18 98 ; www.restauranteelcharcon.com ; Playa de la Cueva ; plats 11-18 € ; ⏲12h15-22h30 lun-sam). Un petit restaurant plutôt haut de gamme, creusé dans la roche près du rivage, avec vue superbe sur la plage des baies vitrées et de la petite terrasse. El Charcón se spécialise dans les plats de poisson inventifs, telle la daurade au martini et à l'aneth.

Bar-Restaurante La Tasca INTERNATIONAL €€
(☎922 14 15 98 ; Calle Ruiz de Padrón 57 ; plats 9-12 € ; ⏲12h-16h et 19h-23h30 lun-sam). Répartie dans deux cottages traditionnels avec quatre salles chaleureuses, cette taverne intime sert des tapas espagnoles, des pizzas, des lasagnes et des plats plus élaborés, comme le lapin grillé.

Parador Nacional Conde de La Gomera CANARIEN MODERNE €€€
(☎922 87 11 00 ; www.parador.es ; Calle Lomo de la Horca ; plats 22-28 € ; ⏲12h-16h et 18h-23h ; P). L'élégant restaurant du Parador Nacional est assurément l'établissement le plus raffiné de San Sebastián. Il sert des versions créatives de plats canariens traditionnels, toujours réussies. Réservation indispensable.

Où prendre un verre

La Salamandra CAFÉ
(Calle Real 16 ; cocktails 5 € ; ⏲9h-22h lun-sam ;). Cette cour intérieure d'un blanc étincelant, agrémentée d'œuvres d'art contemporain, est un endroit superbe pour siroter un cocktail ou un *lassi* (yaourt à boire) à la mangue ou à la papaye. Des en-cas sont également proposés. Musique live le mardi à 20h30.

Renseignements

Kiosque d'information touristique (Plaza Américas ; ⏲9h-12h30 et 15h30-18h30 lun-ven, 9h-12h30 et 16h-18h30 sam). Ce petit kiosque ne fournit guère autre chose que des cartes.

Office du tourisme (☎922 14 15 12 ; www.lagomera.travel ; Calle Real 34 ; ⏲9h-13h30 et 15h30-17h lun-sam, 10h-13h dim). Un office du tourisme serviable, avec un centre d'exposition adjacent sur le terrain montagneux et l'histoire des murs en pierre sèche que l'on voit partout dans l'île. Prenez la brochure gratuite *This Was Columbus's Starting Point*, un itinéraire des sites reliés à Christophe Colomb.

Comment circuler

Le bus n°7 (4 €, 30 min) circule entre l'aéroport et San Sebastián aux heures d'arrivée des vols.

San Sebastián s'explore facilement à pied ; la ville est si petite que les bus ne font que la traverser, sans relier les sites à l'intérieur du centre-ville.

MASSACRE À LA GOMERA

Le gouverneur Hernán Peraza le Jeune fut longtemps haï pour sa cruauté envers les insulaires. Quand en 1488 il rompit un pacte d'amitié avec l'une des tribus de La Gomera et, trompant ouvertement son épouse, commença à courtiser Yballa, une beauté locale fiancée à l'un des hommes les plus puissants de l'île, les Gomeros se révoltèrent. Ils surprirent Peraza au cours d'une de ses rencontres clandestines avec Yballa et le tuèrent d'une flèche, communiquant la nouvelle au moyen du *silbo* (langage sifflé) dans toute l'île. Ils attaquèrent ensuite les Espagnols à Villa de las Palmas, l'actuelle San Sebastián, et l'épouse trompée de Peraza, la belle Beatriz de Bobadilla, se barricada dans la Torre del Conde jusqu'à l'arrivée des renforts.

Malheureusement, l'histoire ne s'arrêta pas là. Celui qui vint à la rescousse fut Pedro de Vera, le gouverneur de la Grande Canarie et l'une des personnages les plus impitoyables de l'histoire de l'archipel. Sa cruauté glaçait le sang. Selon un récit, il ordonna l'exécution de tous les hommes gomeros âgés de plus de 15 ans, qui furent pendus, empalés, décapités ou noyés dans un déferlement de violence aveugle. Certains eurent auparavant les mains et les pieds tranchés pour faire bonne mesure. Les femmes furent réparties entre les miliciens et de nombreux enfants furent vendus comme esclaves. Pour compléter le massacre, de Vera fit également occire quelque 300 Gomeros qui vivaient sur la Grande Canarie.

La station de taxis se tient dans l'Avenida Descubridores. Vous souhaiterez peut-être prendre une voiture pour aller du centre au Parador Nacional Conde de La Gomera, un court trajet mais une montée escarpée. Une voiture sera très utile pour explorer la campagne.

Sur réservation (recommandée), plusieurs agences de location peuvent mettre une voiture à disposition à votre arrivée au port ou à l'aéroport.

Cicar (☎922 14 17 56 ; www.cicar.com ; Estación Marítima, San Sebastián). Possède aussi un comptoir à l'aéroport.

Rent-a-Car La Rueda (☎922 87 07 09 ; www.autoslarueda.es ; Calle Real 19, San Sebastián ; ⏲9ah-13h30 et 16h-20h). Une agence de location locale à des prix raisonnables.

PARQUE NACIONAL DE GARAJONAY

Cette jungle presque impénétrable a été gravement endommagée en 2012 par un gigantesque incendie qui a détruit 750 ha de *laurisilva* (laurisylve ou forêt de lauriers) ancestrale. Le feu a laissé de grandes étendues de troncs noircis qui, selon les estimations, mettront 30 ans à se régénérer. Il reste heureusement beaucoup de végétation, et le Parque Nacional de Garajonay est toujours réputé offrir les plus beaux chemins de randonnée à pied et à vélo de l'île. En bref, c'est un site absolument incontournable.

Cette forêt sombre et humide, qui couvre 10% (40 km² environ) de la superficie de l'île, abrite quelque 400 espèces végétales, dont des saules des Canaries (*Salix canariensis*) et du houx des Açores (*Ilex canariensis*), et près de 1 000 espèces d'invertébrés qui font la joie des entomologistes. Les vertébrés sont principalement des oiseaux et des lézards. Relativement peu de lumière traverse la canopée, favorisant le développement des mousses et des lichens.

À cet endroit, sur les hauteurs de l'île, les alizés de l'Atlantique rencontrent des vents plus chauds, créant dans l'épaisse forêt dense un flux et reflux constant de brume, un phénomène appelé "pluie horizontale". Cet enchevêtrement d'arbres est vital pour la santé de l'île. Les arbres agissent comme des éponges, capturant l'humidité sur leurs feuilles, puis la laissant goutter sur les sols, s'y infiltrer et alimenter les sources locales.

La dernière période glaciaire a épargné les Canaries, si bien que le milieu naturel est similaire à celui du pourtour méditerranéen il y a des millions d'années. Garajonay a été déclaré parc national en 1981 et classé au patrimoine mondial de l'Unesco en 1986.

Il est interdit d'allumer un feu dans le parc, sauf aux quelques endroits indiqués, et de faire du camping sauvage. Il peut faire froid et l'humidité pénètre jusqu'aux os même en l'absence de pluie ; prévoyez de bonnes chaussures de marche, des vêtements chauds et une veste imperméable.

Où se restaurer

Casa Efigenia CANARIEN €

(☎922 80 40 77 ; www.efigenianatural.com ; Carretera General ; menú 10 € ; ⏲8h-20h ; 🅿🖉). À la lisière sud du Parque Nacional de Garajonay, faites un court détour par la ville de Las Hayas, où cette institution locale sert une cuisine familiale. Doña Efigenia, la charmante hôtesse, a commencé à cuisiner pour les ingénieurs qui travaillaient sur les routes de la région en 1960. Les longues tables communes sont toujours là et le délicieux menu végétarien reste inchangé.

Aux plats traditionnels comme le *puchero gofio* (un ragoût de légumes et de pois chiches), l'*almogrote* (une sauce au fromage épicée, à tartiner sur du pain) et la *sopa de berros* (soupe de cresson), s'ajoutent de fabuleux gâteaux maison. Efigenia met un point d'honneur à échanger quelques mots avec tous ses convives. Aujourd'hui, ses 3 fils l'aident à tenir l'établissement, qui s'est agrandi et comprend une *bodega* et plusieurs *casas rurales* (hébergements dans le village ou à la ferme ; 45 €) et appartements (65 €) dans le secteur. Vous pouvez acheter du vin de la propre marque d'Efigenia, une puissante liqueur d'orange corsée, de la marmelade d'oranges, des confitures et du *mojo*.

Renseignements

Deux centres des visiteurs fournissent des renseignements sur les itinéraires de randonnée. Les indications sont progressivement remplacées par une signalétique optique de type codes-barres, que les rangers conseillent de télécharger sur votre smartphone avec les informations GPS.

Centre des visiteurs de Juego de Bolas (☎922 80 09 93 ; http://reddeparquesnacionales.mma.es ; nationale La Palmita-Agulo ; ⏲9h30-16h30 ; 📶♿). Ce centre est actuellement installé en dehors du Parque Nacional de Garajonay, près d'Agulo dans le nord de l'île.

À NE PAS MANQUER

RANDONNÉE À GARAJONAY

La marche est le meilleur moyen d'apprécier la beauté naturelle du parc national de Garajonay. Nombre des chemins qui le sillonnent sont utilisés par les Gomeros depuis des siècles et certains sont épuisants.

Si plusieurs compagnies de guides organisent des randonnées, transports compris, dans le parc et alentour, leurs services ne sont pas indispensables. Le nombre et la variété des points d'accès facilitent grandement l'organisation d'une randonnée en indépendant, et la plupart des itinéraires sont très bien indiqués. Si vous ne disposez pas d'un guide de randonnée traitant spécifiquement de l'île, procurez-vous la carte du parc national et Camino Gomera (carte des randonnées) dans les **centres des visiteurs de Juego de Bolas** (p. 178) ou de La Laguna Grande. Les randonnées décrites correspondent à celles indiqués dans le parc et aux itinéraires mentionnés ici. Une signalétique optique sous forme de codes-barres, que vous pouvez "lire" avec un smartphone ou une tablette, est utilisée de manière croissante le long des chemins.

Les marcheurs expérimentés trouveront la randonnée dans le parc national de Garajonay assez facile (mais gratifiante). Juego de Bolas propose aussi des randonnées guidées.

Plusieurs itinéraires populaires partent de **La Laguna Grande**, une aire de loisirs et de pique-nique près de la nationale TF-713. La *laguna* désigne un cercle de terre aride qui se remplit d'eau lorsqu'il pleut, et depuis toujours auréolé de mystère. Les insulaires affirment qu'il s'agit d'un lieu mystique où se rencontraient jadis les sorcières. La majeure partie de l'année, La Laguna est un bel endroit verdoyant avec terrains de jeu, braseros et tables de pique-nique.

Si vous manquez de temps pour explorer le parc, suivez la boucle de 20 minutes (0,75 km) qui offre un bref aperçu des forêts de lauriers, et du secteur malheureusement ravagé par un incendie en 2012.

Une marche plus longue (environ 2 heures 30 aller, 6,2 km) conduit à l'**Alto de Garajonay** (1 487 m), le point culminant de l'île. Elle commence derrière le restaurant de La Laguna Grande, se dirige vers **El Cercado**, une bourgade connue pour ses poteries, puis tourne à gauche en direction de Los Llanos de Crispín avant de serpenter à travers la végétation pour rejoindre l'Alto au sud-est. Par temps clair, la vue panoramique embrasse toute l'île et l'on aperçoit même au loin Tenerife, La Palma, El Hierro et la Grande Canarie.

De l'Alto de Garajonay, vous pourrez revenir à La Laguna Grande par un autre chemin ou poursuivre pendant 45 minutes jusqu'à Pajarito, où se tient un arrêt de bus. Le bus n°1 (5 €, 1 heure environ) passe 4 fois par jour en semaine et 2 fois le week-end ; il dessert San Sebastián dans un sens et Valle Gran Rey dans l'autre. Si vous arrivez en bus ou cherchez un endroit où vous garer facilement, Pajarito est également un bon point de départ pour une courte randonnée jusqu'à l'Alto.

À 15 minutes de marche au nord de Pajarito, **El Contadero** est le début du **Caserío del Cedro**, un chemin balisé qui court vers le nord-est à travers une superbe vallée boisée. Essentiellement en descente, le chemin (2 heures 30 aller, 5,7 km) serpente jusqu'au hameau d'**El Cedro**, fameux pour ses cascades. Vous pouvez continuer jusqu'à Hermigua, à 2 heures, ou revenir à l'arrêt de bus de Pajarito via Tajaqué (environ 3 heures).

Il fournit des informations sur le parc et sur l'île en général, et projette une vidéo de 20 minutes. Le jardin et le patio du centre abritent un échantillon de la riche flore de l'île.

Un petit musée présente l'artisanat de l'île et explique la géologie et le climat du parc. Un petit café est à disposition. Le centre organise des circuits guidés gratuits dans le parc le vendredi (2 heures 30, en espagnol uniquement) ; appelez pour réserver.

La Laguna Grande (☎922 92 26 00 ; www.lagomera.travel ; La Laguna Grande, Parque Nacional de Garajonay ; ⌚8h30-15h30 ; 📶 👪). Ce centre des visiteurs bien situé renseigne sur les itinéraires de randonnée. Il comprend une petite exposition sur les oiseaux du parc, un restaurant et une aire de jeux.

Depuis/vers le Parque Nacional de Garajonay

Contrairement à d'autres parcs protégés, Garajonay est très accessible. Situé au carrefour des principaux axes routiers, vous ne pourrez pas l'éviter si vous circulez dans l'île.

La nationale TF-713 traverse le parc d'est en ouest et croise la TF-711 à l'extrémité ouest du parc. Si la voiture constitue le moyen le plus rapide et le plus confortable de rejoindre le parc, le bus n°1 (5 €, 1 heure environ) circule 5 fois par jour en semaine et 2 fois le week-end entre la capitale et Valle Gran Rey. L'itinéraire suit une route secondaire au sud, qui bifurque peu avant Alto de Garajonay et serpente vers l'ouest via des localités comme Igualero, Chipude et El Cercado, avant de bifurquer à nouveau vers le nord pour rejoindre la route principale à Las Hayas.

Une petite route goudronnée relie le centre des visiteurs de Juegos de Bolas dans le nord de l'île et Laguna Grande, à mi-chemin sur la TF-713, entre les limites est et ouest du parc.

LE NORD DE L'ÎLE

Si vous ne pouvez passer qu'une journée à La Gomera, peut-être vaut-il mieux choisir le Nord verdoyant avec des vallées plantées de bananeraies et de palmiers, des cultures en terrasses à flanc de colline et des villages intemporels aux maisons chaulées. Ce paysage de carte postale résulte d'un dur labeur car le relief abrupt empêche le plus souvent la mécanisation des tâches agricoles.

La TF-711, qui serpente sur 42 km entre San Sebastián et Vallehermoso, relie les villes de la région ; elle est jalonnée de miradors qui offrent des vues somptueuses. La nationale croise la TF-713, ce qui permet aux excursionnistes de faire le tour de la moitié nord de l'île et de revenir à San Sebastián à temps pour prendre le dernier ferry. Le circuit complet ne devrait pas prendre plus de 3 heures en comptant de nombreux arrêts pour admirer la vue.

Hermigua

110 HABITANTS

Base prisée des randonneurs, le village somnolent d'Hermigua, à 16 km de San Sebastián, se situe dans l'un des endroits les plus humides de l'île. Il occupe le fond d'un ravin luxuriant, planté de bananiers et d'autres espèces subtropicales, ses maisons s'égrenant au milieu telles les perles d'un collier. La route principale sinue jusqu'à l'océan, où les vagues sont un peu trop fortes pour la baignade. La plage semble un peu oubliée malgré la présence épisodique de quelques surfeurs.

À voir

Museo Etnográfico MUSÉE

(☎922 88 19 60 ; www.museoslagomera.es ; Carretera General 97 ; ⏲10h-19h mar-ven, 10h-14h sam-dim). GRATUIT Aménagé dans un beau bâtiment historique, ce musée à 2 niveaux est consacré aux ressources naturelles et aux écosystèmes de l'île, avec des expositions sur la pêche, l'exploitation forestière, l'agriculture et l'élevage. Il comprend aussi des sections dédiées à l'artisanat, dont la poterie, la vannerie et la viticulture. Ne manquez pas les explications sur la récolte du miel de palme, appelé *guarapo* (sève de palmier), qui est unique à l'île et un ingrédient indispensable dans de nombreuses recettes locales.

Molino de Gofio MUSÉE

(☎922 88 00 71 ; www.molinodegofiogomera.com ; Carretera General ; adulte/enfant 3 €/gratuit ; ⏲9h30-17h lun-sam, 9h30-14h dim). Ce moulin reconstruit servait jadis à moudre le *gofio* (céréales grillées qui remplacent le pain dans la cuisine canarienne). La visite guidée comprend le musée, centré sur le mode de vie et les coutumes en milieu rural, et le moulin. Vous trouverez aussi une boutique de souvenirs et un joli jardin.

Église et couvent de Santo Domingo ÉGLISE

(⏲9h-18h). Au cœur du village d'origine d'Hermigua, à droite en arrivant de San Sebastián, cette église et couvent du XVIe siècle possède un plafond mudéjar richement sculpté.

Iglesia de la Encarnación ÉGLISE

(⏲8h-18h). Cette église date du XVIIe siècle mais ne fut achevée qu'au XXe siècle, la construction d'origine s'étant écroulée au début du XVIIIe siècle. Jetez un coup d'œil au parc public adjacent, doté d'un ring de *lucha canaria* (lutte canarienne).

Plage

Playa de la Caleta PLAGE

(P). Cette plage, à 3 km au sud-est, compte parmi plus jolies étendues de sable noir et de galets du nord de l'île ; suivez les panneaux depuis le front de mer.

Où se restaurer

Bar Pedro TAPAS €

(922 88 10 23 ; Carretera General 56 ; tapas 3-4,50 € ; 9h-23h). Une terrasse qui surplombe les bananeraies, d'excellentes tapas et un barman exceptionnel en font un endroit populaire pour savourer des en-cas. La spécialité maison est la salade de poulpe, et la carte comporte d'autres plats comme le thon avec *mojo* et ratatouille. L'établissement loue aussi des appartements (à partir de 30 €).

El Faro POISSON €

(Camino de la Playa Santa Catalina 15 ; plats 8-12 € ; 12h-22h30 ; P). Haut perché au-dessus de la Playa de la Caleta, ce restaurant est celui où les habitants viennent se régaler de produits de la mer, le *pescado del día* (poisson du jour) étant le meilleur choix. La carte comprend également des pâtes. Le cadre est lumineux et moderne, avec de belles photos de rochers, kaléidoscope de couleurs et de motifs.

Las Chácaras CANARIEN €€

(www.restaruantelaschacaras.blogspot.com ; Lomo San Pedro 5, Carretera General ; plats 10-15 € ; 8h30-13h et 12h30-16h ; P). Ce restaurant reste prisé des visiteurs pour ses bons plats traditionnels, tels la soupe de lentilles, le ragoût de chèvre et les calamars frits. Les propriétaires sont fiers de leurs desserts maison, comme le *quesillo* (flan crémeux) et les *chácaras* (pudding à base de fromage).

Depuis/vers Hermigua

Le bus n°2 (3 €) circule 4 fois par jour en semaine et 2 fois par jour le week-end entre San Sebastián et Vallehermoso, et fait halte à Hermigua.

CARTES

La Gomera Tour et Trail au 1/40 000 (Discovery Walking Guides) est une bonne carte de randonnée, avec 70 itinéraires brièvement décrits en anglais. Parmi les autres bonnes cartes figurent *La Gomera – Ile de Gomera* au 1/35 000, éditée par Freytag & Berndt, et *La Gomera* au 1/50 000, de Distrimaps Telestar. Ces cartes sont disponibles dans les librairies. Le centre des visiteurs de la Laguna Grande fournit aussi des cartes gratuites correctes de l'île.

El Cedro

Au sud-ouest d'Hermigua, le hameau rural d'El Cedro se niche parmi des champs en terrasses et des bosquets de lauriers à la lisière du Parque Nacional de Garajonay. Juste au nord-est du village, la cascade appelée **Boca del Chorro** (ou Boca del Cedro) coule au fond d'un ravin qui traverse le village selon une direction nord-sud. La chapelle **Ermita de Nuestra Señora de Lourdes** se situe à 1 km du hameau.

Pour rejoindre à pied El Cedro depuis Hermigua, demandez qu'on vous indique le *sendero* (sentier) d'El Cedro et comptez 2 ou 3 heures de marche. En voiture, suivez les panneaux El Cedro de la nationale au sud d'Hermigua.

Vous pouvez aussi vous rendre à El Cedro à partir d'El Contadero par la piste Caserío d'El Cedro (p. 179), dans le Parque Nacional de Garajonay.

Où se restaurer

Bar La Vista CANARIEN €

(Carretera General, El Cedro ; plats 6-8 € ; 9h-19h mar-ven, 9h-21h sam-dim ; P). Traditionnel et populaire, La Vista propose de copieux plats locaux et des tapas, comme les *papas arrugadas* et un *mojo* rouge acidulé. Il est réputé pour sa *sopa de berros*, servie dans un bol en bois et accompagnée de *gofio* pour épaissir la soupe.

Agulo

Agulo est un joli dédale de ruelles pittoresques et de bâtiments soigneusement restaurés. Fondé au début du XVIIe siècle, il se tient sur une basse plate-forme, au pied de l'arrière-pays abrupt et accidenté qui s'étend vers le Parque Nacional de Garajonay.

La mairie a installé plusieurs panneaux d'information dans la bourgade, qui indiquent une promenade à pied pour découvrir les édifices les plus importants.

D'une élégante simplicité, l'**Iglesia de San Marcos** domine le centre ; construite en 1912, elle comporte un haut plafond et renferme quelques œuvres d'art intéressantes.

Où se restaurer

La Vieja Escuela CANARIEN €

(www.laviejaescuela.ecoturismogomera.com ; Calle Trujillo Armas 2 ; plats 8-12 € ; 11h-21h lun-sam).

Sur une crête dans le *barrio* (quartier) de Las Casas (jadis un hameau distinct), cet établissement fut une école jusqu'en 1968. Installez-vous sur la terrasse panoramique et commandez le poisson du jour et la succulente *tortilla* (omelette de pommes de terre). Un couple gère le restaurant et le service peut être lent.

Pour le rejoindre, dépassez la partie moderne d'Agulo, tournez à droite au panneau "Circumcalación" et suivez la route pavée sur environ 400 m jusqu'au panneau indiquant le restaurant.

Las Rosas

Après Agulo, la nationale conduit à Las Rosas, niché au pied du Parque Nacional de Garajonay. L'embranchement vers le centre des visiteurs de Juego de Bolas se situe juste avant le centre du village.

Où se restaurer

Restaurante Las Rosas CANARIEN €
(922 80 09 16 ; www.fredolsen.es ; Carretera General ; menu 9,50 € ; 12h-15h30 ; P). Las Rosas doit sa célébrité au Restaurante Las Rosas, propriété de la compagnie maritime Fred Olsen. Bordant la nationale, le restaurant est principalement fréquenté par des groupes venus en bus touristique assister à une amusante démonstration de *silbo gomero* (voir p. 184), accompagnée d'une cuisine plutôt quelconque. Réservation indispensable.

Vallehermoso

1 540 HABITANTS

Cette "jolie vallée" mérite vraiment son nom. De petits pics montagneux s'élèvent de chaque côté de la gorge profonde qui traverse le bourg et de verdoyants champs en terrasses parsemés de palmiers s'étagent à flanc de colline. À l'instar de Hermigua, Vallehermoso constitue une base plaisante pour explorer l'île à pied.

À voir et à faire

Les bars, les services et la plupart des hôtels pour petits budgets se situent autour de la **Plaza Constitución**, le cœur de la bourgade. Derrière le centre, jeter un coup d'œil à l'**Iglesia de San Juan Bautista**, une église en pierre.

Juste à l'extérieur du bourg se dresse le **Roque Cano** (650 m), un monolithe volcanique, emblème de la ville.

Piscine publique BAIGNADE
(2 € ; 12h-18h mar-dim mai-sept). Sur le front de mer près du Roque Cano, cette grande piscine publique n'ouvre qu'en été.

Plage

Playa de Vallehermoso PLAGE
(Vallehermoso). Une belle étendue de sable battue par les vagues, flanquée de hautes falaises de chaque côté.

Où se restaurer

À défaut de restaurant gastronomique, quelques bars servent des tapas et des repas simples sur la grand-place. Pour acheter des produits frais, rendez-vous au petit **mercadillo** (9h-13h lun-sam), à côté de la mairie.

Restaurante Parque Marítimo POISSON €
(922 80 15 61 ; plats 7-9 € ; 12h-16h mar-dim mai-sept ; P). Ce bar-restaurant détendu, en bord de plage, propose paella, poisson et coquillages, ainsi qu'un bon choix de tapas, à savourer en contemplant l'océan.

Environs de Vallehermoso

Los Órganos

Pour découvrir cette falaise extraordinaire qui ressemble à un gigantesque orgue en basalte sculpté par l'océan, vous devrez prendre un bateau à Valle Gran Rey, dans le sud de l'île. Elle émerge des flots à 4 km au nord de Vallehermoso.

Alojera

Ce village somnolent se niche dans une vallée fertile, oasis de verdure parmi des collines arides. Après le village, une interminable série de lacets conduit à la jolie **Playa de Alojera**.

Bien qu'elle soit connue, la longue plage de limon noir est rarement bondée et parfaite pour la baignade par mer calme ; en cas de forte houle, restez loin de l'eau. Au large, falaises, formations rocheuses et piscines naturelles forment un cadre impressionnant.

Où se restaurer

Bar Prisma POISSON €
(922 80 70 30 ; Playa de Alojera ; plats 9-10 € ; 10h-22h jeu-mar). Ce restaurant sans prétention surplombe les bateaux de pêche et sert les prises du jour, dont une excellente *sopa de pescado* (soupe de poisson). Le service peut être bourru.

LE SUD DE L'ÎLE

Partie la plus ensoleillée de La Gomera, le Sud offre de multiples paysages, des montagnes brûlées par le soleil aux luxuriantes vallées plantées de bananiers et des austères côtes rocheuses aux plages de sable noir. La région abrite les deux stations balnéaires de La Gomera : la modeste Playa Santiago et le vaste Valle Gran Rey. En venant de San Sebastián par la TF-713, repérez le **Mirador Roque de Agando**, juste après l'embranchement vers La Laja. Culminant à 1 182 m, cette haute "aiguille" de roche volcanique est la plus impressionnante des Canaries.

Playa Santiago

560 HABITANTS

Playa Santiago est une petite station balnéaire dotée d'un centre somnolent et d'une longue plage de galets sombres baignée d'une eau calme. L'endroit est si tranquille que le bruissement du vent dans les bananiers, les vagues s'écrasant sur le rivage, et le chant des coqs sont souvent les seuls bruits.

Jusqu'aux années 1960, ce secteur était le plus affairé de l'île, avec des usines, un chantier naval et un port qui exportait les bananes et les tomates locales. Puis la crise agricole le frappa durement et dans les années 1970 toutes ces activités avaient disparu, poussant les habitants à partir à Tenerife ou en Amérique du Sud. Ces dernières années, le tourisme a ressuscité Playa Santiago et un immense complexe hôtelier de luxe, propriété de Fred Olsen, contribue à attirer les visiteurs.

Plages

Outre la plage principale, **Playa Santiago**, trois plages plus petites, **Playas de Tapahuga**, **del Medio** et **de Chinguarime**, couvertes de sable et de rochers, sont prisées des touristes bohèmes. Elles se situent à l'est, après l'Hotel Jardín Tecina, au bout d'une piste gravillonnée.

Playa Santiago PLAGE

À Playa Santiago, sauter dans les vagues, flâner le long du rivage rocheux et admirer l'océan occupent la majeure partie de la journée.

Activités

Pour sortir de l'eau, grimpez dans un bateau afin d'observer les baleines.

Tina CROISIÈRE

(922 80 58 85 ; www.excursiones-tina.com ; croisière 4 heures adulte/enfant 40/23 € ; 10h lun, 9h jeu). Une agence réputée qui organise des circuits d'observation des baleines, avec baignade sur une plage isolée et déjeuner.

Golf de Tecina GOLF

(922 14 59 50 ; www.tecinagolf.com ; Lomada del Tecina ; 9/18 trous 60/100 €). Initiative de Fred Olsen, ce parcours de golf 18 trous, à la sortie de la ville, est le seul de l'île.

Où se restaurer

Le **Supermercado El Paso II** (Calle Anton Gil) vend des produits de base.

Bar La Chalana POISSON €

(Blvd Colón Laguna ; plats 7-9 € ; 10h-19h). À l'extrémité nord de la plage, La Chalana est à la fois un bar de plage avec musique latina, un restaurant dont la carte fait la part belle aux fruits de mer, une boutique d'artisanat et une galerie d'art. Quelle que soit la facette qui vous attire le plus, vous y passerez plus d'heures que prévu.

♥ **Restaurante Junonia** INTERNATIONAL €€

(922 89 54 50 ; Avenida Marítima ; plats 12-15 € ; 12h30-15h30 et 18h30-22h mer-lun). Prisé localement, ce restaurant se tient en face du port et possède une salle élégante, décorée d'œuvres d'art avant-gardistes. Sur la carte figurent des plats italiens sophistiqués, comme les pâtes noires au saumon avec une sauce de homard, vodka et crevettes, ainsi que de simples plats de poisson délicieusement préparés, telle la *dorada a la plancha*. Réservation recommandée.

La Cuevita POISSON €€

(922 89 55 68 ; Avenida Marítima ; plats 10-14 € ; 12h-16h et 19h-22h30 lun-sam). Nichée dans une grotte à côté d'une petite *ermita* (chapelle), avec des plantes vertes et un éclairage tamisé, La Cuevita propose des produits de la mer locaux, tels que thon, *vieja* (poisson-perroquet), *lapas* (berniques) et *chocos* (seiches), ainsi que des viandes grillées, tous accompagnés de *papas arrugadas* et de *mojo* rouge acidulé.

Renseignements

Tous les services de Playa Santiago, dont la poste, la station-service, la pharmacie, le poste de police et le centre médical, sont regroupés sur la Plaza Playa Santiago, au cœur de la ville.

Office du tourisme (922 89 56 50 ; www.lagomera.travel ; Edificio Las Vistas,

LE SILBO GOMERO : UN LANGAGE SIFFLÉ

Lorsqu'on l'entend pour la première fois, le *silbo gomero* évoque un dialogue entre deux oiseaux, tour à tour gai, mélodieux et strident. Autrefois sur le point de disparaître mais aujourd'hui ressuscité, ce langage sifflé ancestral de plus de 4 000 mots peut s'entendre à des kilomètres.

Dans La Gomera pré-hispanique, le *silbo* se développa pour transmettre des messages à travers le relief accidenté de l'île. Dans des conditions idéales, il permettait de communiquer jusqu'à 4 km de distance sans avoir à se déplacer. Au départ, il fut sans doute utilisé pour donner l'alerte en cas d'urgence, puis il évolua pour devenir un langage à part entière. D'autres formes de langage sifflé ont existé dans des régions de Grèce, de Turquie, de Chine et du Mexique, mais aucune n'a été aussi élaborée.

Après avoir failli s'éteindre, le *silbo gomero* constitue depuis ces dernières années un atout culturel majeur pour l'industrie touristique. Le *silbo* est une matière obligatoire dans les écoles de l'île depuis 2000. Son inscription sur la liste du patrimoine culturel immatériel de l'humanité en 2009 a renforcé son importance. Cette inscription garantit des financements plus importants en faveur de sa promotion et encourage fortement les *silbadores*.

Avenida Marítima ; ⌚9h-13 lun-sam toute l'année, plus 16h-18h lun-ven hiver). Cet office du tourisme serviable fournit de nombreuses brochures et informations locales. Il se tient sur la droite en arrivant dans le centre.

ℹ Depuis/vers Playa Santiago

Le bus n°3 (4 €, 30 min, jusqu'à 5/jour) relie Playa Santiago et San Sebastián.

Pour appeler un taxi, composez le ☎922 89 50 22.

Alajeró et ses environs

325 HABITANTS

Les palmiers dépassent en nombre les habitants dans cette paisible oasis, perchée sur une crête au-dessus de l'océan. Seul village de quelque importance dans le sud-est de l'île en dehors de Playa Santiago, Alajeró possède une modeste église du XVIe siècle, l'**Iglesia del Salvador**.

La **Fiesta del Paso**, en septembre, est une bonne période pour visiter le village, quand les Gomeros viennent de toute l'île pour une joyeuse procession qui descend de la montagne en dansant.

Alajeró constitue un bon point de départ pour plusieurs **randonnées**. Le long chemin GR132 traverse le village, ainsi que les PR LG 15 et 16, plus courts. Le dernier descend jusqu'à Playa Santiago ou monte jusqu'à **Benchijigua**, un petit village parmi de verdoyants versants escarpés. Près de l'église, des panneaux d'information décrivent les randonnées. Deux mémorables *casas rurales* permettent de séjourner à Benchijigua. Vous pouvez aussi suivre la boucle de 8 km (2 heures 30) jusqu'à Magaña, qui longe le Lomo de la Montaña et passe devant le plus vieux **drago** (dragonnier) de l'île avant de revenir à Alajeró.

En voiture, vous pouvez voir le dragonnier en prenant un embranchement à gauche (non signalé), à 1,25 km au nord d'Alajeró, jusqu'à une vieille ferme, d'où un chemin descend abruptement en pente raide. En bus, descendez à l'arrêt Imada, puis tournez à gauche sur une piste pavée qui rejoint l'embranchement. Dans les deux cas, comptez au moins 1 heure 30 aller-retour.

Le bus n°3 (4 €, 40 min, jusqu'à 5/jour) circule entre Alajeró et San Sebastián et fait halte à Playa Santiago. L'arrêt se situe sur la nationale.

Valle Gran Rey

3 440 HABITANTS

Le long de la route qui descend jusqu'au rivage, vous ferez sûrement halte à l'un des points de vue pour admirer la beauté naturelle de la “vallée du Grand Roi”. Cette gorge profonde et verdoyante, qui rejoint la plus longue plage de l'île, constitue l'épicentre touristique de La Gomera. Parler allemand facilite les échanges car la plupart des services s'adressent aux vacanciers venus d'outre-Rhin. Quand le reste de l'île est sous la bruine, le soleil continue de briller à Valle Gran Rey.

Avant de descendre dans la vallée, arrêtez-vous à l'**Ermita del Santo** à Arure,

LA GOMERA AVEC DES ENFANTS

La Gomera ne possède pas les parcs à thème, zoos et parcs aquatiques qui plaisent tant aux enfants sur les plus grandes îles. Les distractions sont ici moins tape-à-l'œil et dépendent essentiellement de la nature.

La **plage** est habituellement la première étape. Les longues plages paisibles de Valle Gran Rey et Alojera, avec une pataugeoire d'eau de mer pour les petits, sont idéales, tout comme la plage de San Sebastián. Pour ceux qui ne nagent pas encore très bien, les piscines comme celles de Vallehermoso peuvent constituer un meilleur choix.

Les courtes **promenades en mer** illumineront la journée. Des circuits à destination de Los Órganos partent de Valle Gran Rey, ainsi que des **croisières d'observation des baleines** d'une demi-journée. Ces dernières partent aussi de Playa Santiago.

Enfin, une halte sur une aire de loisirs comme **La Laguna Grande**, un site de pique-nique avec terrain de jeu où les enfants peuvent courir et s'amuser tout un après-midi.

une petite chapelle creusée dans la paroi rocheuse avec un mirador qui surplombe le paysage sud.

Le **Mirador César Manrique** mérite aussi une halte pour la vue époustouflante sur la gorge de Valle Gran Rey et les montagnes alentour. Le **restaurant** (plats 8-14 € ; 12h-16h et 19h-23h lun-sam, 12h-16h30 dim), prisé des groupes en bus touristique, sert une cuisine canarienne moyenne.

À quelques kilomètres plus loin, l'**Ermita de San Antonio**, une autre des nombreuses chapelles en bord de route, vaut surtout pour la vue depuis son parvis.

Plages

Si la vallée luxuriante est sans doute le plus bel endroit de Valle Gran Rey, la plupart des visiteurs rejoignent directement le rivage. Les plages comptent parmi les plus jolies de La Gomera, avec une mer calme et de douces vagues. Sachez toutefois que Valle Gran Rey est souvent très venteux.

Playa de las Vueltas PLAGE

À côté du port et la plus abritée du vent, c'est la plage la plus fréquentée. Couverte de fin sable noir, elle est idéale pour les enfants, avec une eau aussi calme que celle d'un étang. Quelques bars installés juste derrière accueillent les parents assoiffés.

La Playa PLAGE

Une longue plage sablonneuse, avec des bars et une promenade en planches.

Activités

Excursions en bateau

Quelques tour-opérateurs proposent des croisières d'observation des baleines et des dauphins.

Oceano EXCURSIONS EN BATEAU

(922 80 57 17 ; www.oceano-gomera.com ; Calle Quema 7 ; adulte/enfant 40/26 € ; 9h30-13h et 17h-19h). Considéré l'un des meilleurs tour-opérateurs, Oceano organise des excursions de 3 à 4 heures trois fois par jour toute l'année et reverse un pourcentage de ses bénéfices à des organisations écologistes et de protection des animaux.

Tina EXCURSIONS EN BATEAU

(922 80 58 85 ; www.excursiones-tina.com ; Calle Quema 7 ; adulte 33-40 €, enfant 20 €). Des croisières au sud et à l'ouest de l'île, vers Los Órganos. La croisière d'une journée peut inclure l'observation impromptue de dauphins ou de baleines et la pêche au thon. Les excursions ont lieu tous les jours sauf le samedi et le lundi.

Vélo et randonnée

Pour ceux qui préfèrent la terre ferme, Valle Gran Rey est le point de départ de multiples randonnées à pied ou à vélo.

Bike Station Gomera CYCLOTOURISME

(922 80 50 82 ; www.bike-station-gomera.com ; La Puntilla 7, Valle Gran Rey ; location vélo 21 €/jour ; 9h-13h et 17h-20h). Circuits à vélo dans toute l'île.

Ökotours RANDONNÉE

(922 80 52 34 ; www.oekotours.com, en allemand ; Calle Vueltas, Vueltas, Valle Gran Rey ; randonnée journée 28-35 €/pers ; 10h30-13h et 17h30-19h30 lun-ven, 10h30-13h sam). Randonnées guidées dans toute l'île pour une clientèle essentiellement allemande.

Timah RANDONNÉE

(922 80 70 84 ; www.timah.net ; La Puntilla, Valle Gran Rey ; randonnée journée 31 €/pers ; 10h-13h et 17h-20h lun-sam, 18h-20h dim). Peut aussi

organiser des randonnées de plusieurs jours. Une partie des bénéfices est reversée à des sociétés de protection des animaux.

Où se restaurer

Bar-Restaurante El Puerto POISSON €
(☎ 922 80 52 24 ; Puerto de Vueltas ; plats 6-9 € ; P). Ce restaurant traditionnel, à côté du port, est l'un des meilleurs endroits pour se régaler de *peto* et de *medregal* (deux poissons locaux) grillés. La clientèle est principalement espagnole et le *menu del día* à 7 € offre un excellent rapport qualité/prix. L'ambiance est amicale et détendue. Vous devrez peut-être attendre pour une table le week-end.

Casa de Té INTERNATIONAL €
(Baja Secreto 5, Charco del Conde ; plats 7-10 € ; 9h30-20h mar-ven, 9h30-22h sam, 10h-20h dim ; wifi). Cet endroit détendu propose des livres à emprunter, des gâteaux maison et des plats joliment présentés sur des assiettes carrées en pierre volcanique noire. La carte comprend des salades, des crêpes et des plats végétariens avec du seitan, ainsi que du poulet et du poisson. Le buffet végétarien du samedi (10 €, 17h-22h), avec cocktails et DJ, se distingue par son atmosphère festive.

La Namera PÂTISSERIE €
(Paseo Las Palmeras 8, La Playa ; en-cas 7-9 € ; 9h-18h30 ven-mer, à partir de 12h jeu ; wifi). Dans un bâtiment en bois avec balcons, parmi les restaurants et bars de La Playa, cette pâtisserie vend de délicieux pains et gâteaux et sert des plats simples, dont des salades et des sandwichs, ainsi qu'une limonade maison. Tenue par des Allemands, elle est très populaire et bohème.

Tuyo ASIATIQUE €€
(www.tuyo-lagomera.com ; Puerto de Vueltas ; plats 10-15 € ; 12h-15h et 18h-22h lun-sam). Apportant une touche d'exotisme parmi les restaurants de poisson du port, le Tuyo offre une longue carte de plats principalement thaïlandais, dont des curries jaunes et verts et des plats sautés au wok. Le cadre aux tons jaune et ocre est agréablement zen et des groupes de méditation vipassana s'y retrouvent régulièrement.

Restaurante La Islita ITALIEN €€
(☎ 922 80 61 61 ; Calle La Playa ; plats 10-18 € ; 18h-22h30 lun-sam). Ce restaurant italien plutôt chic propose notamment de nombreux plats végétariens et quelques sauces raffinées et inhabituelles. Il n'ouvre que le soir et vous devrez revêtir vos plus beaux atours.

Où prendre un verre

Tambara Café BAR
(☎ 646 51 13 96 ; Calle Vueltas, Vueltas ; 12h-16h et 19h-23h jeu-mar). Un bar accueillant où déguster pâtes et pizzas italiennes dans la journée et siroter des cocktails en soirée ; la brise marine rafraîchit la terrasse, bercée par le bruit des vagues.

Gomera Lounge NIGHT-CLUB
(Calle Punta de la Calera 1, La Playa ; 20h30-1h lun-sam ; wifi). Cet élégant night-club central offre un excellent programme de musique live, du reggae à la salsa, afin que tous puissent danser.

Renseignements

Kiosque d'information touristique
(☎ 922 80 50 58 ; Carretera General ; 8h30-15h30 lun-ven). Une petite cabane en bois près de la nationale, à droite en allant vers Vueltas.

Office du tourisme (☎ 922 80 54 58 ; www.lagomera.travel ; Calle Lepanto, La Playa ; 9h-14h lun-sam). Cartes et informations locales.

Depuis/vers Valle Gran Rey

Le bus n°1 (5 €, 1 heure 45) dessert San Sebastián plusieurs fois par jour ; il part de la gare routière située à côté du grand rond-point à l'entrée de La Playa. Pour Vallehermoso, descendez à l'arrêt Las Hayas et attendez le bus n°4 (4,50 €, 1 heure, 2/jour lun-ven).

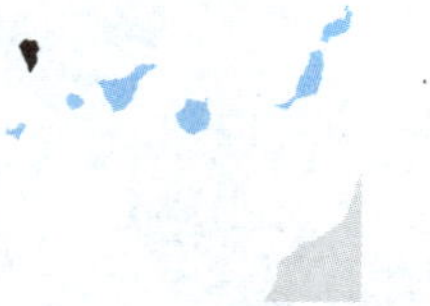

La Palma

☎ 922 / 86 000 HABITANTS

Dans ce chapitre ➡

Le top des restaurants

- Enriclai (p. 194)
- La Casa del Volcán (p. 199)
- Restaurante Chipi-Chipi (p. 197)

Le top des hébergements

- Hotel La Palma Romántica (p. 242)
- Hotel San Telmo (p. 240)

Pourquoi y aller

La Palma, la plus verte des îles de l'archipel, offre une nature authentique et préservée, des luxuriantes forêts tropicales du Nord aux paysages arides du Sud, parsemés de cratères volcaniques et d'étranges formations rocheuses, et aux paisibles forêts de pins du Parque Nacional de la Caldera de Taburiente. Rien d'étonnant à ce que l'île entière ait été déclarée réserve de biosphère par l'Unesco.

L'absence de plage dorée freine jusqu'à présent le tourisme de masse et les visiteurs sont essentiellement des randonneurs et les passagers des bateaux de croisière. La capitale est un joyau architectural, avec un centre du XVIe siècle bordé de superbes demeures, agrémentées de balcons.

En fait, vous aurez du mal à dénicher un endroit sans charme sur La Isla Bonita (la Jolie île), ce qui ne changera pas tant que l'urbanisation incontrôlée ne la défigurera pas.

Quand partir

- Le printemps et l'automne offrent les meilleures conditions pour la randonnée, avec un ciel habituellement dégagé et des températures douces.
- À la pointe nord-ouest de l'archipel, La Palma attire davantage de nuages et de pluie venus de l'Atlantique que toute autre île et les hivers dans le Nord peuvent être très pluvieux.
- Le carnaval (mars-avril) à Santa Cruz est un extraordinaire spectacle de costumes, de chars et de lancer de talc.

À ne pas manquer

❶ La contemplation du ciel nocturne au **Roque de los Muchachos** (p. 203), un site de classe internationale pour admirer les étoiles

❷ Les merveilles naturelles du **Parque Nacional de la Caldera de Taburiente** (p. 200)

❸ Le farniente sur une plage de sable noir ombragée de palmiers à **Puerto Naos** (p. 205)

❹ Un trek dans la forêt aux allures de jungle de **Los Tiles** (p. 207)

❺ La baignade dans les bassins d'eau salée des **Piscinas de la Fajana** (p. 208)

❻ Le paysage lunaire et le centre des visiteurs de **Fuencaliente** (p. 198), et le gouffre géant d'un volcan du XXe siècle

❼ Une promenade dans les rues historiques de **Santa Cruz de La Palma** (p. 190), bordées de pittoresques bâtiments colorés

Histoire

Longtemps avant sa conquête par la Castille (Espagne) au XVe siècle, cette île accidentée était appelée Benahoare ; les premiers habitants seraient arrivés dès le Ve siècle av. J.-C. Elle fut officiellement intégrée à l'Empire espagnol en 1493 après qu'Alonso Fernández de Lugo, un conquistador et le futur gouverneur, utilisa un indigène christianisé afin de convaincre les insulaires de quitter leur bastion montagnard pour des "pourparlers de paix". Un guet-apens les attendait en chemin, à l'endroit appelé aujourd'hui El Riachuelo. Leur chef, Tanausú, fut envoyé en Espagne comme esclave, mais entama une grève de la faim et mourut à bord.

Le siècle suivant fut important pour l'île. Le sucre, le miel et la malvoisie devinrent des exportations majeures et les abondantes forêts de pins des Canaries favorisèrent l'essor des chantiers navals. À la fin du XVIe siècle, alors que prospérait le commerce transatlantique, Santa Cruz de La Palma était le troisième port de l'Empire espagnol après Séville et Anvers.

Le sucre, la construction navale et l'industrie de la cochenille maintinrent l'économie de l'île avant qu'elle ne soit frappée par la pauvreté au XXe siècle, provoquant une émigration massive, principalement au Venezuela, en Uruguay et à Cuba. Actuellement, environ 40% de la main-d'œuvre locale dépend de la culture de la banane, mais l'industrie touristique augmente progressivement et le port de Santa Cruz est une escale de plus en plus populaire pour les bateaux de croisière.

Depuis/vers La Palma

AVION

L'**aéroport** (☎ 902 40 47 04, 922 41 15 40 ; www.aena.es) de La Palma se situe à 7 km de Santa Cruz. Les services comprennent des agences de location de voitures, un bureau de change, un restaurant et un petit **office du tourisme** (☎ 922 42 62 12 ; www.tourlapalma.com ; aéroport ; ⊙ 9h-13h et 15h-18h).

La compagnie **Binter Canarias** (☎ 902 39 13 92 ; www.bintercanarias.com) relie La Palma au reste de l'archipel, avec plusieurs vols quotidiens pour Tenerife et la Grande Canarie, et des vols directs moins réguliers vers d'autres îles.

BATEAU

Le ferry (42 €, 2 heures) de **Fred Olsen** (☎ 902 10 01 07 ; www.fredolsen.es) part de Los Cristianos, Tenerife, à 19h et revient de Santa Cruz à 5h45. De Tenerife, vous pouvez continuer jusqu'à La Gomera ou El Hierro.

Naviera Armas (☎ 922 79 61 78 ; www.navieraarmas.com) relie La Palma aux destinations suivantes :

- San Sebastián de La Gomera, La Gomera (24 €, 2 heures 15, 1/jour mar-dim)
- Los Cristianos, Tenerife (41 €, 3 heures 30, 1/jour mar-dim).
- Las Palmas de Gran Canaria, Grande Canarie (72 €, 14 heures 30, 1/jour mar-dim) avec escale à La Gomera et Tenerife.

Trasmediterránea (☎ 902 45 46 45 ; www.trasmediterranea.es) rallie Santa Cruz de Tenerife, Tenerife (22 €, 5 heures 30, 16h ven). Le bateau rejoint ensuite Las Palmas de Gran Canaria, Grande Canarie, et Cadix, Andalousie, en 1 et 3 jours respectivement.

Comment circuler

BUS

Transportes Insular (☎ 922 41 19 24 ; www.transporteslapalma.com ; Avenida Los Indianos 14). Les bus relient Santa Cruz au reste de l'île. Les arrêts se situent près de la Plaza Constitución et le long de l'Avenida Marítima. Le bus n°1 (5,50 €, 45 min) dessert Los Llanos de Aridane toutes les demi-heures environ. Si vous prévoyez de prendre souvent le bus, envisagez l'achat d'une carte Bono Bus. Ces cartes, à partir de 12 €, offrent une réduction d'environ 20% sur le tarif standard. Vendues dans les gares routières, les kiosques à journaux et les bureaux de tabac, elles sont valables pour tous les bus de l'île.

VOITURE

Disposer d'une voiture est le meilleur moyen d'explorer l'île. De nombreuses agences de location sont réparties sur l'île.

Cicar (☎ 922 42 80 48 ; www.cicar.com ; aéroport de La Palma).Possède aussi une agence au port de Santa Cruz.

Oasis (☎ 922 43 44 09 ; www.oasis-la-palma.com ; Centro Cancajos local 301, Los Cancajos). Une compagnie locale fiable, également présente à La Gomera.

DISTANCES (KM)

	Santa Cruz de la Palma	Los Canarios de Fuencaliente	Puerto Naos	Barlovento
Los Canarios de Fuencaliente	25			
Puerto Naos	47	22		
Barlovento	19	42	44	
El Paso	17	22	10	34

Distances approximatives

SANTA CRUZ DE LA PALMA

17 265 HABITANTS

Capitale historique et administrative de l'île, Santa Cruz de La Palma est une cité compacte, construite le long de la côte et flanquée de collines fertiles. Avec ses baçons de bois et son architecture renaissance, le centre-ville est merveilleusement pittoresque, tandis que la plage et la longue promenade, récemment rénovées, ont considérablement renforcé l'attrait balnéaire de la ville.

Histoire

Les chantiers navals de Santa Cruz étaient, au XVIe siècle, les plus réputés de l'archipel. Ils utilisaient le pin des Canaries, un bois gorgé de sève et résistant aux termites, pour fabriquer des bateaux fiables et résistants. La ville acquit une telle importance que le roi Philippe II y établit le premier Juzgado de Indias (tribunal des Indes) en 1558, où tous les bateaux transportant des marchandises entre l'Espagne et les Amériques devaient s'enregistrer.

Cet essor apporta la sécurité économique, mais suscita les convoitises. Santa Cruz fut

Santa Cruz de La Palma

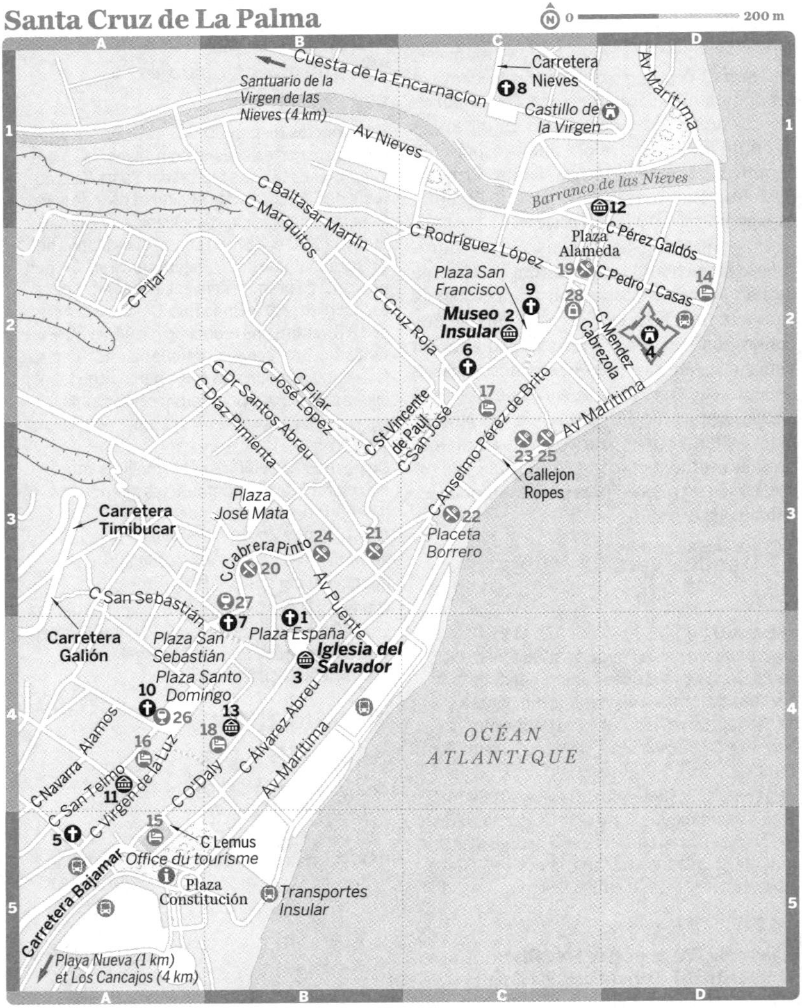

fréquemment assiégée et pillée à l'occasion par des corsaires, dont ceux commandés par l'Anglais Francis Drake.

À voir

Après une balade le long de l'attrayante promenade en bord de plage, rejoignez la Calle O'Daly, l'artère principale de la ville. Du nom d'un commerçant irlandais de bananes qui vécut à La Palma, la rue est bordée de boutiques, de bars et d'édifices parmi les plus beaux de la capitale.

Vieille ville SITE HISTORIQUE

Le **Palacio de Salazar** (922 41 19 57 ; Calle O'Daly 22 ; 10h-20h lun-ven, 10h-14h sam), du XVIIe siècle et de style Renaissance tardif, se dresse sur la gauche au début de la rue en venant de la Plaza Constitución. Il abrite aujourd'hui un centre culturel géré par le gouvernement.

Suivez la Calle O'Daly vers le nord jusqu'à la **Plaza España** ombragée de palmiers, plus bel exemple d'architecture Renaissance des Canaries. D'un côté se tient l'imposant **ayuntamiento** (hôtel de ville ; 922 42 65 00 ; 9h-14h lun-ven), construit en 1559 après la destruction de l'édifice d'origine par des corsaires français.

De la Plaza de España, des marches montent jusqu'à la ville haute, où la **Plaza Santo Domingo** ombragée, avec ses cafés en terrasse, est parfaite pour une pause. Sur la place, l'**Iglesia de Santo Domingo** (horaires variables) renferme une importante collection de peintures flamandes.

Prenez la Calle Virgin de la Luz vers le sud-ouest pour un coup d'œil à la simple façade du XVIIe siècle de l'**Ermita de Nuestra Señora de la Luz** (horaires variables), l'une des chapelles des XVIe et XVIIe siècles qui émaillent la ville. L'**Ermita de San Sebastián** (Calle San Sebastián ; horaires variables) se tient derrière l'Iglesia de San Salvador et l'**Ermita de San José** (Calle San José ; horaires variables) a donné son nom à la rue. De cette chapelle, dirigez-vous au nord-ouest vers l'**Iglesia de San Francisco** (Plaza San Francisco ; 18h-19h30), une autre église Renaissance avec un splendide plafond à caissons.

Flânez le long du front de mer pour découvrir de superbes **maisons anciennes** aux balcons typiquement canariens et couverts de fleurs. Le penchant des insulaires pour les balcons a été introduit par les migrants andalous et modifié par l'influence portugaise. Nombre de ces maisons datent du XVIe siècle et ont été transformées en restaurants haut de gamme. À l'extrémité nord du front de mer, le **Castillo de Santa Catalina** (10h-14h lun-ven) est l'un des forts édifiés au XVIIe siècle pour repousser les attaques des pirates. Sur une hauteur de l'autre côté du ravin se dressent le **Castillo de la Virgen**, un fort plus petit, et l'**Iglesia de la Encarnación** (horaires variables) du XVIe siècle, la première église construite à Santa Cruz après la conquête espagnole.

Santa Cruz de La Palma

Les incontournables
1 Iglesia del Salvador B4
2 Museo Insular C2

À voir
3 Hôtel de ville B4
4 Castillo de Santa Catalina D2
5 Ermita de Nuestra Señora de la Luz A5
6 Ermita de San José C2
7 Ermita de San Sebastián B4
8 Iglesia de la Encarnación C1
9 Iglesia de San Francisco C2
10 Iglesia de Santo Domingo A4
11 Museo de Arte Contemporaneo A4
12 Museo Naval D1
13 Palacio de Salazar B4

Où se loger
14 Apart-Hotel Castillete D2
15 Casa Turismo Rural Isla Bonita A5
16 Hotel San Telmo A4
17 La Fuente C2
18 Pensión la Cubana B4

Où se restaurer
19 Bar-Arepera El Encuentro C2
20 Casa Luís B3
21 Enriclai B3
22 Habana C3
23 La Lonja C3
24 Mercado Municipal B3
25 Pizzeria Piccolo C3

Où prendre un verre et faire la fête
26 Cinnamon Bar A4
27 El Portugués Café B3

Achats
28 Vinateria Albillo C2

3 JOURNÉES PARFAITES À LA PALMA

Jour 1

Réveillez-vous dans une chambre avec vue dans le romantique l'**Hotel La Palma Romántica**, non loin de la ville de **Barlovento**, dans le nord de l'île. De là, roulez vers le sud jusqu'à la **réserve de biosphère de Los Tiles**, une superbe forêt semblable à une jungle, pour une randonnée à l'ombre d'arbres géants couverts de mousse. Après cette aventure, parcourez la courte distance jusquà **San Andrés** pour un surprenant déjeuner asiatique à **La Placita** (p. 206) et une promenade dans les jolies rues pavées. Revenez ensuite vers Barlovento, mais tournez pour descendre à travers les bananeraies jusqu'aux hautes falaises qui entourent les **Piscinas de la Fajana**. Les bassins sont parfaits pour la baignade et le restaurant **La Gaviota** (p. 208) qui les surplombe est idéal pour un dîner de poisson.

Jour 2

Commencez la journée en explorant les rues pittoresques de **Santa Cruz**, sans oublier les fameux vieux balcons en front de mer. Roulez vers le sud pour un déjeuner sous le vrombissement des avions à la **Casa Goyo** (p. 197), le meilleur restaurant de poisson de l'île. Continuez jusqu'à la pittoresque **Villa de Mazo** pour visiter le musée de l'Artisanat (et y faire des achats). Poursuivez vers le sud à travers des paysages volcaniques de plus en plus désolés jusqu'à **Fuencaliente**, où vous pourrez en apprendre davantage sur le volcanisme à l'excellent centre des visiteurs du **Volcán San Antonio**, puis effectuer une courte et spectaculaire promenade autour de son cratère. S'il vous reste du temps, rejoignez la pointe de l'île et les **Playas del Faro**. Sinon, remontez la côte ouest pour passer la nuit dans la jolie station balnéaire de **Puerto Naos**.

Jour 3

Les montagnes du Centre constituent le principal attrait touristique de La Palma et cette région mérite tous les superlatifs. De Puerto Naos, prenez la route sinueuse qui monte jusqu'au **Parque Nacional de la Caldera de Taburiente**, où vous pouvez enfiler vos chaussures de randonnée pour une demi-journée de marche. Les chemins qui partent du **Mirador de la Cumbrecita** sont les plus fréquentés, et généralement les plus faciles. Si vous êtes en forme et disposez de plus de temps, grimpez jusqu'au sommet du **Pico Bejenado**, une marche de 5 heures. Avant de partir, passez par l'excellent centre des visiteurs pour en savoir plus sur l'histoire, la faune et la flore du parc (et vous enregistrer si vous choisissez un des itinéraires du Mirador de la Cumbrecita). Pour reprendre des forces et reposer vos pieds endoloris, déjeunez au **Los Llanos de Aridane**. Revenez ensuite sur vos pas et roulez jusqu'à **El Paso**, où vous apprendrez tout sur la soie au **Museo de la Seda** (p. 200). Retournez à Puerto Naos pour un dîner de poisson sous les étoiles.

♥ **Museo Insular** MUSÉE
(Plaza San Francisco 3 ; adulte/enfant 4 €/gratuit ; ⏲10h-19h30 lun-sam, 10h-14h dim). Cet excellent musée, installé dans un ancien monastère du XVIe siècle, possède diverses collections, des crânes guanches aux vitrines d'oiseaux naturalisés et de reptiles conservés dans du formol, ainsi que nombre de coquillages et de coraux. Des salles renferment des peintures espagnoles du XXe siècle et quelques belles œuvres d'art contemporaines.

♥ **Iglesia del Salvador** EGLISE
(Plaza España ; ⏲9h30-13h et 17h30-19h30). Derrière une façade aux allures de forteresse, cette église possède un intérieur somptueux. Elle renferme une étincelante chaire baroque de 1750, un plafond en bois du XVIe siècle fabuleusement ouvragé et coloré – chef-d'œuvre du style mudéjar –, plusieurs belles sculptures et de splendides vitraux.

Museo de Arte Contemporaneo MUSÉE
(☎922 41 63 04 ; 13 Calle Virgen de la Luz ; adulte/enfant 3 €/gratuit ; ⏲10h-15h lun-ven). Cette galerie d'art contemporain, ouverte en 2014, est consacrée aux artistes canariens et présente des peintures, des sculptures et des photos dans plusieurs salles claires et spacieuses. Repérez l'évocateur portrait photographique, *Un Aquello Amor*, de Jorge Lozano.

Museo Naval MUSÉE

(Calle Pérez Galdós ; adulte/enfant 3/1,50 € ; ⏲10h-14h lun-ven). Au nord de la verdoyante Plaza Alameda (où le *kiosco* est un bon endroit pour un *café cortado*, un expresso avec une goutte de lait), le Musée naval ressemble à une caravelle échouée. Il contient de magnifiques maquettes de bateaux parmi d'autres objets concernant la marine.

Santuario de la Virgen de las Nieves ÉGLISE

(Avenida Las Nieves ; ⏲8h30-20h ; P). Pour une belle vue sur Santa Cruz, parcourez 2 km à pied au nord de la ville jusqu'au principal lieu de pèlerinage de La Palma, ce sanctuaire du XVIIe siècle à l'intérieur richement décoré. Le plafond en bois sculpté de style mudéjar, une profusion de sculptures et des lustres en cristal servent d'écrin à la Vierge, entourée d'un autel étincelant. Plus ancienne statue religieuse des Canaries, elle date du XIVe siècle et se distingue par son originalité et sa conception presque contemporaine.

Elle aurait été apportée par des marchands avant l'arrivée des Espagnols ; tous les cinq ans, elle est transportée en procession jusqu'à Santa Cruz.

De style colonial canarien avec une façade simple et des balcons, l'église se tient dans un endroit paisible, entouré d'arbres et de verdure. De la Plaza Alameda, suivez la route qui se transforme en piste balisée et remontez vers l'ouest le Barranco de las Nieves. Comptez près de 45 minutes de marche à l'aller, et moins au retour. En voiture, suivez les panneaux depuis l'Avenida Marítima au croisement du *barranco* (ravin), tournez à droite dans la Carretera de las Nieves (LP-101) et serpentez à flanc de colline jusqu'aux panneaux indiquant le sanctuaire. Ce trajet sinueux de 5 km se parcourt en près de 15 minutes. Du centre-ville, le bus n°10 (2 €, 20 min environ) dessert le sanctuaire toutes les heures de 6h45 à 20h45, moins fréquemment le week-end. Un restaurant se tient aussi sur place, ainsi qu'une aire de jeux pour les enfants.

Fêtes et festivals

Santa Cruz célèbre plusieurs fêtes mémorables, ainsi que de plus sombres événements annuels.

Semana Santa FÊTE RELIGIEUSE

(⏲fin mars-début avril). Les membres des confréries laïques, en longues robes rouge sang et hauts capuchons pointus, défilent dans la Calle O'Daly à Santa Cruz.

Carnaval CARNAVAL

(⏲2 semaines fév, dates variables). Une fête turbulente de 2 semaines avec musique, danse et libations, dont la folle nuit du lancer de talc, appelée **Día de los Indianos** (p. 194).

Fiesta de Nuestra Señora de las Nieves FÊTE RELIGIEUSE

(⏲juil-août). La fête de Notre-Dame-des-Neiges est la principale fête de La Palma. Ne manquez pas le défilé des géants et des grosses têtes (des personnages trapus avec des têtes démesurées), ni la danse des nains, exécutée depuis le début du XIXe siècle. La fête est célébrée tous les cinq ans (2020, 2025...) par une procession religieuse qui transporte la Vierge dans l'île en juillet et août, célébrant son arrivée dans chaque ville importante par des réjouissances.

Où se restaurer

Nombre des bons restaurants de Santa Cruz sont installés le long de l'Avenida Marítima, ainsi que dans la Calle Anselmo Pérez de Brito, dans le centre historique.

Mercado Municipal MARCHÉ €

(Avenida Puente ; ⏲7h-14h lun-sam). Un excellent marché pour des produits frais et de l'épicerie fine, aménagé dans un ancien hôpital du XVIe siècle. Goûtez le jus de canne à sucre avec rhum, menthe et citron (4 €), vendu sur un stand – peut-être sans rhum à 7h du matin !

Casa Luís CANARIEN €

(Taburiente ; Calle Pedro Poggio 7 ; plats 7-8,50 €, menú 10 € ; ⏲10h30-minuit). Repérez les grandes portes aux allures de grange de ce restaurant prisé des habitants, décoré de vieilles photos en noir et blanc de Santa Cruz. Ne prenez pas la peine de demander la carte : le patron prépare les plats selon l'inspiration du jour ; il s'agit toujours de cuisine canarienne traditionnelle, servie en énormes portions.

Bar-Arepera El Encuentro VÉNÉZUÉLIEN €

(Calle Anselmo Pérez de Brito ; arepas 1,90 €, cachapas 2,70 € ; ⏲8h30-1h ; wifi). Savoureuses et bon marché, les *arepas* (chaussons de farine de blé ou de maïs farcis de viande ou de fromage) et les *cachapas* (crêpe de maïs farcie) vénézuéliennes sont devenus des classiques de La Palma. Le cadre est superbe

À NE PAS MANQUER

CARNAVAL : DÍA DE LOS INDIANOS

Tenerife et la Grande Canarie sont réputées pour leurs célébrations turbulentes du carnaval, mais la discrète Santa Cruz de La Palma connaît également un moment de folie. Durant deux semaines en février (les dates varient), musique, danse, libations et, bien sûr, bataille de talc s'emparent des rues. Le Día de Los Indianos, le lundi du carnaval, les citoyens de Santa Cruz apportent des seaux de poudre blanche parfumée dans le centre-ville et s'apprêtent à se battre avec leurs voisins. Après quelques verres et un peu de musique pour désinhiber les participants, les hostilités commencent, chacun pouvant être la cible de cette guerre totale. À la fin de la nuit, les citadins toussent et clignent des yeux, couverts de talc de la tête aux pieds. Il s'agissait à l'origine de ridiculiser les *Indios*, les émigrés canariens qui avaient fait fortune aux Amériques et revenaient dans l'île, portant costume blanc et panama. C'est aujourd'hui une occasion pour s'amuser.

sur une jolie place ombragée qui donne sur le monument Cruz de Tercero (1893).

Habana CANARIEN **$**
(Calle Anselmo Pérez de Brito 27 ; plats 7,50-9 € ; 8h30-23h). Ce charmant bâtiment rose et blanc possède une terrasse sur une place pittoresque avec une fontaine et entourée de balcons fleuris. Le café est excellent et les plats, peu nombreux et légers, comprennent risottos, bruschettas et fromage frit avec *mojo* (sauce canarienne épicée). La musique cubaine rythme les repas.

Enriclai CANARIEN MODERNE **$$**
(687 37 14 53 ; Calle Dr Santos Abreu 2 ; plats 12,50-15 € ; 12h30-15h30 et 19h30-22h30 mar-sam, 19h-23h dim-lun ;). Quatre tables, un bâtiment vieux de 200 ans, du jazz en musique de fond, des plats qui changent selon la saison et Carmen, la propriétaire et chef, tellement charmante qu'on voudrait l'adopter.

Les choix peuvent varier du *pastel* (gratin) d'épinards et sauce de pois chiches au simple poisson grillé avec une tranche de citron, avec toujours des plats végétariens et des vins bio. Rien n'est frit.

Pizzeria Piccolo ITALIEN **$$**
(Avenida Marítima 53 ; pizzas 7-10 €, pastas 11-13 € ; 12h-16h et 19h-minuit mer-lun). Un cran au-dessus des pizzas classiques, celles du Piccolo se distinguent par une pâte fine et une garniture généreuse. Les pâtes maison sont délicieusement *al dente* et vous pouvez choisir des plats plus légers, comme les focaccias et les salades. La pizzeria est installée dans un bâtiment ancien avec poutres, carrelage d'origine et beaucoup de cachet.

La Lonja ESPAGNOL **€€**
(922 41 52 66 ; www.lalonjarestaurante.com ; Avenida Marítima 55 ; plats 12-18 € ; 12h-23h mer-lun). Dans une vieille maison canarienne en bord de mer, avec des balcons abondamment fleuris, La Lonja est sans doute le restaurant le plus chic de la ville. Il propose une cuisine d'inspiration canarienne, castillane et méditerranéenne, avec des plats comme la paella, le cochon de lait et le fromage rôti au *mojo*. À cela s'ajoutent des préparations plus originales, comme l'anguille et crevettes dans une sauce à la crème.

Où prendre un verre

Si Santa Cruz ne possède pas une vie nocturne débridée, nombre de bars en terrasse sont plaisants pour boire un verre. Le long de l'Avenida Marítima, des cafés et des *zumerías* (bars à jus de fruits) sont parfaits pour une soirée en famille. En ville, rejoignez la Calle Álvarez Abreu pour trouver ce qui se rapproche le plus de l'animation nocturne. La Plaza José Mata, près de l'Avenida Puente, compte aussi quelques bars ouverts jusque tard.

El Portugués Café BAR
(922 41 41 26 ; Calle San Sebastián 4 ; 12h-minuit mar-dim). L'endroit est en travaux mais mérite le détour. Ángel, le propriétaire, restaure la fabuleuse maison du XVIIe siècle de sa grand-mère portugaise ; elle comprend actuellement un bar attrayant avec une cour centrale et un bassin de poissons rouges (l'ancienne citerne). La musique live est prévue, ainsi qu'un hôtel de charme. Renseignez-vous sur place.

Cinnamon Bar BAR
(922 41 02 24 ; Calle San Telmo 2 ; cocktails 4,50 €, tablas 7-8 € ; 12h30-16h et 19h30-23h ;).

La décoration est épurée avec un blanc étincelant qui contraste avec le rouge et le noir. Les tables à l'extérieur sont installées au pied de la gracieuse Iglesia de Santo Domingo, sur l'une des plus jolies places de la ville. Essentiellement un bar, il sert aussi des *tablas* (assiettes) à partager.

Renseignements

Office du tourisme (922 41 21 06 ; www.lapalmacit.com ; Plaza Constitución ; 9h-14h et 16h-19h30 lun-ven, 9h-14h sam-dim). Ce petit office fournit de nombreuses informations sur la ville et sur l'île, que cela concerne la randonnée, les fêtes, l'histoire ou la gastronomie.

Comment circuler

Le bus n°8 (1,50 €, 35 min) circule entre Santa Cruz et l'aéroport toutes les 30 minutes (toutes les heures le week-end), de 6h45 à 0h15, et fait halte en chemin à Los Cancajos. Un taxi jusqu'à l'aéroport coûte environ de 17 €.

La marche constitue le meilleur moyen d'explorer Santa Cruz. Si vous arrivez en voiture, essayez de dénicher une place de stationnement sur le vaste parking qui jouxte le front de mer car les rues étroites sont bien plus plaisantes à pied. Si vous êtes pressé, vous pouvez prendre l'un des bus, qui font la navette dans l'Avenida Marítima (1,35 €) ou un **taxi** (922 18 13 96).

ENVIRONS DE SANTA CRUZ

Los Cancajos

Une agréable promenade en front de mer et une petite plage volcanique sont les principaux attraits de ce petit ensemble d'hôtels, d'appartements et de restaurants, à 4 km au sud de Santa Cruz. Los Cancajos n'a certes pas le charme de Santa Cruz ni d'autres villes authentiques, mais constitue une bonne base avec nombre d'hébergements de qualité et une plage parmi les meilleures de l'île. Un **office du tourisme** (922 18 13 54 ; www.lapalmacit.com ; Calle Punta de la Arena, Playa los Cancajos ; 9h-13h et 16h30-19h lun-ven, 10h-14h sam) bien fourni se tient sur le front de mer.

Activités

Los Cancajos est un endroit populaire pour la plongée et compte plusieurs tour-opérateurs. Pour une activité moins sportive, flânez le long de la promenade en bord de mer ; cette marche de 20 minutes vous fera découvrir des petites criques et des coulées de lave colonisées par des plantes rustiques, qui semblent presque lumineuses sur les roches d'un noir profond.

Buceo Sub PLONGÉE
(922 18 11 13 ; www.4dive.org ; Costa Salinas, Local 3 ; plongée équipement compris à partir de 35 € ; 9h30-18h mar-sam). Centre de plongée réputé, à côté du supermarché Spar, il propose plusieurs forfaits de plongée ainsi que des cours de canoë.

La Palma Diving Center PLONGÉE
(922 18 13 93 ; www.la-palma-diving.com ; Centro Comercial Los Cancajos, Local 227 ; plongée équipement compris 40 € ; 10h-18h lun-sam). Installé dans le principal centre commercial de Los Cancajos, il vise principalement une clientèle allemande, mais les moniteurs parlent anglais.

GASTRONOMIE À LA PALMA

À l'instar des autres îles, les plats de La Palma sont simples, mais elle se rattrape avec les desserts. Le miel constitue ici un aliment important et l'île a une longue tradition de production sucrière. La canne à sucre a pratiquement disparu mais les îliens continuent d'apprécier les douceurs ; au **mercado municipal** (p. 193) de Santa Cruz, vous pourrez goûter du jus de canne à sucre, éventuellement agrémenté de rhum, de citron et de menthe. Les *rapaduras*, composées de miel et d'amandes, sont populaires, ainsi que les *almendrados* (gâteaux aux amandes et à la cannelle), le *bienmesabe* (crème d'amandes au miel) et le *Príncipe Alberto* (mousse au chocolat avec des amandes).

Ne manquez pas de goûter les fromages locaux, pour la plupart au lait cru de chèvre et souvent fumés. Pour en savoir plus, consultez le site www.quesopalmero.es. Pour une excellente sélection de fromages locaux, ainsi que de vins et de produits d'épicerie fine, rendez-vous à **Vinateria Albillo** (922 41 08 95 ; Calle Anselmo Pérez de Brito 59, Santa Cruz de Palma ; 10h-13h30 et 17h-19h lun-ven, 10h-14h sam) à Santa Cruz.

Natour RANDONNÉE

(☎922 43 30 01 ; www.natour-trekking.com ; Apartamentos Valentina 4 ; randonnées guidées 35-50 € ; ⌚9h-13h et 17h-19h lun-ven). L'une des agences les plus réputées de La Palma, Natour organise diverses randonnées dans l'île en compagnie de guides polyglottes.

Où se restaurer

Le quartier du Centro Comercial Los Cancajos abrite plusieurs bons bars et restaurants, pour la plupart avec terrasse.

El Pulpo POISSON €€

(☎922 43 49 14 ; Playa los Cancajos ; plats 10-16 € ; ⌚13h-15h30 et 18h-22h30). Ce simple restaurant de plage n'était qu'une cabane lors de son ouverture en 1971, et reste prisé des habitants pour se régaler de poisson frit. Avec des chaises en terrasse sur le sable, il est à juste titre apprécié des familles avec de jeunes enfants.

Restaurante La Fontana ITALIEN €€

(Playa de los Cancajos ; plats 8-10 €, pâtes 9-14 € ; ⌚13h-16h et 18h-22h30 mar-dim ; P). Donnant sur les plantations de bananiers et la plage principale, La Fontana sert de savoureuses pizzas cuites au feu de bois, divers plats de pâtes et de délicieux desserts (essayez le gâteau aux amandes), à consommer sur place ou à emporter pour un pique-nique sur la plage.

Où prendre un verre et faire la fête

La vie nocturne se limite à quelques bars et terrasses derrière le Centro Comercial Los Cancajos. L'offre diffère grandement selon la saison et la soirée, et vous pouvez trouver danse et DJ, musique live ou atmosphère paisible pour boire un verre et bavarder.

Depuis/vers Los Cancajos

Le bus n°8 (1,20 €, 10 min) qui circule entre Santa Cruz et l'aéroport passe par Los Cancajos toutes les 30 minutes ; un second bus effectue le trajet en sens inverse. L'arrêt principal se situe au Centro Comercial Los Cancajos.

Breña Alta

6 670 HABITANTS

À la sortie de Santa Cruz, où des artisans renommés ont élu domicile, cette paisible localité rurale ne fait pas partie des destinations majeures mais abrite quelques sites notables et l'hôtel Parador Nacional.

À voir

Maroparque ZOO

(www.maroparque.com ; Calle Cuesta 28 ; adulte/enfant 11/5,50 € ; ⌚11h-17h lun-ven, 11h-18h sam-dim ; P). Les enfants adorent le Monoparque, un petit zoo où ouistitis, toucans et pythons évoluent dans des cages spacieuses. Ne manquez pas les derniers arrivés : 2 wallabies albinos. Le zoo se tient dans un joli jardin paysager et des boissons sont disponibles.

LE SUD DE L'ÎLE

Pinèdes, bananeraies, terres cultivées et déserts volcaniques composent le paysage varié du sud de La Palma. La région de Fuencaliente, à la pointe sud de l'île, a connu la plus récente activité volcanique de l'archipel, avec plusieurs éruptions au XXe siècle.

Villa de Mazo

4 760 HABITANTS

Paisible bourgade à 13 km au sud de Santa Cruz, Villa de Mazo se niche parmi des volcans endormis tapissés de verdure. Réputée pour ses cigares et son artisanat, la ville est aussi une étape majeure de la **route des vins** (www.enoturismolapalma.es) de La Palma, une série d'itinéraires qui fait découvrir les meilleurs domaines viticoles de l'île. Des brochures décrivant ces parcours sont disponibles dans les offices du tourisme, ou téléchargeables sur le site Internet.

À voir

♥ **Museo Casa Roja** MUSÉE

(☎922 42 85 87 ; www.villademazo.es ; Calle Maximiliano Pérez Díaz ; adulte/enfant 2 €/gratuit ; ⌚10h-14h lun-sam). À l'entrée de la ville, suivez les panneaux jusqu'à cette charmante demeure ocre rouge de 1911. Le musée est consacré à la broderie et à la Fête-Dieu, célébrée avec faste à Villa de Mazo : les rues sont décorées de "tapis" composés de pétales de fleurs, de graines et de sable. La maison possède un escalier majestueux et des sols carrelés ornementés.

Escuela Insular de Artesanía MUSÉE

(☎922 44 00 52 ; Vía de Enlace Doctor Amilcar Morera Bravo 1 ; adulte/enfant 2 €/gratuit ;

À NE PAS MANQUER

JOYAUX GASTRONOMIQUES CACHÉS

Certains des meilleurs restaurants de l'île se situent à courte distance en voiture de Santa Cruz. Pour goûter les saveurs locales, rien ne vaut les adresses suivantes.

Restaurante Chipi-Chipi (922 41 10 24 ; Calle Juan Mayor 42, Velhoco ; plats 10-15 € ; 12h-17h et 19h-23h30 lun-mar et jeu-sam ; P). Restaurant local réputé, il se spécialisé dans les viandes grillées, toutes servies avec de copieuses portions de *papas arrugadas* et de *mojo*. Il se tient entre le Santuario de la Virgen de las Nieves et le village de San Pedro, à la lisière du hameau de Velhoco. Il possède un grand jardin avec des espaces individuels et une terrasse centrale.

Casa Goyo (922 44 06 03 ; Carretera General Lodero 120, Los Cancajos ; plats 10-15 € ; 13h-16h30 mar-dim ; P). Cette simple cabane coiffée de palmes est devenue le restaurant de poisson le plus renommé de l'île. Écoutez le vrombissement des avions en savourant une *vieja a la plancha* (poisson-perroquet grillé) et des *papas*. Le poisson est aussi frais que les prises du jour.

10h-14h lun-ven). Cette ancienne école d'artisanat renferme toujours un atelier de tissage, que l'on peut visiter. Elle est devenue un musée des métiers et de l'artisanat de l'île, avec projection d'un court film en plusieurs langues et une boutique qui vend des broderies, des céramiques, des paniers et d'autres articles d'artisanat local.

Templo de San Blas ÉGLISE

(horaires variables ; P). Au pied d'une colline escarpée en venant du centre-ville, cette charmante église blanchie à la chaux date de 1512 et surplombe l'océan. Elle renferme un retable et plusieurs éléments décoratifs de style baroque.

Mercado MARCHÉ

(Vía de Enlace Doctor Amilcar Morera Bravo ; 15h-19h sam, 9h-13h dim). Produits alimentaires, artisanat et textiles sont vendus sur ce marché du week-end.

Cerámica el Molino MUSÉE

(922 44 02 13 ; Carretera Hoyo de Mazo ; 9h-13h et 15h-19h lun-sam ; P). Bien indiqué depuis la ville, ce moulin soigneusement restauré abrite un musée de la Céramique (avec une courte présentation audiovisuelle), un atelier où des artisans reproduisent des poteries de Benahoare et une grande boutique de souvenirs. Vous pouvez aussi le rejoindre de la nationale LP-132.

Où se restaurer

San Blas CANARIEN €

(Calle Maria del Carmen Martínez Jerez 4 ; plats 8-10 € ; 7h-15h et 17h30-22h30 mar-jeu, jusqu'à 23h ven, 9h-23h sam, 9h-15h dim). Dans le centre-ville, il sert des plats simples comme des pâtes, des salades, des *chocos* (seiches) avec *mojo verde* (sauce à la coriandre) ou de la chèvre avec des pommes de terre, à déguster sur une jolie terrasse entourée de palmiers et de fleurs.

La Cabaña CANARIEN €

(Carretera a Fuencaliente, Km 6 ; plats 7-12 € ; 11h-23h mar-dim ; P). Installez-vous sur la terrasse de ce simple restaurant de poisson avec vue sur l'océan, qui propose une carte traditionnelle, sans prétentions ; la murène frite est la spécialité maison. Il se situe près de la nationale LP-2 au sud de la ville.

Depuis/vers Villa de Mazo

Les nationales LP-1 et LP-132 encadrent Villa de Mazo. Pour rejoindre la ville, prenez le bus n°3 (10/jour) qui la relie à Los Llanos (5 €, 1 heure), Fuencaliente (2,20 €, 30 min) et Santa Cruz (2 €, 20 min).

Parque Ecológico de Belmaco

Les premiers pétroglyphes antiques de l'archipel furent découverts en 1752 dans le **Parque Ecológico de Belmaco** (922 44 00 90 ; www.islabonita.es ; Carretera a Fuencaliente, Km 7 ; adulte/enfant 2 €/gratuit ; 10h-15h lun-sam ; P). Un sentier de 300 m serpente entre diverses grottes (avec effets sonores !) jadis habitées par des tribus benahoares et forme le cœur de ce site archéologique. Les gravures rupestres en spirales et volutes, qui datent de 150, constituent néanmoins les principales curiosités du "parc écologique".

VAUT LE DÉTOUR

ROUTE PANORAMIQUE : JUSQU'AU BOUT DE L'ÎLE

Pour une belle balade en voiture et une baignade dans un cadre splendide, suivez la nationale LP-1282 après le complexe hôtelier Princess jusqu'à la pointe sud de l'île, un paradis pour l'observation des oiseaux. Ici se trouvent les **Playas del Faro** (plages du phare) et **Las Salinas** (www.salinasdefuncaliente.com), un marais salant de quelque 35 000 m², qui produit le sel vendu sous la marque Teneguia dans toute l'île.

Sur la côte, la roche volcanique noire et l'océan d'un bleu cristallin contrastent parfaitement ; si vous nagez de l'une de ces plages, prenez garde aux courants forts et aux déferlantes dangereuses. Revenez par la nationale LP-130 vers le nord pour compléter la boucle.

Un musée contient des reproductions et fournit des informations sur l'histoire de la découverte.

Il existe quatre séries de gravures ; les experts restent perplexes sur leur signification et pensent qu'il pourrait s'agir de symboles religieux.

Depuis/vers le Parque Ecológico de Belmaco

De Santa Cruz, le bus n°3 fait halte à 400 m au sud du parc 4 fois par jour, excepté le week-end (2 € ; 25 min).

Playa Blanca

La "Plage blanche" (en fait poivre et sel), site parfait pour un pique-nique, est un hameau avec quelques maisons de vacances, une plage tranquille et une côte rocheuse propice à la pêche. Une route non indiquée descend vers la plage de la nationale LP-132, à 1,3 km au nord du parc écologique de Belmaco.

Fuencaliente

1 856 HABITANTS

Fuencaliente ("source chaude"), avec un mélange de sites volcaniques et marins, constitue la meilleure base touristique dans le sud de l'île. La bourgade doit son nom à des sources chaudes, supposées jadis guérir la lèpre, qui furent ensevelies au XVIIe siècle par une éruption volcanique. Ne croyez pas que les volcans se soient depuis assagis ; la dernière éruption a eu lieu en 1971, quand une coulée de lave projetée par le volcan Teneguía a agrandi l'île de plusieurs hectares.

À voir et à faire

Volcans VOLCANS

Créant un paysage désolé, par endroits lunaire, les volcans de cette région sont les plus jeunes de l'archipel et constituent l'attrait majeur de Fuencaliente. La beauté de leurs cônes bas rougeoyants trahit la violence de leurs éruptions.

Centre des visiteurs du volcan San Antonio CENTRE DES VISITEURS

(www.lapalmacit.com ; Fuencaliente ; adulte/enfant 5 €/gratuit ; 9h-18h ; P). Premier arrêt si vous souhaitez explorer les volcans, le nouveau centre des visiteurs comprend une salle d'exposition qui fournit quantité de renseignements. Vous pouvez aussi faire un tour à dos de dromadaire (adulte/enfant 8/6 €, 15 minutes). Courte mais époustouflante, la marche le long du cratère du **volcan San Antonio** dure environ 25 minutes ; le gouffre béant de ce grand cône noir, dont la dernière éruption date de 1949, est reconquis par de robustes pins des Canaries.

Volcan Teneguía VOLCAN

(Fuencaliente). L'éruption du volcan Teneguía en 1971 est la plus récente dans l'archipel. Un chemin balisé le rejoint à partir du volcan San Antonio, près du centre des visiteurs. La marche, de niveau facile à moyen, demande environ 2 heures aller-retour. Vous pouvez la prolonger d'une heure (aller) en descendant jusqu'au Faro de Fuencaliente, sur la côte à la pointe de La Palma.

Bodegas Teneguía DOMAINE VITICOLE

(922 44 40 78 ; www.bodegasteneguia.com ; Calle Ciudad Real ; 9h-18h lun-ven, 10h-13h

LOS CANARIOS

Ne soyez pas surpris si vous ne trouvez pas la ville de Los Canarios (souvent indiquée par des panneaux) sur une carte. Ce nom est le raccourci de Los Canarios de Fuencaliente, la version longue rarement utilisée.

VAUT LE DÉTOUR

ROUTE PANORAMIQUE : LA CÔTE SUD-OUEST

La route qui remonte la côte ouest de la pointe de l'île serpente à travers des collines verdoyantes couvertes de cactus et de broussailles. La nationale suit une crête, laissant l'océan dans une brume bleue sur la gauche. Hormis la vue et le petit bar au **mirador** à 6 km de Fuencaliente, dans la bourgade d'**El Charco**, la route n'offre pas d'autres sites mais constitue une superbe détour à partir de Fuencaliente ou de Puerto Naos.

Continuez vers le nord pour traverser des petits villages quasi inhabités. Puis faites halte à San Nicolás, à 1 km après le village de Jedey, pour un repas au **Bodegon Tamanca** (922 49 41 55 ; Carretera General Las Mancha-Fuencaliente ; plats 10-18 € ; 11h-23h mar-sam, 11h-18h dim ; P), un restaurant pittoresque et très populaire, aménagé dans une vaste grotte naturelle. Les tables et les box en lave semblent creusées dans la roche. Destiné aux carnivores, le restaurant sert des viandes grillées, fumées ou cuisinées en ragoût. Vous pourrez ensuite acheter quelques bouteilles de vin dans la bodega adjacente.

sam-dim ; P). Fuencaliente est réputée pour ses vins, produits sur un sol volcanique. Plus grand et plus ancien domaine viticole de l'île, Bodegas Teneguía produit des blancs, des rouges et le fameux vin doux Malvía, vendus dans toute l'île et au-delà. Le restaurant n'accueille que les groupes en circuit organisé.

Le domaine comprend une boutique où vous pouvez déguster (ou plutôt boire) les vins (à partir de 0,50 € le verre). La réservation est indispensable pour visiter la propriété ; le prix varie selon le nombre de participants.

Plages

Plantations de bananiers, affleurements rocheux et falaises à pic rendent inaccessible la majeure partie de la côte autour de Fuencaliente. Plaisantes exceptions, **Playa de la Zamora** et **Playa Chica**, deux plages noires dans des criques voisines, sont connues mais rarement bondées. Pour les rejoindre, suivez la Carretera de Las Indias (LP-1282) qui longe le volcan San Antonio en direction du hameau de Las Indias et descendez jusqu'au petit panneau qu indique l'embranchement vers les *playas* (plages) sur la droite.

Où se restaurer

El Quinto Pino BISTROT €

(LP-1282, Las Indias ; plats 7-9 € ; 13h-16h et 19h-23h jeu-dim ; P). Haut perché au-dessus du hameau de Las Indias, au nord-ouest de Fuencaliente, ce bistrot, tenu par une famille, offre une vue éblouissante sur la mer. Il sert des pizzas, des *paninis*, des viandes grillées, ainsi que des plats du jour inscrits à la craie sur un grand tableau noir.

La Casa del Volcán CANARIEN MODERNE €€

(922 44 44 27 ; www.lacasadelvolcan.es ; Calle Los Volcanes 23 ; plats 10-15 € ; 12h30-21h30 mar-dim ; P). Cette bodega, doublée d'un restaurant sophistiqué, est l'un des meilleurs endroits de l'île pour savourer des plats canariens inventifs et délicieusement préparés. L'ambiance est rustique mais raffinée, avec une salle intime que précède un bar lambrissé, où des tonneaux font office de tabourets.

La bodega date de 1919 et produit d'excellents vins ; les propriétaires organisent aussi des cours d'œnologie. Pour la trouver, repérez le bâtiment en pierre volcanique, à 200 m du centre des visiteurs du volcan San Antonio.

Tasca La Era CANARIEN €€

(Carretera Antonio Paz y Paz 6 ; plats 11-14 € ; 12h-23h jeu-mar ; P). Ce restaurant rustique s'agrémente d'une terrasse qui donne sur un joli jardin planté de palmiers. Un endroit charmant pour déguster des plats de poisson et de viande ; le *solomillo* (filet de bœuf), avec 8 sauces au choix, est la spécialité maison.

Depuis/vers Fuencaliente

Le bus n°3 (4 €, 1 heure, jusqu'à 5/jour) circule entre Fuencaliente et Santa Cruz via Villa de Mazo. Il continue ensuite jusqu'à Los Llanos.

LE CENTRE DE L'ÎLE

La plupart des visiteurs de La Palma passent l'essentiel de leur séjour dans la région centrale de l'île, et pour de bonnes raisons. La **Caldera de Taburiente**, en forme de bol, et le parc national éponyme dominent la contrée, avec des pics rocheux, de profonds ravins et des pentes tapissées de verdoyantes forêts de pins. Les randonnées comptent parmi les plus spectaculaires de l'archipel et le paysage est fantastique.

La nationale LP-2, qui relie Santa Cruz et Los Llanos, contourne la lisière sud du parc ; de la route, vous pouvez parfois discerner la couverture de nuages qui remplit la caldeira et déborde sur les versants.

Deux importants centres commerciaux, El Paso et Los Llanos (la plus grande ville de l'île), font de la région le moteur économique de La Palma. C'est aussi un secteur clé de la culture bananière avec, aux abords de la côte ouest, des vallées couvertes de bananeraies. De plus, le littoral offre certaines des plus longues et plus belles plages de La Palma, et des meilleures stations balnéaires, qui restent plutôt discrètes.

El Paso

7 440 HABITANTS

Porte du Parque Nacional de la Caldera de Taburiente – le centre des visiteurs se tient à la sortie de la ville –, El Paso est la plus grande municipalité de l'île, avec de grandes forêts et quelque 8 km² de terres cultivées. Le joli centre-ville invite à la promenade. En voiture, tournez à droite au panneau "Casco Histórico" pour rejoindre les principaux sites. L'**office du tourisme** (922 48 57 33 ; www.lapalma-cit.com ; Calle Antonio Pino Pérez ; 10h-18h lun-ven, 10h-14h sam-dim) se situe dans le parc municipal. Si vous êtes sur place un lundi matin, vous pourrez peut-être voir une démonstration de fabrication de cigare (11h), effectuée par un vieil habitant expert.

À voir et à faire

Museo de la Seda MUSÉE

(musée de la Soie ; 922 48 56 31 ; Calle Manuel Taño 6 ; adulte/enfant 2,50 €/gratuit ; 10h-14h30 lun-ven). Découvrez les secrets du ver à soie. La soie est produite ici selon des traditions qui n'ont pratiquement pas changé depuis l'introduction de cette industrie à La Palma au XVIe siècle. À l'étage, le musée présente de somptueux vêtements en soie, provenant notamment de Chine et d'Inde, et un court film sur la production de la soie. Terminez la visite par l'atelier au rez-de-chaussée, où vous verrez des tisserands à l'œuvre.

Ermita de la Virgen de la Concepción de la Bonanza ÉGLISE

(horaires variables). Cette petite chapelle restaurée du XVIIIe siècle, curieusement peinte, conserve un splendide plafond mudéjar au-dessus de l'autel.

Mercado MARCHÉ

(Calle Antonio Pino Pérez ; 9h-14h et 15h-19h ven-sam). Un populaire marché de fermiers, avec quelques stands d'art et d'artisanat.

Ruta de los Volcanes RANDONNÉE

El Paso constitue un excellent point de départ pour l'exigeante et époustouflante **Ruta de los Volcanes**, un chemin de 19 km qui serpente à travers des paysages volcaniques très divers et offre la vue sur les deux côtes en courant au sud le long de la crête montagneuse vers Fuencaliente.

Cet itinéraire fait partie du GR-130. Comptez de 6 à 7 heures pour le parcourir ; le chemin est ardu et mieux vaut effectuer la marche par temps frais et nuageux car l'ombre et l'eau fraîche sont rares. Il part du **Refugio del Pilar**, un vaste parc avec une aire de pique-nique sur la nationale LP-203, à la sortie d'El Paso et près de la LP-2 depuis El Paso. La randonnée s'achève à Fuencaliente, où vous devrez trouver un transport pour le retour.

Où se restaurer

Tapas Trekking TAPAS €

(www.tapasytrekking.com ; Calle Sagrado Corazón 4 ; tapas 4-5 €, tablas 5-7 € ; 9h-16h dim-lun, 9h-23h mer-sam ;). Très bien situé à l'ombre de l'*ermita* (chapelle) du XVIIIe siècle, cet établissement sans prétention propose tapas et *tablas* à partager, des *croquetas* maison aux fromages et jambon locaux.

Parque Nacional de la Caldera de Taburiente

Déclaré parc national en 1954, ce superbe secteur protégé constitue le cœur géographique et symbolique de La Palma. D'une superficie de 46,9 km², il englobe d'épaisses forêts de pins des Canaries, nombre de sources, cours d'eau et cascades, d'imposantes formations rocheuses et des kilomètres de chemins de randonnée. Bien que plusieurs miradors soient accessibles en voiture, il faut explorer le parc à pied pour en découvrir la splendeur. Le matin, avant que les nuages bouchent la vue,

ACTIVITÉS SPORTIVES À LA PALMA

La Palma enchantera les amateurs d'activités en plein air par ses excellentes possibilités de randonnée, de plongée, de parapente et de cyclotourisme. Quel que soit l'endroit où vous séjournez, vous trouverez des tour-opérateurs qui proposent ces activités.

Randonnée

Les splendides paysages de La Palma se découvrent idéalement à pied ; avec 850 km de chemins de randonnée, l'île est une destination idéale pour la marche. Parmi les divers tour-opérateurs, **Natour** (p. 196) est le meilleur, avec des excursions dans toute l'île. Le Parque Nacional de la Caldera de Taburiente, la Ruta de los Volcanes et le circuit de la "Forêt enchantée" à travers le domaine forestier du Nord comptent parmi les itinéraires les plus prisés. Le prestataire vient vous chercher à votre hôtel ou à un lieu de rendez-vous central.

Autre tour-opérateur réputé, **Ekalis** (☎922 44 45 17 ; www.ekalis.com ; Las Indias 51, Fuencaliente ; randonnées guidées, circuits à vélo, spéléologie et varappe 38 €/jour) vient également chercher les participants à leur hôtel.

Les services d'un guide ne sont pas indispensables ; les bonnes conditions de sécurité conviennent pour tout marcheur en forme et doté d'une carte précise. La compagnie d'un guide apporte toutefois le plaisir des informations et anecdotes qu'il raconte en chemin, sans oublier le transport organisé au départ et à l'arrivée d'une longue marche.

Sports d'aventure

Si la marche vous semble trop sage, vous pouvez essayer l'escalade ou la spéléologie. Ekalis offre diverses sorties de varappe et de rappel, ainsi qu'une expédition de spéléologie de 2 heures. Il loue aussi des vélos et organise des circuits guidés à VTT, une autre activité populaire dans l'île. Si vous êtes en forme, le relief en montagnes russes vous réjouira. Autrement, des prestataires comme **Bike'n'Fun** (p. 204) assurent le transport jusqu'au sommet d'une montagne, suivi d'un parcours essentiellement en descente. Tous les opérateurs peuvent venir vous chercher à votre hôtel ou à un lieu de rendez-vous central.

Depuis quelques années, le parapente est devenu un sport en vogue et l'île est considérée comme l'un des meilleurs sites au monde pour cette activité. Tentez l'aventure avec **Palmaclub** (p. 205) à Puerto Naos.

Plongée et kayak

Les centres de plongée de Puerto Naos et de Los Cancajos fournissent l'équipement nécessaire. Des sorties en kayak de mer sont également propos Puerto Naos et Los Cancajos ; contactez Ekalis pour plus d'informations.

est le meilleur moment pour une visite. Pour la vue classique des nuages débordant de la caldeira, préférez l'après-midi.

Cœur du parc, la **Caldera de Taburiente** (littéralement "chaudron de Taburiente") est une vaste dépression de 8 km de large, entourée de hautes parois rocheuses. Elle fut appelée ainsi en 1825 par le géologue allemand Leopold von Buch, qui la prit pour un cratère volcanique ; le mot "caldeira" devint ensuite un terme standard pour tous les cratères volcaniques dans le monde. Les scientifiques savent désormais qu'il s'agissait d'une imposante montagne volcanique qui s'effondra sur elle-même ; au fil des millénaires, l'érosion creusa ce vaste cirque naturel.

Derrière l'apparente quiétude du parc, l'érosion exerce son action destructrice, entraînant de fréquents glissements de terrain et effondrements de *roques* (piliers de roche volcanique) ; des géologues estiment qu'il disparaîtra d'ici à 5 000 ans. Vous pouvez observer le phénomène près du **Mirador de la Cumbrecita**, où les racines dénudées des pins s'agrippent encore miraculeusement au sommet de la colline, qui s'effrite inexorablement.

Randonnée

De nombreux chemins sillonnent le parc, mais à moins de disposer de plusieurs jours, vous suivrez sans doute les plus connus

À NE PAS MANQUER

FÊTES ET FESTIVALS

Comme tout Espagnol qui se respecte, les Palmeros adorent faire la fête, et nombre de festivités ponctuent le calendrier.

Chaque ville célèbre son saint patron avec plusieurs jours de défilés et de réjouissances diverses. Les fêtes suivantes comptent parmi les plus importantes :

- **Breña Alta** (fin juin)
- **Breña Baja** (25 juillet)
- **Barlovento** (12-13 août)
- **San Andrés y Los Sauces** (début septembre)
- **Tazacorte** (fin septembre)

Autres fêtes à découvrir :

Fête des Amandiers en fleur (janvier-février). Puntagorda célèbre à la fois la floraison des amandiers et son saint patron, San Mauro Abad.

Las Cruces (3 mai). Les croix de l'île sont parées de bijoux de fleurs et de riches atours. Un spectacle à ne pas manquer.

San Juan (23 juin). Une profusion de feux de joie et de pétards marque la Saint-Jean (solstice d'été) à Puntallana.

El Diablo (8 septembre). Feux d'artifice, défilés de diables et musique lugubre illustrent de manière imagée le triomphe du bien sur le mal à Tijarife. À cette occasion, quelque 30 kg de poudre à canon sont utilisés pour le spectacle de 20 minutes en hommage à Nuestra Señora de Candelaria.

Castagnettes (24 décembre). Après la messe de minuit à Breña Alta et dans toute l'île, des hommes jouent des saynètes parodiques au son des castagnettes.

mentionnés ici. Ils sont pour la plupart en bon état, mais celui qui relie La Cumbrecita et le camping est très glissant et déconseillé aux randonneurs inexpérimentés. Celui qui descend le Barranco de las Angustias peut être dangereux par temps de pluie.

Bien que la signalisation s'améliore, elle reste parfois confuse. Si vous ne risquez guère de vous perdre (vous croisez habituellement des groupes de marcheurs en chemin), mieux vaut acheter une carte détaillée comme la *Caldera de Taburiente Parque Nacional* au 1/25 000, en vente au centre des visiteurs. Consultez aussi l'excellent site www.senderosdelapalma.com pour d'autres descriptions d'itinéraires.

Partie sud

La majorité des visiteurs arrivent au parc depuis El Paso ou Los Llanos. Vous aurez besoin d'une voiture, d'un taxi ou d'un guide pour monter jusqu'à l'un des miradors d'où partent les chemins.

Pour avoir une vue d'ensemble du parc, empruntez le chemin PR LP 13 qui commence à **Los Brecitos** (1 081 m). De Los Llanos, suivez les panneaux jusqu'à Los Barros, puis jusqu'à Los Brecitos. Le chemin traverse une paisible forêt de pins des Canaries, passe par le camping du parc, franchit un ruisseau, puis descend le Barranco de las Angustias en croisant de nombreux cours d'eau. Repérez les sites intéressants comme la source minérale aux vives couleurs orange et verte, les curieux reliefs créés par la lave en coussins et des formations rocheuses comme la phallique **Roque Idafe**, un important site spirituel pour les Benahoares. Cette randonnée de 6 heures (22 km) est populaire et convient pour toute personne en bonne forme physique. Soyez prudent s'il a plu récemment ou si un orage semble imminent ; le "Ravin des Angoisses") peut rapidement devenir un torrent déchaîné et ses crues éclair ont déjà fait des victimes.

Quand le chemin est entièrement ouvert, le mieux consiste à se garer à Las Hoyas, au pied du Barranco de las Angustias. De là, un **service de navettes 4x4** (☎922 40 35 40 ; 10 €/pers ; ⏲8h-12h) conduit les marcheurs à Los Brecitos, qui peuvent redescendre à pied jusqu'à leur voiture.

Une autre possibilité est de monter en voiture par la LP-202 du centre des visiteurs jusqu'au **Mirador de la Cumbrecita** (1 287 m), où se tient un petit **bureau d'information** (⌚9h-18h). Le trajet de 7 km passe devant les embranchements vers la Pista de Valencia et l'Ermita del Pino, traverse une forêt de pins jusqu'à une vue dégagée sur la vallée. Du parking, une randonnée de 2 heures 30 aller-retour grimpe au sommet du **Pico Bejenado**, pour une vue panoramique. Si vous disposez de peu de temps, une boucle de 3 km conduit au **Mirador de los Roques** et au **Mirador Lomo de las Chozas** ; la dernière partie de la boucle, entre Lomo de las Chozas et le parking, est un chemin plat de 1 km, praticable en fauteuil roulant et avec une poussette. Les vues sont généralement plus belles à l'aube et au crépuscule. Sachez que les chemins qui partent du Mirador de la Cumbrecita sont les plus fréquentés du parc et que le nombre limité de places de parking a obligé les autorités du parc à instaurer des quotas stricts. Pour rejoindre le mirador en voiture, vous devez vous inscrire sur une liste au centre des visiteurs juste après El Paso et attendre votre tour. L'attente peut se limiter à quelques minutes, mais peut dépasser une heure le week-end et en haute saison. Si vous ratez votre tour, vous devrez refaire la queue.

Autre marche excellente et moyennement difficile, le PR LP 13.3 part du parking de la **Pista de Valencia** et rejoint le **Pico Bejenado** (1 845 m). Cette randonnée de 5 heures aller-retour (11,4 km) grimpe à travers une superbe forêt de vieux pins avant de déboucher sur le bord de la caldeira pour une vue époustouflante. Ce chemin facile à suivre convient à tout marcheur en bonne forme physique, qui souhaite un itinéraire moins fréquenté et plus exigeant que ceux du Mirador de la Cumbrecita, mais moins difficile que ceux de Los Brecitos.

Partie nord

Une série de pics rocheux frôlant 2 500 m d'altitude entoure la caldeira, et le chemin qui longe ces parois rocheuses offre une vue saisissante sur le parc et le reste de l'île. De l'étroite piste (portion du GR-131) qui longe la lisière nord du parc partent des chemins plus courts qui s'aventurent à l'intérieur.

Un des tronçons les plus spectaculaires relie le **Roque de los Muchachos** et le **Pico de la Nieve**, près de la LP-1032. Cette nationale sinueuse part de la nationale LP-1 à 3 km au nord de Santa Cruz et serpente à travers l'île, contournant le parc et ses sommets au nord. Pour éviter de revenir sur vos pas, prévoyez deux voitures. Laissez-en une au Pico de la Nieve (le parking se situe à 20 min de marche du chemin), puis conduisez (ou faites-vous conduire) ensuite jusqu'au Roque de los Muchachos (2 426 m), le point culminant de La Palma. La descente à pied jusqu'au Pico de la Nieve s'effectue en 4 ou 5 heures (environ 9 km).

De nombreux miradors jalonnent la LP-1032 autour du Roque de los Muchachos ; même si vous ne marchez pas jusqu'à la crête, la vue justifie le déplacement. La nuit, l'endroit est fantastique pour contempler les étoiles.

ℹ Renseignements

Centre des visiteurs (☎922 49 72 77 ; www.reservasparquesnacionales.es ; Carretera General de Padrón 47 ; ⌚9h-18h30). Sur la nationale LP-3 à 5 km d'El Paso, ce centre fournit gratuitement des informations générales, des cartes (prenez la carte *Caldera de Taburiente Paths*) et des guides détaillés. Il possède une excellente salle d'exposition et un jardin botanique. Le film de 20 minutes mérite d'être vu.

Un camping se situe au centre du parc ; pour y séjourner, vous aurez besoin d'un permis, disponible au centre des visiteurs. Un permis est aussi nécessaire pour visiter le Mirador de la Cumbrecita. Le bus n°1 (1,50 € depuis El Paso, 10 min), qui circule entre Santa Cruz de La Palma et Los Llanos, fait halte au centre des visiteurs toutes les heures.

LA PALMA AVEC DES ENFANTS

Construire des châteaux de sable sur les plages de sable noir de **Puerto Naos** et de **Los Cancajos** ou barboter dans l'eau de mer des **Piscinas de la Fajana** constituent des activités évidentes, mais que faire après la plage ?

Les plus grands apprécieront les randonnées comme celles du **Mirador de los Roques** et du **Mirador Lomo de las Chozas**, tous deux dans le Parque Nacional de la Caldera de Taburiente ; le dernier est accessible avec une poussette. Ajoutez un peu d'histoire avec la marche de 1,5 km dans le **Parque Cultural La Zarza**. Les plus petits apprécieront les animaux du **Maroparque** (p. 196).

Depuis/vers le Parque Nacional de la Caldera de Taburiente

Aucune route ne traverse le parc et il n'existe que trois voies d'accès : via la LP-202 près du centre des visiteurs, par la piste qui relie Los Llanos et Los Brecitos ou via la nationale LP-1032 au nord. Il n'y a pas de bus.

Los Llanos de Aridane

21 045 HABITANTS

Centre économique de l'île et ville ouvrière, Los Llanos n'a pas le charme de la capitale ni de certains villages, mais les places ombragées et les rues piétonnes du centre historique méritent le détour. Elle se niche dans une vallée fertile, l'une des régions les plus riches de l'île avec une longue tradition de culture de la canne à sucre, de la banane et, plus récemment, de l'avocat. La ville abrite aujourd'hui nombre des entreprises et des services de La Palma, attirant des jeunes Palmeros en quête d'emploi.

À voir

Des **peintures murales** colorées et des **sculptures modernes** émaillent le centre-ville et en font un musée à ciel ouvert. Sur la Plaza España, une grande carte indique le nom des artistes et l'emplacement de leurs œuvres.

Plaza España PLACE

Cette place animée est le cœur de la vieille ville. Ombragée de majestueux ficus, elle est idéale pour pique-niquer, regarder les passants ou se détendre dans un café. L'**Iglesia de Nuestra Señora de los Remedios**, de style colonial canarien, resplendit de blancheur. Explorez les rues et les places alentour, qui conservent une grande part de leur cachet traditionnel.

Activités

Bike'n'Fun CYCLOTOURISME

(☎922 40 19 27 ; www.bikenfun.de ; Calle Calvo Sotelo 20, Los Llanos ; service d'un guide 51 €/pers, location vélo 16 €/jour ; ⏲10h-13h). Cette agence réputée loue des vélos et organise de nombreuses excursions à vélo dans La Palma, dont un circuit dans Los Llanos.

Fête

La Patrona FÊTE RELIGIEUSE

(⏲2 juin). La ville s'anime pour la plus grande fête de l'année, qui célèbre Nuestra Señora de Los Remedios.

Où se restaurer

Les cafés de la Plaza España sont parfaits pour un petit-déjeuner, une pause-café ou un repas simple à midi.

♥ **La Vitamina** VÉGÉTARIEN €

(Calle Real 29 ; plats 8,50-10 € ; ⏲12h-21h30 lun-sam ; ✎). Différent des habituels restaurants de viande et de poisson des Canaries, cet établissement détendu, un brin bohème, propose un choix de plats essentiellement végétariens, qui mêlent des saveurs africaines, asiatiques et espagnoles.

LE PLUS GRAND TÉLESCOPE DU MONDE

Les objets ronds futuristes qui jalonnent le sommet du Roque de los Muchachos sont les télescopes de l'observatoire astronomique de l'île, l'un des meilleurs sites du globe pour observer le ciel nocturne. En 2012, il a d'ailleurs été reconnu première réserve Starlight de l'Unesco au monde. Située dans l'Atlantique, loin de la lumière des centres urbains, La Palma est un endroit idéal pour regarder les étoiles, d'autant que plus de 75% des nuits sont dégagées à El Roque.

Le Grantecan (Gran Telescopio Canario ; GTC), l'observatoire du Roque de los Muchachos possède l'un des plus grands télescopes du monde. Il permet aux scientifiques d'étudier la création et l'évolution des galaxies dans l'histoire de l'univers, d'étudier les étoiles et d'observer les anneaux de corps célestes.

L'observatoire de La Palma, site important de recherches, a longtemps abrité le plus grand télescope d'Europe. Il est associé à l'Observatorio del Teide de Tenerife avec lequel il forme l'Instituto de Astrofisica de Canarias (IAC). L'observatoire se visite en réservant sur le site www.iac.es. Les visites de 1 heure 30 en plusieurs langues ont lieu les mardis, mercredis et vendredis, et coûtent 9 €. Des tour-opérateurs privés organisent des sorties d'observation des étoiles ; repérez les brochures, disponibles dans tous les offices du tourisme de l'île.

VINS ET SPIRITUEUX

Depuis le début du XVIe siècle, quand les conquérants espagnols plantèrent les premières vignes sur l'île, La Palma est réputée pour sa *malvasía* (malvoisie). Les colons et les marchands la firent connaître dans toute l'Europe, et certains appelaient ce vin doux le "nectar des dieux". Même Shakespeare le cite dans *Henri IV*, en faisant le breuvage favori de Falstaff, un "merveilleux vin pénétrant" qui "parfume le sang". Il existe aussi des malvoisies secs, ainsi que des vins rouges, blancs et rosés, en particulier dans les régions de Fuencaliente et de Hoyo de Mazo. Pour en apprendre davantage, suivez la **Route des vins** (www.infoisla.org/rutadelvino), où vous pouvez visiter 16 domaines viticoles.

Les quelques plantations de canne à sucre qui subsistent sont exploitées par Ron Aldea, le dernier fabriquant de *ron* (rhum) de l'île.

La salade deluxe est particulièrement réussie et suffisamment copieuse pour deux.

Tasco El Patio TAPAS €

(Calle Rosario 2 ; tapas 3-4 € ; 9h-23h ;). Repérez ce bâtiment terre de Sienne brûlée au coin de la Calle Real et de la Calle Rosario et installez-vous dans le joli patio, agrémenté de tables carrelées et de plantes. Les tapas comprennent des plats internationaux, comme les lasagnes au thon, et des spécialités locales dont une salade de fruits de mer.

Renseignements

Office du tourisme (922 40 25 83 ; Avenida Dr Fleming ; 9h30-14h30 et 16h-18h lun-ven, 9h30-14h sam-dim).

Depuis/vers Los Llanos de Aridane

Parmi les bus qui partent de la **gare routière** (Calle Luis Felipe Gómez Wanguemert), le bus n°1 dessert Santa Cruz (5,50 €, 45 min, jusqu'à 17/jour), le bus n°3, Fuencaliente (4 €, 40 min, jusqu'à 7/jour), et le bus n°4, Puerto Naos (2,20 €, 20 min, jusqu'à 21/jour).

Puerto Naos

L'un des deux centres touristiques de La Palma (avec Los Cancajos sur la côte ouest), Puerto Naos existe presque uniquement pour les touristes. Blottie autour d'une baie et protégée de chaque côté par de hautes falaises, la ville constitue une bonne base pour lézarder au soleil et accéder facilement au nord et à l'intérieur de l'île. Malheureusement, les bananeraies alentour, de plus en plus cultivées sous des serres en plastique, gâchent le paysage.

Plage

Playa Puerto Naos PLAGE

La plage de sable noir de Puerto Naos, qui s'étire sur près de 1 km, est la plus longue de l'île. Bordée de hauts palmiers, elle offre d'excellentes infrastructures, dont des douches, des vestiaires et des toilettes, ainsi que transats et parasols à louer. Une promenade jalonnée de bars, de restaurants, de boutiques et de plusieurs hôtels longe le sable.

Activités

Pour changer du farniente sur la plage, diverses activités sont proposées.

Tauchpartner PLONGÉE

(922 40 81 39 ; www.tauchpartner-lapalma.de ; Edificio Playa Delfín 1 ; plongée équipement compris 41 € ; 9h30-11h et 17h-19h lun-sam). Offre un grand choix de cours et de sorties de plongée.

Bike Station CYCLOTOURISME

(922 40 83 55 ; www.bike-station.de ; Avenida Cruz Roja, Local 3 ; location vélo 6-24 €/jour, circuits 38-44 € ; 9h-13h et 18h-20h lun-sam). Loue des vélos et organise divers circuits guidés à VTT.

Palmaclub PARAPENTE

(610 69 57 50 ; www.palmaclub.com ; Paseo Marítimo ; vol en tandem 100-150 € ; 12h-18h). Le parapente a le vent en poupe et des amateurs viennent de toute l'Europe pour profiter des conditions idéales de l'île. Le Palmaclub, installé dans le Kiosco Playa Morena, propose des vols en tandem ; les prix dépendent de la hauteur de la falaise (250 m ou 950 m) d'où vous choisissez de vous élancer.

Réservez le plus tôt possible, sachant que le vol peut être annulé en raison du temps.

Où se restaurer

Orinoco POISSON €
(www.islalapalma.com/orinoco ; Calle Manuel Rodriguez Quintero 1 ; plats 7-12 € ; 12h-23h). Ce restaurant accueillant, dans une rue qui part de la promenade principale, est prisé des habitants pour se régaler de poisson frais et de desserts *palmeros* traditionnels, comme le *bienmesabe* et le *quesillo* (flan).

Restaurante Playa Chica POISSON €€
(922 40 84 52 ; Playa Chica ; plats 15-20 € ; 12h-23h mer-lun). Donnant sur la charmante petite crique de la Playa Chica, cet élégant restaurant au cadre bleu bénéficie de l'un des meilleurs emplacements de la ville. Les plats sont bien préparés – même les salades, ce qui est rare dans les restaurants de poisson espagnols.

Depuis/vers Puerto Naos

Le bus n°4 (2,10 €, 20 min, jusqu'à 21/jour) relie Puerto Naos et Los Llanos.

LE NORD DE L'ÎLE

D'épaisses forêts tropicales, des collines fertiles et des grands pins forment un tapis de verdure sur la moitié nord de l'île, totalement différente du Sud volcanique, brûlé par le soleil. Il s'agit de la partie la moins accessible, et la plus belle selon certains, de La Palma, avec des falaises rocheuses qui plongent dans une eau bleu saphir et des plages de sable noir désertes, frangées de palmiers.

San Andrés et Los Sauces

5 380 HABITANTS

San Andrés, à 3 km de la nationale LP-1, est charmante, avec des rues pavées et pentues, bordées de maisons basses blanchies à la chaux. Los Sauces, juste au nord de San Andrés, est une ville moderne, dotée deux jolies places centrales.

La **réserve de biosphère de Los Tiles**, plus intéressante, s'étend juste à la sortie de Los Sauces.

À voir

Iglesia de San Andrés ÉGLISE
(San Andrés). Cette église, fondée en 1515, fut l'une des premières bâties sur l'île par les conquérants espagnols. La majeure partie de ce que l'on découvre aujourd'hui date du XVIIe siècle. À l'intérieur, remarquez les somptueux retables baroques et le plafond à caissons.

Nuestra Señora de Montserrat ÉGLISE
(Plaza de la Iglesia, San Andrés). Cette église majestueuse se dresse sur la place principale et renferme de belles œuvres d'art flamandes. Du nom de la sainte patronne de la Catalogne, elle prouve la participation de nombreux Catalans à la conquête de l'île.

Charco Azul PISCINE D'EAU DE MER
Le Charco Azul est une combinaison créative de béton moulé et de roches volcaniques. Le résultat est époustouflant : une série de bassins d'eau de mer d'aspect naturel avec des plate-formes-solariums et un chemin qui les relie. Le Charco Azul se situe à 6 km au nord-ouest de San Andrés sur la nationale LP-104. De Los Sauces, le bus n°104 le dessert 3 fois par jour (1,50 €, 10 min).

Où se restaurer

Bar Charco Azul POISSON €
(Charco Azul ; plats 8-10 € ; 11h-19h). Willy, le propriétaire, sort habituellement pêcher le matin à 3h, ce qui garantit la fraîcheur de son poisson. Le bar est installé sur l'eau et ne ferme que lorsqu'il pleut ; c'est un merveilleux endroit qui propose des produits de la mer bien meilleurs (et moins chers) que les restaurants plus chics sur la route.

La Placita THAÏLANDAIS, CANARIEN €€
(922 10 63 34 ; Calle La Plaza 5, San Andrés ; plats 10-14 € ; 11h30-23h). Il est surprenant de trouver un restaurant thaïlandais dans un village somnolent comme San Andrés ! Tenu par un couple germano-thaïlandais, il est réputé et compte peu de tables libres, surtout le week-end. Ombragée de palmiers, sa terrasse donne sur l'église. La carte, essentiellement thaïlandaise, comprend quelques plats canariens préparés de manière créative.

Depuis/vers Los Sauces

Le bus n°2 (4 €, 35 min, jusqu'à 9/jour) relie Santa Cruz et le centre de Los Sauces. Pour rejoindre San Andrés, vous devrez marcher ou demander au chauffeur de faire un détour.

VAUT LE DÉTOUR

ROUTE PANORAMIQUE : DU PARQUE CULTURAL LA ZARZA À TAZACORTE

Surnaturel, préservé, austère, inquiétant, paisible… autant d'adjectifs qui peuvent définir les paysages désolés de cette portion de la côte nord-ouest, largement coupée du reste de l'île jusque récemment. Entre La Zarza et Tazacorte alternent forêts de pins, champs en jachère, rares hameaux et vues dégagées sur les bananeraies qui bordent l'Atlantique. D'innombrables chemins de randonnée, souvent difficiles, constituent les principales attractions.

Les bourgades de **Puntagorda** et de **Tijarafe** méritent une courte halte, ne serait-ce que pour flâner dans les rues de leur centre historique.

Plusieurs miradors offrent une vue exceptionnelle sur le paysage tourmenté de la côte nord-ouest. Juste au sud de Puntagorda, le **Mirador de Garome** domine une gorge majestueuse. Plus au sud, le **Mirador del Time** surplombe Tazacorte.

Où se restaurer et prendre un verre

La Muralla Restaurant (☎ 650 02 16 64 ; Carretera General Aguatavar, Parque Cultural La Zarza ; plats 8-12 € ; ⏲ 13h-21h mar-jeu, 13h-22h ven-sam ; P). Bien indiqué de la nationale LP-1, ce restaurant haut de gamme sert une excellente cuisine à des prix étonnamment raisonnables. Les baies vitrées offrent une vue superbe sur la montagne et la salle se distingue par sa décoration minimaliste contemporaine.

Restaurant Las Piñas (Carretera General Puntagorda, Parque Cultural La Zarza ; plats 8-10 € ; ⏲ 9h-23h ven-mer ; P). Installez-vous sur la terrasse à côté des odorants buissons de jasmin et savourez une soupe de poisson ou une simple assiette de poisson grillé avec des pommes de terre nappées de *mojo*. Établi de longue date et tenu par une famille, Las Pinas est l'un des restaurants favoris des habitants, fréquenté le week-end par des familles.

Cervecería Isla Verde (☎ 922 49 06 25 ; www.cervezaislaverde.com ; Calle General Plaza el Jesús 41, Tijarafe ; ⏲ 13h-22h mer-lun). Cette petite brasserie allemande est bien signalée près de la nationale LP-1, à 2 km au sud de Tijarafe. Sirotez une bouteille de bière locale (1 € environ) sur la terrasse ombragée de palmiers avec vue sur la montagne, en grignotant des en-cas (4-7,50 €).

Los Tiles

Réserve de biosphère depuis 1983, Los Tiles, d'une superficie de près de 140 km², protège une superbe forêt pluviale qui grouille littéralement de vie. Cette réserve fraîche et humide est l'un des plus beaux endroits de l'île, à explorer pour découvrir la faune et la flore diverses, et la plus vaste *laurisilva* de La Palma.

Activités

De fabuleux chemins de randonnée traversent l'épaisse végétation de Los Tiles.

Mirador Topo de las Barandas RANDONNÉE

Le chemin de randonnée le plus court de Los Tiles est la montée escarpée jusqu'au **Mirador Topo de las Barandas** (1,5 km, 1 heure aller-retour), qui offre une vue impressionnante sur la gorge qui sort de la réserve.

Sources Marcos et Cordero RANDONNÉE

Le long chemin à flanc de ravin jusqu'aux sources Marcos et Cordero (8,1 km) traverse une douzaine de tunnels humides (emportez une lampe torche et une veste imperméable), serpente à travers la forêt en passant par des cascades et longe des coulées volcaniques. Il n'est pas excessivement abrupt, sauf par endroits, mais peut être glissant.

Un moyen populaire de suivre ce chemin consiste à prendre un taxi du parking de Los Tiles jusqu'à Casa del Monte, d'où la marche aller- retour jusqu'aux sources s'effectue en 4 heures environ.

Le bureau du parc vous indiquera d'autres itinéraires, dont une marche très facile (1 heure aller-retour) qui part du parking, à quelques centaines de mètres du centre des visiteurs. Prenez le chemin sur le côté gauche de la route, à côté du panneau de signalisation, passez sous le tunnel et grimpez en pente douce aussi loin que vous le souhaitez.

Renseignements

Centre des visiteurs (922 45 12 46 ; 9h-14h et 14h30-18h30). Le serviable centre des visiteurs propose des cartes, une vidéo sur la réserve de biosphère et une petite salle d'exposition.

Depuis/vers Los Tiles

En venant de Santa Cruz, suivez les panneaux qui indiquent Los Tiles sur la nationale LP-1. Le centre des visiteurs est à 3 km sur la LP-105, qui longe le verdoyant Barranco del Agua. Aucun bus ne s'aventure ici et vous aurez besoin d'un véhicule ou de jambes musclées.

Barlovento

2 360 HABITANTS

Évitez le bourg et visitez les sites naturels au-delà, comme les **Piscinas de la Fajana**, de calmes bassins d'eau de mer où les vagues écumeuses s'écrasent au pied d'ingénieuses barrières en béton. À 5 km à l'est de Barlovento, un embranchement sur la nationale LP-1 conduit à cette portion de côte d'une austère beauté, où de spectaculaires rochers noirs et un océan déchaîné créent un panorama mémorable.

Où se restaurer

La Gaviota POISSON €€

(Piscinas de la Fajana ; plats 9-16 € ; 10h-23h ; P). Ce restaurant au thème marin comprend une vaste terrasse au-dessus de l'eau. La carte propose tous les plats de poisson classiques, servis avec une généreuse portion de pommes de terre et de *mojo*.

Parque Cultural La Zarza

Deux pétroglyphes benahoares constituent les principales curiosités du **Parque Cultural La Zarza** (La Mata ; adulte/enfant 2/1 € ; 10h-18h lun-sam, 10h-15h dim ; P), un site archéologique. En suivant vers l'ouest la LP-1 en direction de La Mata, le parc se trouve à 1 km après l'embranchement vers La Mata (guettez le panneau car il se situe dans un tournant et se manque facilement). Dans le parc, un circuit de 1,5 km conduit aux gravures aux formes géométriques.

De retour au centre des visiteurs, vous pouvez regarder une vidéo de 20 minutes sur la vie des premiers habitants et visiter le musée interactif.

El Hierro

☎ 922 / 10 162 HABITANTS

Dans ce chapitre ➡

Le top des restaurants

- Casa Carlos (p. 214)
- Casa Guayana (p. 215)
- La Taberna de la Villa (p. 213)
- El Refugio (p. 219)

Le top des hébergements

- Hotel Villa El Mocanal (p. 242)
- El Sitio (p. 243)
- Hotel Puntagrande (p. 243)

Pourquoi y aller

Avec ses côtes bordées de falaises impénétrables et son emplacement au milieu de l'Atlantique, El Hierro, classé géoparc par l'Unesco, est l'île la plus éloignée de l'archipel. Elle fut même considérée comme le bout du monde jusqu'à ce que Christophe Colomb traverse l'océan à partir des Canaries en 1492.

El Hierro sera toujours isolé, ce qui rend l'île d'autant plus attirante. Il est impossible de ne pas tomber sous le charme du rythme lent et de la simplicité de la vie locale, du littoral sculpté par la lave que frappent les vagues, des jolis champs et des prairies parsemées de fleurs, de l'étrange beauté des bosquets de genévriers et du paysage lunaire des terres volcaniques du Sud.

De plus, l'île s'emploie à devenir autonome en énergie grâce à la construction d'une centrale hydro-éolienne, complétée par des éoliennes et des panneaux solaires. En bref, El Hierro est unique !

Quand partir

- Au printemps (mars), les coquelicots et d'autres fleurs sauvages s'épanouissent dans les prairies des hauts plateaux et la randonnée est un régal.
- Juin jusqu'à début juillet et septembre sont parfaits pour lézarder autour des nombreuses piscines naturelles ou plonger dans le paradis sous-marin de La Restinga.
- Pour un aperçu de la culture locale, ne manquez pas fin avril la Fiesta de los Pastores (p. 222), une pittoresque procession religieuse en l'honneur de la Virgen de los Reyes (Vierge des Rois).

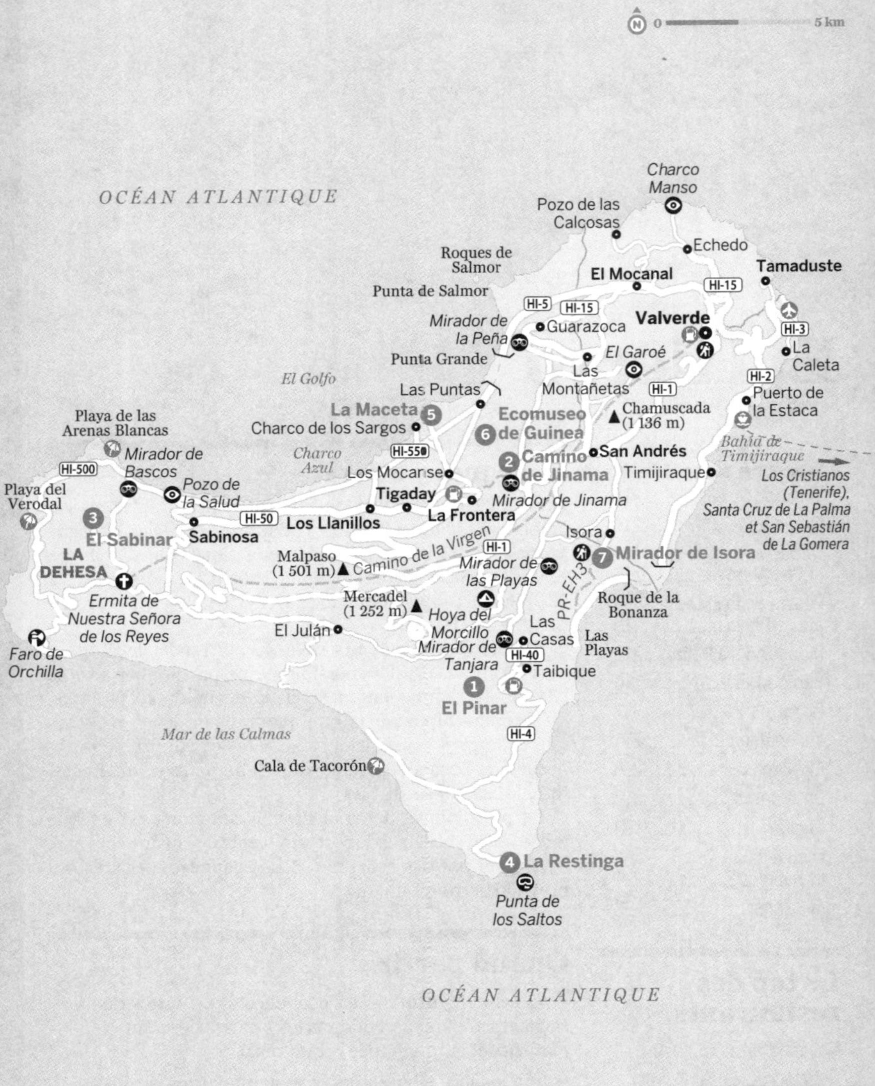

À ne pas manquer

1 Une promenade parmi les grands pins dans la forêt préservée d'**El Pinar** (p. 217)

2 Le **Camino de Jinama** (p. 216), l'une des plus belles randonnées de l'île, pour la vue panoramique sur El Golfo et l'Atlantique

3 Une balade à travers des bosquets de genévriers aux troncs tordus par les vents à **El Sabinar** (p. 222).

4 La plongée dans les eaux calmes et chaudes près de **La Restinga** (p. 218), le meilleur site de plongée de l'île

5 La baignade dans les bassins naturels de **La Maceta** (p. 220), battus par les vagues de l'Atlantique

6 La rencontre avec les lézards géants d'El Hierro et l'exploration d'anciennes maisons villageoises dans l'**Ecomuseo de Guinea** (p. 220)

7 Un pique-nique au milieu des fleurs sauvages au **Mirador de Isora** (p. 217), et la vue époustouflante sur l'océan en contrebas

Histoire

El Hierro est la plus jeune île de l'archipel. Au fil des millénaires, l'activité volcanique fit émerger cette île escarpée, avec un pic haut de 2 000 m au centre. Puis il y a quelque 50 000 ans, un tremblement de terre secoua la région si violemment qu'un tiers de l'île s'effondra du côté nord. Le pic et les terres alentour glissèrent dans l'océan, créant El Golfo, une baie en forme d'amphithéâtre. L'événement aurait provoqué un tsunami avec des vagues de plus de 100 m de haut.

Premiers habitants de l'île, les Bimbaches vinrent d'Afrique du Nord et fondèrent une pacifique société troglodytique vivant de l'agriculture, de la pêche, de la chasse et de la cueillette. Ils auraient appelé l'île Hero ou Esero, peut-être l'origine de son nom actuel. Les Bimbaches ont laissé des pétroglyphes (dessins gravés dans la pierre) sur des rochers et des parois de grottes dans toute l'île ; les plus intéressants se trouvent à El Julán.

Après la conquête espagnole au XVe siècle, une forme de féodalisme fut instaurée ; les fermiers espagnols se mélangèrent progressivement aux insulaires qui avaient survécu aux maladies et n'avaient pas été vendus comme esclaves. La quête de terres arables provoqua la destruction de la majeure partie des forêts d'El Hierro.

Au XXe siècle, nombre de Herreños durent émigrer pour trouver du travail. L'économie de l'île s'est depuis consolidée, basée actuellement sur le fromage, la pêche, l'arboriculture fruitière, le bétail et, de plus en plus, le tourisme. Nombre d'émigrés

3 JOURNÉES PARFAITES À EL HIERRO

Jour 1

Qu'on arrive par avion ou par bateau, c'est la moitié est de l'île que l'on découvre d'abord, et la plupart des visiteurs l'ignorent jusqu'à leur du départ. Si l'Est ne semble pas la région la plus attrayante à première vue, ne vous fiez pas à cette impression. En quittant le port ou l'aéroport, suivez la route vers le sud jusqu'à **Las Playas**, une longue plage de galets battue par les vents, parfaite pour une promenade qui vous mettra en appétit. Calmez votre faim à la proche **Casa Guayana** (p. 215), réputée dans toute l'île pour ses plats de poisson. Faites ensuite demi-tour et roulez vers le nord jusqu'à **Tamaduste**, avec sa crique paisible et des bassins rocheux remplis de crabes, ou jusqu'à **La Caleta**, avec ses piscines d'eau salée parfaites pour les familles. Après une baignade, rejoignez **Valverde** et explorez cette petite capitale avant de faire route vers **El Mocanal** afin de passer la nuit à l'**Hotel Villa El Mocanal** (p. 242).

Jour 2

De l'Hotel Villa El Mocanal, roulez vers le sud et les hauteurs à travers un paysage souvent couvert de brume, pour émerger soudain dans des prairies ensoleillées et parsemées de fleurs autour de **San Andrés, une bourgade rurale**. Faites un court détour jusqu'au fabuleux **Mirador de Isora** avant de rejoindre les majestueuses **forêts de pins d'El Pinar** pour une randonnée et un pique-nique. Descendez ensuite une route en lacets à travers un paysage volcanique désolé jusqu'à la côte et **La Restinga**, le meilleur site de plongée et de snorkeling des Canaries.

Jour 3

El Golfo, la dépression spectaculaire en forme d'amphithéâtre qui caractérise l'île, est pour beaucoup le secteur le plus intéressant d'El Hierro. Laissez derrière vous les nuages de Valverde et descendez par la HI-5, faisant halte en chemin au **Mirador de la Peña** pour une vue fantastique sur El Golfo. Sur la côte, ne manquez pas de visiter le pittoresque **Hotel Puntagrande** (p. 243), longtemps inscrit au Guinness des records, et admirez le paysage côtier en suivant en partie (ou en entier) le sentier réhabilité entre Las Puntas et La Maceta. Reprenez votre voiture pour une dose de culture et la découverte des lézards endémiques à l'**Ecomuseo de Guinea**. Dirigez-vous ensuite vers Tigaday pour un excellent déjeuner canarien à la **Casa Pucho** (p. 220). Puis choisissez entre les bassins naturels de **La Maceta** ou ceux plus paisibles du **Charco Azul** pour une sieste et une baignade. Si vous en avez le temps, terminez la journée par **La Dehesa**, la pointe sauvage de l'Espagne.

sont revenus. La difficulté est aujourd'hui de concilier la préservation de la beauté unique de l'île, protégée par l'Unesco, avec les besoins de croissance économique. Plus de 60% de la superficie de l'île est classée, ce qui ravit les écologistes, mais oblige les jeunes à partir pour poursuivre leurs études et trouver du travail.

Si la dernière forte éruption volcanique s'est produite il y a 200 ans à El Hierro, entre octobre 2011 et mars 2012, des éruptions sous-marines majeures ont eu lieu au large de La Restinga, entraînant l'évacuation préventive de la ville. Il n'y a eu aucune victime. Pour en savoir plus, visitez le Centro Vulcanológico (p. 218) à La Restinga.

Depuis/vers El Hierro

AVION

Le petit **aéroport** (☎922 55 37 00 ; www.aena.es ; ⏲6h-19h) de l'île se situe à 12 km de Valverde. **Binter Canarias** (☎902 39 13 92 ; www.bintercanarias.com) relie El Hierro à tout l'archipel, via Tenerife et la Grande Canarie. L'aéroport abrite des agences de location de voitures, un bar et une boutique qui vend des cartes et des produits locaux.

BATEAU

Puerto de la Estaca, sur El Hierro, accueille peu de trafic. **Naviera Armas** (☎922 55 09 05 ; www.naviera-armas.com ; Muelle de la Estaca) dessert une fois par jour, du dimanche au vendredi, Los Cristianos à Tenerife (49,50 €, 2 heures 45). L'heure de départ varie quotidiennement ; consultez le site Internet.

Comment circuler

BUS

La **gare routière** (☎922 55 11 75 ; Calle Molino ; ⏲8h-16h) de Valverde se tient à l'extrémité sud de la ville ; les lignes couvrent toute l'île. Consultez les horaires sur le site www.transhierro.com.

DISTANCES (KM)

	Valverde	La Restinga	Tigaday	Las Playas
La Restinga	24			
Tigaday	15	41		
Las Playas	11	43	26	
El Pinar	16	11	27	16

Distances approximatives

VOITURE

Quelques agences de location de voitures sont présentes à l'aéroport, et une seule à Valverde, souvent sans personnel. Réservez car le nombre de voitures disponibles est limité. Nous recommandons l'agence suivante :
Cicar (www.cicar.com ; aéroport d'El Hierro).

Faites le plein avant de quitter Valverde car l'île ne compte que 3 stations-service : une dans la capitale, une autre à La Frontera et la 3e sur la nationale vers La Restinga.

VALVERDE

1 630 HABITANTS

Seule capitale enclavée des Canaries, Valverde est une bourgade quelconque, perchée sur une crête venteuse au-dessus l'Atlantique. Ses basses maisons blanches n'ont pas le charme des vieilles demeures avec balcons des autres capitales, mais, par temps clair, la ville offre une jolie vue sur la vallée, voire même sur El Teide à Tenerife et La Gomera. Même si vous n'y séjournez pas, vous passerez certainement à Valverde, centre du commerce et des services de l'île.

Histoire

Bien que Jean de Béthencourt ait conquis l'île en 1405, Valverde ne devint réellement une ville qu'après un ouragan dévastateur en 1610. Nombre d'insulaires se réfugièrent dans ce village à l'intérieur des terres, provoquant un essor relatif qui aboutit à en faire le siège du *municipio* (conseil municipal) qui couvrait toute l'île. En 1926, le premier *cabildo insular* (gouvernement local) y fut fondé.

À voir

Le charme de l'île réside dans ses espaces naturels, non dans sa capitale, qui mérite néanmoins une courte promenade. Commencez par la **Calle Dr Quintero**, bordée de boutiques et de bars, avant de découvrir l'attrayante **Plaza Quintero Nuñez** (ou Plaza Cabildo), qui abrite l'église ainsi que plusieurs bars et restaurants.

♥ Casa de las Quinteras Centro Etnográfico MUSÉE
(☎922 55 20 26 ; Calle Armas Martel ; adulte/enfant 3 €/gratuit ; ⏲9h-14h lun-ven, 10h30-13h30 sam). Des expositions sur la vie rurale de l'île sont présentées dans plusieurs petites maisons en pierre et comprennent une forge, des vêtements traditionnels, des

céramiques et quelques curiosités comme un ancien gramophone taillé dans un bloc de bois. Une excellente boutique d'artisanat est installée sur place.

Iglesia de Nuestra Señora de la Concepción ÉGLISE
(8h-18h). Cette simple église à trois nefs, construite en 1767, possède un clocher avec un étage supérieur entouré d'une balustrade qui sert de point de vue. Elle renferme un splendide plafond voûté à caissons et le retable polychrome *Purísima Concepción*, l'œuvre d'art la plus précieuse de la ville ; il est souvent en partie couvert d'un tissu rouge (vous pouvez jeter un coup d'œil derrière).

Fêtes

Deux fois par an, Valverde sort de sa léthargie pour faire la fête.

Fiesta de San Isidro Valverde FÊTE RELIGIEUSE
(15 mai). Si vous êtes à Valverde ce jour-là, ne manquez pas la démonstration de *lucha canaria* (lutte canarienne) dans l'après-midi.

Fiesta de la Virgen de la Concepción FÊTE RELIGIEUSE
(7 et 8 déc). La veille du plus grand événement de la ville, des feux d'artifice et une ambiance festive égayent les rues. Le lendemain, jour de la fête, est consacré aux célébrations religieuses, concerts et autres spectacles culturels.

Où se restaurer

El Secreto CANARIEN €
(www.tascaelsecreto.com ; Calle Quintero Ramos 2 ; raciónes 5,50-7 € ; 12h-16h et 19h30-23h lun-sam). La décoration, pour le moins surprenante, combine boudoir de courtisane, souvenirs des années 1950 et bric-à-brac kitsch ; aucune table n'est identique et un ensemble éclectique de lustres éclaire (un peu trop) la salle. La cuisine, étonnamment conventionnelle, met l'accent sur les *raciónes* (grosses portions/assiettes complètes) à partager, telles les *patatas bravas* (pommes de terre dans une sauce épicée), les *quesos fritas* (fromage frit) et les croquettes.

La Taberna de la Villa CANARIEN €€
(Calle General Rodriguez y Sánchez Espinoza 10 ; plats 8-14 € ; 9h-23h lun-jeu, 9h-2h ven, 11h-2h sam ;). La bonne cuisine simple, des *caracoles* (escargots) au *mojo queso* (sauce au fromage épicée) et des pâtes aux plats de viande, l'atmosphère chaleureuse et la salle aux murs ocre en font le restaurant le plus populaire de la ville. Il se transforme en pub de minuit à 2h le week-end.

La Mirada Profunda BISTROT €€
(922 55 17 87 ; Calle Santiago 25 ; menú 25 € ; 13h-16h et 20h-23h30 mar-dim). Dans ce bistrot stylé, inutile de demander la carte ; vous savourez ce que le chef a préparé : soupes, poisson frais et plats locaux avec une touche internationale, comme le canard rôti avec une sauce d'airelles ou les poivrons farcis de morue. Réservation recommandée.

Où prendre un verre

Valverde n'est pas réputée pour sa vie nocturne et, en semaine, tout le monde rentre tôt à la maison. Le week-end, l'animation éventuelle se concentre sur la place principale.

Tasca El Chavelazo BAR
(Calle General Rodriguez y Sánchez Espinoza 8 ; 20h-tard jeu, à partir de 22h ven-sam). Ce grand bar, en face de l'hôtel de ville, est l'établissement nocturne le plus populaire de la ville (peut-être le seul) avec éclairage tamisé et musique tonitruante, parfois live.

Renseignements

Office du tourisme (922 55 03 02 ; www.elhierro.travel ; Calle Dr Quintero 11 ; 8h-15h lun-ven, 9h-13h sam). Fournit des cartes et des informations sur les quelques curiosités de l'île.

Depuis/vers Valverde

BUS

De Valverde, des bus desservent, entre autres, Frontera (1,20 €, 30 min, jusqu'à 4/jour), Tamaduste (1,20 €, 15 min, 3/jour), El Mocanal et La Restinga (1,20 €, 1 heure 10, jusqu'à 4/ jour).

Comment circuler

Un bus **TransHierro** (922 55 11 75 ; www.transhierro.com) à destination de Valverde dessert les quelques vols qui arrivent à l'aéroport (1,20 €, 20 minutes). Les **taxis** (922 55 07 29) constituent un moyen simple mais coûteux pour se déplacer ; comptez environ 15 € de l'aéroport à Valverde.

La ville s'explore facilement à pied ; pour aller plus loin, vous trouverez une **station de taxis** (922 55 07 29 ; Calle San Francisco) devant la coopérative de transport de l'île (Sociedad Cooperativa de Transportes del Hierro).

UNE ÎLE ÉCOLOGIQUE

Quand votre bateau entre dans le port, cette île aride et rocheuse ne semble pas la plus belle des Canaries. Il suffit pourtant de monter sur le plateau central ou de descendre dans la région d'El Golfo pour découvrir que les premières impressions peuvent être trompeuses. Outre sa douce beauté, El Hierro abrite certains des animaux et des plantes les plus curieux de l'Atlantique est, ce qui lui vaut d'être classée géoparc par l'Unesco, le premier des Canaries. Les écologistes s'attachent surtout à protéger la réserve marine de la Mar de las Calmas, les genévriers d'El Sabinar et la paisible forêt de pins d'El Pinar, mais l'île entière bénéficie de son classement par l'Unesco, avec des fonds pour aider à l'utilisation durable de ses ressources naturelles uniques. Pour plus d'informations, consultez le site www.geoparqueelhierro.es.

En 2014, l'île a pris un nouveau tournant écologique en devenant la première île au monde à entreprendre des projets qui permettront aux habitants d'utiliser uniquement des ressources renouvelables pour leurs besoins énergétiques. Ce penchant écologique se manifeste aussi d'autres façons, notamment par la promotion et le soutien de l'agriculture biologique dans toute l'île et le projet de n'utiliser que des voitures électriques d'ici à 2020. Vous en saurez plus en visitant le **Centro de Interpretación de la Reserva de la Biosfera** (p. 217) à Isora.

LE NORD DE L'ÎLE

La côte nord est bordée de superbes falaises escarpées, pour la plupart inaccessibles. Font exception quelques ravissantes criques et piscines naturelles de roche volcanique dans des endroits comme Pozo de las Calcosas, Charco Manso, Tamaduste et La Caleta.

Dans les terres, fermes et champs couvrent la majeure partie du paysage. En raison de l'altitude, brumes et brouillards cachent presque en permanence les sommets, rendant cette paisible région rurale presque inquiétante.

El Mocanal

El Mocanal est l'un des villages agricoles au nord-ouest de la capitale, Valverde. À la sortie de la ville, un embranchement bien signalé descend vers **Pozo de las Calcosas**, où des petites maisons en pierre volcanique entourent quelques bassins naturels. Elles appartiennent depuis des générations aux villageois, qui s'y installent en juillet et août et font paître leurs animaux dans les champs escarpés au-dessus. Descendez les marches d'un sentier pentu durant 10 minutes pour les rejoindre. Un *mirador*, une petite chapelle en pierre et quelques restaurants dominent le front de mer.

Où se restaurer

♥ Casa Carlos POISSON €
(Calle el Letime 3 ; plats 7,50-9 € ; 11h-22h). La chaleureuse salle à l'ancienne, accrochée à flanc de colline, offre une vue fabuleuse sur les vieilles maisons en contrebas. Quand elle ne tricote pas dans un coin, la patronne prépare de succulents plats de poisson, notamment d'*atún* (thon), de *vieja* (poisson-perroquet), de *cabrillas* (sarran) et de *lapas* (patelles).

Meson del Norte CANARIEN €€
(922 55 03 73 ; Calle Barlovento 21 ; plats 8,50-12 € ; 7h-22h30 ; P) Prisé à juste titre des habitants, ce restaurant moderne sert d'excellents plats du jour, tels le ragoût de pois chiches et chorizo ou le rôti de porc avec sauce au roquefort. Il se situe sur la nationale.

Depuis/vers El Mocanal

Le bus n°5 (1,20€, 20 min) relie El Mocanal et Valverde plusieurs fois par jour.

Echedo

Echedo, au cœur de la région viticole d'El Hierro, possède des petits vignobles plantés derrière de robustes murs en pierre sèche qui les protègent du vent. Actuellement, dégustations et visites des caves ne sont pas proposées.

Bien plus intéressant que la bourgade, le **Charco Manso**, des bassins naturels d'eau de mer, s'étend au bout d'une route étroite qui serpente sur 4 km parmi des buissons et des rochers volcaniques. Par beau temps, les eaux turquoise limpides sont paradisiaques, mais à marée haute ou quand l'océan est agité, les courants peuvent être forts. Méfiez-vous surtout des grottes creusées dans le rivage : jetez un coup d'œil par temps calme, mais n'y nagez jamais. Le fond des grottes est parsemé de trous en forme de tunnels appelés *tragadores* (littéralement "avaleurs"), qui peuvent aspirer un nageur à marée descendante.

Où se restaurer

Près du *charco*, une buvette ouvre à des heures irrégulières. Si vous avez apporté des provisions, une aire de pique-nique plaisante comporte tables et des bancs.

La Higuera de la Abuela CANARIEN **€€**
(922 55 10 26 ; Calle Tajanis Caba ; plats 9-15 € ; 12h-16h et 19h-22h mer-lun). Pour un repas délicieux dans un cadre tranquille, installez-vous dans le patio verdoyant et commandez des plats traditionnels comme du lapin ou de la chèvre sautés, des coquillages grillés ou un poisson frais de l'île. Le nom "Higuera" vient de l'énorme figuier qui se dressait jadis ici.

Tamaduste et La Caleta

Ces deux modestes villages balnéaires accueillent les vacanciers de Valverde. Des criques naturelles et de superbes fronts de mer en font des endroits merveilleux pour nager, bronzer, se détendre et pêcher, mais n'attendez rien d'autre de ces bourgades somnolentes.

Tamaduste est parfait pour oublier le monde extérieur. À marée haute, la crique se remplit d'eau et les enfants plongent dans l'Atlantique de diverses plates-formes et marches. À marée basse, les vagues se retirent, ne laissant que des flaques. C'est le moment idéal pour pêcher ou ramasser crabes et bigorneaux.

À **La Caleta**, le front de mer paysager comporte une promenade pavée, de nombreux endroits où bronzer et des piscines d'eau de mer turquoise, parfaites pour les enfants (bien que parfois venteuses). On voyait autrefois des gravures bimbaches très érodées sur un rocher face au rivage, mais elles ont été accidentellement détruites lors de la reconstruction du front de mer.

Où se restaurer

Harina y Tomate PIZZA **€**
(922 10 97 60 ; Calle Tabaiba, Tamaduste ; pizzas 8-9 € ; 13h-15h30 et 19h-23h30). Tamaduste ne compte que deux restaurants, dont celui-ci. Commandez une pizza à emporter parmi le large choix de garnitures classiques ou installez-vous sur la petite terrasse en façade. À côté de la supérette.

Depuis/vers Tamaduste et La Caleta

Un bus qui relie Valverde et le port fait halte 3 fois par jour à Tamaduste (1,20€, 15 min) et à La Caleta (1,20 €, 20 min).

Puerto de la Estaca et Las Playas

Seul port de ferry de l'île, Puerto de la Estaca s'anime à l'arrivée du ferry en provenance de Tenerife. Il replonge ensuite dans une profonde somnolence. Cinq bus (1,20 €, 50 min) relient quotidiennement le port et Valverde.

Après le port, la nationale serpente le long de la côte vers Las Playas, à 10 km, et traverse un no man's land de rivages rocheux et de versants dénudés. La bourgade de **Timijiraque** possède une plage de galets noirs (attention aux courants) et abrite la modeste **Casa Guayana** (922 55 04 17 ; Carretera General ; plats 8-12 € ; 7h-22h dim-ven), sans enseigne visible, avec quelques chaises en plastique en façade ; sa cuisine est si bonne que les habitants y viennent en voiture pour déjeuner. Dans la salle cosy, où quelques tables donnent sur l'océan, vous

LA GASTRONOMIE D'EL HIERRO

La cuisine *herreña* est simple, mais c'est la meilleure que nous ayons dégustée dans les îles occidentales. El Hierro est pour l'essentiel autosuffisante et la majeure partie de ce vous mangez a été récolté, élevé ou pêché sur place. Le petit nombre de touristes pousse les restaurants à satisfaire la clientèle locale, d'où une qualité plus élevée que sur les îles touristiques. Poissons frais pêchés, viandes et légumes locaux sont proposés dans la plupart des restaurants. Parmi les spécialités locales figurent le *queso herreño* (fromage frais), les figues sèches, et l'agréable vin blanc fruité de Tigaday, servi dans toute l'île.

dégusterez un savoureux poisson local ou une succulente paella. Le restaurant se situe sur le côté gauche de la route principale, à 800 m environ après le tunnel qui vient de Puerto de la Estaca. Regardez vers le large pour voir le fameux **Roque de la Bonanza**, une formation rocheuse qui s'élève de l'eau sur 200 m et qui est un symbole de l'île. Las Playas est une longue plage de galets noirs, baignée par une mer calme bien que souvent venteuse.

Mirador de la Peña

Conçu par César Manrique, un artiste réputé originaire de Lanzarote, le Mirador de la Peña est un des plus beaux sites d'El Hierro. Par temps clair, il offre une vue superbe sur la vallée, la côte du golfe et les Roques de Salmor. Flânez sur les chemins entourés de buissons de lavande, de palmiers et de dragonniers, qui conduisent à plusieurs points de vue, puis dînez dans l'élégant restaurant. L'endroit est particulièrement enchanteur au coucher du soleil. Le mirador se situe à la sortie du village de Guarazoca,

Où se restaurer

Mirador de la Peña Restaurant CANARIEN €€
(☎922 55 03 00 ; Mirador de la Peña, Guarazoca ; plats 10-15 €, menu del día 25 € ; 12h30-15h30pm et 19h-22h30 ; P). Dans le mirador, ce restaurant chic possède une immense baie vitrée qui surplombe El Golfo. La cuisine privilégie les ingrédients locaux préparés de manière créative, avec des plats comme l'ananas *herreño* farci de coquillages, ou le filet de porc avec une sauce au fromage *herreño* et figues sèches. Le mirador abrite également un café-bar à l'ambiance détendue.

San Andrés et ses environs

Centre agricole de cette partie de l'île, San Andrés se résume à quelques bâtiments de part et d'autre de la nationale. En juin, la **Fiesta de la Apañada** attire les éleveurs à San Andrés pour un bruyant marché aux bestiaux.

À quelque 3 km au sud-ouest de San Andrés, tournez sur la H-120 pour rejoindre le **Mirador de Jinama** qui, par temps clair, offre une vue époustouflante sur gigantesque amphithéâtre d'El Golfo. L'endroit comprend une excellente (et venteuse) aire de pique-nique et une petite chapelle. L'étroite nationale H-120 serpente ensuite jusqu'au Mirador de la Peña et constitue l'un des plus beaux itinéraires routiers de l'île.

Suivez la nationale HI-4 vers le sud jusqu'à l'embranchement (la HI-402) vers le **Mirador de las Playas**, d'où la vue sur la côte est spectaculaire.

À voir et à faire

El Garoé MONUMENT
(☎922 55 50 56 ; La Alberca de Los Lomos, San Andrés ; 10h-18h mar-sam ; P). Pour un aperçu de la culture des Bimbaches, visitez le site de leur ancien arbre sacré. Selon la légende, l'arbre aurait miraculeusement craché de l'eau, abreuvant les insulaires et leurs animaux. Nous savons aujourd'hui qu'il ne s'agissait pas d'un miracle : la brume se condense sur les feuilles et fournit de l'eau fraîche. L'arbre d'origine fut déraciné par un ouragan en 1610 ; celui-ci fut planté en 1949.

Un petit centre des visiteurs se tient près de l'arbre et de jolis sentiers conduisent à divers bassins d'eau douce. Pour rejoindre le site, suivez l'une des deux pistes de 2,7 km qui partent de la nationale en direction de San Andrés. Toutes deux sont escarpées et rocailleuses. Plusieurs chemins de randonnée partent d'ici. Le PR EH 7 descend jusqu'à El Mocanal à 3 km et jusqu'au Pozo de las Calcosas à 6 km ; dans l'autre sens, il rallie San Andrés à 3,5 km.

El Garoé est bien signalé à quelque 7 km au nord-est de San Andrés par la nationale HI-1.

Camino de Jinama RANDONNÉE
Cet ancien chemin muletier, rocailleux mais bien balisé, implique une marche de 2 heures 30 du mirador de Jinama à La Frontera. En sens inverse, il commence près de la Plaza de la Candelaria à La Frontera et se parcourt en 3 heures 30.

Où se restaurer

Casa Goyo CANARIEN €
(www.elhierro.tv/casagoyo ; Carretera General 11, San Andrés ; plats 8-10 € ; 9h-22h mar-dim). Dans une maison villageoise typique, avec 4 petites salles et un bar local à l'avant, la Casa Goyo sert des plats traditionnels, tels qu'agneau, chèvre ou lapin rôtis avec *papas arrugadas* (pommes de terre ridées).

Depuis/vers San Andrés

Quatre bus (1 €, 20 min) quotidiens relient San Andrés et Valverde.

Isora

Le village d'Isora, à courte distance en voiture (ou à pied si vous êtes en forme) de San Andrés, est connu pour son fromage *herreño*, produit à partir d'un mélange de laits de chèvre, de brebis et de vache. Du côté sud du village, haut perché sur la crête d'El Risco de los Herreños, le **Mirador de Isora** offre la vue sur la côte de Las Playas. La descente de 3,5 km (2 heures) du mirador à Las Playas est une marche populaire avec de beaux aperçus de la côte ; comptez environ 5 heures pour l'aller-retour. Si la descente est éprouvante pour les jambes, la montée fait travailler le cœur et les poumons.

À voir

Centro de Interpretación de la Reserva de la Biosfera CENTRE CULTUREL
(www.elhierro.travel ; Antiguo Casino de Isora, Calle Ferinto 32 ; 10h-18h lun-sam). GRATUIT Aménagé dans un ancien casino, ce centre d'interprétation de l'environnement et de l'écologie présente l'engagement de l'île pour un avenir durable, avec des expositions et des photographies des plans, ainsi que des projets déjà commencés, dont une ferme hydro-éolienne près de Valverde.

Où se restaurer

Cooperative de Ganaderos Central Quesera FROMAGE
(922 55 03 27 ; Poligono el Majano ; à partir de 9 €/kg ; 8h-14h lun-ven, 8h-13h sam ; P). Des éleveurs de toute l'île apportent le lait de leur bétail dans cette coopérative, qui produit le fromage *herreño*. Faites votre choix parmi plusieurs variétés, dont le *queso fresco* (fromage frais) et le *queso ahumado* (fumé). La coopérative vend aussi du miel local.

De San Andrés, prenez l'embranchement indiqué "Poligono el Majano" à environ 1 km avant Isora.

Depuis/vers Isora

En voiture, suivez les panneaux (au nord-est de San Andrés) jusqu'à Isora près de la nationale HI-4. À pied, prenez le chemin PR EH 4 qui part du quartier de Las Rosas à San Andrés et rejoint Isora à 1 km.

Cinq bus (1 €, 30 min) relient tous les jours Isora et Valverde.

LE SUD DE L'ÎLE

Verdoyant, avec un climat idyllique toute l'année, le Sud est pour beaucoup la plus belle partie de l'île. C'est aussi le seul endroit des Canaries où vous verrez de véritables élevages et des champs entourés de murets en pierres sèches. En février et mars, le paysage vallonné se couvre de fleurs multicolores. Ne manquez pas de descendre de voiture pour suivre l'un des faciles chemins de randonnée qui sillonnent les hauts plateaux.

El Pinar

La paisible forêt de pins d'El Pinar couvre une longue étendue dans la moitié sud de l'île, ombrageant le terrain volcanique et constituant une excellente destination pour une journée de marche ou une balade en voiture. D'innombrables chemins partent de la nationale qui traverse El Pinar et relie la lisière est de la forêt à l'Ermita de Nuestra Señora de los Reyes, du côté ouest de l'île.

La nationale HI-4 au sud du Mirador de las Playas passe par **Las Casas** et **Taibique**, deux bourgades – bien pratiques pour faire des courses – construites le long de la route, qui descend en pente raide. Ne manquez pas le **Mirador de Tanajara**, qui offre une jolie vue.

À voir

Centro de Interpretación Geológica CENTRE CULTUREL
(922 55 84 23 ; www.elhierro.travel ; Travesía del Pino, Tabique ; 10h-18h lun-sam). GRATUIT Ce petit centre culturel présente une intéressante exposition sur le paysage et la géologie de l'île, avec une vaste collection des divers types de roche volcanique et leurs noms descriptifs, comme bombe volcanique et *éjectas*.

Hoya del Morcillo et ses environs

Hoya del Morcillo (9h-21h) est une aire de loisirs ombragée au cœur d'El Pinar. Un terrain de foot, un terrain de jeu et une aire de pique-nique avec un secteur barbecue en font un endroit idéal pour se reposer parmi les pins. Ne manquez pas la grande carte d'El Hierro, faite avec des rondins. En continuant dans la forêt, vous arrivez au Parque Cultural El Julán. De la HI-4, prenez la nationale HI-40 vers Hoya del Morcillo.

VAUT LE DÉTOUR

CALA DE TACORÓN

Juste avant La Restinga, un embranchement conduit à Cala de Tacorón, une série de paisibles criques de roche volcanique cuites par le soleil. Excellentes pour la baignade et la plongée (nombre des centres de plongée de La Restinga viennent ici), elles sont aussi prisées des kayakistes. Après un bain, déjeunez dans l'aire de pique-nique rustique, faite de rondins et de branches. Ou installez-vous au **Kiosco Tacarón** (Cala de Tacarón ; 12h-20h, mar-dim), un bar de plage détendu, qui propose une cuisine éclectique, des pizzas cuites au feu de bois aux poulpes frais pêchés.

À voir

Parque Cultural de El Julán CENTRE CULTUREL

(922 55 50 56 ; www.elhierro.travel ; Carretera General de El Julán ; visite guidée 19 € ; P). Dans un joli bâtiment moderne qui offre une vue splendide sur la côte, les expositions concernent l'un des plus importants sites culturels de l'île, **Los Letreros**, où les Bimbaches ont gravé d'indéchiffrables pétroglyphes dans une coulée de lave. Le site lui-même, un circuit aller-retour de 11 km en bord de mer, ne se visite qu'avec un guide, à pied (10h tous les jours) ou en jeep (15h tous les jours). Réservation indispensable.

Si vous ne pouvez pas visiter le site, le centre renferme d'excellentes reproductions des pétroglyphes, ainsi que d'intéressantes expositions sur les Bimbaches, dont des photos d'une nécropole découverte dans la Cueva de la Lajura (grotte). Un café et une petite boutique de souvenirs sont installés sur place.

La Restinga

Devenant rapidement la principale destination touristique d'El Hierro, le village de pêcheurs de La Restinga, jadis somnolent, s'est transformé en station balnéaire animée depuis que des dizaines de centres de plongée s'y sont installées. Des hôtels et des appartements (p. 242) accueillent principalement ceux qui explorent les fonds marins car, comme le sait tout plongeur expérimenté, il faut rester près du niveau de la mer au moins 12 heures après une plongée et la différence d'altitude entre la côte et les villes les plus proches est trop importante (quelque 100 m). Les écoles de plongée profitent des merveilles sous-marines de la **Mar de las Calmas**, les eaux chaudes et paisibles qui entourent le rivage sud-ouest de l'île. Les baigneurs apprécieront les deux plages volcaniques du port, où l'océan est calme, mais moins propre. Le bourgade elle-même semble perpétuellement en construction et manque de charme.

La route qui descend vers La Restinga traverse des *badlands* volcaniques. Prenez le temps d'observer les formes bizarres de la lave, des *pahoehoe,* de tortueuses coulées de lave lisse, aux roches dures pulvérulentes qui ressemblent à du porridge. La mer chatoie à l'horizon alors que vous descendez vers la ville à travers un paysage de cendres volcaniques, parsemé de cactus vert vif. La limite entre la paisible Mar de las Calmas et l'océan agité par le vent à l'ouest se distingue clairement. Une partie de la mer est une réserve marine, où la pêche et la plongée sont limitées afin de préserver un espace de reproduction pour les poissons.

À voir

Centro Vulcanológico CENTRE CULTUREL

(www.elhierro.travel ; Carretera HI, La Restinga ; adulte/enfant 3 €/gratuit ; 10h30-16h45 ; P). GRATUIT Inauguré en février 2015, ce centre comprend deux salles d'exposition. La première explique la formation d'un volcan sur des écrans multilingues, avec effets spéciaux et bande-son à l'avenant. Vous traversez ensuite des champs de lave pour rejoindre la 2e salle, où l'éruption de 2011 est reconstituée sur quatre écrans géants avec explications et déroulement des événements.

Activités

Les nombreux centres de plongée offrent des prestations similaires. Une plongée dans la Mar de las Calmas (25-30 €) vous fera découvrir des coraux colorés, de majestueuses formations rocheuses et une grande variété de vie marine. Cours et plongées spécialisées sont également proposés.

El Hierro Taxi Diver PLONGÉE
(922 10 40 69 ; www.elhierrotaxidiver.com ; Avenida Marítima 4 ; 8h-18h). Installé sur le front de mer et l'un des opérateurs les plus anciens.

Centro de Buceo el Hierro PLONGÉE
(www.centrodebuceoelhierro.com ; Calle El Rancho 12 ; 10h-18h). École de plongée bien établie.

Fête

Fiesta de la Virgen del Carmen FÊTE RELIGIEUSE
(juil). Célébrée en l'honneur de la sainte patronne de La Restinga, la Fiesta de la Virgen del Carmen a lieu le week-end le plus proche du 16 juillet, avec danses et dîner le samedi et procession religieuse le dimanche.

Où se restaurer

La plupart des restaurants servent de délicieux produits de la mer d'une fraîcheur irréprochable. Vous pourrez faire des courses au supermarché Spar.

Casa Juan POISSON €
(922 55 71 02 ; Calle Juan Gutierrez Monteverde 23 ; plats 6-9 € ; 7h-23h jeu-mar). Qu'importe la peinture écaillée de la salle défraîchie, la cuisine est bien préparée et les prix sont doux. Outre les poissons et fruits de mer, vous pouvez savourer un *caldo de huevo* (ou *sopa de queso*), composé de pâtes, de pommes de terre, de fromage et d'œufs, roboratif et délicieux.

El Refugio POISSON €€
(922 55 70 29 ; Calle la Lapa 1 ; plats 10-14 € ; 13h-16h30 et 18h-22h15). Le propriétaire d'El Refugio possède son propre bateau de pêche et sert les prises du jour. Choisissez parmi les plats du jour, toujours excellents. Le restaurant se niche dans un étroit tournant du centre-ville.

Renseignements

Office du tourisme (922 55 71 88 ; www.elhierro.travel ; Calle Carmen 4 ; 8h30-14h30 lun-ven). Dispose de cartes et d'informations sur la région, et présente une exposition sur la spectaculaire éruption de 2011 qui s'est produite au large.

Depuis/vers La Restinga

La nationale HI-4 s'achève à La Restinga. Des bus circulent entre Valverde et La Restinga (1,20 €, 1 heure 10, jusqu'à 4 /jour).

EL GOLFO

Dépression en forme d'amphithéâtre qui occupe le flanc nord-ouest d'El Hierro, le Golfo verdoyant est, comme le reste de l'île, essentiellement rural avec des bananeraies dans les basses régions côtières. Des villages tranquilles, certains avec d'attrayantes piscines naturelles, s'égrènent le long de la côte. Dans les terres, des centres commerciaux comme La Frontera et Tigaday constituent le moteur économique de l'ouest de l'île. Au sud, une crête montagneuse escarpée cache le reste de l'île, tandis qu'au nord, un secteur volcanique désolé séduit par sa beauté sauvage. Plus de 90% des terres de cette partie de l'île sont protégées d'une manière ou d'une autre.

Depuis l'ouverture du tunnel routier il y a quelques années, El Golfo est à 10 minutes en voiture de Valverde par la nationale HI-5. Si vous préférez les routes pittoresques, empruntez la HI-1, qui serpente sur la montagne qui flanque El Golfo ; vérifiez simplement l'état des freins de votre voiture !

Las Puntas

Au bord de l'eau mais sans accès à la mer, le hameau de Las Puntas n'existe que pour les touristes qui viennent s'y reposer. La vue et le bruit des vagues constituent les principales attractions.

Un sentier relie Las Puntas à La Maceta. Très facile, et sans doute accessible avec une poussette, il se parcourt en 1 heure (aller) et offre tout du long des vues superbes sur l'océan.

De là, vous pouvez aussi voir distinctement **Los Roques de Salmor**, un important site de nidification pour diverses espèces d'oiseaux et le dernier habitat du *lagarto del Salmor* (lézard de Salmor).

Où se restaurer

Garoñones POISSON €€
(649 50 96 96 ; Calle Cascadas de Mar 3 ; plats 10-15 € ; 12h-16h et 19h-22h jeu-mar). Repérez l'encadrement de fenêtre bleu ; ce restaurant, l'unique endroit où manger ou boire près de l'eau, s'anime en soirée le week-end. Il sert midi et soir des tapas et des plats de poisson d'une fraîcheur irréprochable. Il loue également des appartements.

VACANCES SPORTIVES À EL HIERRO

El Hierro est peut-être mieux connue comme destination de plongée ; La Restinga est l'épicentre de ce sport. La baignade dans les piscines naturelles de roc volcanique, la pêche en mer et la randonnée sont d'autres activités populaires.

L'île compte d'innombrables chemins de randonnée, dont des chemins longue distance GR (balisés en rouge et blanc), des chemins de 10 km ou plus PR (balisés en jaune et blanc) et de courts chemins locaux SL (balisés en vert et blanc). Le plus connu est le **Camino de la Virgen**, qui relie l'Ermita de Nuestra Señora de los Reyes et Valverde ; ce chemin historique de 26 km est emprunté par des milliers de marcheurs pendant la fête de la Bajada de la Virgen de los Reyes. El Hierro compte quelques itinéraires très exigeants, comme la randonnée d'Isora à Las Playas, mais la plupart des marches, que ce soit le long de la côte ou dans la campagne, sont généralement faciles et accessibles en famille, tout en restant superbes.

La Maceta et Charco de los Sargos

Pour une baignade, rejoignez les bassins naturels de La Maceta, probablement les plus plaisants d'El Hierro et certainement les plus prisés des habitants et des touristes. À marée haute, l'océan les engloutit, rendant la baignade dangereuse ; le reste du temps, s'y baigner est un régal. Les bassins varient en profondeur et sont plus ou moins abrités des vagues, dont un parfait pour les enfants. Bon bar de plage, le **Kiosco Los Arroyos** (La Maceta ; plats 6-9 € ; ⏲10h-21h) sert d'excellents plats de poisson et de la paëlla le dimanche.

De la nationale, suivez les panneaux indiquant La Maceta. De la HI-550, prenez la première route asphaltée sur la droite.

Un peu plus haut sur la côte, **Charco de los Sargos** est un autre ensemble de bassins calmes à l'abri des vagues, similaire à La Maceta et moins tapageur. Une petite paillote de plage ouvre à des heures irrégulières. De la HI-550, l'embranchement se situe à 300 m au nord de celui vers La Maceta.

À voir

Ecomuseo de Guinea MUSEÉE

(☎922 55 50 56 ; www.ellhierro.travel ; Carretera General de Las Puntas ; adulte/enfant 7,50 €/gratuit ; ⏲10h-17h, visites guidées 10h30, 11h30, 12h30, 13h30, 15h, 16h et 17h ; P 👪) Premier site culturel de l'île, ce musée en plein air comprend deux pôles distincts. Le fascinant itinéraire appelé Casas de Guinea passe par une grotte volcanique et 20 maisons anciennes (dont 4 se visitent) ; ces maisons présentent le mode de vie des îliens au fil des siècles. À côté, le Lagartario est un sanctuaire et un centre de reproduction du lézard géant d'El Hierro, où vous pouvez voir une dizaine de ces reptiles paresser au soleil dans des vivariums, dont un âgé de 29 ans.

L'Ecomuseo est bien signalé sur la nationale 55, à environ 3 km au sud de Las Puntas. Sachez que les visites sont obligatoirement guidées, aux heures indiquées ci-dessus. Elles ne sont commentées qu'en espagnol, sauf le mercredi à 10h30, quand le guide fournit des explications en anglais et en allemand.

Tigaday

1 231 HABITANTS

Centre névralgique de la municipalité de La Frontera, Tigaday est un carrefour commercial (à l'échelle locale) qui s'étend le long de la nationale. Si le centre-ville n'offre guère d'intérêt, Tigaday est la deuxième localité d'El Hierro et la seule dont les magasins et services rivalisent avec ceux de la capitale. Elle possède l'une des trois stations-service de l'île. La plupart des boutiques, bars et services bordent la Calle Tigaday.

Où se restaurer

Le dimanche, un petit **marché** (Plaza Vieja ; ⏲8h-13h) d'artisanat et de produits frais s'installe sur la place principale.

♥ **Casa Pucho** CANARIEN €€

(☎922 55 61 48 ; www.restaurantedondin2.com ; Calle La Corredera 5 ; plats 10-15 € ; ⏲9h-23h ; 👪). Installez-vous sur la terrasse ombragée en bord de rue, dans la petite salle ou dans le bar rempli de machines à sous (et d'habitants). La carte comprend tous les classiques canariens, dont l'agneau rôti, ainsi que des plats plus surprenants, comme le calamar entouré de bacon.

La Frontera

La Frontera est à la fois le nom de la grande municipalité qui s'étend sur toute la côte du golfe et celui d'une petite localité perchée à flanc de colline derrière Tigaday, assez peu distinct de cette dernière. Site principal de la bourgade, l'**Iglesia de Nuestra Señora de la Candelaria**, du XVIIe siècle, a été reconstruite en 1929. Cette église à trois nefs renferme deux rangées de belles colonnes en pierre et un autel orné de dorures. Elle se dresse sur la charmante **Plaza de la Candelaria**, agrémentée d'une fontaine et de bancs. Derrière l'église, une courte montée conduit à une **chapelle** vide, perchée sur la colline. Du sommet, la vallée ressemble à patchwork de champs et de bananeraies.

Le **Camino de Jinama** commence (ou s'achève, selon votre itinéraire) près de la place.

Fête

Fiesta de la Virgen de la Candelaria FÊTE RELIGIEUSE

(15 août). La Frontera célèbre la Virgen de la Candelaria avec une procession religieuse et une démonstration de *lucha canaria*, suivies de danse animée sur la Plaza Vieja à Tigaday.

Où se restaurer

Joapira CANARIEN $

(922 55 98 03 ; Plaza Candelaria 8 ; plats 6-9 € ; 7h-23h lun-sam). La chef est fière de sa cuisine et de ses spécialités, telles les *cachapas* vénézuéliennes (crêpes de maïs farcies ; goûtez celles au fromage) et la *carne fiesta* (copieuse assiette de viandes grillées, poivrons et pommes de terre). Des fleurs fraîches ornent les tables et des extras sont gracieusement offerts, comme des *tomates alinenados* (tranches de tomate avec huile d'olive et ail) ou un dessert maison.

La terrasse en façade donne sur l'église et la mer se distingue au-delà.

Los Llanillos et Sabinosa

La bourgade de **Los Llanillos** longe la nationale HI-50 à quelques kilomètres de Tigaday. Si la ville n'offre guère d'intérêt, elle compte un bon restaurant, l'**Asador Artero** (922 55 50 37 ; Calle Artero 2 ; plats 8-12 € ; 13h-16h30 et 19h-23h30) ; cosy et affairé, il est prisé des habitants, qui viennent se régaler de viandes et de poulets grillés.

> **EL HIERRO AVEC DES ENFANTS**
>
> À défaut des parcs à thème, des zoos et des multiples activités organisées qu'offrent certaines des îles plus grandes, les enfants trouveront ici toutes sortes d'occupations amusantes, saines et au grand air. Les divers bassins naturels généreusement répartis sur l'île invitent à la baignade en famille, en toute sécurité : ceux de **La Maceta** et de **La Caleta** sont particulièrement recommandés, ainsi que le **Charco Azul**, bien moins fréquenté et splendide. Les plus grands apprécieront la plongée et le snorkeling à **La Restinga**, et toute la famille s'émerveillera devant les lézards géants de l'**Ecomuseo de Guinea**. Sur le plateau central, vos enfants pourront brûler leur énergie débordante sur les nombreux chemins de randonnée.

À Los Llanillos, prenez l'embranchement vers le **Charco Azul**, une crique préservée avec des bassins propices à la baignade et souvent déserte.

La route devient plus escarpée et sinueuse en montant vers Sabinosa, la localité la plus occidentale d'Espagne. Ce village isolé a des allures de bout de monde, ce qu'il représenta jusqu'à ce que Christophe Colomb découvre l'Amérique. Le village n'a rien d'extraordinaire, mais le paysage alentour est fantastique.

En suivant la route côtière, vous rejoindrez rapidement le **Pozo de la Salud** (puits de la Santé), dont l'eau est réputée guérir diverses maladies. Vous pouvez descendre à pied jusqu'à ce petit puits, généralement fermé. Si vous souhaitez prendre les eaux (notamment des bains de sel), rendez-vous dans l'Hotel Balneario Pozo de la Salud (p. 243) voisin.

À l'ouest du *pozo*, au bout de la HI-500, s'étend la **Playa de las Arenas Blancas** (plage des Sables blancs). Prenez la courte route qui descend vers la côte, où quelques grains de sable blanchâtres se fondent rapidement dans la roche volcanique au bord de l'eau. En dépit de sa "blancheur" discutable, cette plage sauvage est superbe et généralement déserte. Prenez garde aux courants dangereux si vous nagez. De là, une marche d'une heure, très facile et bien balisée, longe la côte jusqu'à La Dehesa.

À NE PAS MANQUER

LA DESCENTE DE LA VIERGE

Fête emblématique d'El Hierro, la **Bajada de la Virgen de los Reyes** (Descente de la Vierge des Rois ; début juillet) a lieu tous les quatre ans (la prochaine en 2017). La majeure partie de la population de l'île se rassemble pour regarder ou suivre la procession qui transporte la statue de la Vierge dans une chaise à porteurs de l'Ermita de Nuestra Señora de los Reyes, dans l'ouest de l'île, jusqu'à Valverde. La descente est accompagnée par des musiciens et des danseurs en costumes traditionnels rouge et blanc et coiffes assorties. Les célébrations durent presque tout le mois dans les villages et hameaux de l'île.

Vous n'êtes pas obligé d'attendre la fête pour effectuer cette marche à travers l'île. L'ancien Camino de la Virgen (26 km) traverse fermes et forêts et franchit l'épine dorsale de l'île entre Valverde et l'*ermita* (chapelle). Comptez 8 heures de marche pour parcourir ce chemin bien balisé. Il passe par la plus belle partie des hauts plateaux, couverts de fleurs au printemps.

LA DEHESA

La pointe ouest de l'île est pratiquement inhabitée et son paysage volcanique, que dominent des formations rocheuses à l'aspect menaçant, des buissons robustes et des genévriers tordus par les vents, constitue son principal attrait. Cette partie de l'île est appelée **La Dehesa** (la Pâture) et ne peut se rejoindre que par la nationale qui traverse des *badlands* volcaniques, où seuls quelques buissons rabougris parviennent à survivre.

Faites halte pour une baignade à la **Playa del Verodal**, une curieuse plage de sable rouge, adossée à une majestueuse falaise. À 1 km de la nationale (suivez les panneaux), elle est souvent déserte.

Là où la nationale se rapproche de la côte sud, un embranchement (la HI-503) mène au **Faro de Orchilla** (phare d'Orchilla), la pointe sud-ouest de l'Espagne. S'il a depuis longtemps perdu son statut de *Meridiano Cero* au profit de Greenwich en Grande-Bretagne, le phare reste un symbole de l'île. À l'ouest du phare, se dresse un monument commémoratif.

Ermita de Nuestra Señora de los Reyes

Cette jolie chapelle blanche doit son intérêt à l'histoire et aux traditions qui s'y rattachent. Elle contient une statue de la sainte patronne de l'île, Nuestra Señora de los Reyes (Notre-Dame-des-Rois), que des bergers locaux achetèrent à des marins étrangers le 6 janvier 1545, jour de l'Épiphanie. La population lui attribue plusieurs miracles, dont la fin de sécheresses et d'épidémies.

Tous les quatre ans (2017, 2021, etc.) en juillet, la Vierge est sortie de la chapelle et promenée en procession à travers l'île. Chaque année, lors de la **Fiesta de los Pastores** (25 avril), la Virgen de los Reyes est transportée de l'Ermita de Nuestra Señora de los Reyes jusqu'à la grotte où elle fut d'abord conservée.

El Sabinar et ses environs

El Sabinar doit son nom aux *sabinas* (genévriers) qui poussent dans la région. Le long d'une partie de la route, les genévriers sont superbes, mais moins spectaculaires que ceux d'El Sabinar, tordus par les vents et devenus le symbole de l'île. Un embranchement sur la gauche comporte un panneau indiquant El Sabinar ; garez-vous et promenez-vous parmi les arbres aux troncs sculptés par la nature en des formes étranges.

Portez un pantalon si vous souhaitez traverser les buissons pour vous approcher des arbres, éparpillés à flanc de colline. Les *sabinas* sont l'une des raisons pour lesquelles l'Unesco a déclaré l'île réserve de biosphère.

De retour à la bifurcation, continuez au nord sur 2 km pour rejoindre le **Mirador de Bascos**, un point de vue spectaculaire, souvent dans les nuages. Par temps clair, la vue est époustouflante.

Hébergement

Dans ce chapitre ➡

Le top des hébergements

- Villa del Conde (p. 228)
- Casa Isaítas (p. 229)
- Hotel Alhambra (p. 235)
- Hotel San Telmo (p. 240)

Le top des petits budgets

- Downtown House (p. 225)
- Soulsurfer Hotel (p. 230)
- El Sitio (p. 243)
- Hotel Adonis Capital (p. 234)

Le top des hébergements indépendants

- Apartamentos Tapahuga (p. 239)
- La Fuente (p. 240)

Où se loger

Immeubles d'habitation blanchis à la chaux se déployant autour de jardins remplis de bougainvillées, fermes anciennes transformées en cottages de charme tout équipés, boutique-hôtels tirant le meilleur parti de leur situation au sommet des montagnes, ou encore *pensiones* sommaires aménagées dans de vieux édifices pittoresques : l'hébergement aux Canaries dépasse amplement les seuls complexes d'habitation gigantesques et autres 5-étoiles ultra-luxueux typiques des stations balnéaires – lesquels ne manquent pas cependant.

La plus grande et la plus courue des îles des Canaries est Tenerife, où les complexes balnéaires les plus en vue se concentrent dans le Sud. Puerto de la Cruz, dans le Nord, est forte d'excellentes infrastructures touristiques tandis que l'historique La Laguna possède des attraits propres aux bourgades d'arrière-pays.

Fuerteventura compte deux grandes stations balnéaires : Morro Jable dans le Sud, et Corralejo dans le Nord, dotée en son cœur d'un joli port. El Cotillo, à courte distance en voiture de Corralejo, constitue une option plus paisible, en bord de mer, avec d'excellents hébergements pour petits budgets. À Lanzarote, les principales villes touristiques sont Puerto del Carmen, Costa Teguise et Playa Blanca, et la capitale, Arrecife, fait une excellente base.

Las Palmas de Gran Canaria associe à une plage agréable tous les attraits d'une grande ville, tandis que les stations balnéaires du Sud s'adressent aux familles. À La Palma, les plages de Los Cancajos et de Puerto figurent parmi les plus belles de l'île, et l'intérieur recèle de jolies *casas rurales*.

Sur les petites îles que sont La Gomera et El Hierro, l'offre d'hébergements se classe surtout dans la catégorie moyenne, avec notamment des adresses rurales pleines d'authenticité.

Tarifs

Les tarifs indiqués dans ce guide s'appliquent, sauf mention contraire, à une chambre double avec salle de bains privative, sans le petit-déjeuner. Il est précisé quand la demi-pension (petit-déjeuner et dîner) ou la pension complète (petit-déjeuner, déjeuner et dîner) sont proposées. En catégorie petits budgets, il vous faudra peut-être partager une salle de bains, et les services sont limités, bien que le Wi-fi soit de plus en plus répandu. Les chambres de catégorie moyenne possèdent généralement la TV par satellite, un balcon privatif et, souvent, l'accès Wi-Fi, tandis que les adresses de catégorie supérieure sont souvent installées, en prime, dans de somptueux édifices historiques.

CATÉGORIE	PRIX
€ petits budgets	< 65 €
€€ catégorie moyenne	65-140 €
€€€ catégorie supérieure	> 140 €

Appartements

Les locations d'appartements sont plus courantes ici que les hôtels. Si leur qualité varie énormément, ces logements sont parfois plus confortables qu'une *pensión* et bien plus avantageux, surtout si vous y séjournez à plusieurs et préparez vos repas. Il existe deux grandes catégories (toujours avec salle de bains et kitchenette) : les *estudios* (studios) possèdent une chambre-séjour, tandis que les *apartamentos*, plus répandus, comptent une chambre double et un salon séparé. Les nombreux *aparthotels*, qui offrent exactement les mêmes services qu'un hôtel, mais louent des chambres plus spacieuses, équipées de surcroît d'une kitchenette.

Nombre de résidences sont sous contrat avec des tour-opérateurs et ne louent pas aux voyageurs indépendants. Celles qui le font imposent souvent un séjour minimum de trois nuitées.

Quant aux appartements loués par des particuliers, il est rare que le propriétaire vive dans le même immeuble : mieux vaut donc appeler à l'avance pour réserver que de se rendre en vain sur place.

SAISONS

Les prix mentionnés dans ce guide correspondent au pic de la haute saison. Si toutes les saisons sont touristiques aux Canaries, l'hiver reste la haute saison, quand le soleil et les températures clémentes de l'archipel permettent d'échapper à la froidure de l'Europe du Nord. Juillet et août sont aussi des périodes fréquentées, quand la plupart des Espagnols du continent partent en vacances.

Casas rurales

Ces "maisons rurales" tout équipées, souvent des fermes aménagées ou des maisons de village, sont une option des plus attrayantes pour qui souhaite échapper à l'agitation des zones touristiques. Il faut impérativement appeler à l'avance : le nombre de places est limité, et il peut n'y avoir personne à demeure sur place. De nombreuses *casas rurales* étant éloignées de tout transport public, vérifiez s'il n'est pas nécessaire, voire indispensable, de louer une voiture. Ces établissements sont souvent d'un excellent rapport qualité/prix étant donné le cadre et les installations et peuvent constituer une très bonne base pour randonner.

Hôtels, hostales et pensiones

Si les *hoteles* 4 à 5 étoiles sont nombreux, particulièrement dans les stations balnéaires, l'archipel manque d'hôtels de catégorie moyenne. Et généralement, ces derniers sont du type hébergements tout équipés avec cuisine. De la même manière, les hébergements vraiment bon marché sont plutôt rares.

En pratique, il n'y a guère de différence entre une *pensión* (pension une à deux étoiles) et un *hostal*. Dans un 1-étoile vous tomberez parfois sur une chambre minuscule et humide avec salle de bains commune (éventuellement un lavabo dans la chambre), alors que pour un tout petit peu plus cher, on trouve de véritables trésors de charme avec salle de bains privative et déco soignée. Côtés *hoteles*, cela va de l'établissement modeste au 5-étoiles luxe avec peignoirs à disposition, spa et restaurant haut de gamme.

Vous trouverez quelques établissements du type auberge de jeunesse avec dortoirs, cuisine commune et autres équipements à Las Palmas de Gran Canaria et dans certaines villes fréquentées par les surfeurs.

Paradors

Les *paradores*, établissements de prestige gérés par l'État espagnol et au nombre de six aux Canaries, occupent une catégorie à part : ce sont des endroits sublimes. Les seniors, les moins de 30 ans et les personnes séjournant plus d'une nuitée bénéficient de réductions. Retrouvez les offres du moment sur www.parador.es.

Camping

Les terrains de camping sont étonnamment rares dans les paysages somptueux qu'offrent les Canaries. La plupart des îles ont un seul et unique camping officiel, et le camping sauvage est le plus souvent interdit. De temps à autre, on tombe dans certaines petites villes sur un camping généralement dépourvu d'équipements, mais y loger peut relever du casse-tête. Il faut se présenter en personne pour demander l'autorisation à l'*ayuntamiento* (mairie) ou au *cabildo* (gouvernement insulaire). Si vous voyagez avec une tente, cela vaut toujours la peine de vous renseigner à l'office du tourisme local sur les possibilités de camping dans le voisinage, et sur le moyen d'accéder aux lieux.

LA GRANDE CANARIE

La Grande Canarie possède probablement le meilleur choix d'hébergements de tout l'archipel, que vous ayez envie d'être réveillé par le gazouillis des oiseaux, le va-et-vient de l'océan ou l'animation d'une grande ville espagnole.

Las Palmas de Gran Canaria

Vegueta et Triana

♥ Downtown House AUBERGE DE JEUNESSE €

(carte p. 46 ; ☎639 629335 ; www.houselaspalmas.com ; Calle Domingo J Navarro 10 ; dort 18 €, s/d 38/48 €, sans sdb 28/38 € ;). Juste à côté de la Calle Mayor de Triana, ce fabuleux édifice des années 1920 a été conçu par l'architecte à qui l'on doit l'élégant Gabinete Literario. Les chambres, d'une propreté impeccable et simplement décorées, ont conservé le carrelage au sol d'origine. Un petit-déjeuner basique à préparer soi-même est inclus dans le prix. Deux nuitées minimum, réservation obligatoire, et pas de réception.

Hotel Parque HÔTEL €€

(carte p. 46 ; ☎928 36 80 00 ; www.hotelenlaspalmas.es ; Calle Muelle Las Palmas 2 ; s/d avec petit-déj 55/60 € ;). Ce bâtiment de 6 étages jouit d'un excellent emplacement donnant sur le Parque San Telmo. C'est depuis le restaurant, sur le toit, qu'on a la meilleure vue. Les chambres d'un excellent rapport qualité/prix ont été rénovées avec

style, et sont décorées avec simplicité, dans des tons doux et neutres. Si vous restez un certain temps, ou prévoyez de passer pas mal de temps dans votre chambre, n'hésitez pas à opter pour une chambre *doble plus* (72 €), beaucoup plus spacieuse.

Hotel Madrid HÔTEL €

(carte p. 46 ; ☎928 36 06 64 ; www.elhotelmadrid.com ; Plazoleta Cairasco 4 ; s/d 35/45 €, sans sdb 30/40 € ;). Cette adresse est aussi riche de charme que d'histoire : c'est ici, dans la chambre n°3, que Franco séjourna en 1936 (il serait d'ailleurs parti sans payer !). Immédiatement après, il lança le coup d'État qui devait déclencher la guerre civile espagnole. L'hôtel mêle jolie bimbeloterie, antiquités de grande valeur et plantes suspendues. Les chambres avec balcon donnant sur la place coûtent légèrement plus cher.

Un bar-restaurant plein de cachet vous attend au rez-de-chaussée.

Ciudad Jardín

Hotel Santa Catalina HÔTEL €€

(☎928 24 30 40 ; www.hotelsantacatalina.com ; Calle León y Castillo 227 ; s/d avec petit-déj 100/115 € ;). Un magnifique hôtel historique, avec balcons canariens traditionnels, imposantes tourelles et tapis rouge déroulé sous l'arcade de l'entrée. Les chambres sont à la hauteur de la première impression : grands lits, têtes de lit anciennes, tapis orientaux et mobilier somptueux. L'endroit a cette élégance d'un autre temps, avec piano-bar et hammam sur place, sans oublier une jolie vue sur la mer ou des jardins tropicaux.

Santa Catalina et Playa de las Canteras

La Ventana Azul AUBERGE DE JEUNESSE €

(carte p. 48 ; ☎671 505359 ; www.ventana-azul.de ; Paseo de las Canteras 53 ; dort 18 €, s/d sans sdb 32/55 € ;). Auberge de jeunesse à l'emplacement sensationnel, en bord de plage. Le dortoir de 6 places a vue sur l'océan, mais le toit-terrasse avec coin détente reste le meilleur endroit d'où admirer le paysage.

LA TAXE CANARIENNE

Pratiquement tous les hébergements sont soumis à l'IGIC, une taxe indirecte de 7%, spécifique aux Canaries. Elle est souvent comprise dans les prix affichés des hôtels les moins chers, plus rarement dans les établissements haut de gamme. Elle n'est parfois appliquée que si vous demandez une facture.

Loger ici ne se résume pourtant pas à se reposer : le propriétaire, un fou de surf, pourra vous renseigner sur les 12 spots de la ville et vous conseiller le plus adapté à votre niveau. Les skateboards et le matériel de snorkeling sont en accès libre pour les hôtes, et le personnel organise au besoin toutes sortes d'activités de plein air dans l'île.

Apartamentos Brisamar APPARTEMENTS €
(carte p. 48 ; ☎ 928 26 94 00 ; www.brisamarcanteras.com ; Paseo de las Canteras 49 ; studio face à la mer 60 € ; [wifi]). Les studios aux dimensions correctes ne remporteraient pas la palme de la décoration, en revanche, s'agissant de la vue, le Brisamar est imbattable. Les terrasses donnent sur la Playa de las Canteras, située à quelques mètres seulement. Le penthouse (2 pers 80 €), immense, possède 3 chambres, une grande cuisine et deux balcons face à la mer. Chambres un peu moins chères sans vue à disposition.

Apartamentos Playa Dorada APPARTEMENTS €
(carte p. 48 ; ☎ 928 26 51 00 ; www.playadoradaweb.com ; Calle Luis Morote 61 ; studio 65 €, app 95 € ; [clim] [wifi]). Ces appartements spacieux sont équipés d'assez de meubles de cuisine pour une famille de quatre personnes et d'immenses terrasses donnant sur l'océan. La déco lorgne vers les années 1960, avec tabourets de bar en plastique, lampes tubulaires et fauteuils pivotants. Les studios, plus petits, ont une allure plus moderne. Réductions avantageuses hors haute saison, et pas de supplément pour les chambres face à l'océan.

NH Imperial Playa HÔTEL €€
(carte p. 48 ; ☎ 928 46 88 54 ; www.nh-hoteles.com ; Calle Ferreras 1 ; ch avec vue mer 95 € ; [P] [clim] [wifi] [piscine]). Le hall donne d'emblée le ton, avec ses lampes tubulaires noires, ses tons chocolat, ses canapés et fauteuils vert cendré et une étonnante mosaïque inspirée des *Ménines* de Velázquez. Les chambres sont agréables quoique impersonnelles (du fait de leur mobilier beige pour l'essentiel). Celles en front de mer ont vue sur l'intégralité de la plage se déployant devant elles.

L'Est

Agüimes

Hotel Rural Casa de los Camellos HÔTEL €€
(☎ 928 78 50 53 ; www.hotelruralcasadeloscamellos.com ; Calle Progreso 12 ; ch avec petit-déj 85 € ; [P] [clim] [wifi]). Nichée au bout d'une rue piétonne du centre historique, une charmante adresse aux chambres stylées quoique rustiques, avec antiquités, poutres et balcons en bois. Hélas, l'excellent restaurant (aménagé dans une ancienne étable à dromadaires) n'est plus ouvert aux non-résidents.

Le Nord

Teror

Casa Rural Doña Margarita HÔTEL €€
(☎ 928 63 19 21 ; www.margaritacasarural.com ; Calle Padre Cueto 4 ; app 2/4 pers 85/130 € ; [wifi]). Une demeure du XVIIIe siècle de style colonial, joliment restaurée, tout près de la place principale. Les trois appartements, spacieux et accueillants, sont dotés de cuisines tout équipées, de chambres agréables et de vastes salons-salles à manger avec poutres et pierres apparentes. Séjour de 2 nuitées minimum.

Arucas

Hacienda del Buen Suceso HÔTEL €€€
(☎ 928 62 29 45 ; www.haciendabuensuceso.com ; Ctra de Arucas a Bañaderos ; s/d 128/140 € ; [P] [clim] [@] [piscine]). Au cœur de superbes bananeraies à 1,5 km à l'ouest d'Arucas, cette demeure de campagne rénovée avec art date de 1572. Chambres rustiques mais élégantes, avec tissus blancs, poutres au plafond et riches tapis. Notons cependant que le service peut être un peu brusque, et que le restaurant reçoit des échos mitigés de la part de certains lecteurs : mieux vaut dîner en ville. Wi-Fi dans les parties communes uniquement.

Agaete et Puerto de las Nieves

Hotel Puerto de las Nieves HÔTEL €€
(☎ 928 88 62 56 ; www.hotelpuertodelasnieves.es ; Avenida Alcalde José de Armas, Puerto de las Nieves ;

ch avec petit-déj 80 € ; P ❄ @ ᯤ). Hôtel coquet à quelques pâtés de maison de l'océan et à courte distance à pied de nombreux restaurants de poisson. Les chambres modernes ont été repeintes dans des couleurs insolites offrant un beau contraste avec les parquets polis. Elles ont soit un salon, soit – et c'est encore mieux – une grande terrasse avec un coin transats. Le spa de l'établissement propose des soins de thalassothérapie et toute une gamme de massages.

Hotel El Cabo HÔTEL €€
(☎928 88 75 20 ; www.hotelelcabo.com ; Calle Antón Cerezo 20, Puerto de las Nieves ; ch avec petit-déj 88 € ; ❄ ᯤ). En plein cœur de la ville, ce petit hôtel avec personnel sympathique et chambres à la déco personnalisée a des airs de pension. Les chambres sont pimpantes et élégamment meublées mais assez exiguës. Certaines donnent sur une cour intérieure. Celles qui font face à la rue sont plus chères (100 €). Le petit-déjeuner continental est tout ce qu'il y a de plus classique.

Les montagnes du Centre

Tejeda

Fonda de la Tea BOUTIQUE HÔTEL €€
(☎928 66 64 22 ; www.hotelfondadelatea.com ; Calle Ezequiel Sánchez 22 ; s/d 60/95 € ; ❄ ᯤ). Derrière la façade en pierre de taille de cette construction traditionnelle se cache un petit hôtel de charme. Distribuées autour d'un patio à la canarienne, les chambres sont décorées avec goût : carrelage en terre cuite, bois et ton citrouille. La vue sur la vallée depuis le solarium est époustouflante, et les clients de l'hôtel accèdent gratuitement l'été à la piscine municipale.

Environs de Tejeda

Parador de Cruz de Tejeda HÔTEL €€
(☎928 01 25 00 ; www.parador.es ; Cruz de Tejeda ; ch 100 € ; P ❄ ᯤ). L'intérieur de ce luxueux hôtel géré par l'État affiche des tons brun et ocre et une élégance discrète pour mieux mettre en valeur de belles œuvres d'art et, surtout, le panorama proprement fabuleux sur les gorges et les falaises alentour. Le personnel peut vous fournir des cartes de randonnée – après quelques heures de marche, vous apprécierez d'autant plus l'opulent spa sur place. Bon restaurant servant une cuisine canarienne haut de gamme.

Hotel Rural El Refugio HÔTEL €€
(☎928 66 65 13 ; www.hotelruralelrefugio.com ; Cruz de Tejeda ; s/d 65/80 € ; P ❄ ≋). Cet établissement a depuis longtemps les faveurs des randonneurs. Il possède un charme simple et rustique, des chambres offrant une vue forcément sublime sur les paysages environnants ainsi qu'un bar-restaurant apprécié aux prix raisonnables.

San Bartolomé de Tirajana

Paradise Hotel Las Tirajanas HÔTEL €€
(☎928 56 69 69 ; www.hotelrurallastirajanas.com ; Calle Oficial Mayor Jose Rubio ; s/d 95/150 € ; P @ ᯤ ≋). Ce lodge de style alpin bénéficie d'une vue spectaculaire sur les montagnes imposantes. Les chambres affichent un luxe à l'ancienne, avec mobilier en bois, carrelage en terre cuite, et couvre-lits et rideaux fleuris. Vous trouverez aussi sur place un spa, une salle de gym et même une chapelle. Une base idéale pour les randonneurs et les cyclistes.

Le Sud

Playa del Inglés et Maspalomas

Parque Tropical Hotel HÔTEL €€
(☎928 77 40 12 ; www.hotelparquetropical.com ; Avenida Italia 1 ; s/d 75/105 € ; P ᯤ ≋). Un petit bijou dans un océan d'établissements aseptisés. L'édifice, bien que construit dans les années 1960, prend des airs canariens traditionnels, avec balcons de bois, stucs blancs et superbes jardins jalonnés de bassins et de fontaines. Carrelage de terre cuite, mobilier et poutres de bois sombre, et douces peintures pastel confèrent aux chambres un certain charme andalou.

Sahara Beach Club HÔTEL €€
(☎928 76 07 76 ; www.sahara-beach-club.com ; Avenida Alemania 53 ; bungalow 2 pers à partir de 75 € ; ᯤ ≋). Ce complexe en surplomb des dunes est empreint d'une ambiance paisible et chaleureuse. On y trouve des bungalows bien équipés et de jolis jardins. Terrasses privées avec petite pelouse et rosiers. Séjour minimum de 4 nuitées : la plupart des clients sont là pour plusieurs semaines. Réservez bien à l'avance.

Rainbow Golf Bungalows BUNGALOWS €€
(☎928 58 73 08 ; www.rainbowgolfbungalows.com ; Calle Touroperador Finnmatkat 5 ; s/d 75/80 € ; ❄ ᯤ ≋). Certes, on n'est pas en plein centre,

LES FORFAITS HÔTELIERS

S'il existe plus de 500 hôtels, appartements de vacances et bungalows à Playa del Inglés et Maspalomas, beaucoup affichent complet en haute saison. Réserver un forfait avant votre arrivée est souvent le moyen le moins cher de passer une ou deux semaines aux Canaries. Utilisez le complexe hôtelier comme une base, sortez chaque jour pour explorer l'île et revenez le soir pour vous baigner et passer la nuit dan votre chambre à prix correct.

mais ce complexe hôtelier réputé mérite le détour. Les bungalows, élégants et minimalistes, disposent de terrasses privatives et de kitchenettes bien équipées – sans compter la bouteille de pétillant offerte à l'arrivée ! Vous trouverez sur place un Jacuzzi, un sauna et une "salle" de sport en plein air. Établissement uniquement réservé à la clientèle gay masculine.

♥ Villa del Conde HÔTEL €€

(☎928 56 32 00 ; www.lopesanhr.com ; Mar Mediterráneo 7 ; s/d 145/190 € ; P ❄ 📶 🏊). Ce luxueux hôtel a été conçu pour illustrer l'architecture canarienne typique. Le thème "village traditionnel" pourrait relever du mauvais goût, pourtant les travaux ont été réalisés avec tant de soin que l'ensemble ne manque pas d'une certaine allure. Dominant le minivillage, l'impressionnante réception revêt les atours de l'église néoclassique d'Agüimes. En prime : des courts de tennis, plusieurs restaurants, un miniclub et un centre de thalasso. Deux nuitées minimum

Villa del Conde HÔTEL €€€

(☎928 56 32 00 ; www.lopesanhr.com ; Mar Mediterráneo 7 ; s/d 145/190 € ; P ❄ 📶 🏊). Le luxueux Villa del Conde a été conçu pour mettre en valeur l'architecture canarienne typique. Cette approche censée donner l'impression d'un "bourg traditionnel" pourrait sembler tape-à-l'œil, mais l'ensemble a été réalisé avec tant de goût qu'on s'y croirait. Donnant sur le minivillage, l'impressionnante réception est inspirée de l'église néoclassique d'Agüimes. Avec en prime des courts de tennis, plusieurs restaurants, un miniclub et un centre de thalasso. Séjour minimum de 2 nuits.

Palm Beach HÔTEL €€€

(☎928 72 10 32 ; www.hotel-palm-beach.co.uk ; Avenida Oasis; d à partir de 150 € ; P ❄ 📶 🏊). Ne vous laissez pas décourager par l'extérieur peu avenant et entrez pour découvrir les couleurs et le design moderne de cet hôtel. Dans le hall, les canapés rayés aux couleurs vives et les murs ornés de grands tableaux abstraits s'accordent aux lampes tubulaires et aux saladiers de pommes vertes. Les chambres, toutes personnalisées, sont de la même trempe.

Puerto de Mogán

Pensión Eva PENSION €

(☎928 56 52 35 ; Calle Lomo Quiebre 35 ; ch sans sdb 20 €). À environ 750 m de la mer vers le nord de la ville, cette adresse offre un excellent rapport qualité/prix pour des chambres lumineuses, une vaste terrasse sur le toit et, cerise sur le gâteau, une cuisine commune dotée de plusieurs réfrigérateurs, idéale pour mitonner ses repas et se faire des amis.

Hotel THE Puerto de Mogán HÔTEL €€

(☎928 56 50 66 ; www.hotelpuertodemogan.com ; Playa de Mogán ; d en demi-pension 140 €, app à partir de 70 € ; ❄ 📶 🏊). Près du port et de ses voiliers, ce complexe possède de vastes chambres doubles et des appartements (2 à 4 pers) tout équipés, ainsi qu'un spa. Demandez une chambre avec terrasse donnant sur la piscine à débordement et la plage. Les chambres ne sont proposées qu'en demi-pension. Séjour minimum de 3 nuits.

La Venecia de Canarias APPARTEMENTS €€

(☎928 56 56 00 ; www.laveneciadecanarias.net ; Local 328, Urbanización Puerto de Mogán ; app 1/2 chambres 65/110 € ; 📶). Au cœur du joli quartier "vénitien" de cette station balnéaire, et fort d'une adorable façade bordée de bars avec terrasse, cet établissement bien tenu loue des appartements charmants, quoique petits, pour 3 à 5 personnes. Les appartements avec toit-terrasse et vue sur le port coûtent plus cher.

Hotel Cordial Mogán Playa HÔTEL €€€

(☎928 72 41 00 ; www.cordialcanarias.com ; Avenida de los Marrero 2 ; s/d avec petit-déj 100/145 € ; P ❄ 📶 🏊). En dépit de ses dimensions imposantes, le Cordial Mogán Playa ne gâche par le paysage urbain composé d'édifices bas. Les chambres sont disposées autour du hall central surmonté d'un dôme de verre. Rappelant le port, ses canaux et ses ponts, les parties communes sont une merveille, et les chambres toutes en tons ocre, avec marbre et tapisserie rayée crème et or. Sur place également : spa, courts de tennis et excellent restaurant.

Mogán

Casa El Siroco B&B €€
(☎928 56 93 01 ; www.casa-el-siroco.com ; Calle San Antonio 6, Mogán ; ch 70-90 € ;). Dans une école du XVIIIe siècle, cette charmante maison d'hôtes doit sa reconversion inventive à l'artiste qui gère les lieux. Les deux chambres, spacieuses, se parent de couleurs audacieuses mais aussi des belles photos de paysage prises par l'artiste propriétaire. En prime, un solide petit-déjeuner est compris. Juste derrière l'église.

FUERTEVENTURA

Corralejo et Morro Jable ont ici le plus grand nombre de lits, mais on constate une multiplication des *casas rurales* dans l'intérieur des terres.

Puerto del Rosario

Hotel Tamasite HÔTEL €
(☎928 53 14 94 ; www.hoteltamasite.com ; Calle León y Castillo 9 ; s/d 25/40 € ;). Ce 2-étoiles bien situé compte des chambres agréables quoiqu'un peu défraîchies, avec couvre-lits à motifs floraux, mobilier en pin et petits balcons. Les parties communes sont spacieuses et confortables, et le service est souriant.

Hotel Roquemar HOSTAL €
(☎928 53 15 47 ; Avenida Ruperto González Negrín 1 ; s/d 25/30 € ;). Installé à un carrefour animé, face à la promenade, cet hôtel comporte 12 chambres relativement agréables, avec réfrigérateur et vue sur la mer. Demandez la chambre 103, 204 ou 304 en angle avec leurs deux balcons – et évitez si possible celles de l'intérieur, souvent sombres. Accès Wi-Fi gratuit dans le hall.

La Rosa del Taro CASA RURAL €
(☎928 17 51 08 ; www.fuerterural.com ; Atalaya Rosa del Tauro 92 ; maison 2 pers 50 € ; P). À 13 km au sud-ouest de la capitale, cette *casa rural* enchantera randonneurs et amateurs d'ornithologie. Il s'agit d'une maison traditionnelle simplement meublée, et le tarif comprend des œufs frais, ainsi que des fruits et légumes provenant de la ferme du propriétaire. Séjour de 3 nuitées minimum (réductions sur les séjours de pus d'une semaine), au calme et dans le respect de l'environnement : l'énergie est solaire, l'eau recyclée (pour l'arrosage), et l'absence de TV et de connexion Internet idéale pour une vraie pause nature.

Hotel JM Puerto Rosario HÔTEL €€
(☎928 85 94 64 ; www.jmhoteles.com ; Avenida Ruperto González Negrín 9 ; s/d avec petit-déj 78/118 € ;). Cet établissement de style hôtel d'affaires comporte 88 chambres plus agréables que ne le laisse supposer sa façade moderne. Les lits sont grands, les salles de bains correctes et les équipements de bonne qualité.

Le Centre

Pájara

♥ **Casa Isaítas** CASA RURAL €€
(☎928 16 14 02 ; www.casaisaitas.com ; Calle Guize 7 ; s/d avec petit-déj 66/84 € ;). Une des plus charmantes *casas rurales* de l'île : la maison du XVIIIe siècle, restaurée avec amour, comporte deux patios verdoyants, et balcons de bois traditionnels et un barbecue extérieur avec poêle à paella géante. Le dîner est en supplément mais recommandé. Quatre chambres seulement, de style rustique, dont deux dans le bâtiment d'origine.

Caleta de Fuste et ses environs

Barceló Castillo Beach Resort COMPLEXE HÔTELIER €€
(☎928 16 31 00 ; www.barcelo.com ; Avenida Castillo ; bungalow à partir de 85 € ; P @). Si vaste qu'il a son propre code postal, ce complexe dégage une atmosphère opulente avec ses bungalows enveloppés de bougainvillées et ses magnifiques jardins paysagers donnant sur une grande plage en croissant. Parmi les excellents équipements, citons la piscine chauffée, le club enfants, de nombreux restaurants et bars, et un spa en bord de plage.

Le Nord

La Oliva

♥ **Hotel Rural Mahoh** HÔTEL €€
(☎928 86 80 50 ; www.mahoh.com ; Sitio de Juan Bello, Villaverde ; s/d 60/80 € ; P).

SITES INTERNET

Casas Rurales (www.ecoturismocanarias.com). Un vaste choix de gîtes ruraux dans tout l'archipel. Ne couvre pas La Gomera, ni Lanzarote.

Ecoturismo Gomera (www.casasruralesdelagomera.es). Un bon réseau de *casas rurales* sur La Gomera.

Rural Accommodation (www.alorustico.com). Un site d'Espagne continentale qui comprend une soixantaine d'hébergements ruraux sur toutes les îles, sauf La Gomera.

Airbnb (www.airbnb.com). Location de propriétés superbement situées sur toutes les îles, des appartements en ville avec vue sur la mer aux vastes maisons dans les montagnes.

Cet excellent hôtel rural ne passe pas inaperçu, installé dans un bâtiment du début XIXe siècle en bois et pierre, entourée d'un extraordinaire jardin de cactées et d'une petite cour de ferme avec ses chèvres et son coq volubile. Les neuf chambres, romantiques à souhait, se parent d'antiquités, sans pour autant qu'y soit négligé le confort moderne, avec la TV et le Wi-Fi. Le restaurant, qui sert une succulente cuisine canarienne, est vivement recommandé. À environ 4 km de La Oliva par la FV-101.

Corralejo

Surfing Colors — APPARTEMENTS €

(☎670 777189 ; www.surfingcolors.com ; Calle Pejin 2 ; studio 50 € ;). Ces appartements petits mais élégants, dans une rue calme à plusieurs pâtés de maisons de la mer, sont d'un excellent rapport qualité/prix. Le surf a ici la part belle, et les formules-séjours combinent hébergement et journées de cours. Trois nuitées minimum.

THE Corralejo Beach — HÔTEL €€

(☎928 53 56 51 ; www.corralejobeach.com ; Calle Víctor Grau Bassas 1 ; studio 75 €, app 2 pers 100 € ;). Difficile de passer à côté de cette façade citron vert et blanc, un peu déconcertante. L'intérieur abrite des chambres convenables, quoiqu'un peu défraîchies, disposées autour d'une grande piscine. Si l'hôtel est très proche de la plage, seules quelques chambres ont vue sur l'océan. Service sympathique.

♥ Avanti — BOUTIQUE-HÔTEL €€€

(☎928 86 75 23 ; www.avantihotelboutique.com ; Avenida Marítima ; ch avec petit-déj 140 € ;). Ce splendide hôtel avec décoration minimaliste, mobilier haut de gamme et murs blanchis à la chaux dégage une atmosphère à la fois chic et reposante. Proche du port, il est décoré sur le thème marin, sans jamais verser dans le clinquant. Sur place : solarium sur le toit-terrasse, et Jacuzzi. Les enfants doivent avoir plus de 16 ans.

El Cotillo

♥ Soulsurfer Hotel — HÔTEL €

(☎928 53 85 98 ; www.soulsurfer.es ; Calle San Pedro 2 ; dort 15 €, s/d 45/49 € ;). Cet hôtel original, établi de longue date, est une adresse de choix si l'on vient surfer. Les chambres sont pimpantes, et il y a même de petits dortoirs (3 lits) permettant de ne pas se ruiner. Le toit-terrasse, dont les moindres recoins proches de la piscine sont agrémentés de hamacs, de canapés et de fauteuils poire, est idéal pour se détendre. Cours de surf et location de matériel.

Apartamentos Juan Benítez — APPARTEMENTS €

(☎629 176348 ; www.apartamentos-juanbenitez.com ; Calle La Caleta 4 ; app 2 pers 55 € ;). Ces appartements bien équipés sont à la fois proches de la plage et de plusieurs bars et restaurants de qualité. Spacieux, ils sont construits autour d'une piscine bien abritée du vent. Tous ont vue sur la mer, et sont équipés de la TV par satellite. Wi-Fi dans les parties communes.

La Gaviota — HÔTEL €€

(☎928 53 85 67 ; www.la-gaviota.net ; Calle Juan de Betancourth 14 ; studio 38 €, d 60 € ;). Ce lieu tranquille, dans le style néo-hippie, a été créé avec amour par un couple allemand – Ralf, qui a l'âme d'un pirate, a fabriqué la plupart des meubles et récupéré vieilles portes et autres équipements dans des ruines. Chaque appartement est différent : il y en a même un avec une chambre aménagée dans une grotte. La vue sur la mer est sublime. L'hôtel surplombe l'extrémité sud du vieux port.

Península de Jandía

Costa Calma

H10 Playa Esmeralda HÔTEL €€
(☎ 928 87 53 53 ; www.h10.es ; Punta del Roquito 2 ; s/d avec petit-déj 90/120 € ; P ❄ 📶 ≋). Ce luxueux hôtel, parfaitement situé face à la plage, dispose de tous les services possibles, dont un centre de santé-fitness dernier cri, des courts de tennis, un miniclub pour les enfants et une discothèque qui accueille régulièrement des concerts. Les chambres, spacieuses, affichent une élégance discrète et une palette de verts et de jaunes lumineux. Il est possible de se rendre à pied de l'hôtel à Playa de Sotavento, la capitale de la planche à voile de l'île.

Risco del Gato HÔTEL €€€
(☎ 928 54 71 75 ; www.vikhotels.com ; Calle Sicasimbre 2 ; s/d 85/150 € ; P ❄ 📶 ≋). Rien n'égale une suite vaste et luxueuse avec baignoire à remous, cour intérieure et petit jardin privatif. Cet hôtel, à 200 m des sables blancs de Sotavento, sort le grand jeu, avec notamment un spa, des courts de tennis, une salle de gym et trois restaurants.

La Pared

Waveguru Surfcamp CAMPING €
(☎ 619 804447 ; www.waveguru.de ; Avenida del Istmo 17 ; camping 130 €/semaine). Les campings sont denrée rare sur Fuerteventura, aussi, ce camping en bord d'océan est-il une véritable aubaine. Il est particulièrement destiné aux surfeurs, et des formules spéciales sont proposées à ceux qui souhaitent prendre des cours. Toutefois, les non-pratiquants sont aussi les bienvenus. Sur place, vous trouverez une cuisine commune, un coin barbecue et du matériel de surf gratuit pour les campeurs. Aux périodes creuses, l'obligation de rester une semaine est parfois levée.

Morro Jable

Apartamentos Altavista APPARTEMENTS €
(☎ 928 54 01 64 ; www.altavistafuerteventura.com ; Caleta Abubilla 8 ; app 2 pers 60 € ; 📶). Derrière l'église moderne de la vieille ville, cette adresse et sa façade bleu et rose sont faciles à repérer – il est en revanche moins facile de se garer. Les appartements spacieux, peints en jaune soleil, possèdent leur petit balcon, et certains la vue sur la mer. Solarium avec tables de pique-nique ombragées sur le toit.

Sol Jandia Mar APPARTEMENTS €€
(☎ 928 54 13 25 ; www. solmelia.com ; Calle Bentejuí 8 ; app 2 pers 120 € ; P ❄ 📶 ≋). Ce représentant de Melia Hotel, une chaîne hôtelière de qualité, offre dans le centre, des appartements modernes spacieux où se mêlent bois et tissus bleu sombre. Des jardins paysagers entourent la piscine. Entre autres services, vous trouverez un miniclub pour les petits et des courts de squash.

Apartamentos Palm Garden APPARTEMENTS €€
(☎ 928 54 10 00 ; www.palmgardenfuerteventura.com ; Avenida Saladar 26 ; app 2 pers 90 € ; P ❄ 📶 ≋). S'étageant à flanc de colline, les appartements de cet immense complexe ont kitchenette, TV par satellite et terrasse. C'est un établissement sans chichis, et les petits conforts du type Wi-Fi sont en supplément. De l'extérieur, le bâtiment n'est guère attrayant, mais de l'intérieur, la vue sur la plage est splendide. Toutes les chambres donnent sur la mer.

LANZAROTE

Les grands complexes touristiques concentrent l'essentiel des hébergements de Lanzarote, mais l'offre de *casas rurales* est en plein essor, notamment dans les terres. Bonne base pour rayonner dans l'île, la capitale Arrecife possède également de bons hôtels.

Arrecife

Hotel Lancelot HÔTEL €€
(carte p. 106 ; ☎ 928 80 50 99 ; www.hotellancelot.com ; Avenida Mancomunidad 9 ; s/d avec petit-déj et vue sur mer 54/69 € ; ❄ 📶 ≋). Avec leurs grands lits, leurs reproductions abstraites, leur déco opulente et leurs larges balcons face à l'océan, les chambres sont étonnamment luxueuses, en plus d'être vastes et lumineuses. La piscine jouxte sur le toit une petite salle de gym, et le bar accueille régulièrement de langoureuses sessions de jazz. Excellent rapport qualité/prix.

Hotel Miramar HÔTEL €€
(carte p. 106 ; ☎ 928 80 15 22 ; www.hmiramar.com ; Avenida Coll 2 ; s/d avec petit-déj et vue sur mer 57/75 € ; ❄ 📶 ≋). Sur le front de mer, le Miramar ose des couleurs audacieuses dans les parties communes, et une thématique couleur que l'on retrouve dans toutes les chambres à chaque étage. C'est un

établissement sympathique doté d'une modeste cafétéria. La réception accueille des expositions d'art régulièrement renouvelées. Le petit-déjeuner, servi sur le toit en terrasse face à l'océan, est un grand moment.

Hotel Diamar HÔTEL €€
(carte p. 106 ; ☎ 928 07 24 81 ; www.hoteldiamarlanzarote.com ; Avenida Fred Olsen 8 ; s/d avec petit-déj et vue sur mer 54/65 € ; ❄ 📶). Avec ses airs de boutique-hôtel, cet établissement indépendant est une nouvelle adresse bienvenue sur la scène hôtelière d'Arrecife. Ses chambres, vastes et parées de couleurs rafraîchissantes, possèdent des terrasses donnant sur la plage bordée de palmiers. Elles s'organisent autour d'un atrium central agrémenté de balcons typiques des Canaries. Un accès Wi-Fi, une cafétéria et un bon restaurant (plats 12 €) complètent le tout.

Le Nord

Arrieta

Apartamentos Arrieta APPARTEMENTS €
(☎ 928 84 80 08 ; Calle Garita 8 ; app 2 pers 40 €). Reconnaissable à ses balcons bleus donnant sur l'artère principale, ce petit immeuble moderne bien entretenu comprend des appartements de bonne taille meublés de pin, ainsi qu'une vaste terrasse sur le toit. L'espagnol vous sera très utile.

Finca de Arrieta HÔTEL €€€
(☎ 928 82 67 20 ; www.lanzaroteretreats.com ; Arrieta ; yourte/cottage 2 pers à partir de 130 € ; P 📶 ≋). 🍃 Cet établissement original et soucieux d'environnement, en retrait de la LZ-10, décline une belle gamme d'hébergements. Envie de loger dans une yourte mongole aux Canaries ? Il y en a de différentes dimensions et niveaux de confort (certaines ont même des cuisines équipées, des coins barbecue et du mobilier de créateur). Sinon, on peut dormir dans des maisons en pierre, des huttes en bois ou un moulin à eau restauré.

Michelle et Tila, les propriétaires, fournissent au besoin les œufs frais de leurs poules, des fruits et légumes bio, mais aussi des conseils inestimables sur Lanzarote. Totalement autonome, l'établissement est alimenté en électricité par des éoliennes et des panneaux solaires. Le prix journalier augmente pour les séjours inférieurs à une semaine.

Isla Graciosa

Playa del Salado CAMPING €
(☎ 928592956 ; www.reservasparquesnacionales.es ; Bahía del Salado). Cet emplacement tout simple sur la plage est le seul où le camping soit autorisé sur Graciosa. Il est équipé de blocs sanitaires, et bénéficie d'une vue sensationnelle. Camper est gratuit mais il faut demander l'autorisation au préalable (c'est possible en ligne). Immédiatement au sud-ouest de Caleta de Sebo.

Pensión Enriqueta HOSTAL €
(☎ 928 84 20 51 ; www.pensionenriqueta.com ; Calle Mar de Barlovento 6 ; d 18-25 €). À une rue du front de mer, des chambres d'un bon rapport qualité/prix, meublées simplement mais d'une propreté impeccable. Au rez-de-chaussée, le bar-restaurant est très animé.

Evita Beach APPARTEMENTS €€
(☎ 928 84 21 85 ; www.evitabeach.net ; Avenida Virgen del Mar 59 ; app 2 pers 85 € ; 📶). L'hébergement le plus haut de gamme de Graciosa consiste en simples appartements tout blancs avec chacun sa petite touche de couleur personnalisée. Les somptueuses suites (à partir de 160 €), à l'ambiance nord-africaine, sont pourvues de lits à baldaquin. Le jardin a vue sur le détroit séparant l'île de Lanzarote.

La Caleta de Famara

Bungalows Playa Famara BUNGALOWS €€
(☎ 928 84 51 32 ; www.bungalowsplayafamara.com ; Urbanización Famara ; bungalow à partir de 65 € ; ≋). Un complexe moderne qui sort du lot, à 2 km au nord de la localité principale. On passe devant en allant à Caleta de Famara. Les résidences de vacances semi-circulaires, aménagées en terrasse, évoquent un peu une zone pavillonnaire. Vous trouverez sur place un restaurant et une école de surf. Les bungalows peuvent accueillir de deux à six personnes. Réductions intéressantes sur les longs séjours.

Région viticole

San Bartolomé et ses environs

♥ **Caserío de Mozaga** HÔTEL €€
(☎ 928 52 00 60 ; www.caseriodemozaga.com ; Calle Mozaga 8 ; s/d 70/90 €, plats restaurant 14 € ; 📶). Au nord-ouest de San Bartolomé, dans le village de Mozaga, cette demeure

familiale du XVIIIe siècle dotée d'une cour centrale avec *aljibe* (citerne souterraine) d'origine, conserve son authenticité rustique. Les chambres, hautes de plafond, s'ornent d'objets de famille. Le restaurant (dîner uniquement) jouit d'une excellente réputation.

Le Sud

Puerto del Carmen

Pensión Magec PENSIÓN €
(928 51 51 20 ; www.pensionmagec.com ; Calle Ell Hierro 11 ; s/d 24/28 €, s/d sans sdb 22/26 € ;). Puerto del Carmen n'abrite qu'une seule *pensión*, mais il s'agit d'une bonne adresse. Dans une maison traditionnelle bleu et blanc, elle propose plusieurs chambres avec vue sur la mer – demandez si possible la n°21, pour son petit balcon privatif, si vous ne voyez pas d'inconvénient à partager la salle de bains. Il y a sur place une cuisine commune et un toit-terrasse idéal pour boire un verre au couchant.

Costa Sal APPARTEMENTS €€
(928 51 42 42 ; www.costasal.com ; Calle Agonal 16 ; app 1 ch 70 € ;). Proche de l'aéroport et à courte distance à pied de la plage, le Costa Sal comporte des appartements de 1/2 chambres, ainsi que des villas et quelques studios. C'est une adresse dont le succès auprès des familles ne se dément pas grâce à ses courts de tennis, son aire de jeux pour enfants et ses diverses piscines. Les commentaires des voyageurs sont très élogieux.

Hotel Los Fariones HÔTEL €€
(928 51 01 75 ; www.farioneshotels.com ; Calle Roque del Este 1 ; s/d 92/149 € ;). Vénérable institution, le tout premier hôtel construit ici, il y a une quarantaine d'années, loue des chambres confortables à défaut d'être modernes. Entre autres installations, on trouve des courts de tennis, un minigolf et une grande piscine face à l'océan.

Yaiza

Casa de Hilario CASA RURAL €€
(928 83 62 62 ; www.casadehilario.com ; Calle Los Rostros 5 ; s/d avec petit-déj 55/90 € ;). Inspirations asiatiques et mobilier artisanal distinguent ce petit bijou de *casa rural*, qui ne compte que sept chambres, toutes décorées différemment avec du mobilier fait-main. À l'extérieur, vous profiterez de la piscine, de hauts palmiers et de panoramas sublimes. Le petit-déjeuner peut être servi sur la terrasse ombragée. Les propriétaires organisent par ailleurs diverses activités, dont des excursions guidées à vélo et des sorties en bateau.

Casona de Yaiza HÔTEL €€
(928 83 62 62 ; www.casonadeyaiza.com ; Calle El Rincón 11 ; s/d avec petit-déj 55/100 € ;). Cet hôtel aménagé dans une ferme du XIXe siècle, en lisière de la ville, a vue sur les collines volcaniques ondoyantes. Le thème de l'art Renaissance est parfois poussé un peu trop loin, mais cela reste un établissement agréable. Petite piscine et restaurant correct.

El Golfo et ses environs

Hotelito del Golf HÔTEL €
(928 17 32 72 ; www.hotelitodelgolfo.com ; Avenida Marítima 10 ; s/d 46/55 € ;). Unique hôtel d'El Golfo, cette adresse charmante et accueillante, est tenue en famille. Les chambres sont claires, meublées simplement, mais dotées de réfrigérateurs et de terrasses privatives – vous ne regretterez pas de débourser un peu plus pour la vue sur la mer. Petite piscine d'eau de mer et solarium face à l'océan.

Playa Blanca

Apartamentos Gutiérrez APPARTEMENTS €
(928 51 70 89 ; Plaza Nuestra Señora del Carmen 8 ; app s/d 40/50 €). Juste à côté de l'église, c'est l'un des hébergements les moins chers du secteur : les sept appartements spacieux et bien tenus possèdent pour la plupart un petit balcon, et certains la vue sur la mer. Antonia, la maîtresse des lieux ne parle qu'espagnol.

H10 Sentido White Suites APPARTEMENTS €€
(928 51 70 37 ; www. 10.es ; Calle Janubio 1 ; s/d ste 80/135 € ;). D'importants travaux de rénovation ont transformé ce complexe d'appartements visant une clientèle familiale en hôtel ultra-élégant réservé aux adultes. Les belles suites sont équipées de TV à écran plat et de machines à café Nespresso. Des œuvres d'art moderne ornent les murs. Il y a sur place une salle de sport, un spa et un bar propice à la détente proposant cocktails et chichas.

Villas Kamezí BUNGALOWS €€
(☎928 51 86 24 ; www.heredadkamezi.com ; Calle Mónaco 2 ; bungalow jusqu'à 8 pers à partir de 220 € ; P ❄ @ ≋). Respectueux de l'environnement, ce complexe discret compte 35 superbes villas de deux à quatre chambres, qui semblent tout droit sorties d'un magazine de décoration. Les équipements comprennent une piscine d'eau de mer, une aire de jeux pour enfants et un petit supermarché.

TENERIFE

Il est généralement assez facile de trouver une chambre à Santa Cruz et dans le nord de l'île, mais les choses se compliquent dans les stations balnéaires du Sud, en particulier autour de Los Cristianos et de Playa de las Américas. Réservez quand cela est possible.

Santa Cruz de Tenerife

♥ **Hotel Adonis Capital** HÔTEL €
(carte p. 130 ; ☎922 28 46 01 ; www.adonisresorts.com ; Calle Cruz Verde 24 ; s/d avec petit-déj 47/57 € ; P ❄ @ 📶). Cet hôtel central offre un excellent rapport qualité/prix. Si les chambres ont des couleurs plutôt ternes (du type marron ton sur ton), elles sont bien équipées, de dimensions correctes et dotées de grandes salles de bain. La plupart ont un balcon. Le buffet du petit-déjeuner, servi au dernier étage, compte un grand choix de plats chauds et froids, ainsi que des fruits frais. En outre, on peut siroter son cappuccino en regardant la mer.

Pensión Casablanca PENSIÓN €
(carte p. 130 ; ☎922 27 85 99 ; Calle Viera y Clavijo 15 ; s/d 15/21 €). Ce bâtiment très bien placé dans une rue piétonne arborée date de 1902. Les chambres, peintes de couleurs vives, avec décorations et moulures florales, sont petites mais d'un bon rapport qualité/prix. Seul point noir, il n'y a que trois salles de bains communes pour 17 chambres – il vous faudra sans doute faire preuve de patience.

Hotel Contemporáneo HÔTEL €€
(carte p. 130 ; ☎902 12 03 29 ; www.hotelcontemporaneo.com ; Rambla de Santa Cruz 116 ; s/d avec petit-déj 53/67 € ; P ❄ @ 📶 ≋). Contemporaine comme son nom l'indique, cette élégante adresse, donnant sur une rue huppée, appartient à la chaîne espagnole Barceló. Les chambres s'agrémentent de parquets en acajou ou de sols en béton ciré gris, de subtiles thématiques couleurs, et de grandes salles de bains avec douche à l'italienne. Unique inconvénient : certains lecteurs se sont plaints du bruit provenant des chambres attenantes à la leur.

Hotel Taburiente HÔTEL €€
(carte p. 130 ; ☎922 27 60 00 ; www.hoteltaburiente.com ; Calle Dr José Naveiras 24A ; s/d avec petit-déj 48/78 € ; P ❄ 📶 ≋). Vases noirs brillants accueillant une paire de lis, vasques en verre irrégulier remplies de pommes et couleurs naturelles tendres : un vent de minimalisme très en vogue souffle sur les espaces communs. Les chambres sont plaisantes, mais leur déco moins soignée – demandez-en une avec balcon donnant sur le Parque Garcia Sanabría. Le Room 26, élégant bar à cocktails et night-club, ouvre tous les soirs à 20h.

Principe de Paz HÔTEL €€
(carte p. 130 ; ☎922 24 99 55 ; www.hotelprincipepaz.com ; Calle Valentin Sanz 33-35 ; s/d avec petit-déj 47/70 € ; ❄ 📶). Établissement bénéficiant d'un splendide emplacement face à la verdure de la Plaza Principe de Asturias, et dont la façade rose poudré annonce la décoration en marbre de l'intérieur, ainsi que les grandes chambres dans les tons crème, au mobilier de bois clair. Les salles de bain sont pourvues de baignoires, où il fait bon se délasser après la randonnée.

Le Nord-Est

La Laguna

Bed & Breakfast La Laguna B&B €
(☎824 680066 ; www.bblalaguna.com ; Calle Juan de Vera 21 ; s/d avec petit-déj 18/38 € ; 📶). Établissement à mi-chemin entre le B&B et l'auberge de jeunesse avec cuisine et salles de bains communes. Les chambres, peintes de couleurs vives et gaies, sont très agréables. Le joli patio est planté de citronniers (vous avez le droit de vous servir). Quant à la charmante propriétaire, Chiara, elle répondra à toutes vos questions sur l'île et son exploration.

Hotel Aguere BOUTIQUE-HÔTEL €€
(☎922 31 40 36 ; www.hotelaguere.es ; Calle Carrera 55 ; s/d avec petit-déj 51/67 € ; ❄ @ 📶). Cette adresse accueillante a pour pièce maîtresse un patio central sous verrière,

doté d'un café, qui lui confère un chic très Années folles. À l'étage, dans ses quelques chambres simples et un peu datées, le parquet incroyablement bien ciré a des airs de patinoire. L'unique réel inconvénient tient au fait que, l'hôtel étant aménagé dans un édifice d'époque, les salles de bains ont été ajoutées et sont donc très exiguës. Il est question de construire une nouvelle aile et d'installer un ascenseur.

Hotel-Apartamentos Nivaria HÔTEL €€
(922 26 42 98 ; www.hotelnivaria.com ; Plaza Adelantado 11 ; s/d avec petit-déj 96/120 € ; P ❄ @). Ancienne résidence d'un marquis, cet édifice se reconnaît à sa façade couleur terre de Sienne et à ses balcons de bois traditionnels. L'aménagement des chambres est d'un goût exquis : mobilier de style, plantes vertes et couleurs naturelles. Le carrelage en mosaïque des salles de bains est très tendance. Spa et salle de fitness.

Casa Rural la Asomada del Gato HÔTEL HISTORIQUE €€
(922 26 39 37 ; www.laasomadadelgato.es ; Calle Anchieta 45 ; d/tr avec petit-déj 75/85 € ; wi-fi). Installées derrière l'excellent restaurant éponyme et entourées de luxuriantes plantes subtropicales, les 4 chambres de cette *casa rural* (hébergement en maison de village ou à la ferme) sont gaies et confortables. Signalons que certains hôtes se sont plaints (sans rire !) du chant du coq.

Le Nord

Puerto de la Cruz

♥ **Hotel Sun Holidays** HÔTEL €
(carte p. 142 ; 922 38 00 87 ; www.hotelsunholidays.com ; Calle La Peñita 6 ; s/d 25/50 € ; ❄ wi-fi). Le nom d'enseigne peut inquiéter légèrement, pourtant, il ne s'agit en rien d'un classique complexe hôtelier touristique, mais d'un petit hôtel moderne installé dans le joli *barrio* (quartier) de La Ranilla. Les chambres quelconques ont d'affreux sols en revêtement de marbre, ce que compensent les bureaux, les penderies, les nombreuses prises et l'éclairage de qualité. Il y a de petites baignoires et des douches, et la plupart des chambres sont pourvues d'un balcon.

Le toit en terrasse, agrémenté de transats propices à la détente, jouit d'une vue magnifique.

Hotel Monopol HÔTEL HISTORIQUE €€
(carte p. 142 ; 922 38 46 11 ; www.monopoltf.com ; Calle Quintana 15 ; s/d avec petit-déj 50/80 € ; ❄ @ wi-fi piscine). Cette vénérable institution, construite en 1742, possède un patio couvert si verdoyant que vous aurez l'impression d'être en pleine jungle. Le service est discret mais efficace. Au nombre des bonus, signalons la piscine chauffée, le sauna et les trois terrasses où bronzer. Les balcons de bois d'époque donnent beaucoup de charme à l'édifice, et les petites chambres, quoique exigües, sont bien équipées. On commence toutefois à voir qu'elles datent un peu.

Hotel Botánico HÔTEL HISTORIQUE €€€
(922 38 14 00 ; www.hotelbotanico.com ; Avenida Richard J Yeoward 1 ; s/d avec petit-déj 180/265 € ; P ❄ wi-fi piscine). Cet hôtel, l'un des plus sélects de cette région, comporte de beaux jardins et une superbe piscine. Son spa oriental dispense des soins bien-être. La pagode thaïe entourée de verdure luxuriante est réservée aux massages thaïlandais, et il y a même un hammam.

Hotel Tigaiga HÔTEL €€€
(carte p. 142 ; 922 38 35 00 ; www.tigaiga.com ; Parque Taoro 28 ; ch/ste à partir de 150/191 € ; P ❄ @ wi-fi piscine). Les chambres agréables, sans être exceptionnelles, ne justifient pas à elles seules les tarifs pratiqués ici. Mais l'attrait de cet hôtel tenu en famille, dressé comme un château sur une colline, tient à son service de haut vol, à ses beaux jardins, à sa piscine fort engageante et à sa pléthore d'installations pour le sport et la détente. Les suites, rénovées en 2014, sont spacieuses et lumineuses, et pourvues de mobilier contemporain.

La Orotava

♥ **Hotel Alhambra** BOUTIQUE-HÔTEL €€
(carte p. 148 ; 922 32 04 34 ; www.alhambra-orotava.com ; Calle Nicandro González Borges 19 ; s/d/ste 85/114/143 € ; ❄ wi-fi piscine). Cette demeure du XVIIIe siècle, parée de mobilier d'époque et de belles œuvres d'art, dont une époustouflante fresque au plafond de 200 m de long, est tout simplement sublime. Immenses, ses cinq chambres (pas une de plus) sont décorées dans un mélange de moderne et d'ancien, et dotées de salles de bains à mosaïques de style mauresque avec douche et baignoire séparées. Petite piscine et jolis jardins.

Hotel Victoria BOUTIQUE-HÔTEL €€

(carte p. 148 ; ☎922 33 16 83 ; www.hotelruralvictoria.com ; Calle Hermano Apolinar 8 ; s/d avec petit-déj 73/90 € ; ❄@📶). Cette belle maison du XVIIe siècle est devenue un irrésistible petit hôtel. Les chambres entourant un patio central abondent en touches très design, depuis le papier peint crème jusqu'aux éclairages modulaires en passant par le mobilier de bois sombre. Excellent restaurant et terrasse-solarium sur le toit.

Garachico

♥ **Hotel La Quinta Roja** BOUTIQUE-HÔTEL €€

(☎922 13 33 77 ; www.quintaroja.com ; Glorieta de San Francisco ; s/d avec petit-déj 88/122 € ; ❄@📶). Ce charmant manoir du XVIe siècle à la façade ocre, très central, est une invitation au calme et au repos. Parquets couleur cerise, décoration feutrée et salles de bains aux mosaïques bleu Méditerranée caractérisent les chambres qui entourent un charmant patio avec fontaine et galeries de bois. Également : boutique de souvenirs de qualité.

Gara Hotel Rural BOUTIQUE-HÔTEL €€

(☎922 83 11 68 ; www.garahotel.com ; Calle Esteban de Ponte 7 ; ch avec petit-déj 120 € ; ❄@📶). Un charmant hôtel dont les chambres sont aménagées autour d'une cour centrale. De dimensions variables, elles sont bien équipées (bouilloire et réfrigérateur), et comportent une douche à l'italienne. Les hôtes ont accès à deux terrasses avec vue sur le bleu infini de la mer. Également : petit spa avec Jacuzzi et sauna.

Hotel Rural El Patio HÔTEL €€

(☎922 13 32 80 ; www.hotelpatio.com ; Finca Malpaís 11 ; ch à partir de 96 € ; P❄@📶🏊). A l'est de Garachico, à El Guincho, cet hôtel paisible aux murs blancs est installé sur une ferme au milieu des bananeraies. Les chambres, confortables et colorées, sont distribuées dans trois bâtiments bas autour d'un patio. Vous goûterez au paradis terrestre en vous installant dans cette cour pour siroter un apéritif sur de la musique classique. Ceux qui ont de l'énergie à dépenser profiteront du court de tennis et de la pelouse de croquet. L'endroit n'est pas facile à trouver : appelez pour obtenir des indications, ou bien téléchargez le plan fourni sur le site Internet. Séjour minimum de trois nuits.

Le Centre

Parque Nacional del Teide

Parador Nacional PARADOR €€€

(☎922 37 48 41 ; www.parador.es ; d avec petit-déj 145 € ; P❄📶🏊). L'architecture de ce parador au cœur du Parque Nacional Del Teide n'est certes guère en harmonie avec les paysages alentour. Or les chambres de style rustique sont charmantes, avec des couleurs naturelles, des tableaux bucoliques et de grands lits. Hormis pour un verre en terrasse, évitez la cafétéria d'à côté : la cuisine est médiocre et les prix sont excessifs. La vue sur le Teide coûte un peu plus cher.

Vilaflor

Hotel El Sombrerito HÔTEL €

(☎922 70 90 52 ; Calle Santa Catalina 15 ; s/d avec petit-déj 35/40 €). Cet hôtel offre un bon rapport qualité/prix, en particulier si l'on obtient une chambre avec terrasse. Elles ont toutes du carrelage rutilant, des murs jaune canari et des salles de bains soignées (mais petites). Le bar-restaurant du rez-de-chaussée a les faveurs de la clientèle locale, notamment pour son ambiance et sa cuisine familiale maison.

Le Nord-Ouest

Santiago del Teide

Hotel La Casona del Patio HÔTEL €€

(☎922 83 92 93 ; www.lacasonadelpatio.com ; Avenida La Iglesia 72 ; ch avec petit-déj 100 € ; P❄📶). Cet hôtel confortable, dont les chambres spacieuses dans des tons jaunes et bleus très vifs, ont des sols en terre cuite et du linge blanc à profusion, occupe un joli édifice en pierre. Idéalement situé pour se lancer sur les sentiers de randonnée pédestre et cycliste, il permet aussi d'organiser des balades à cheval. Excellent restaurant, spa et petite salle de sport.

Los Gigantes et Puerto de Santiago

Hotel Rural El Navío HÔTEL €€

(☎922 86 56 80 ; www.elnavio.es ; Prolongación Avenida Los Pescadores, Finca El Navío, Alcalá ; s/d avec petit-déj 70/135 € ; P📶🏊). À mi-chemin entre Los Gigantes et le village d'Alcalá, nichée sur une exploitation bananière, une

FORFAITS POUR LAS AMÉRICAS

Playa de las Américas est l'une des rares jungles hôtelières où il faut parfois se résoudre à passer par un des grands tour-opérateurs, qui proposent souvent des offres imbattables. Parmi les agences les plus fiables figurent Thomas Cook (www.thomascook.com), Thompson (www.thomson.co.uk), First Choice (www.firstchoice.co.uk) et Cosmos (www.cosmos.co.uk). Si vous préférez réserver par vous-même et prévoyez de passer quelques nuits ici, adressez-vous d'abord aux agences de location d'appartements. Un appartement plaisant pour deux personnes, avec salon, TV et cuisine, se loue à partir de 300 € la semaine (généralement la période minimum de location). Contactez l'office du tourisme pour une liste complète des agences, ou commencez par **Anyka Sur** (carte p. 160 ; ☎ 922 79 13 77 ; www.anykasur.com ; Edificio Azahara, Avenida Habana, Los Cristianos ; ⏲ 9h30-13h30 et 17h-20h lun-ven) ou **Marcus Management** (carte p. 160 ; ☎ 922 75 10 64 ; www.tenerife-apts.com ; Apartamentos Portosin, Avenida Penetración, Los Cristianos ; ⏲ 9h-12h et 13h-17h lun-ven), qui s'adresse plus particulièrement aux voyageurs britanniques.

adresse aux chambres décorées à l'ancienne et à la cour littéralement envahie par les bougainvillées, pour un séjour dans le calme et la volupté. Les propriétaires mitonnent aussi de délicieux repas. Attention : en haute saison, deux nuitées minimum obligatoires.

Le Sud

Los Cristianos, Playa de las Américas et Costa Adeje

Hotel Andrea's HÔTEL €

(carte p. 162 ; ☎ 922 79 00 12 ; www.hotel-andreas.com ; Calle Valle Menéndez 6, Los Cristianos ; s/d 42/55 € ; @ 📶). Dans un petit hôtel propre, de grandes chambres au mobilier un peu austère avec petit balcon vitré (sauf pour les chambres simples les moins chères). Il y a un salon TV confortable où l'on peut consommer des boissons sans alcool, et une pizzeria populaire au rez-de chaussée.

Hotel Reveron Plaza HÔTEL €

(carte p. 162 ; ☎ 922 75 71 20 ; www.hotelesreveron.com ; Avenida Los Playeros 26, Los Cristianos ; s/d 45/62 € ; P ❄ 📶 ≋). Cet hôtel, le plus ancien de Los Cristianos (1949), était à l'origine une simple auberge de jeunesse. Tenu en famille aujourd'hui encore, il loue des chambres confortables avec mobilier traditionnel, réfrigérateur et balcon. La piscine du toit-terrasse est un réel atout. Il y a également un petit spa.

Baobab Suites HÔTEL DESIGN €€€

(carte p. 164 ; ☎ 822 07 00 30 ; www.baobabsuites.com ; Calle Roques del Salmor 5, Costa Adeje ; ste 250 € ; P ❄ 📶 ≋). Ces élégantes suites minimalistes vont du studio au penthouse de 4 chambres avec salon/salle à manger spacieux et cuisine dernier cri. Mentionnons également les vastes terrasses avec vue sur la mer, les piscines privatives et les Jacuzzis. Certaines suites ont même leur petite plage privée. Le club enfants et le club de sport (pour les ados) en fait une adresse idéale pour une clientèle familiale.

Villa Cortés HÔTEL €€€

(carte p. 160 ; ☎ 922 75 77 00 ; www.europe-hotels.org ; Avenida Rafael Puig Lluvina, Playa de las Américas ; s/d/ste avec petit-déj 195/250/455 € ; P ❄ @ 📶 ≋). Reproduisant une hacienda mexicaine, ce lieu réellement somptueux mise sur une déco et des couleurs dynamiques. Le jaune, l'orange et le bleu se déclinent à l'infini, les œuvres d'art originales sont magnifiques et quelques touches cocasses se démarquent, telle cette famille de grenouilles géantes en céramique devant la réception ou le mini-temple aztèque à l'extérieur. Des ruisseaux avec poissons rouges coulent dans les jardins et une chute d'eau agrémente la piscine. Les chambres sont évidemment superbes, tout comme le luxueux spa.

L'Est

Güímar et ses environs

Hotel Rural Casona Santo Domingo HÔTEL €€

(☎ 922 51 02 29 ; www.casonasantodomingo.es ; Calle Santo Domingo 32, Güímar ; s/d avec petit-déj 60/80 € ; P 📶). À la lisière de la jolie vieille ville de Güímar, cet hôtel-restaurant géré en famille, dans une maison du XVIe siècle restaurée et parsemée de meubles anciens, déborde d'un charme délicieusement désuet. Il y a même un adorable patio aux murs blanchis à la chaux avec son puits. Le restaurant (plats 10-15 €) est l'un des meilleurs de la ville.

El Médano

Hostel Carel HÔTEL €

(☎922 17 68 98 ; Avenida Príncipe de España 22 ; s/d à partir de 35/45 € ;). En bordure de la ville, au nord, cet hôtel à prix doux, propre, accueillant et bien tenu, est une véritable affaire. Ses chambres spacieuses et pimpantes sont dotées de balcons (certains ont plus ou moins vue sur la mer). La plupart sont pourvues de réfrigérateurs, mais aucune de sèche-cheveux. Petit-déjeuner à 5 €.

Senderos de Abona HÔTEL €€

(☎922 77 02 00 ; Calle Peatonal de la Iglesia 5, Granadilla de Abona ; s/d avec petit-déj 50/65 € ;). Cet hôtel-restaurant se trouve juste en face de l'adorable église de Granadilla de Abona, une bourgade qui fourmille d'activité. Les chambres de cet ancien bureau de poste sont installées dans une série de bâtiments anciens, en pierre, avec courettes, jardins luxuriants et charme à revendre. Sur place, le restaurant sert une cuisine locale vraiment succulente (plats 10 €).

LA GOMERA

L'île est, jusqu'à présent, épargnée par le tourisme de masse et la plupart des hébergements sont des petits hôtels campagnards, des *pensiones* tenues par des familles, des fermes restaurées et des appartements. Les *casas rurales* (maisons de village ou fermes), souvent abandonnées par des émigrants et rénovées pour accueillir les touristes, sont de loin les logements les plus attrayants et authentiques. Pour des informations et pour réserver, contactez **Eco Turismo La Gomera** (☎922 14 41 01 ; www.casasruralesdelagomera.es ; Avenida Pedro García Cabrera 9, Vallehermoso).

San Sebastián de La Gomera

♥ **Apartamentos Quintero** APPARTEMENTS €

(☎922 14 17 44 ; www.apartamentosquintero.com ; Plaza de las Americas 6 ; d 50 € ;). Très centraux, ces appartements modernes comportent un grand salon joliment décoré, un balcon avec vue sur la mer et une cuisine bien équipée. Prisés à juste titre des randonneurs, ils ne présentent qu'un seul inconvénient : le Wi-Fi est uniquement disponible dans le hall du rez-de-chaussée. La direction sympathique peut vous renseigner sur les horaires de bus et les cartes.

Pensión Victor PENSIÓN €

(☎607 517565 ; Calle del Medio 23 ; s/d sans sdb 25/30 €). Propriété d'un jeune couple cubain (goûtez le mojito dans le bar du rez-de-chaussée !), cette pension occupe une vieille maison de ville, pleine de cachet. Quelques chambres donnent sur la rue animée, d'autres sur un balcon en bois et une étroite terrasse. Les chambres sont simples, avec tables et TV, et les salles de bains sont communes.

Hotel Torre del Conde HÔTEL €€

(☎922 87 00 00 ; www.hoteltorredelconde.com ; Calle Ruiz de Padrón 19 ; s/d 55/69 € ;). Derrière une austère façade moderne, le Torre del Conde offre de confortables chambres de catégorie moyenne avec, pour certaines, vue sur la Torre del Conde et les jardins alentour. Récemment agrandi, l'hôtel possède désormais un sauna et un Jacuzzi, ainsi qu'un solarium.

♥ **Parador Nacional Conde de la Gomera** PARADOR €€

(☎922 87 11 00 ; www.parador.es ; Calle Lomo de la Horca ; ch 195 € ;). Construit au-dessus du port dans le style des vieilles demeures canariennes, le Parador est le meilleur hôtel de l'île. Les chambres, d'une élégante simplicité, s'agrémentent de lits à baldaquin, de beaux parquets et de salles de bains en marbre. Elles donnent pour la plupart sur le superbe jardin, qui abrite de nombreuses plantes locales et une petite piscine face à l'océan.

Les réceptionnistes méritent des louanges, une spécificité de la chaîne Parador.

Le Nord

Hermigua

♥ **Apartamentos Los Telares** APPARTEMENTS €

(☎922 88 07 81 ; www.apartamentosgomera.com ; El Convento, Carretera General ; app 50-59 € ;). Répartis des deux côtés de la nationale qui entre dans Hermigua, ces appartements superbement équipés et meublés comprennent des sols en pierre, des meubles rustiques, des fenêtres ouvrant sur les bananeraies ; les salles de bains sont plutôt petites. Vous aurez le choix entre les studios et des suites plus grandes. De l'autre côté de la rue, une piscine et un solarium (avec hamacs) sont réservés aux hôtes.

Ibo Alfaro HÔTEL €€
(922 88 01 68 ; www.hotel-gomera.com ; s/d 52/82 € ;). Prisées des couples en voyage de noces, les 20 chambres romantiques bénéficient d'une vue superbe sur la montagne et fleurent bon l'encaustique émanant du parquet et des meubles élégants. Le petit-déjeuner est somptueux et le jardin alentour, ravissant. Pour le rejoindre, suivez les panneaux le long de la rue sans nom qui part à côté de Hermigua Rent-a-Car.

Casa Los Hererra BOUTIQUE-HÔTEL €€
(922 88 07 01 ; www.casalosherrera.com ; Plaza Nuestra Señora de la Encarnación ; d avec petit-déj 90 € ; P). Ce charmant hôtel jaune vif, à côté de l'Iglesia de la Encarnación, possède une atmosphère sophistiquée, une rareté sur cette île rurale. Des tissus colorés ornent les chambres au mobilier traditionnel. La piscine, installée en hauteur derrière l'hôtel, offre une vue splendide sur l'église et la vallée au-delà.

Vallehermoso

Hotel Añaterve HÔTEL €
(922 80 03 30 ; www.anaterve.com ; Calle La Rodadera ; d avec petit-déj 56 €, app 69 € ;). Ce bâtiment, qui surplombe Vallehermoso et la vallée, possède une histoire intéressante : c'était une bodega dans les années 1900 (le pressoir d'origine est toujours là), ainsi qu'un poste de la Guardia Civil locale. Appartenant aujourd'hui à des Hollandais, ce petit hôtel accueillant, prisé pour les retraites de yoga, compte 4 chambres et un appartement. Le petit-déjeuner est végétarien.

Hotel Rural Tamahuche HÔTEL €€
(922 80 11 76 ; www.hoteltamahuche.com ; Calle Hoya 20 ; s/d avec petit-déj 56/83 € ; P@). À la sortie de Vallehermoso, cet hôtel de style B&B offre un excellent rapport qualité/prix. Mieux vaut cependant ne pas être encombré de bagages, car il s'étage sur plusieurs terrasses reliées par des escaliers. Les chambres, avec parquet et poutres au plafond, sont décorées dans le style colonial des Canaries.

Pour le trouver, suivez les panneaux vers Valle Gran Rey ; il est perché sur une colline sur votre droite.

Le Sud

Playa Santiago

♥ **Apartamentos Tapahuga** APPARTEMENTS €
(922 89 51 59 ; www.tapahuga.es ; Avenida Marítima ; app 2 pers 50-75 € ;). En face du port, ces appartements clairs et spacieux, d'un excellent rapport qualité/prix, s'agrémentent de beaux balcons en bois, de sols en marbre, de cuisines bien équipées et d'une terrasse avec piscine sur le toit. Assurez-vous d'en obtenir un ouvrant sur l'extérieur ; quelques-uns donnent sur un patio sombre et sans charme. Séjour de 3 nuits au minimum.

Pensión La Gaviota HÔTEL €
(922 89 51 35 ; Avenida Marítima 35 ; ch 27 €). Au-dessus d'un bar fréquenté, ces petites chambres sans prétention auraient bien besoin d'une couche de peinture, mais certaines bénéficient d'une vue magnifique sur l'océan et les salles de bains sont impeccables, carrelées en bleu marine. Pas de TV.

♥ **Hotel Jardín Tecina** HÔTEL €€€
(902 22 21 40 ; www.jardin-tecina.com ; Playa Santiago ; s/d avec petit-déj 97/150 € ; P@). S'étirant le long d'une falaise au-dessus du village (un ascenseur dessert la plage), le Jardin Tecina est ce qui ressemble le plus à un complexe hôtelier à La Gomera. Les bungalows sont dispersés dans un parc verdoyant bien entretenu, si vaste que l'hôtel y organise des marches à la découverte de la nature. Toutes les chambres disposent d'un balcon, avec vue sur l'océan pour la plupart.

Valle Gran Rey

♥ **Finca Argayall** HÔTEL €€€
(922 69 70 08 ; www.en.argayall.com ; front de mer Valle Gran Rey ; s/d à partir de 85/125 €, sans sdb 64/100 € ; P). Domaine rural à 15 minutes de marche de l'agitation touristique de Valle Gran Rey, cette paisible *finca*, au bord de l'océan, est un hôtel qui sort de l'ordinaire ; elle privilégie un mode de vie communautaire, alternatif et écologique et les hébergements varient des confortables cabanes de plage aux luxueux appartements avec piscine privée.

Dans cet endroit merveilleusement détendu, vous pouvez paresser dans un hamac, plonger dans la piscine ou lézarder sur la plage de galets. La plupart du personnel vit sur place et propose quasiment chaque jour méditation, yoga, massages et autres soins, ainsi que des activités. Les réceptionnistes ne sont présents qu'entre 11h et 14h du mercredi au lundi.

Apartamentos Baja del Secreto APPARTEMENTS €€

(922 80 57 09 ; www.bajadelsecreto.es ; Avenida Marítima, Charco del Conde ; app 65-95 € ;). Situé devant le Charco del Conde (une piscine naturelle d'eau de mer), cet établissement bénéficie d'un emplacement exceptionnel. Les chambres, propres et confortables, ont moins de charme que la vue mais le jardin tropical est ravissant.

Playa Calera SUITES €€

(922 80 57 79 ; www.hotelplayacalera.com ; Calle Punta Calera 2, La Playa ; ch avec petit-déj 120 € ;). Ce grand hôtel 4 étoiles, face à la mer, offre des suites résolument modernes, avec un grand lit, un salon et une kitchenette. L'attrayante piscine à débordement semble se confondre avec l'océan.

L'excellent buffet du petit-déjeuner comprend du jus d'oranges fraîchement pressées !

LA PALMA

Vivez comme un habitant en logeant dans les *casas rurales* de l'île. Pour des informations et pour réserver, contactez la **Casa Turismo Rural Isla Bonita** (922 43 06 25 ; www.islabonita.es ; Calle O'Daly 39, Santa Cruz de La Palma), qui loue près de 70 maisons rurales.

Santa Cruz de La Palma

Santa Cruz possède quelques charmants hébergements dans le centre historique et constitue une bonne base pour explorer l'île.

♥ La Fuente APPARTEMENTS €

(922 41 56 36 ; www.la-fuente.com ; Calle Anselmo Pérez de Brito 49 ; app 42-69 € ;). Appartenant à des Allemands, La Fuente compte 11 appartements différents, tous bien équipés et joliment décorés, répartis en 3 niveaux de prix. Les plus chers comportent de grandes chambres et des balcons avec vue superbe sur la mer et la ville. La vaste chambre n°10, un ancien studio de danse, se distingue par son cachet. La réception ferme à l'heure du déjeuner et le dimanche.

Pensión la Cubana HÔTEL €

(922 41 13 54 ; www.cubana-pension.com ; Calle O'Daly 24 ; s/d/tr 26/32/39 €, s/d avec sdb 33/39 € ;). Seule pension de l'île, La Cubana propose des chambres pittoresques blanchies à la chaux, toutes avec planchers branlants et portes grinçantes. Outre une cuisine à disposition, thé et café sont offerts, un grand salon comprend des sofas confortables, des livres et un petit balcon donnant sur la rue piétonne.

Apart-Hotel Castillete APPARTEMENTS €

(922 42 08 40 ; www.hotelcastillete.com ; Avenida Maritima 75 ; app 2 pers 42 € ;). Ces spacieux studios, à la décoration légèrement datée, sont bien situés et disposent de balcons d'où l'on peut voir El Teide à Tenerife par temps clair. Une cafétéria au rez-de-chaussée sert un petit-déjeuner correct pour 3,50 € environ. Une piscine sur le toit offre la vue sur la montagne.

♥ Hotel San Telmo BOUTIQUE-HÔTEL €€

(922 41 53 85 ; www.hotel-santelmo.com ; Calle San Telmo 5 ; s/d à partir de 65/75 € ;). Ce ravissant hôtel de charme, tenu par des Allemands, ne compte que 8 chambres. Deux sont aménagées dans le bâtiment d'origine avec poutres au plafond, volets en bois et balcons donnant sur la jolie terrasse fleurie. Les autres sont décorées dans un style plus contemporain, avec de belles couleurs ocre et certaines jouissent de la vue sur la mer.

Environs de Santa Cruz

Los Cancajos

Hacienda San Jorge APPARTEMENTS €€

(922 18 10 66 ; www.hsanjorge.com ; Playa de Los Cancajos 22 ; app à partir de 75 € ;). Cette hacienda de style canarien renferme de grands appartements bien conçus, avec chambre séparée, cuisine ouverte, décoration quelconque et vue superbe. Son principal attrait est le jardin verdoyant, agrémenté de hamacs et d'une splendide piscine d'eau de mer aux allures de lagon. Une supérette pratique est installée sur place.

Breña Alta

Parador Nacional PARADOR €€
(☎922 43 58 28 ; www.parador.es ; Carretera de Zumacal, Breña Baja ; ch à partir de 98 € ; P ❄ 📶 🏊). Ce parador ressemble à une grosse ferme canarienne donnant sur l'océan. Il possède une jolie piscine entourée de gazon et un charmant jardin botanique. Les chambres sont spacieuses et ensoleillées, avec un coin salon et une vue panoramique. Le buffet du petit-déjeuner est fantastique.

Le Sud

Fuencaliente

Apartamentos & Pensión Los Volcanes HÔTEL €
(☎922 44 41 64 ; Carretera General 86 ; d/app 30/32 € ; P 📶). Cet hôtel accueillant, joliment décoré, possède quelques chambres dotées d'un petit balcon. Les appartements, de style studio, comprennent un lit, un coin salon et une kitchenette dans une seule pièce. Une cuisine commune et un salon confortable sont à disposition. Los Volcanos est une base idéale pour les randonneurs car le propriétaire s'adonne à la marche et peut renseigner sur les itinéraires.

Hotel La Palma Teneguía Princess & Spa HÔTEL €€€
(☎922 42 55 00 ; www.hotellapalmaprincess.com ; Carretera La Costa Cerca Vieja 10 ; ch à partir de 100 € ; P ❄ @ 📶 🏊). Composé de deux hôtels (La Palma Princess et le Teneguía Princess), ce vaste complexe hôtelier, le plus grand de l'île, se situe en bord de mer, à 8 km au sud de Los Canarios. Avec 625 chambres, un spa, plusieurs piscines et une vue somptueuse sur l'océan, l'ensemble est plaisant, mais loin de tout. L'établissement est prisé pour les réceptions de mariage !

Le Centre

El Paso

La Casa Encantada AUBERGE DE JEUNESSE €
(☎661 924972 ; lacasaencantada.lapalma@gmail.com ; Calle Salvador Miralles ; ch par pers 15 €, d 35 € ; 📶). Ouverte en 2015, l'auberge est toujours en cours de travaux : un beau bâtiment lumineux et haut de plafond et seulement 4 chambres, dont une double avec salle de bains. Le salon commun est confortable et les grandes chambres contiennent jusqu'à 3 lits. Une cuisine est à disposition.

Los Llanos de Aridane

Hotel Valle Aridane HÔTEL €
(☎922 46 26 00 ; www.hotelvallearidane.com ; Glorieta Castillo Olivares 3 ; ch avec petit-déj 50 € ; 📶). Dans ce confortable hôtel moderne, évitez les chambres qui donnent sur la bruyante rue principale. Le petit-déjeuner est excellent et les propriétaires, très serviables, peuvent vous renseigner sur les itinéraires de randonnée, les horaires des bus et les transports dans la région. Ils vous prépareront un déjeuner à emporter si nécessaire. Wi-Fi disponible uniquement à la réception.

Puerto Naos

♥ **Apartamentos Playa Delphin** APPARTEMENTS €
(☎922 40 81 94 ; www.playadelphin.com ; Avenida José Guzmán Pérez ; app 2/3 pers 63/68 € ; P 📶). Ces appartements occupent un imposant bâtiment semi-circulaire, suffisamment proche de la plage pour être bercé par le bruit des vagues. Les balcons s'agrémentent de transats et les chambres, de divers extras comme les grille-pain et les coupes de fruits. Un établissement accueillant, tenu par une famille.

Apartamentos Martín APPARTEMENTS €
(☎922 40 80 46 ; Calle Juana Tabares 1 ; app 2 pers 35 € ; 📶). Des appartements simples avec kitchenette dans un bâtiment d'un bleu profond, tenu par des Espagnols chaleureux. Seul bémol : la minceur des cloisons.

Sol La Palma HÔTEL €€
(☎922 40 80 00 ; www.solmelia.com ; Punta del Pozo, Playa de Puerto Naos ; d à partir de 75 €, app à partir de 80 € ; P ❄ 📶 🏊). Si vous ne souhaitez pas préparer vos repas, cet hôtel-club constitue la seule alternative. Complexe hôtelier standard et très confortable, il offre des chambres beiges banales, un buffet à volonté et une vaste piscine remplie d'enfants face à l'Atlantique.

Le Nord

Barlovento

Apartamentos La Fajana APPARTEMENTS €
(☎922 18 61 62 ; Calle de la Fajana ; app 2-3 pers 36-40 € ; P). Les hébergements équipés ne

sont guère nombreux sur la côte nord. Ces appartements, avec vue sur la houle de l'océan et les Piscinas de la Fajana, offrent une impression de bout du monde et sont bien situés, au-dessus d'un bon restaurant de poisson.

Hotel La Palma Romántica HÔTEL RURAL €€
(922 18 62 21 ; www.hotellapalmaromantica.com ; Las Llanadas ; ch avec petit-déj 80 € ; P). Seul trois-étoiles de ce côté de Santa Cruz, cet hôtel d'un excellent rapport qualité/prix offre 40 chambres spacieuses et élégantes, hautes de plafond, avec terrasse, chaises longues et coin salon. Selon le temps, vous pourrez vous baigner dans la piscine extérieure ou dans la piscine couverte chauffée. L'hôtel comprend un petit spa et salle de gymnastique, ainsi qu'un restaurant chic (plats 8-12 €). La vue sur la vallée s'étend à perte de vue et le service est irréprochable.

EL HIERRO

Les *casas rurales* sont les hébergements les plus attrayants ; contactez **Meridiano Cero** (922 55 18 24 ; www.ecoturismocanarias.com ; Calle Barlovento 89, El Mocanal) pour réserver.

Valverde

Boomerang HÔTEL €
(922 55 02 00 ; www.hotel-boomerang.com ; Doctor Gost 1 ; d 60 €). Un hôtel central pratique, avec des chambres de belles dimensions. Quelques-unes disposent d'un balcon avec vue sur la mer au loin, et toutes possèdent baignoire et douche. Il peut faire froid en hiver.

Le Nord

Hotel Villa El Mocanal HÔTEL DE CHARME €€
(922 55 03 73 ; www.villaelmocanal.com ; Calle Barlovento 18, El Mocanal ; s/d avec petit-déj à partir de 62/86 € ; P@) Sur la nationale qui traverse El Mocanal, le premier hôtel de charme de l'île, bien que légèrement défraîchi, reste une excellente adresse avec ses tons ocre, ses meubles en bois dur, ses murs en pierre et sa vue fabuleuse. C'est l'un des rares hôtels de l'île avec des réceptionnistes présents en permanence. Le petit-déjeuner est servi dans le restaurant de l'autre côté de la route.

Parador Nacional PARADOR €€€
(922 55 80 36 ; www.parador.es ; Las Playas ; d avec petit-déj 150 € ; P). Au bord d'une plage rocheuse, le plus bel hôtel de l'île possède des chambres charmantes à l'agréable cadre bleu, avec parquet et balcon (demandez-en une avec vue sur l'océan). Son principal attrait reste le bruit des vagues. De fréquentes promotions permettent de ne payer que 80 € pour une chambre. Le restaurant, spécialisé dans les plats d'El Hierro, est excellent (plats 12-20 €).

Le Sud

La Restinga

Si La Restinga n'est pas l'endroit le plus charmant de l'île, les plongeurs sont obligés d'y séjourner en raison d'une différence d'altitude de 800 à 1 000 m entre cette bourgade et les villes les plus proches ; il faut rester près du niveau de la mer pendant au moins 12 heures après une plongée.

Apartamentos Bahía APPARTEMENTS €
(617 61 46 19 ; www.apartamentosbahia.info ; Avenida Marítima 12 ; app 2 pers 44 € ; P). Ces impeccables appartements de 2 pièces sont parfaits pour les familles. La cuisine ouverte et le salon donnent sur les eaux bleues du port. Le mobilier en pin est simple, mais, avec une vue pareille, qui s'intéresse à la décoration ? Si possible, choisissez le dernier étage.

Apartamentos La Restinga APPARTEMENTS €
(www.apartamentoslarestinga.es ; Los Saltos 16 ; app 2 pers 33 € ; P). Ces appartements bien équipés sont étonnamment abordables et à 100 m seulement de l'océan. Si la décoration n'a rien de remarquable, ils sont d'une propreté irréprochable et les animaux de compagnie sont acceptés.

El Golfo

Las Puntas

Bungalows Los Roques de Salmor APPARTEMENTS €
(922 55 90 16 ; Carretera Las Puntas ; ch jusqu'à 4 pers 55-67 € ; P). Sur la gauche à l'entrée du village, ces petits bungalows aux murs blancs constituent un excellent choix. Très bien tenus, ils possèdent un toit en

tuiles, des détails en pierre et sont décorés avec goût. Une petite piscine est accessible en été. La réception est habituellement déserte.

Hotel Puntagrande HÔTEL DE CHARME €€
(922 55 90 81 ; www.hotelpuntagrande.org ; Las Puntas ; s/d avec petit-déj 75/84 € ; P). Hébergement le plus célèbre de Las Puntas et une attraction touristique, le Puntagrande a figuré dans le Guinness des records comme le plus petit hôtel du monde. Vieux bâtiment portuaire en pierre, perché sur un spectaculaire affleurement rocheux, il donne l'impression de passer la nuit sur un rocher perdu au milieu de l'océan.

Malgré des chambres confortables, il semble impossible de dormir si une tempête fait rage alentour. Ajoutez un salon décoré de bois flotté et de vestiges d'épaves, et vous obtenez un séjour mémorable. La réception est habituellement déserte.

La Frontera

El Sitio B&B €
(922 55 98 43 ; www.elsitio-elhierro.com ; Calle La Carrera 26 ; ch 41-56 €). Fermez les yeux et dites *ommm*… Nichée au-dessus du centre de La Frontera dans un cadre bucolique, El Sitio est à la fois un B&B, une retraite et un centre d'activités. Les chambres chaulées, agréablement rustiques, sont installées dans plusieurs bâtiments de ferme rénovés. Notez qu'il n'y a pas de TV.

Diverses activités, telles que yoga, massages, randonnées ou excursions à vélo, sont proposées aux hôtes et aux non-résidents. Des réceptionnistes sont présents de 11h à 13h du lundi au samedi.

Hotel Balneario Pozo de La Salud HÔTEL €€
(922 55 95 61 ; hotelbalneariopozodelasalud@gmail.com ; Pozo de la Salud ; d avec petit-déj 70 € ; P). Cet hôtel-spa moderne se tient à côté du fameux Pozo de La Salud, reconnu pour ses propriétés curatives depuis le milieu du XIXe siècle, quand son eau était exportée (principalement à New York et Cuba). Les chambres sont réparties autour d'une verdoyante cour centrale ; demandez-en une vue sur la mer.

Parmi les nombreux soins proposés figurent les bains thermaux (dans les chambres), la réflexologie, le shiatsu et le soin avec des pierres volcaniques chaudes. L'Hotel Balneario passe pour être l'hôtel le plus occidental d'Espagne.

Comprendre les Canaries

Les Canaries aujourd'hui

Ceux qui visitent cet archipel ensoleillé oublient souvent, tant ils sont aux anges, les effets toujours perceptibles de "la crisis". Le taux de chômage terriblement élevé et le système de protection sociale fragilisé par les coupes budgétaires du gouvernement sont pourtant une dure réalité pour bien des habitants. Heureusement, l'avenir ne semble plus si sombre : en 2014, le tourisme et le commerce ont enfin donné des signes de reprise durable. Dans le même temps, insulaires et écologistes semblent plus engagés que jamais dans la protection des ressources énergétiques naturelles et dans le développement d'un tourisme durable.

À voir

Étreintes brisées (Pedro Almodóvar, 2009). Avec Penelope Cruz. Un thriller romantique tourné sur Lanzarote.
The Dictator (Sacha Baron Cohen, 2012). Satire politique entièrement tournée sur Fuerteventura.
Wild Oats (Andy Tennant, 2015). Film d'action avec Demi Moore et Billy Connelly tourné en grande partie sur la Grande Canarie.

À lire

Les îles Canaries - Terres d'Europe au large de l'Afrique (Albert Odouard, 1995). De l'agriculture au tourisme, 30 ans de mutations pour le meilleur et pour le pire.
Nada (Carmen Laforet, 1944). Ce récit, en partie autobiographique, narre l'histoire d'une jeune fille ayant quitté ses Canaries natales pour aller étudier dans la Barcelone de l'après-guerre.
Lanzarote (Michel Houellebecq, 2000). Une fiction en forme de récit de voyage accompagné de photographies de l'écrivain français.
Le Vent du destin (Mary Stewart). Thriller romantique se déroulant à Lanzarote.

Tourisme et infrastructures

Le tourisme demeure un pilier essentiel de l'économie canarienne. En 2014, le nombre de touristes étrangers a même battu un record historique en dépassant 4 millions de personnes (26% du nombre total de visiteurs de l'Espagne). C'est d'autant plus impressionnant que, durant la crise économique de 2009-2010, la fréquentation touristique avait baissé de manière drastique.

Les "astro-touristes" qui visitent La Palma, première réserve Starlight (lieu reconnu pour la qualité de son ciel nocturne) du monde classée par l'Unesco, représentent encore un petit pourcentage, appelé toutefois à augmenter. Qu'ils s'intéressent ou non aux étoiles, les Britanniques en ont en tout cas plein les yeux lorsqu'ils pensent à l'archipel. En 2014, environ un touriste sur trois était originaire du Royaume-Uni, proportion dépassant le nombre de visiteurs espagnols venus du continent.

Les infrastructures sont également en train de se déployer. La ligne ferroviaire de la Grande Canarie devrait être inaugurée entre Santa Catalina, à Las Palmas, et Meloneras en 2018. L'énergie nécessaire sera entièrement fournie par une ferme éolienne. Le projet de train sur Tenerife semble vouloir reprendre puisque la construction du premier tronçon de voies nord-sud (de Santa Cruz à Candelaria) est prévue pour 2016. La nouvelle marina et le port de pêche inaugurés à Garachico (Tenerife) en juin 2013 ont eux aussi boosté l'économie. Enfin, après d'innombrables arrêts et reprises des travaux, la construction du prolongement de l'autoroute entre Adeje et Santiago del Teide (Tenerife) s'est achevée en 2015.

Environnement

L'abandon d'un projet de forage pétrolier au large de Fuerteventura et Lanzarote a certes été un soulagement pour les Canariens (75% y étaient opposés). Mais, dans le même temps, la construction du gigantesque mégaport de Grandilla (Tenerife) a reçu le feu vert en juin 2013 après que la Commission européenne a promis d'engager des fonds à hauteur de 67 millions d'euros. Cela s'est déroulé sans tenir compte des 5 000 plaintes officielles déposées principalement par des organisations écologistes inquiètes de l'impact du port sur la faune et la flore du secteur de Los Sebadales, mais aussi sur les plages voisines et sur la pêche locale.

Nulle déconvenue écologique de ce genre en revanche à El Hierro. En septembre 2014, l'île a été classée géoparc par l'Unesco pour saluer ses progrès en matière de promotion du développement durable. En 2015, El Hierro a encore étoffé son crédit écologique via son projet largement médiatisé de devenir la première île du monde autosuffisante sur le plan énergétique. L'idée est de s'appuyer pour cela sur les énergies solaire, éolienne et hydraulique combinées. En outre, il est également prévu que les 6 000 véhicules de l'île circulent tous à l'électricité d'ici à 2020. Dans la même veine, La Gomera a été classée réserve de biosphère par l'Unesco en 2012. Paradoxalement, c'est la même année qu'un incendie criminel a détruit 750 ha de laurisylve dans le Parque Nacional de Garajonay. D'après les experts, il faudra une trentaine d'années à la forêt pour repousser.

Politique et économie

La Coalition canarienne (*Coalición Canaria* ou CC), de centre-droit, est la principale force politique de l'archipel depuis sa première victoire aux élections régionales en 1993. Après deux mandats, Paulino Rivero a renoncé à se présenter en 2015. C'est sous sa gouvernance que le taux de chômage a atteint le chiffre vertigineux de 33,2% en 2013 et qu'il est apparu qu'un pourcentage similaire de Canariens vivaient en dessous du seuil de pauvreté. Fernando Clavijo Batlle, qui lui succède à la tête du parti, devient en 2015 président du gouvernement des Canaries.

Paradoxalement, l'une des causes de la faillite des petits commerces et entreprises est directement liée au tourisme. En effet, les hôtels proposent de plus en plus de formules tout compris, ce qui a des répercussions en particulier sur les bars et petits restaurants indépendants. Sur un versant plus positif, on a assisté en 2014 à une légère amélioration de l'économie (le premier mouvement de croissance depuis 2007). La migration en provenance d'Afrique s'est également stabilisée, avec seulement 288 migrants enregistrés en 2014, au lieu de 32 000 en 2006.

Une nature courroucée

El Hierro a connu un séisme de magnitude 5,1 en décembre 2013. L'île aurait alors été soulevée de près de 8 cm, et l'on a craint qu'un volcan sous-marin situé à proximité entre en éruption, comme cela s'était produit en 2011. En octobre 2014, une crue-éclair a submergé Tenerife, entraînant des glissements de terrain, des évacuations et le décès de cinq personnes.

POPULATION : **2,1 MILLIONS D'HABITANTS**

PIB : **22 MILLIARDS DE DOLLARS**

INFLATION : **1,8% (2014)**

TAUX DE CHÔMAGE : **33,2%**

Sur 100 personnes aux Canaries

73 sont canariens
13 sont européens non-hispaniques
12 sont espagnols continentaux
2 sont africains

Religions

(en % de la population)

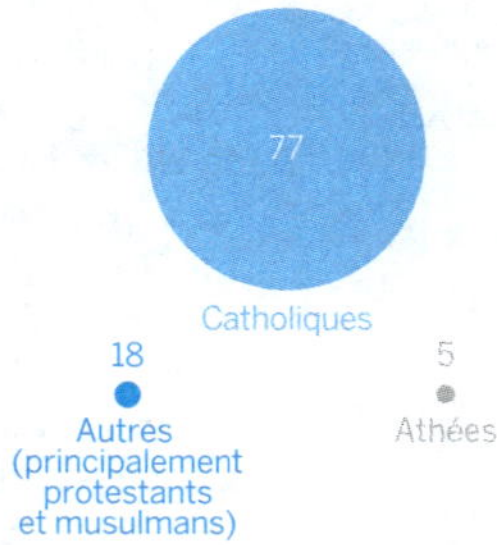

Population au km²

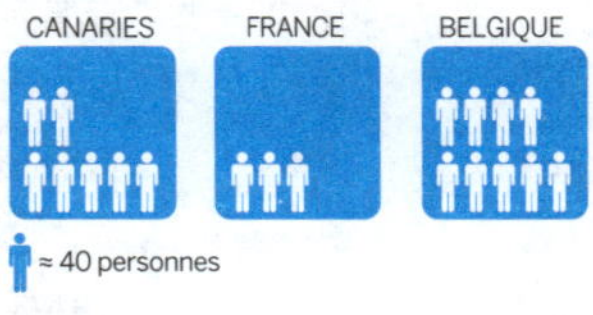

Histoire

Un parfum de mystère plane sur les origines des îles Canaries et de leurs premiers habitants, les Guanches. Ceux-ci ont disparu progressivement, victimes de vagues d'invasions successives. En 1821, l'archipel est devenu une province espagnole. Par la suite, les retombées économiques de la guerre civile espagnole puis de la Seconde Guerre mondiale précipitèrent les îles dans la pauvreté. Il fallut attendre les années 1960, et les débuts du tourisme de masse, pour que l'économie canarienne se redresse durablement.

Le top des musées d'histoire

- *Casa-Museo de Colón, Grande Canarie*
- *Museo de la Piratería, Lanzarote*
- *Museo Arqueológico de Betancuria, Fuerteventura*
- *Museo Arqueológico, Tenerife*

Aux commencements...

Une théorie fantaisiste veut que l'archipel soit constitué des vestiges de l'Atlantide. Ces îles sont en fait la minuscule partie émergée d'une longue chaîne volcanique sous-marine. La datation au carbone des rares découvertes archéologiques a repoussé la date estimée des premiers établissements humains aux Canaries vers 2000 av. J.-C., mais il n'est pas inconcevable qu'ils soient antérieurs – on a par ailleurs retrouvé à Fuerteventura un os de chèvre datant de 3000 av. J.-C.

Il est possible que, dans leurs travaux de reconnaissance de la côte atlantique de l'Afrique du Nord, les Phéniciens, puis leurs successeurs les Carthaginois, aient aperçu les îles les plus orientales de l'archipel. Selon certains historiens, une expédition phénicienne aurait débarqué aux Canaries au XIIe siècle av. J.-C., de même que le Carthaginois Hannon en 470 av. J.-C.

On sait en tout cas avec certitude que l'Empire romain en pleine expansion vainquit Carthage au terme de la troisième guerre punique en 146 av. J.-C., mais les Romains semblent ne pas avoir trop cherché l'archipel, alors connu sous le nom d'Insulae Fortunatae (îles Fortunées). Un siècle et demi plus tard, peu après la naissance de Jésus-Christ, Rome reçut de la plume de Pline l'Ancien (23-79 apr. J.-C.) des informations plus ou moins solides sur l'archipel, fondées sur les récits d'une expédition emmenée vers 40 av. J.-C. par Juba II, roi nord-africain sous tutelle romaine. En l'an 150 de notre ère, Ptolémée parvint à une localisation

CHRONOLOGIE

2000 av. J.-C.

La datation au carbone de vestiges archéologiques révèle que le premier habitant des Canaries fut d'ascendance Cro-Magnon, peut-être venu d'Afrique du Nord.

Ve siècle av. J.-C.

Dans son exploration des côtes africaines, le Carthaginois Hannon débarque sur l'une des îles, inhabitée mais dotée de ruines.

40 av. J.-C.

Une expédition partie de Mogador (l'actuelle Essaouira, au Maroc) et conduite par le protégé de l'Empereur romain Auguste, le roi Juba II, arrive dans l'archipel.

assez précise des Canaries en traçant un méridien imaginaire marquant les confins du monde et qui passait par l'île d'El Hierro.

Les premiers Canariens connus

Comment les Guanches, décrits par les conquistadors comme de grands blonds aux yeux bleus, avaient-ils pu arriver aux Canaries ? Voilà qui a déconcerté les historiens des siècles durant. Se serait-il agi d'aventuriers scandinaves égarés ? De Celtes venus de la péninsule Ibérique, peut-être liés aux Basques ?

Selon une hypothèse plus admise, ces premiers habitants connus étaient en réalité les descendants de tribus libyco-berbères venues du Maghreb : en effet, le lien de parenté semble attesté par des similarités entre leurs toponymes, leurs pratiques funéraires et leurs gravures rupestres. De même, les yeux bleus et la blondeur sont deux traits assez fréquents chez les Berbères.

On estime qu'avant la conquête au XVe siècle, les Guanches étaient au environ 30 000 à la Grande Canarie et Tenerife, plus de 4 000 à La Palma, un bon millier sur El Hierro et quelques centaines à Lanzarote et Fuerteventura.

Le début de la conquête

Après la chute de l'Empire romain, les Canaries furent manifestement ignorées pendant pas moins d'un bon millénaire. Il n'existe presque aucune trace écrite d'éventuels voyages jusqu'au début du XIVe siècle, lorsque le capitaine génois Lanzerotto Malocello (Lancelot Maloisel) arriva par hasard sur l'île à laquelle il devait donner son nom : Lanzarote.

La conquête de l'archipel débuta véritablement en 1402, lorsque Jean de Béthencourt, seigneur normand et aventurier, appareilla de La Rochelle. Avec un équipage réduit et mal préparé, il mit le cap sur les Canaries. Le but affiché, comme en témoignait la présence de prêtres à bord, était d'évangéliser ces peuples païens. Mais Béthencourt était avant tout en quête de gloire et de richesse. Avec son associé Gadifer de la Salle, il espérait probablement faire des Canaries le camp de base d'une exploration de la côte africaine à la recherche du *Río de Oro*. Mais ce projet ne se concrétisa jamais, les boucaniers préférant conquérir les îles. S'ouvrit alors un chapitre peu glorieux, marqué par l'invasion, la traîtrise et le gâchis. De nombreux Guanches périrent ou furent vendus comme esclaves au cours du siècle, les autres étant voués à se fondre dans la société de l'envahisseur.

La troupe bigarrée de Béthencourt débarqua tout d'abord à Lanzarote, alors gouvernée par le *mencey* (roi guanche) Guardafía. Ne rencontrant aucune résistance, Béthencourt alla bâtir un fort sur Fuerteventura.

Chez les Guanches, on était vieux à 35 ans. En raison d'un régime alimentaire riche en dattes et en figues séchées, à forte teneur en sucre, ainsi que de l'emploi de meules grossières pour moudre les céréales, les aborigènes canariens se retrouvaient édentés dès l'âge de 25 ans, et de ce fait victimes d'infections qui causaient leur mort prématurée.

150
Le géographe Ptolémée localise assez précisément les Canaries en traçant un méridien imaginaire marquant les confins du monde, qui passe par l'île d'El Hierro.

1312
Le navigateur et explorateur génois Lanzerotto Malocello débarque sur l'île la plus au nord-est de l'archipel : elle s'appellera Lanzarote.

1402
Le 1er mai, l'aventurier normand Jean de Béthencourt appareille de La Rochelle avec un équipage réduit et mal préparé, cap sur les Canaries.

1464
Les Rois Catholiques, ayant eu vent de l'intérêt des Portugais pour l'archipel, donnent mandat à Diego de Herrera, seigneur espagnol de La Gomera, pour attaquer les îles qui résistent encore.

LES GUANCHES

Les Guanches formaient une société essentiellement tribale, avec à la tête de chaque tribu un chef ou roi jouissant d'un pouvoir quasi absolu. Ils vivaient dans des grottes naturelles ou de modestes habitations basses en pierre : les grottes et cavernes plus petites étaient utilisées pour l'entreposage ces céréales ou comme lieux de culte. De nos jours, il ne reste plus grand-chose de la culture guanche, hormis le *silbo* (langue sifflée) de La Gomera – et les innombrables toponymes et monuments.

Économie

La subsistance reposait sur l'agriculture, l'élevage, la chasse et la cueillette. L'essentiel de l'alimentation tenait en protéines (chèvre et poisson) et en *gofio*, à base d'orge moulue et grillée – des plats toujours consommés de nos jours.

Usages vestimentaires et armement

La peau de chèvre était la base principale de l'habillement, tandis que les bijoux et les accessoires se résumaient pour l'essentiel à des colliers en terre cuite avec perles et coquillages. Le bois, la pierre et l'os étaient les matériaux utilisés pour les outils et les armes.

Religion

Les Guanches avaient un dieu, baptisé Alcorac à la Grande Canarie, Achaman à Tenerife et Abora à La Palma. Cette divinité aurait été étroitement assimilée à Magec (le soleil). Les habitants de Tenerife croyaient que l'Hadès (enfer) se trouvait dans le volcan Teide et était sous les ordres du démon Guayota.

Rôle des femmes

Bien que la société guanche fût globalement patriarcale, les femmes jouissaient d'un certain pouvoir. Sur l'île de la Grande Canarie en particulier, les droits de succession étaient transmis par la mère, non par le père. Mais lorsque les temps étaient durs, ils l'étaient plus encore pour les femmes. En période de famine, l'infanticide était une pratique répandue dans tout l'archipel, avec les filles pour victimes exclusives.

Luttes de pouvoir

Les différents clans d'une île étaient plutôt enclins à se quereller, et lorsque débuta la conquête de l'archipel par les Européens, au XVe siècle, celui-ci était divisé en quelque 25 fiefs – le record étant détenu par La Palma, avec pas moins de 12 subdivisions à elle seule.

Et ce fut tout. Ses provisions épuisées, ses hommes trop peu nombreux pour une telle entreprise, le Normand mit le cap sur l'Espagne dans le but d'obtenir le soutien de la couronne de Castille. Ce qui avait commencé en aventure de francs-tireurs français privée se termina en conquête impérialiste espagnole.

1479

Par le traité d'Alcáçovas, le Portugal reconnaît la mainmise espagnole sur les Canaries.

1493

Tenerife oppose la plus vigoureuse résistance à la conquête espagnole. En mai, Alonso Fernández de Lugo y débarque avec 1 000 soldats d'infanterie et une cavalerie forte de 150 hommes.

1501-1585

La richesse des Canaries attise la convoitise de pirates et de corsaires : l'amiral ottoman Kemal Reis fait plusieurs incursions dans l'archipel, tandis que Murat Reis s'empare de Lanzarote en 1585.

1599

Durant la révolte des Pays-Bas contre la couronne d'Espagne, une offensive de grande envergure est lancée contre Las Palma de Gran Canaria : 12 000 hommes attaquent le Castillo de la Luz, qui garde le port.

Jean de Béthencourt revint aux Canaries en 1404 avec des navires, des hommes et des fonds. Fuerteventura, El Hierro et La Gomera tombèrent rapidement entre ses mains. Nommé suzerain des quatre îles par Henri III de Castille, Béthencourt encouragea ensuite l'installation de paysans normands et commença à engranger les bénéfices. Il rentra définitivement en Normandie en 1406, confiant sa conquête à son neveu Maciot.

La suite de l'histoire n'est pas entrée dans les annales des plus glorieuses entreprises coloniales. Marquée par d'incessantes querelles et diverses révoltes de colons, la présence européenne après le départ de Béthencourt ne fit rien pour améliorer le sort de Canariens toujours plus opprimés.

Les insulaires étaient lourdement taxés, et Maciot les enrôla par ailleurs dans diverses incursions ratées dans les trois îles restées indépendantes. Pour couronner le tout, il finit par revendre au Portugal les droits sur les quatre îles dont il avait hérité de son oncle. Naturellement, l'Espagne goûta peu cette nouvelle (elle se verra finalement remettre les droits sur les îles par le pape Eugène IV). Les rivalités perdurèrent néanmoins, pour ne cesser qu'en 1479, avec le traité d'Alcáçovas et la reconnaissance par le Portugal de la mainmise espagnole sur les Canaries. En échange, l'Espagne accorda aux Portugais les Açores, les îles du Cap-Vert et Madère.

Exilé volontaire à Madère, Maciot y mourut en 1452. Une coterie de petits nobles espagnols prit sa suite sur la scène canarienne, déployant dans l'office une incompétence à l'aune de celle de leur prédécesseur.

Les Rois Catholiques persévèrent

En 1478 arriva un nouveau commandant, Pedro de Vera, accompagné d'un contingent, envoyé sur ordre des Reyes Católicos (Rois Catholiques) Ferdinand et Isabelle, pour en terminer une fois pour toutes avec la conquête des Canaries. Bien qu'attaqués d'emblée par quelque 2 000 hommes sur le site de l'actuelle Las Palmas de Gran Canaria, les Espagnols l'emportèrent et capturèrent ensuite le *guanarteme* (chef de l'île), Tenesor Semidan, au cours d'une offensive navale menée par la mer sur Gáldar.

Tenesor Semidan fut envoyé en Espagne, converti au catholicisme et rapatrié en 1483 pour convaincre ses compatriotes d'abandonner la lutte. Ils obéirent, et pourtant, vingt années de batailles s'ensuivirent, marquées entre autres par la tentative ratée de déporter des centaines d'insulaires de Las Palmas de Gran Canaria pour les vendre comme esclaves en Espagne. Par chance, les Canarios eurent vent de ce stratagème et forcèrent les navires qui transportaient les hommes à accoster à Lanzarote.

Les plus belles églises historiques

- *Iglesia de Nuestra Señora de Regla, Pájara, Fuerteventura*
- *Nuestra Señora de Antigua, Antigua, Fuerteventura*
- *Catedral de Santa Ana, Las Palmas de Gran Canaria*
- *Iglesia de Nuestra Señora de la Concepción, Valverde, El Hierro*
- *Iglesia del Salvador, Santa Cruz de la Palma*
- *Iglesia de Nuestra Señora de la Concepción, La Laguna, Tenerife*

1657
L'amiral britannique Robert Blake, un général d'Oliver Cromwell, s'empare d'une flotte de galions espagnols au prix d'un seul de ses navires, devant Santa Cruz de Tenerife.

1666
En révolte contre le monopole britannique sur le commerce du vin mis en place par de nouveaux colons, les viticulteurs de Garachico, à Tenerife, détruisent leurs caves et leur production.

1730-1737
De gigantesques éruptions volcaniques de Timanfaya, à Lanzarote sont dévastatrices, les coulées de lave donnent aussi naissance à des terres fertiles, notamment pour la culture de la vigne.

1797
Une flotte britannique emmenée par l'amiral Horatio Nelson attaque Santa Cruz de Tenerife. Envoyé pour intercepter une précieuse cargaison, il perd son bras droit dans la bataille.

Les dernières batailles

En mai 1493, le commandant espagnol Alonso Fernández de Lugo débarqua à Tenerife, accompagné de mille soldats d'infanterie et de 150 cavaliers, dont des Guanches de la Grande Canarie et de La Gomera. Lors de ce qui entra dans l'histoire sous le nom de première bataille d'Acentejo, Lugo fut vaincu par les Guanches, avantagés notamment par leur bonne connaissance de cette zone montagneuse.

Le 25 décembre 1494, 5 000 Guanches emmenés par Bencomo furent mis en déroute lors de la deuxième bataille d'Acentejo. Le site, à quelques kilomètres au sud de La Matanza, a conservé le nom de La Victoria. En juillet de l'année suivante, lorsque Lugo marcha sur le Valle de la Orotava pour affronter le successeur de Bencomo, Bentor, les Guanches, malades et démoralisés, n'étaient pas en état de résister. Bentor se rendit : la conquête était terminée. Il fallut encore deux ans pour vaincre les dernières poches de résistance, et Bentor finit par se donner la mort.

La Gomera fut la dernière terre foulée par Christophe Colomb avant qu'il ne mît le cap sur le Nouveau Monde.

Quatre ans après la chute de Grenade et la réunification de l'Espagne chrétienne, les Rois Catholiques célébraient leur premier exploit colonial : la soumission, en à peine 94 ans, d'un petit archipel de l'Atlantique défendu par des tribus du néolithique. La grande différence entre cette conquête et celle opérée sur le continent tenait au fait que les Rois Catholiques n'étaient pas confrontés à leur ennemi traditionnel, l'islam, dont la culture était bien plus riche et sophistiquée que la leur. Cette fois, ils eurent affaire à un peuple autochtone qu'ils réussirent à exploiter sans merci. On peut considérer cet événement comme le premier exemple mondial d'authentique colonialisme, et comme modèle ultérieur de conquêtes semblables dans les Amériques et ailleurs.

Une économie fragile, un territoire menacé

Dès le début du XVIe siècle, les îles de la Grande Canarie et Tenerife, en particulier, attirèrent des flots réguliers de colons venus d'Espagne, du Portugal, de France, d'Italie et même de Grande-Bretagne. Chaque île disposait de son autorité propre, et la canne à sucre devint bientôt la principale exportation des Canaries.

La "découverte" du Nouveau Monde en 1492 par Christophe Colomb, passé plusieurs fois aux Canaries dans ses périples vers les Amériques, eut des répercussions diverses. Elle suscita un important commerce transatlantique mais elle se traduisit aussi par une "délocalisation" de la production de sucre vers le nouveau continent, où la canne était cultivée et transformée à moindre coût. L'économie locale ne dut son salut qu'à la demande croissante de vin à l'exportation, produit surtout à Tenerife.

Les îles plus pauvres, notamment Lanzarote et Fuerteventura, restaient à la traîne, et leur population pauvre vivait de contrebande et

1821
Les Canaries deviennent une province espagnole, avec pour capitale Santa Cruz de Tenerife. Las Palmas de Gran Canaria exige la scission de la province en deux.

1850-1890
La pénurie alimentaire et le chômage persistants entraînent le départ de 40 000 Canariens au Venezuela et ailleurs en Amérique latine.

1923
Le général Miguel Primo de Rivera, arrivé au pouvoir en Espagne à la faveur d'un coup d'État militaire, améliore les infrastructures aux Canaries, notamment les routes et l'alimentation en eau.

1927
Madrid décide finalement de créer deux provinces aux Canaries : Tenerife, La Gomera, La Palma et El Hierro à l'ouest, Fuerteventura, Grande-Canarie et Lanzarote à l'est.

de piraterie au large des côtes marocaines (le jeu des représailles avec les pirates marocains durera des siècles).

Les Espagnols devaient défendre leurs possessions. Le succès le plus spectaculaire en la matière revint à l'amiral britannique Robert Blake, célèbre amiral d'Oliver Cromwell. En 1657, un an après l'entrée en guerre de l'Angleterre et de l'Espagne, Blake écrasa une flotte de galions espagnols au prix d'un seul de ses navires devant Santa Cruz de Tenerife.

Les attaques britanniques culminèrent en 1797 avec l'offensive de l'illustre amiral Horatio Nelson sur Santa Cruz. Envoyé pour intercepter une autre précieuse cargaison, il échoua à prendre la ville d'assaut et y laissa un bras.

Sur une note plus légère, en 1799, l'illustre explorateur et botaniste Alexander von Humboldt, en route pour l'Amérique latine, fit brièvement escale à Tenerife. En découvrant le Valle de la Orotava, il aurait dit que c'était le "paysage le plus enchanteur sur lequel un regard se soit jamais posé", déclaration devenue célèbre. Ce commentaire et ses louanges concernant l'archipel ont certainement contribué à la popularité de ce dernier, et à ses débuts de villégiature touristique, d'abord réservée à l'élite. Il fallut ensuite attendre un bon siècle pour que le tourisme devienne une part significative de l'économie locale.

Au sein même des Canaries, une rivalité se fit jour entre la Grande Canarie et Tenerife pour la suprématie sur l'archipel.

Lorsque les Canaries devinrent une province espagnole, en 1821, Santa Cruz de Tenerife fut déclarée capitale de l'archipel. Les prises de bec entre les deux îles principales restaient nombreuses, et Las Palmas demanda à de multiples reprises la division de la province en deux. L'idée fut brièvement mise en pratique dans les années 1840, sans grand succès.

En 1927, Madrid décida finalement de scinder les Canaries en deux provinces, avec Tenerife, La Gomera, La Palma et El Hierro à l'ouest, et Fuerteventura, la Grande Canarie et Lanzarote à l'est. Les terres furent réparties entre les agriculteurs locaux. La banane et la tomate représentaient alors les principales productions. Aujourd'hui encore, elles demeurent l'une des exportations agricoles majeures. Plus insolite, on introduisit l'élevage de la cochenille, qui devint l'une des plus importantes industries de l'archipel, en particulier à Lanzarote. Cet insecte parasite qui vit sur cactus est élevé pour son colorant carmin. Toutefois, cette production a baissé de manière drastique face à la concurrence des colorants de synthèse.

Les îles Canaries, de Attilio Guadio, est un ouvrage synthétique sur l'histoire de l'archipel.

Cuba fut une destination très prisée par les Canariens fuyant la guerre civile : les liens tissés alors entre l'archipel espagnol et l'île antillaise restent forts aujourd'hui, tant au niveau officiel qu'entre les populations.

Des décennies d'émigration

Une émigration de masse vers les Amériques eut lieu dans la dernière partie du XIXe siècle et le début du XXe. Il était courant alors que dans certains villages, il ne reste quasiment plus d'hommes jeunes. L'exode

1936

En mars, le gouvernement décide de transférer aux îles Canaries le général Franco, vétéran des guerres espagnoles au Maroc et proche des durs de la Légion étrangère espagnole.

Années 1940

La guerre civile espagnole a des conséquences terribles pour les Canaries : entre rationnement, pénurie alimentaire et misère, le marché noir prospère.

Années 1950

Dans l'après-guerre, la détresse économique des Canaries et de l'Espagne en général ne faiblit pas. L'émigration de masse reprend : 16 000 *Canarios* tentent leur chance au seul Venezuela.

Années 1960

L'essor du tourisme, venu en particulier d'Allemagne et de Grande-Bretagne, conduit à de nombreuses créations d'emplois. On commence à immigrer aux Canaries.

se poursuivit même après la guerre hispano-américaine (1898) qui vit sortir Cuba et Porto Rico du giron de l'Espagne. À l'origine, Cuba était la destination la plus prisée, suivie de près par le Venezuela. Cette tendance s'accentua considérablement après la guerre d'Espagne, une époque de grande misère économique marquée par les rationnements, les pénuries alimentaires et un marché noir prospère. Dans les années 1950, la situation était si désespérée que 16 000 partirent clandestinement, pour la plupart au Venezuela, alors même que ce pays avait fermé ses portes à l'immigration. Un tiers de ces Canariens périrent en traversant l'océan.

L'Espagne franquiste

Dans les années 1930, alors qu'en Espagne continentale la gauche et la droite devenaient de plus en plus revendicatives, les craintes de coup d'État montèrent. En mars 1936, le gouvernement décida de "transférer" aux îles Canaries le général Franco, vétéran des guerres espagnoles au Maroc et idole des durs de la Légion étrangère espagnole.

Ce n'était pas sans raison qu'on le soupçonnait d'être mêlé à un complot de renversement du gouvernement : lorsque les garnisons qui lui étaient favorables à Melilla (enclave espagnole au Maroc) se soulevèrent prématurément le 17 juillet, Franco était prêt. Après s'être emparé de l'archipel quasiment sans livrer bataille (le commandant pro-républicain de la garnison de Las Palmas était mort dans d'étranges circonstances le 14 juillet), Francisco Franco s'envola le 19 juillet pour le Maroc. Malgré l'absence de combats aux Canaries, les nationalistes ne mirent guère de temps à arrêter quiconque était suspecté, même vaguement, d'avoir des sympathies républicaines. C'est ainsi que des écrivains, des artistes, des professeurs et des politiciens disparurent mystérieusement.

À lire sur la guerre d'Espagne

Pour qui sonne le glas – Ernest Hemingway

La guerre d'Espagne – Hugh Thomas

La misère économique qui frappa l'Espagne après la guerre civile n'épargna pas l'archipel, conduisant toujours plus de Canarios à émigrer. Pendant la Seconde Guerre mondiale, Winston Churchill fomenta (sans jamais le mettre en acte) le projet d'envahir les Canaries pour en faire une base navale en cas d'assaut sur Gibraltar par l'Espagne continentale. Dans le même temps, les exportations vers l'Europe cessèrent, sauf à destination de l'Espagne.

Tourisme, "nationalisme" et enjeux actuels

La décision de Franco d'ouvrir l'Espagne au tourisme venu d'Europe du Nord bénéficia autant aux Canaries qu'à l'Espagne continentale. Des millions de vacanciers visitent aujourd'hui l'archipel toute l'année.

Quoique toujours marginal, le nationalisme canarien a refait surface dans l'opposition à Franco. Le MPAIC (Movimiento para la

1983

En vertu de la nouvelle Constitution adoptée à Madrid en 1978, les Canaries deviennent en août de cette année-là une *comunidad autónoma* (communauté autonome).

1993

La Coalición Canaria (CC) est formée, et travaille en collaboration avec le gouvernement central.

1994

La première *patera* (embarcation de fortune), avec à son bord des immigrés clandestins venus d'Afrique, débarque aux Canaries.

2006

L'immigration clandestine atteint un pic avec 31 678 arrivées de clandestins. Des centaines d'autres périssent en mer.

Autodeterminación e Independencia del Archipiélago Canario), fondé en 1963 par Antonio Cubillo pour promouvoir la sécession des îles, se lança à la fin des années 1970 dans une campagne de terrorisme. Il y eut notamment un attentat à la bombe dans un centre commercial de Las Palmas de Gran Canaria en 1976. Des alertes à la bombe visant l'aéroport eurent également lieu. Aux yeux de certains, un enchaînement tragique d'événements, dont l'interruption du contrôle du trafic aérien le temps de chercher les bombes en question, a pu contribuer à la pire catastrophe aérienne de l'Histoire : 583 morts en 1977 à cause de la collision sur la piste de deux Boeing 747. Échappant aux autorités espagnoles, Cubillo s'était enfui en Algérie dans les années 1960 et fut autorisé à rentrer en Espagne en 1985.

En 1978, une nouvelle Constitution axée sur la décentralisation fut adoptée à Madrid. Les Canaries devinrent en août 1982 une *comunidad autónoma* (communauté autonome), mais restèrent formées de deux provinces.

La force principale de la politique canarienne, depuis sa première victoire régionale en 1993, est la Coalición Canaria (CC). Quoique peu portée sur l'indépendance (hypothèse d'ailleurs peu probable), la CC place les intérêts de l'archipel devant les considérations nationales.

Au cours des dix dernières années, l'immigration venue d'Afrique et d'ailleurs a profondément bouleversé la démographie canarienne et contraint l'archipel à revoir sa posture à l'égard du continent. Depuis dix-huit ans, les Canaries ont fait de la coopération une priorité et investi quelque 17 millions d'euros dans l'éducation, la santé et les infrastructures en Afrique, notamment dans les réseaux de transport et de communications.

2007

Inauguration du plus grand télescope du monde à l'Observatorio del Roque de los Muchachos de La Palma, l'un des meilleurs sites d'astronomie de l'hémisphère Nord.

2011

Suite à l'enregistrement de plus de 8 000 secousses sismiques mineures, les habitants d'El Hierro sont évacués par crainte d'une possible éruption volcanique.

2015

La compagnie Repsol abandonne son projet controversé de forage pétrolier à 50 km des côtes de Fuerteventura et Lanzarote.

La cuisine canarienne

La cuisine canarienne typique se compose d'ingrédients simples et frais que l'on transforme le moins possible : poisson grillé servi avec une sauce piquante aux herbes, pommes de terre en robe des champs à la peau ridée et salée, viande de chèvre grillée juteuse, tranches de tomates arrosées d'un filet d'huile d'olive et fruits frais en dessert. Au cours des siècles, les plats traditionnels des Canaries se sont métissés au contact de la cuisine espagnole et sud-américaine, aboutissant à des versions locales particulières de recettes venues d'ailleurs.

Ingrédients de base et spécialités

Surnommé le *pan de los Canarios* (pain des Canariens), le *gofio* est le produit local par excellence, et vous apprendrez à l'apprécier. Mélange grillé de blé, d'orge ou, plus souvent, de maïs, le *gofio* fait partie intégrante de l'alimentation traditionnelle canarienne – bien qu'aujourd'hui le pain soit tout aussi répandu dans les foyers, et plus encore dans les restaurants. Mélangé dans diverses proportions, il se consomme tel quel au petit déjeuner. Associé à des amandes et des figues, on le retrouve dans les desserts. Les plus fervents amateurs le trouveront même sous forme de glace et de liqueur. Le *gofio* est vendu en supermarché et directement par les quelques moulins encore en activité.

Comme dans toute l'Espagne, s'attabler en bonne compagnie autour d'un repas ou d'un verre est un plaisir inhérent à la vie canarienne : les Canariens n'hésitent pas à parcourir des kilomètres pour découvrir le nouveau restaurant ou bar à tapas dont tout le monde parle, en particulier le dimanche midi – le déjeuner dominical au restaurant, et en famille, a ici rang d'institution.

Les *papas arrugadas* ("patates ridées"), petites pommes de terre nouvelles cuites dans leur peau dans de l'eau très salée, sont certainement le plat le plus connu. Elles sont servies avec les *mojos* : différents types de sauces à base de coriandre, de basilic ou de piment dont les innombrables variantes assaisonnent tout, du poulet au fromage. Vous prendrez très vite goût à l'une ou l'autre recette de *mojo*.

Parmi les nombreuses soupes, le *potaje de berros* (potage de cresson) est typiquement canarien. Goûtez aussi la *ropa vieja,* un ragoût de pois chiches composé de restes. Le *rancho canario,* très roboratif, évoque plutôt une garbure avec ses pâtes, ses morceaux de viande et de pommes de terre.

La viande joue un rôle important dans la cuisine canarienne, mais si le bœuf et l'agneau figurent souvent sur les cartes, ils sont généralement importés. Optez plutôt pour les spécialités des îles : le porc, le lapin et, surtout, la chèvre.

Produits du marché

Bananes et tomates sont d'autres incontournables de l'assiette canarienne, même si les étals débordent désormais de tous types de fruits et légumes. Il serait d'ailleurs dommage de ne pas aller au moins une fois sur un marché durant votre séjour. Figues dodues à la chair violette et juteuse, bouquets odorants de persil et de menthe, bottes de carottes orange vif, grosses papayes jaune soleil ou tresses d'ail charnu : déambuler entre les étals de produits de saison est un régal pour les sens. Les marchés sont aussi idéals pour préparer un pique-nique simple. Achetez du pain frais et garnissez-le de morceaux de fromage local, souvent fabriqué avec du lait de chèvre. Les fromages canariens sont très réputés, particulièrement à Fuerteventura où le délicieux *majorero* est recherché par tous les gastronomes.

D'un rivage à l'autre : influences hispaniques

La cuisine des Canaries doit beaucoup au Nouveau Monde. L'Amérique du Sud a fourni des produits de base comme les pommes de terre, les tomates et le maïs. C'est aussi de là qu'arrivèrent avocats et papayes, alors que les mangues vinrent d'Asie. Tous ces délices sont à chercher dans les vallées et aux étals des magasins.

Certains plats espagnols classiques sont très répandus, comme la paella, ce riz au safran mélangé de poulet, de lapin ou, de loin la meilleure, de poisson et de fruits de mer, les *tortillas* (omelettes), le gaspacho (soupe froide à la tomate consommée l'été), diverses *sopas* (soupes) et les *pinchos morunos* (brochettes de viande au barbecue).

Desserts et autres douceurs

Les Canariens aiment les desserts sucrés. Les friandises les plus connues sont le *bienmesabe* (pâte épaisse faite de jaunes d'œuf, de miel, de sucre et d'amandes), délicieusement sucrée, les *frangollos* (mélange de farine de maïs, de fruits secs, de lait et de miel), *les bizcochos lustrados* (proches du cake) et les *truchas de batata* (chaussons à la patate douce).

Ne ratez pas les *quesadillas* d'El Hierro, où on fabrique ces pâtisseries fromagères à la cannelle (ou parfois aux graines d'anis) depuis le Moyen Âge. Les *morcillas dulces*, boudins noirs sucrés aux raisins frais, aux raisins secs et aux amandes, sont très particulières.

Les *papas arrugadas* sont des pommes de terre bouillies dans une eau si salée que le sel leur colle à la peau. On utilise pour cette recette une variété de *papas antiguas* (pommes de terre anciennes) dérivée des premières variétés importées des Amériques au XVe siècle. Vous risquez d'avoir du mal à en préparer chez vous : ces tubercules ne sont cultivés qu'aux Canaries, essentiellement à Tenerife.

Manger aux Canaries

Le petit-déjeuner (*desayuno*), sans chichi, associe jus de fruits, café ou thé, céréales ou *gofio*, et toasts au jambon ou au fromage. Vous trouverez dans les *churrerías* les délicieux *churros* (beignets), souvent servis avec une tasse de chocolat chaud particulièrement épais.

Si vous vous voulez petit-déjeuner à l'anglaise, les bars tenus par des Britanniques servent bacon, œufs et autres classiques du genre. Dans la plupart des hôtels est proposé un buffet de petit-déjeuner avec produits chauds et froids.

Le repas principal est le déjeuner (*la comida* ou, plus rarement, *el almuerzo*). Si les Canariens mangent souvent chez eux en famille, les restaurants ne désemplissent pas. Ils servent de 13h à 16h et nombre d'entre eux proposent le midi un *menú del día* (menu du jour).

Chez eux, les Canariens dînent assez tard, à partir de 20h. Les restaurants ouvrent généralement à partir de 19h et servent jusqu'à 23h, voire plus tard, en particulier dans les villes touristiques. Le soir, les insulaires se contentent d'un repas léger chez eux, mais s'offrent de bons dîners à l'extérieur les week-ends et pour les grandes occasions.

Les amuse-gueules sont empruntés le plus souvent aux diverses cuisines espagnoles. On trouve en général de quoi tromper sa faim en attendant le véritable repas. Appelés ici *meriendas,* ce sont souvent des tapas et des *bocadillos* (petits sandwichs) assez secs, comportant une tranche de *jamón* (jambon) et/ou de *queso* (fromage) ou un morceau de *tortilla española* (omelette aux pommes de terre).

MENÚ DEL DÍA

Le meilleur ami du voyageur, aux Canaries comme dans le reste de l'Espagne, est le *menú del día,* menu du jour servi le midi et parfois le soir dans la plupart des restaurants. Il comporte généralement une entrée (salade, soupe ou pâtes), suivie d'un plat de viande, de poisson ou de fruits de mer et d'un dessert simple, spécialité locale ou espagnole classique du type *flan* (crème caramel), *helado* (glace) un fruit ou juste une tasse de café. Eau, verre de vin et bière pression peuvent être compris ou non.

Les boissons

Les cafés et les bars sont ici une partie indissociable de la culture, et quasiment tous servent indifféremment café et alcool. Au nombre des différents types de débits de boissons, on compte les *cervecerías* (bars à bière rappelant un peu les pubs), *tabernas* (tavernes) et *bodegas* (bars à vins à l'ancienne).

Café

Le café est produit à petite échelle sur les îles, principalement dans la vallée d'Agaete, dans le nord de la Grande Canarie. Voici les différentes boissons à base de café qui vous seront proposées :

Café con leche Moitié café, moitié lait chaud.

Sombra Plus de lait que de café.

Café solo Café noir court (expresso).

Cortado Expresso avec une goutte de lait (équivalent du café "noisette").

Cortado de leche y leche Expresso allongé de lait normal et de lait concentré.

Barraquito Un *cortado* servi dans une plus grande tasse.

Café con hielo Tasse de café chaud à verser dans un verre rempli de glaçons (café frappé).

Si vous êtes à la fois sportif et amateur de vin, Lanzarote organise chaque année en juin une Wine Run (course du vin) : l'itinéraire est de 21 km pour les coureurs, 10 km pour les marcheurs. Organisée dans la région viticole de l'île, elle coïncide avec un festival de gastronomie traditionnelle.

Vin

La viticulture n'est pas très développée, mais on trouve quand même du vin correct, *blanco* (blanc), *tinto* (rouge) ou *rosado* (rosé). Les prix, très variables, sont en général en rapport avec la qualité. Compter environ 10 € pour avoir quelque chose de correct.

Un des vins les plus répandus est la *malvasía*, issue du cépage méditerranéen du même nom. C'est un blanc le plus souvent doux (*dulce*) bien qu'il soit aussi parfois sec (*seco*). Il est surtout courant à La Palma et à Lanzarote.

Tenerife est la principale productrice de vins, et le Tacoronte Acentejo rouge le premier vin des Canaries à avoir bénéficié d'une DO (*denominación de origen* ou appellation d'origine contrôlée – AOC) qui impose des critères de qualité pour la vendange comme pour l'élevage du vin. Les régions viticoles sont Icod de los Vinos, Güímar et Tacoronte à Tenerife. À Lanzarote, le vin est redevenu à la mode depuis le début des années 1980, et en 1993 les *malvasías* de l'île ont reçu leur propre DO.

Bière

Le plus souvent, pour commander une bière (*cerveza*) on demande une *caña*, le demi pression local (*cerveza de barril* ou *cerveza de presión*). Si vous préférez une version plus grande, demandez une *jarra*. La Dorada, brassée à Santa Cruz de Tenerife, est très douce. Un peu plus légère, l'agréable Tropical, brassée sur la Grande Canarie, est la boisson apéritive favorite dans les îles orientales. Les îles comptent une ou deux microbrasseries, mais la difficulté de se procurer les ingrédients reste un obstacle pour les petits brasseurs.

Alcools

En dehors des spiritueux venus d'Espagne tels que le *coñac* et toute une série de *licores* (liqueurs), il faut goûter les eaux-de-vie locales. Goûtez la *mistela* de La Gomera, un mélange de vin, de sucre, d'épices et de *parra* – une version locale de l'*aguardiente* (semblable au schnaps ou à la grappa). Le rhum produit sur les îles est bien plus facile à avaler. Le rhum brun est la boisson favorite tandis que le rhum au miel (*ron miel*) est une douce concoction parfois offerte après le repas sous la forme de *chupito* (shot).

Arts et culture

Si les Canaries appartiennent bien à l'Espagne, l'archipel se distingue sensiblement de la partie continentale du pays par son architecture, ses arts et, dans l'ensemble, sa culture où abondent les marques d'une influence latino-américaine. Les Canariens sont en règle générale sympathiques et accueillants, très attachés aux traditions et à la famille – et à la fête. Si vous le pouvez, joignez-vous à une de leurs *fiestas*, toujours d'une merveilleuse exubérance.

Arts

Architecture

Dans l'archipel, la plupart des constructions que vous pourrez croire préhispaniques ont été soit lourdement restaurées, soit entièrement reconstituées – quand il ne s'agit pas d'un parc à thème. Les Guanches vivaient pour la plupart dans des grottes et il ne reste quasiment rien aujourd'hui des maisons rudimentaires qu'ils construisaient, hormis quelques sites intéressants sur la Grande Canarie. Vous entendrez souvent parler d'"architecture canarienne typique", mais les influences ont été si nombreuses au fil des siècles qu'il est bien difficile de la définir. Il n'est d'ailleurs pas rare qu'un édifice soit marqué par plusieurs styles architecturaux distincts.

Architecture de César Manrique

- **Jameos del Agua**, *Malpaís de la Corona, Lanzarote*
- **Parque Marítimo**, *Santa Cruz de Tenerife*
- **Fundación César Manrique**, *Tahiche, Lanzarote*
- **Mirador del Río**, *nord-ouest de Lanzarote*

La période coloniale

Parfaite illustration de ces superpositions de styles, l'architecture coloniale mêle des influences espagnoles, portugaises, françaises, flamandes, italiennes et anglaises. Lorsque s'achève la conquête des Canaries, à la fin du XVe siècle, les styles gothique et mudéjar (architecture hispano-mauresque) appartiennent pour ainsi dire au passé. Le fascinant style mudéjar n'est parvenu dans l'archipel que par bribes, avec par exemple ces sublimes plafonds à caissons de bois appelés *artesonados*. L'intérieur de la Catedral de Santa Ana de Las Palmas est néanmoins un beau témoignage de ce que certains historiens de l'art appellent le "gothique atlantique".

Vous pourrez vous faire une idée de l'exubérance plateresque (de *plata*, l'argent, car le style évoque l'art de l'orfèvre) avec la Catedral de Santa Ana de Las Palmas et l'Iglesia de Nuestra Señora de la Concepción, cette dernière faisant d'ailleurs figure de référence en matière de travail des styles, du gothique au plateresque en passant par le mudéjar. Le baroque, emblématique du XVIIe siècle, a laissé plusieurs empreintes sur l'archipel, mais c'est l'église paroissiale Betancuria, à Fuerteventura, qui en est le témoignage le mieux préservé.

Parmi les traits les plus caractéristiques de cette période figurent les patios et des balcons en bois sculpté d'une grande beauté. Le quartier historique de Vegueta, à Las Palmas de Gran Canaria, conserve d'excellents témoignages de cette architecture, tout comme l'Avenida Marítima à Santa Cruz de la Palma.

Le modernisme

Le modernisme est illustré sur la Calle Mayor de Triana et dans les maisons du quartier de Triana, à Las Palmas de Gran Canaria.

Le grand génie de l'architecture canarienne moderne est César Manrique (1919-1992). Ses créations d'inspiration écologique exploitant souvent la pierre volcanique et d'autres matériaux locaux peuvent se voir dans tout l'archipel, mais plus encore sur son île natale de Lanzarote. Son œuvre est si admirée que certains organisent tout leur séjour autour de la visite de l'ensemble des sites.

L'emblème architectural des Canaries contemporaines est l'Auditorio de Tenerife en forme de vague construit par Santiago Calatrava, édifice polyvalent dont la silhouette de déferlante domine le front de mer à Santa Cruz de Tenerife. Las Palmas de Gran Canaria est également une ville d'architecture : on retiendra notamment l'intérieur du Centro Atlántico de Arte Moderno, conçu par Sáenz de Oiza, l'Auditorio Alfredo Kraus d'Óscar Tusquets, et la tour Woermann d'Iñaki Ábalos et Juan Herreros.

Les plus beaux artesonados mudéjars

- **Iglesia de Nuestra Señora de la Concepción**, *La Laguna, Tenerife*
- **Iglesia de Santa Catalina**, *Tacoronte, Tenerife*
- **Iglesia del Salvador**, *Santa Cruz de la Palma*
- **Iglesia de Santa María**, *Buenaventura, Fuerteventura*
- **Iglesia de Nuestra Señora de Rega**, *Pájara, Fuerteventura*

Peinture et sculpture

En regard de leur superficie relativement limitée, les Canaries se targuent d'un grand nombre de musées, de sculptures en plein air et de galeries d'art. Un véritable goût pour la création de qualité semble même avoir gagné jusqu'au Canarien moyen : ainsi, certains restaurants et hôtels ont aujourd'hui tendance à préférer parer leurs murs d'œuvres originales d'artistes locaux, plutôt que d'y accrocher les mêmes sempiternelles reproductions de Picasso.

Les Guanches

Les premiers artistes canariens furent naturellement les Guanches : certaines de leurs belles peintures rupestres sont encore visibles dans plusieurs sites dont la Cueva Pintada, à Gáldar (Grande Canarie). Essentiellement géométriques, leurs motifs ont inspiré des artistes de grande renommée, tel Manolo Millares (1926-1972), natif de Las Palmas de Gran Canaria, mais aussi les décors qui ornent aujourd'hui T-shirts souvenirs et céramiques. La plus populaire des sculptures de ces premiers artistes est l'*Ídolo de Tara,* retrouvée à la Grande Canarie, une idole guanche aux opulentes courbes féminines que vous retrouverez elle aussi sur des tissus et en reproductions de terre cuite.

Quelques grands sculpteurs contemporains

- *Eduardo Gregorio*
- *Plácido Fleitas*
- *Manolo Millares*
- *César Manrique*
- *Juan Bordes*

Artistes du XVIIe au XIXe siècle

Au XVIIe siècle, le Tinerfeño Gaspar de Quevedo est le premier grand peintre canarien. Sa relève est assurée au siècle suivant par Cristóbal Hernández de Quintana (1659-1725), dont les œuvres ornent encore la Catedral de La Laguna, à Tenerife. Plus marquant, Juan de Miranda (1723-1805) est l'auteur de chefs-d'œuvre comme *La Adoración de los Pastores* (L'Adoration des bergers) de l'Iglesia de Nuestra Señora de la Concepción à Santa Cruz de Tenerife.

Au XIXe siècle, Valentín Sanz Carta (1849-1898) fut l'un des premiers peintres paysagistes canariens, de même que Lorenzo Pastor et Lillier y Thruillé, dont on peut voir des œuvres au Museo de Bellas Artes de Santa Cruz de Tenerife.

Le principal représentant de l'impressionnisme canarien fut Manuel González Méndez (1843-1909), dont *La Verdad venciendo el Error* (La Vérité triomphant de l'Erreur) est exposée à l'*ayuntamiento* (hôtel de ville) de Santa Cruz de Tenerife.

MARTÍN CHIRINO

Martín Chirino, né à Las Palmas de Gran Canaria en 1925, est largement considéré comme l'un des plus grands sculpteurs espagnols du XXe siècle. Dans sa jeunesse, il multiplie les séjours en Afrique, notamment au Maroc et au Sénégal, et son travail en est profondément marqué, en particulier ses premières œuvres. Les sculptures géantes de Chirino, le plus souvent en bronze, sont à voir dans tout l'archipel. Découvrez notamment *Espiral* (1999), à Santa Cruz de Tenerife, *El Pensador* (2002), qui orne le campus de l'université de Las Palmas de Gran Canaria, et peut-être la plus visible de toutes, *Lady Harimaguada* (1999), sur l'Avenida Marítima, à Las Palmas de Gran Canaria.

Le XXe siècle

Le Cubano-Canarien José Aguiar García (1895-1976), né de parents gomeros, grandit à Cuba. Peintre prolifique, il atteignit le sommet de son art avec la fresque. On peut voir ses œuvres dans tout l'archipel : le *Friso Isleño* (frise insulaire) se trouve au casino de Santa Cruz de Tenerife.

Tous les grands courants artistiques européens ont laissé leur empreinte aux Canaries. On citera les peintres Francesco Miranda Bonnin (1911-1963) et Jesús Arencibia (1911-1993), auteur de la grande fresque de l'Iglesia de San Antonio Abad à Las Palmas de Gran Canaria.

La première exposition surréaliste d'Espagne se tint à Santa Cruz de Tenerife le 11 mai 1935. Le plus illustre représentant canarien de ce mouvement, le Tinerfeño Óscar Domínguez (1906-1957), s'installa à Paris en 1927 et fut fortement influencé par Picasso. De cette période on retient également le cubiste Antonio Padrón (1920-1968), à qui est dédié un magnifique musée installé dans son ancien atelier, sur l'île de la Grande Canarie.

L'art abstrait canarien a pour fer de lance Manuel Millares (1921-1972), tandis qu'Alberto Manrique (né en 1926, sans lien de parenté avec César Manrique), originaire de la Grande Canarie, peint des œuvres spectaculaires et perturbantes en déjouant les lois de la perspective. Une partie de son travail est exposé au Centro de Arte Canario, à La Oliva (Fuerteventura).

Artisanat local

La Gomera et Tenerife *Poteries de style guanche, vannerie*

Lanzarote et Grande Canarie Timples *(petits instruments à cordes)*

El Hierro, La Palma et La Gomera *Tapis*

Tenerife *Dentelle de Vilaflor*

Artisanat canarien

Les Canaries possèdent une tradition artisanale bien ancrée, avec même une spécialité pour chaque île. Vous trouverez nappes, serviettes et autre linge de table brodé et garni de délicates dentelles dans tout l'archipel, Ingenio (Grande Canarie), Mazo (La Palma) et La Orotava (Tenerife) étant particulièrement connues pour leurs broderies. Attention toutefois aux importations chinoises vendues pour des produits locaux, notamment sur les marchés. Outre les signes extérieurs de qualité, le prix est un bon critère pour reconnaître une pièce authentique : fruit d'un long et dur labeur, les broderies artisanales ne sont pas bon marché. On assiste cependant à une baisse générale des prix, du fait de la certaine désaffection dont souffrent aujourd'hui ces textiles.

Avec leurs couleurs vives et leurs rayures pleines de simplicité, les tapis de laine, plus intemporels, sont toujours fabriqués avec art sur des métiers à tisser manuels. Vous pourrez aussi ramener des Canaries de la vannerie, des poteries inspirées des Guanches, diverses céramiques et des chapeaux de paille de toutes sortes.

Si vous souhaitez écouter de la musique canarienne, regardez *Tenderete*, une émission télévisée diffusée depuis 40 ans. À voir le dimanche soir sur TVE1.

Musique

Emblématique du patrimoine musical *canario*, le *timple* est une sorte d'ukulélé d'origine mal connue, probablement introduit dans l'archipel au XVe siècle par les esclaves berbères.

LOS SABANDEÑOS

Le groupe folklorique le plus apprécié des Canariens, Los Sabandeños, est en activité depuis 1966, année qui vit ces Tinerfeños s'unir pour faire revivre et connaître leur culture au-delà de l'archipel. Difficile de dire exactement l'impact qu'a eu ce groupe de près de 25 musiciens (plus quelques nouvelles recrues) sur les Canaries. Une chose est sûre : une statue rend hommage au groupe à Punta de Hidalgo (Tenerife) et sept rues (au dernier décompte) portent son nom dans l'archipel. Leurs albums légers et mélodieux sont disponibles partout, et il existe une compilation de leurs meilleurs titres, *60 Canciones de Oro* (2012).

C'est un petit instrument à cinq cordes (le *timple* berbère était, dit-on, composé d'une carapace de tortue) aux sonorités aiguës.

Vous verrez cet instrument dans toutes les fêtes traditionnelles, interprétant des danses telles que l'*isa* et la *folía* et, si vous êtes en veine, le *tajaraste,* qui, tout populaire qu'il soit demeuré à La Gomera, serait la seule danse des Guanches arrivée jusqu'à nous.

Culture

Identité régionale

Le célèbre acteur espagnol Javier Bardem (*Mange prie aime, Skyfall*) est natif de Las Palmas de Gran Canaria. Se destinant d'abord à la peinture, il avait mené des études d'art à la prestigieuse Escuela de Arte y Oficios de Madrid. Lui qui avait débuté au cinéma comme simple figurant a fini par embrasser cette carrière à plein temps – et par épouser au passage sa consœur et compatriote Penélope Cruz.

Difficile de résumer les peuples et traditions de sept îles en une description synthétique. Les habitudes, les expressions, la cuisine et la musique varient sensiblement d'une île à l'autre et les rivalités sont fortes, notamment entre les poids lourds que sont Tenerife et la Grande Canarie. Mais l'archipel tout entier se caractérise par une même fierté d'être canarien et la conviction que l'histoire et la culture des îles les distinguent du reste de l'Espagne. Si la plupart des Canariens présentent les mêmes traits typiquement méditerranéens que les Espagnols (cheveux foncés, regard ténébreux et teint mat), vous verrez probablement qu'ils ne se pensent pas aussi Espagnols que cela.

Au lendemain de la victoire des socialistes à Madrid, en 1982, les Canaries devinrent une *comunidad autónoma,* l'une des 17 régions autonomes qui composent l'Espagne. Certains *Canarios* véhéments aimeraient voir leur archipel accéder à l'autonomie totale : en témoignent les graffitis "*Canarias no es España*" (les Canaries, ce n'est pas l'Espagne) ou "*Godos fuera*" (Les Espagnols dehors !).

Le drapeau de la région est une bannière tricolore blanc-bleu-jaune, à laquelle certains *independentistas* ajoutent sept étoiles représentant les îles. La division de l'archipel en deux provinces, Santa Cruz et Las Palmas, persiste, tout comme les rivalités entre elles : le gouvernement régional dispose ainsi de bureaux dans les deux capitales provinciales, qui assument de plus tour à tour, tous les quatre ans, le rôle de capitale régionale.

Mode de vie

Le plus grand bouleversement qu'ait connu la vie aux Canaries aura été celui du tourisme. En quelques décennies, cette société essentiellement agricole en est venue à dépendre largement du secteur des services. Le mode de vie traditionnel sur des petites *fincas* (propriétés rurales) ou dans les villages de pêcheurs a été détrôné au profit des emplois touristiques.

Le passage de la vie rurale et traditionnelle aux cadences plus rapides de la modernité adoptées dans le reste de l'Espagne s'accompagne d'inévitables problèmes. Le coût de la vie s'est envolé, contraignant les Canariens ayant conservé leurs emplois dans l'agriculture à compléter

FÊTES DE RUE À LA MODE CANARIENNE

Presque toutes les villes célèbrent une fête, et rares sont les week-ends en été où aucune *romería* n'a lieu sur l'archipel. *Romería* se traduit littéralement par "pèlerinage", mais si ces fêtes d'une journée ont généralement une origine religieuse, aujourd'hui l'accent est plutôt mis sur la célébration que sur la dévotion. La plupart des gens revêtent un costume traditionnel canarien pour la journée, qui démarre souvent par une procession suivie de musique et de danse traditionnelles. Place ensuite à l'activité principale, plus actuelle, consistant à siroter du rhum des îles mélangé à du Coca, alors que la fête se poursuit la nuit dans les rues et sur les places de la ville.

leurs revenus en travaillant dans le tourisme. L'éducation pose un autre problème : les petites îles n'ayant pas d'université, les jeunes doivent étudier à Tenerife ou à la Grande Canarie, ce qui peut grever un budget familial déjà serré. Une fois diplômés, de nombreux Canariens finissent par quitter leur île pour trouver de meilleurs postes à Tenerife, à la Grande Canarie ou sur le continent. La nécessité conduit de nombreuses familles à vivre séparées.

Les valeurs familiales n'en restent pas moins le cœur de la culture canarienne. Les grandes fêtes de chaque île se passent souvent en famille, et des Canariens expatriés sur le continent américain n'hésitent pas à faire le voyage pour retrouver leurs amis et leurs proches. La plupart des festivités religieuses et culturelles sont également familiales : si la famille est plus réduite que jadis (un ou deux enfants en général), elle reste une unité sociale importante. Comme ailleurs en Europe, les couples attendent davantage avant de se marier et pour avoir des enfants, ce qui montre que la société canarienne n'est plus aussi traditionnelle qu'auparavant.

Gentilés : à chaque île ses habitants

Grande Canarie
Grancanarios ou Canariones

Tenerife
Tinerfeños

Lanzarote
Conejeros

Fuerteventura
Majoreros

La Gomera
Gomeros

La Palma
Palmeros

El Hierro
Herreños

Sports

Les Canaries sont une destination propice aux sports grâce à leur climat doux et ensoleillé, à leur long littoral et à leur mode de vie décontracté qui fait la part belle au plein air. S'agissant d'une région d'Espagne, personne ne s'étonnera d'apprendre que le sport favori est ici le football. Si les Canaries possèdent bien leur équipe de football régionale, celle-ci n'est membre d'aucune fédération (ni la FIFA, ni l'UEFA, ni la CAF), l'archipel étant représenté à l'international par la sélection nationale espagnole. L'équipe canarienne ne joue que des matchs amicaux.

Plus exotique, la *lucha canaria* (lutte canarienne) remonterait aux Guanches, un peuple de robustes guerriers très portés sur les épreuves de force, qu'il s'agisse de sauter par-dessus les précipices, de plonger depuis de vertigineux promontoires ou de combattre corps à corps. Un membre de chaque équipe se place en face de son adversaire sur le terrain et, passés le salut protocolaire et quelques autres manifestations de bonne volonté, chacun tente de faire mordre la poussière à l'autre. Aucune partie du corps à l'exception de la plante des pieds ne doit toucher le sol, et le premier à manquer à cette règle perd la partie. Les facteurs essentiels ne sont pas la taille et le poids des lutteurs (quoique ces garçons soient aussi bien charpentés que des joueurs en première ligne au rugby), mais plutôt le talent qu'ont les combattants à saisir leur adversaire et à le forcer à prendre une position dans laquelle il pourra facilement être renversé.

Pour savoir si des matchs sont prévus sur votre lieu de séjour, renseignez-vous auprès de l'office de tourisme le plus proche ou vérifiez le site www.federacioncanariadelucha-canaria.com (en espagnol uniquement).

Multiculturalisme

Cette région jadis terre d'émigration affiche aujourd'hui un solde migratoire nettement excédentaire. Des travailleurs des secteurs de l'hôtellerie, de la restauration et du bâtiment, tout comme les Européens du Nord en quête de soleil à l'année, soutiennent la croissance démographique de l'archipel. Avec près d'un demi-million de lits disséminés dans les hôtels, appartements et maisons de toutes les Canaries, on constate une arrivée régulière de voyageurs du monde entier, mais surtout d'Europe. Certains décident parfois de s'installer ici.

Plus récemment, on voit arriver des immigrants descendants de *Canarios* partis au Venezuela ou ailleurs en Amérique du Sud et désireux de retrouver la terre de leurs ancêtres.

Dans le passé, les Canaries ont connu d'importants problèmes avec les migrants illégaux arrivant en nombre des côtes africaines. Ces dernières années, le nombre de bateaux de migrants illégaux a considérablement chuté, même si les habitants s'inquiètent toujours de la situation. Sans généraliser à l'ensemble de la population canarienne, certains touristes d'origine africaine font état de discrimination, surtout dans les magasins et les restaurants, et en particulier dans les stations balnéaires du sud de Tenerife.

Religion

Le catholicisme s'est fort bien implanté aux Canaries. La plupart des *Canarios* sont baptisés et ont fait leur première communion, sont mariés et enterrés selon les rites catholiques et vont à l'église pour les grandes fêtes religieuses – ils sont toutefois de plus en plus rares à se rendre régulièrement à la messe dominicale. De plus, les fiestas colorées et endiablées qui rythment le calendrier canarien ont souvent une origine ou un contexte religieux.

Vivre sur un volcan

Le nom des Canaries évoque pour beaucoup des paysages plats et des terres quasi désertiques. Comme souvent, le cliché n'est que partiellement fidèle à la réalité : certaines régions sont ainsi, mais tous ceux qui connaissent bien l'archipel sont enthousiasmés par la merveilleuse diversité des paysages, des climats, de la faune et de la flore que recèle ce superbe univers insulaire.

Des terres volcaniques

Naissance d'un archipel

Les sept îles et les six îlots constituant l'archipel des Canaries sont en fait les plus hauts sommets d'une vaste chaîne de montagnes d'origine volcanique s'étendant au fond de l'océan Atlantique. Nouvelles nées en termes géologiques, ces îles apparurent il y a 30 millions d'années lorsque la collision de deux plaques tectoniques provoqua l'apparition d'immenses chaînes de montagnes sur Terre, dont l'Atlas en Afrique du Nord, et en mer sur le plancher océanique, créant les îles du Cap-Vert, les Açores et les Canaries. L'ensemble de ces îles atlantiques est appelé Macronésie. Après ce plissement initial, une succession d'éruptions volcaniques finit de donner aux îles leur forme actuelle.

Par rapport à sa taille et sa superficie, La Palma est l'île la plus escarpée au monde.

Géographie des Canaries

Les sept îles principales totalisent 7 447 km^2. Si leur surface semble peu importante, elles concentrent à peu près tous les paysages imaginables, des longues plages de sable de Fuerteventura et des dunes de la Grande Canarie aux majestueuses falaises côtières de Tenerife et aux bois noyés de brume de La Gomera. Les îles les plus à l'est ont un décor presque saharien, et certaines parties de La Palma et La Gomera sont carrément luxuriantes. La plus haute montagne d'Espagne est le Pico del Teide, dont les 3 718 m dominent toute l'île de Tenerife.

El Teide et ses pairs

Imposante pyramide volcanique dressée juste au centre de Tenerife, El Teide s'élève à 3 718 m au-dessus du niveau de la mer, ce qui en fait le point culminant de l'Espagne – mais aussi le troisième plus grand volcan du monde. El Teide est ce qu'on appelle un volcan bouclier : son sommet renferme un cratère aux bords abrupts et au fond plat. Et s'il semble calme, le volcan n'est en aucune manière éteint.

On peut observer de temps à autre des bouffées de gaz chauds autour du sommet. Sa lave est très fluide, et la pression des gaz qu'elle contient peut augmenter jusqu'à entraîner des expulsions de lave et/ou de cendres par la bouche d'éjection la plus proche, qui peut aussi exploser si la pression est suffisante.

Il arrive que d'autres volcans sur les îles fassent littéralement exploser leur sommet. L'énorme cratère qui en résulte est appelé caldeira, dans laquelle il n'est pas rare que de nouveaux cônes se forment ensuite, créant des volcans dans le volcan. Il existe plusieurs caldeiras impressionnantes sur la Grande Canarie, dont la plus intéressante est la

LA CUMBRE VIEJA ET LE MÉGATSUNAMI

Sur La Palma se dresse la Cumbre Vieja (sommet ancien). En 1949, ce volcan a été le théâtre d'une série d'éruptions à l'origine d'une faille longue de près de 2,5 km : la partie ouest de la Cumbre Vieja a alors glissé vers le bas, et vers l'ouest, d'environ deux mètres.

Selon certains experts, la Cumbre Vieja pourrait à tout moment entrer à nouveau en éruption et s'effondrer, entraînant 500 km³ de roches dans l'Atlantique. Le tsunami qui en résulterait pourrait mesurer jusqu'à 600 m de haut et, en se déplaçant à une vitesse d'environ 1 000 km/h, atteindrait la côte est des États-Unis en 6 heures (et le littoral africain et européen bien plus vite).

De l'autre côté de l'Atlantique, les vagues mesureraient encore 30 à 60 m, à moins qu'en atteignant de hauts-fonds, elles ne reprennent de la hauteur, pour atteindre plusieurs centaines de mètres. Bizarrement, aucun réalisateur hollywoodien n'a encore pensé à faire un film sur cette théorie selon laquelle des vagues se propageraient sur environ 25 km dans les terres, dévastant les Caraïbes et la côte est des États-Unis.

Dans quel délai faut-il redouter ce mégatsunami canarien ? Les scientifiques sont loin d'être unanimes sur la question, mais certains le croient imminent.

Caldera de Bandama. Bien qu'on l'ait longtemps cru, la grande Caldera de Taburiente sur La Palma n'appartient pas à ce groupe de phénomènes géologiques.

De nos jours, l'endroit où l'activité sismique sous-marine de la région est la plus visible est Lanzarote, où les Montañas del Fuego bouillonnent toujours avec vigueur, même si les dernières éruptions remontent à 1824. Aucune activité éruptive n'a été signalée depuis des siècles sur Fuerteventura, la Grande Canarie, La Gomera ou El Hierro. À Tenerife, la dernière manifestation, presque anecdotique, date de 1909, et c'est à La Palma qu'eut lieu en 1971 le plus récent spectacle pyrotechnique, une éruption enfiévrée du volcan Teneguía.

Les Canaries sauvages

Du canari à la baleine

Le *Guide des volcans d'Europe et des Canaries*, de Maurice Krafft et François-Dominique Larouzière est un ouvrage fort documenté qui retrace l'histoire et l'évolution de chaque volcan de l'archipel.

L'archipel abrite une riche faune, mais les animaux, généralement petits et craintifs, échappent souvent à l'observateur inexpérimenté. Les plus gros animaux visibles sont les oiseaux et les lézards, parfois de très grande taille comme le lézard géant d'El Hierro qui peut atteindre 50 cm. On trouve environ 200 espèces d'oiseaux sur les îles, dont beaucoup venus d'Afrique et d'Europe. Les Canaries possèdent cinq espèces d'oiseaux endémiques : le pigeon de Bolle, le pigeon des lauriers, le pinson bleu, le pouillot des Canaries et le tarier des Canaries. Et, comme on peut s'en douter, c'est bien d'ici que viennent les canaris, même si, en réalité, les espèces sauvages arborent un plumage moins éclatant que leurs cousins en cage.

Pour voir de grosses bêtes, cap sur l'océan. Les eaux séparant Tenerife et La Gomera sont une riche aire de nutrition traditionnelle pour 26 espèces de cétacés, et d'autres y passent durant leur migration. Les plus courants sont les globicéphales tropicaux, les cachalots et les grands dauphins.

L'observation de cétacés est ici une industrie florissante, tous les ans 800 000 personnes embarquent pour les apercevoir. Une loi régule l'observation de mammifères marins, interdisant de s'approcher à moins de 60 m de ces derniers et limitant le nombre de bateaux suiveurs à tout moment. Elle tente aussi de modifier les méthodes visant à attirer les cétacés, telle l'utilisation du sonar. Quatre petits navires patrouilleurs essayent de surveiller les activités. Si vous décidez d'aller observer les cétacés, choisissez une organisation ayant bonne réputation.

À côté des majestueux mammifères marins, quantité d'autres formes de vie s'activent dans l'océan. Les eaux entourant les Canaries abritent plus de 500 espèces de poissons. Plonger avec ou sans bouteille permet de les voir de près.

Nature Trek (www.naturetrek.co.uk), un tour-opérateur britannique spécialisé, propose un circuit de huit jours pour aller observer la faune et la flore des îles Canaries.

La flore

La richesse du sol volcanique des îles, les diverses précipitations et les grandes variations d'altitude permettent une grande diversité de végétaux, autant indigènes qu'introduits. Les Canaries hébergent environ 2 000 espèces, 700 d'entre eux étant endémiques. Le seul frein à cette variété, qui pourrait être encore plus grande dans cet environnement largement subtropical, est le manque d'eau. Les amateurs d'espèces végétales auront pourtant largement de quoi herboriser, et un bon nombre de jardins botaniques permettent d'admirer un beau choix de la flore locale.

Le Parque Nacional de Garajonay, à La Gomera, renferme probablement l'écosystème végétal le plus précieux des Canaries : inscrit au patrimoine mondial de l'Unesco, il comprend l'une des dernières forêts de l'ère tertiaire de la planète. Appelée *laurisilva*, celle-ci est composée de lauriers, houx, tilleuls et fougères géantes festonnés de lichens et de mousses et se trouve généralement baignée de brumes.

Sur les hauteurs du grand bassin volcanique du Parque Nacional del Teide, l'incontestable vedette botanique est le flamboyant *tajinaste rojo,* ou vipérine de Tenerife (*Echium wildpretii*), qui peut dépasser 3 m de haut. Bisannuelle, la vipérine fleurit en produisant une extraordinaire hampe conique couverte de petites fleurs rouge vif, qui peut atteindre 3 m de haut. Après ce court et spectaculaire moment de gloire, elle meurt, ne laissant qu'un squelette desséché aux airs d'arête de poisson couvert de milliers de poils pouvant être très irritants. Ne pas toucher !

Lisez les livres de David Bramwell. Le conservateur du Jardín Botánico Canario de Gran Canaria, fin connaisseur de la flore des îles, a rédigé de nombreux ouvrages sur le sujet.

Problèmes environnementaux

Les faits

Comme dans le reste de l'Espagne, les premières vagues du tourisme de masse ont déferlé sur les rivages tranquilles des Canaries dans les années 1960. Le gouvernement d'alors pensait remplir ses coffres avec l'argent des visiteurs, et les entrepreneurs locaux se ruèrent avec enthousiasme sur ce marché juteux. Bien peu se soucièrent de l'impact environnemental que pouvait avoir la prolifération de touristes et de stations balnéaires.

LA MÉGAFAUNE CANARIENNE

Le plus connu des animaux natifs des Canaries est de nos jours le lézard géant, qui hante encore divers points de l'archipel. Aussi impressionnant soit-il, ce saurien n'est rien à côté de son cousin disparu. Originaire de Tenerife, le *Gallotia goliath* n'a jamais eu à partager son territoire avec l'homme, mais les fossiles retrouvés indiquent que ce colosse mesurait plus d'un mètre de long. Des squelettes et moulages de l'animal sont exposés au Museo de la Naturaleza y el Hombre, à Tenerife.

Le mégalézard devait cohabiter avec une créature non moins intimidante : le rat géant de Tenerife, long d'un mètre environ (queue comprise), pesait à l'âge adulte un bon kilo. L'espèce n'était pas encore éteinte à l'arrivée des Guanches sur Tenerife mais les hommes, et sans doute leurs chats domestiques, ne tardèrent pas à faire un sort au monstre. La Grande Canarie avait aussi jadis sa propre espèce de rat géant, moins impressionnante (25 cm – tout est relatif...).

On estime par ailleurs que les Canaries abritèrent jadis des tortues géantes.

L'ARBRE VENU DU PASSÉ

Un des arbres endémiques les plus surprenants des îles Canaries est le *drago* (dragonnier commun, *Dracaena draco*), qui peut atteindre 18 m et vivre des siècles.

Il a résisté à la dernière période glaciaire et a un air étrange, un peu préhistorique. Sa forme rappelle celle d'un bouquet de fleurs dont le tronc et les racines seraient les tiges, se terminant haut dans les airs par de longues feuilles étroites d'un vert argenté. Lorsqu'elle grandit, le haut de cette plante arborescente (les botanistes ne la considèrent pas comme un arbre) s'alourdit de plus en plus. Pour se stabiliser, elle fait pousser des racines autour de son tronc, finissant par en former un nouveau, plus large.

Autre caractéristique particulière du dragonnier, sa sève, une résine rouge appelée bien sûr "sang de dragon", était utilisée en médecine traditionnelle et comme colorant.

La plante jouait autrefois un rôle important dans la vie locale car c'était sous les branches d'un ancien *drago* que le Guanche, le conseil des nobles, se rassemblait pour rendre la justice.

Le *drago* fait partie d'une famille de quelque 40 espèces (*Dracaenae*) ayant survécu aux âges glaciaires dans les zones tropicales et subtropicales de l'Ancien Monde. C'est un des derniers représentants de la flore de l'ère tertiaire.

L'absence de contrôle sur la construction et l'expansion des stations balnéaires jusque dans les années 1980 ont permis l'émergence de monstruosités monumentales, surtout dans les parties sud de Tenerife et de la Grande Canarie. D'immenses accumulations de villas de vacances, d'hôtels et d'ensembles résidentiels se sont étalées sur une grande partie des côtes sud des deux îles. Et ce phénomène ne s'arrête pas aux stations : les villes et les villages de l'intérieur sont de plus en plus défigurés par de hâtives extensions de béton dues aux promoteurs et aux spéculateurs.

Si vous avez envie de participer à la conservation des espèces marines, et particulièrement à la protection des cétacés, contactez l'Atlantic Whale Foundation (www.awf-volunteeringabroad.org), groupe organisant circuits éducatifs, actions bénévoles et campagnes de préservation à Tenerife. Le site Web est une mine d'informations.

L'énorme afflux de visiteurs de ces dernières décennies a aussi provoqué ou exacerbé d'autres problèmes. La pollution des belles plages, dunes et autres aires naturelles, due autant aux touristes étrangers qu'aux habitants, reste d'une brûlante actualité. De temps à autre, des associations de protection de l'environnement organisent de grandes séances de nettoyage des plages et des alentours, gestes utiles mais bien évidemment insuffisants car les nuisances existent à très grande échelle et demanderaient bien d'autres moyens.

L'un des problèmes les plus importants auxquels les îles sont confrontées est le manque d'eau. La faible pluviométrie associée à l'absence de sources a, de tout temps, restreint l'expansion de l'agriculture, et les ressources en eau sont toujours limitées. La désalinisation semble être l'unique solution pour les Canaries ; à Lanzarote et Fuerteventura la quasi-totalité de l'eau potable provient des usines de désalinisation d'eau de mer.

L'été, les feux de forêt sont le corollaire du sempiternel manque d'eau. Avec une régularité presque parfaite, des centaines, voire des milliers, d'hectares de végétation sont ravagés chaque été sur toutes les îles, sauf sur Lanzarote et Fuerteventura, déjà quasi désertiques.

Éléments de polémique

Les pouvoirs publics sont confrontés à un dilemme car le tourisme représente une manne essentielle pour l'économie de l'archipel, qui ne survivrait pas sans cet apport. Ils assurent que les profits générés sont réinvestis pour la communauté. Mais cette redistribution, arbitraire et chaotique, provoque depuis plus d'une décennie la demande d'une intensification de la planification régionale. D'année en année, les voix exigeant une suspension totale du développement touristique sont de plus en plus fortes. De temps à autre, des moratoires de courte durée sont mis en place île par île. Malheureusement, certaines des dégradations déjà infligées, surtout sur les côtes, sont irréversibles.

L'un des derniers sujets les plus sensibles – le futur port de Granadilla dans le sud-est de Tenerife – est encore bien présent à l'esprit des locaux qui s'inquiètent de l'impact d'un port commercial aussi grand sur l'environnement. Un autre projet controversé, l'extraction de gaz et de pétrole au large de Fuerteventura et de Lanzarote, a heureusement été abandonné après avoir été jugé inintéressant lors des analyses de reconnaissance. À Fuerteventura, un projet artistique controversé visant à creuser une montagne sacrée fait naturellement naître des inquiétudes, bien que le *cabildo* (gouvernement insulaire) insiste sur le fait que l'installation apportera des fonds essentiels grâce au "tourisme de qualité" qu'elle attirera.

Une île, El Hierro, s'engage sur la voie de la préservation. Après des années de préparation, elle est sur le point de devenir la première île au monde capable de subvenir à tous ses besoins énergétiques uniquement grâce aux énergies renouvelables (éolienne, hydraulique et solaire). Prochaine étape : El Hierro prévoit de faire fonctionner tous ses véhicules à l'électricité d'ici 2020.

Les Canaries pratique

Carnet pratique

Ambassades et consulats

Ambassades d'Espagne

La liste des ambassades et consulats espagnols à l'étranger est disponible sur le site du **ministère des Affaires étrangères espagnol** (www.exteriores.gob.es/Portal/en/ServiciosAlCiudadano/Paginas/EmbajadasConsulados.aspx). Voici les adresses de quelques représentations diplomatiques espagnoles :

Belgique Ambassade (☎02 230 03 40 ; 19 rue de la Science, Etterbeek 1040, Bruxelles). Consulat général (☎02 509 87 70/86 ; 85-87 rue Ducale, Bruxelles 1000)

Canada Ambassade (☎613-747 2252 ; 74 Stanley Avenue, Ottawa, Ontario K1M 1P4). Consulats généraux à Montréal (☎514-935 5235 ; 1 Westmount Sq, suite 1456, Montréal, Québec H3Z 2P9) et à Toronto (☎416-977 1661 ; 2 Bloor Street East, Ste 1201, Toronto, Ontario)

France Ambassade (☎01 44 43 18 00 ; 22 av. Marceau, 75008 Paris). Consulat général (☎01 44 29 40 00 ; 165 bd Malesherbes, 75017 Paris). Consulats également à Bayonne, Bordeaux, Lyon, Marseille, Montpellier, Pau, Perpignan, Strasbourg et Toulouse.

Suisse Ambassade (☎350 52 52 ; Kalcheggweg 24, Postfach 99, 3000 Berne 15). Consulats généraux à Berne (☎755 75 24 ; Marienstrasse 12, 3005 Berne) et à Genève (☎749 14 60 ; 58 av. Louis-Casaï, 5e étage, 1200 Genève)

Consulats étrangers aux Canaries

Belgique Consulat (☎22 241 387 ; www.diplomatie.be/tenerifefr ;Edificio Ahlers Y Rahn, Calle Villalba Hervas, 4 – 2e ét. 38002 Santa Cruz de Tenerife)

France Consulat à La Palmas de Gran Canaria (☎922 53 35 36 ; www.ambafrance-es.org ; Calle Robayna 25) ☎928 292 371 ; Calle Néstor de la Torre, 12, 1er ét. 35006 Las Palmas de Gran Canaria) et à Santa Cruz de tenerife (☎922.23.27.10 ; Calle José Maria de Villa, 1, 38005 Santa Cruz de Tenerife).

Suisse Consulat (☎928 293 459 ; Calle Domingo Rivero, 2, 35080 Las Palmas de Gran Canaria)

Argent

Le plus commode est de partir avec votre carte bancaire, ainsi qu'un peu d'argent liquide qui peut servir en cas d'urgence.

Cartes de crédit Les principales *tarjetas de crédito* (cartes de crédit) et cartes de paiement sont acceptées à peu près partout. Vous pouvez les utiliser pour de nombreux achats (notamment dans les stations-service et les hypermarchés, où la présentation d'une pièce d'identité est parfois demandée) ainsi que dans les hôtels et restaurants. En revanche, les petits établissements n'acceptent parfois que les espèces.

Change Vous trouverez des bureaux de change dans la plupart des ports et des aéroports de l'archipel, ainsi que dans les stations balnéaires

FOURCHETTES DES TARIFS DE RESTAURATION

Les restaurants sont d'abord classés par prix, puis suivant les préférences de l'auteur dans chaque catégorie de prix. Les fourchettes de prix suivantes s'appliquent à un plat standard.

€ moins de 10 €

€€ 10-20 €

€€€ plus de 20 €

Demandez s'il y a un supplément pour s'asseoir en terrasse – certains établissements ajoutent 10% à 15%.

et villes très touristiques, où vous les reconnaîtrez à l'enseigne *cambio* (change). La plupart pratiquent des horaires plus étendus, offrent un service plus rapide que les banques et, la plupart du temps, des taux de change plus intéressants. Quel que soit l'établissement où vous changez de l'argent, renseignez-vous sur le montant de la commission, dont les termes varient d'un endroit à l'autre, et demandez confirmation des taux affichés. Le taux habituel de commission est de 3%. Les bureaux affichant "pas de commission" compensent généralement par des taux moins avantageux.

Distributeurs automatiques de billets (DAB). Les banques sont pléthoriques aux Canaries et pour beaucoup dotées de *cajeros automáticos* (DAB) en plusieurs langues. Notez qu'une commission de 2 à 3% est généralement prélevée sur les retraits au distributeur à l'étranger.

Espèces Vous aurez toujours besoin d'avoir de la monnaie – les chauffeurs de bus et certains petits restaurants et magasins n'acceptent pas les cartes bancaires.

Pourboire Non obligatoire, la plupart des clients, quand ils sont satisfaits, laissent toutefois quelques pièces : un pourboire de 5% est jugé très convenable, 10% d'une grande générosité. Aux chasseurs des hôtels, il est de bon ton de donner 1 €. Les taxis n'attendent pas de pourboire, mais ils verront d'un bon œil que vous arrondissiez le prix de la course.

Assurances

Il est conseillé de prendre une assurance voyage qui vous couvrira en cas d'annulation ou de retard de votre voyage, de vol, de perte de biens et de problèmes de santé.

En achetant votre billet par carte bancaire, vous bénéficierez souvent d'une assurance couvrant annulations et retards, et qui vous remboursera en cas de problème avec le transporteur.

Cartes de réduction

Une pièce d'identité avec photo est indispensable pour bénéficier d'éventuelles remises.

Seniors Réductions dans divers musées et sites touristiques, parfois aussi dans les transports. L'âge minimum varie entre 60 et 65 ans.

Étudiants Réduction généralement de 50% sur le tarif normal, mais la carte étudiant n'est pas acceptée partout.

➡ Demandez dans chaque office du tourisme s'il existe des cartes de réduction pour les sites locaux.

Cours de langues

Tenerife est particulièrement réputée pour ses cours d'espagnol. Plusieurs écoles sont également situées à Las Palmas de Gran Canaria.

Canarias Cultural (www.canarias-cultural.com ; Santa Cruz de Tenerife ; programme intensif 1 semaine 145 €). Divers programmes à temps plein ou partiel.

Don Quijote (www.donquijote.org ; Puerto de la Cruz, Tenerife ; ⏲programme intensif 1 semaine 175 €). Organisation nationale proposant des cours collectifs ou particuliers, et un programme de 2 semaines pour les plus de 50 ans (530 €).

Galfir (www.galfir.com ; La Laguna, Tenerife ; programme intensif 1 semaine

Climat

Las Palmas de Gran Canaria

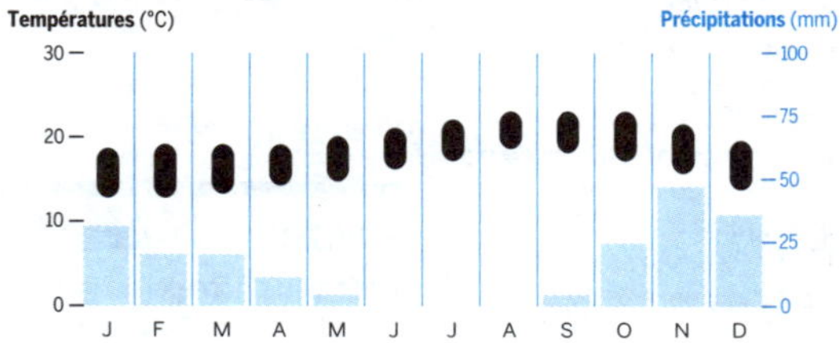

Puerto del Rosario

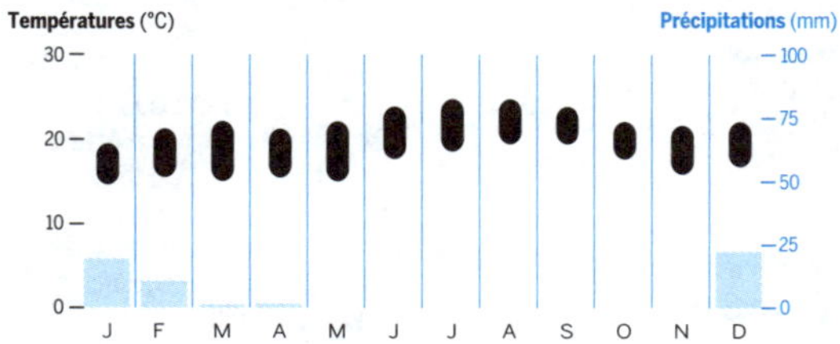

Santa Cruz de Tenerife

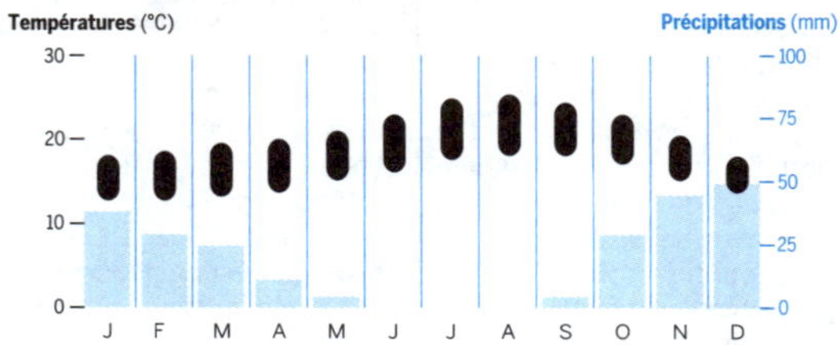

LES CANARIES PRATIQUES

- **Monnaie** Euro
- **Mesures** Système métrique
- **Journaux et magazines** Parmi les publications canariennes en espagnol figurent le *Diario de Avisos*, *Canarias 7* et *La Provincia*. On peut aussi se procurer les quotidiens nationaux *El País* et *El Mundo*.
- **Radio** La Radio Nacional de España compte quatre stations. Les radios FM locales sont très nombreuses dans l'archipel ; on reçoit le BBC World Service (www.bbc.co.uk/worldservice) sur les fréquences 6195kHz, 9410 kHz, 12095kHz et 15485 kHz.
- **Télé** Les Canaries reçoivent les chaînes de télévision d'Espagne continentale (TVE1, La 2, Antena 3, Cuatro, Tele 5, La Sexta) ainsi que quelques chaînes locales d'intérêt très limité.
- **Fumeurs** La loi interdit désormais de fumer dans tous les bars et restaurants, à proximité des hôpitaux et dans les cours d'école, ainsi qu'à la télévision.

140 €). Propose aussi des activités culturelles alliant cours d'espagnol et cuisine canarienne (2 semaines 360 €) ou salsa (376 €).

Gran Canaria School of Languages (carte p. 48 ; ☎928 26 79 71 ; www.grancanariaschool.com ; Calle Dr Grau Bassas 27 ; programme intensif 1 semaine 170 €). École à l'excellente réputation, ouverte depuis plus de 40 ans. Possibilité d'hébergement.

Study Abroad International (www.studyabroadinternational.com). Divers programmes de cours à l'étranger sur la Grande Canarie et Tenerife.

Douane

Si les Canaries appartiennent bien à l'Espagne, elles sont toutefois considérées, en termes douaniers, comme hors Union Européenne. De ce fait, les quotas y sont nettement moins généreux que pour les biens achetés dans les pays de l'Union européenne.

Vous pouvez faire entrer ou sortir un maximum de :

- 4 l de vin
- 1 l de spiritueux (ou 2 l de vin fortifié)
- 16 l de bière
- 200 cigarettes
- 200 € de cadeaux et autres produits

Femmes seules

Les cas de harcèlement sont bien plus rares que ne le laissent croire les clichés sur l'Espagne, qui est l'un des pays européens affichant les taux de plaintes pour viol les plus bas. Vous risquez davantage d'être embêtée dans une station touristique par un touriste éméché venu d'Europe du Nord que par un Canarien.

Dans les villes, les femmes sont parfois la cible de regards appuyés, sifflets et commentaires déplacés, face auxquels la réaction la plus efficace est l'indifférence. Le *piropo*, compliment inoffensif et gentiment dragueur, est profondément ancré dans les habitudes espagnoles et, lorsqu'il est bien tourné, peut être considéré comme une galanterie.

Si les seins nus et les tenues légères sont monnaie courante dans les stations balnéaires, partout ailleurs un peu plus de pudeur est recommandé.

Formalités et visas

L'Espagne fait partie des 26 pays signataires de la convention de Schengen, qui a aboli les contrôles aux frontières au sein de 22 États-membres de l'UE (tous sauf la Bulgarie, la Croatie, Chypre, l'Irlande, la Roumanie et le Royaume-Uni) ainsi que l'Islande, le Lichtenstein, la Norvège et la Suisse.

Les formalités pour entrer en Espagne selon votre pays d'origine :

Ressortissants ou résidents de l'UE et de l'espace Schengen Pas de visa nécessaire.

Ressortissants ou résidents Canadiens Pas de visa nécessaire pour les séjours de tourisme de moins de 90 jours.

Pour travailler ou faire des études en Espagne Un visa particulier peut être exigé : contactez une ambassade ou un consulat d'Espagne avant votre départ.

Avant le départ, il est impératif de contacter les ambassades et les consulats pour s'assurer que les modalités d'entrée sur le territoire n'ont pas changé. Nous vous conseillons de scanner ou de photocopier tous vos documents importants (pages d'introduction de votre passeport, cartes de crédit, police d'assurance, billets de train/d'avion/de bus, permis de conduire, etc.). Conservez ces copies à part des originaux. Vous remplacerez ainsi plus aisément ces documents en cas de perte ou de vol.

Handicapés

Les Canaries ne facilitent pas le séjour des personnes handicapées. La majorité des restaurants, magasins et sites touristiques ne sont pas équipés pour l'accès en fauteuil roulant, mais les hébergements les plus chers ont souvent des chambres adaptées. Les transports sont particulièrement difficiles, mais vous devriez pouvoir louer une voiture adaptée au handicap auprès d'un grand loueur international (réservez bien à l'avance). D'ailleurs, réserver tôt doit être votre maître mot : renseignez-vous d'emblée auprès de votre agent de voyages sur l'offre en termes d'information et d'assistance. Dans les grandes villes comme Las Palmas et Santa Cruz, certains édifices (musées, services gouvernementaux) ont des ascenseurs signalisés en braille et des revêtements de sol spécifiques devant les escaliers, mais cela s'arrête là. Les infrastructures publiques sont en particulier très peu adaptées aux malentendants.

Ces sites (en espagnol) donnent des informations et des adresses utiles :

Grande Canarie www.spain-grancanaria.com/fr/disabled.html

Tenerife www.tenerife-accesible.org

Location de matériel spécialisé

Mobility Abroad (www.mobilityabroad.com). Un prestataire bien établi, implanté à la Grande Canarie, Lanzarote et Tenerife.

Orange Badge (☎922 79 73 55 ; www.orangebadge.eu). Location de fauteuils roulants et de scooters électriques à Tenerife.

Organisations

L'**APF** (Association des paralysés de France, 17 bd Auguste-Blanqui, 75013 Paris ☎01 40 78 69 00, fax 01 45 89 40 57 ; www.apf.asso.fr) peut vous fournir des informations sur les voyages accessibles. Plusieurs associations délivrent des informations aux voyageurs handicapés. Consultez notamment les sites Internet de Yanous (www.yanous.com) et de Handi Voyages (handivoyages.free.fr).

Heures d'ouverture

Ces horaires s'appliquent en haute saison uniquement ; le reste de l'année, les heures d'ouverture sont généralement restreintes.

Banques 8h30-14h lun-ven

Bars 19h-minuit

Bureaux de poste 8h30-20h30 lun-ven, 9h30-13h sam (grandes villes) ; 8h30-14h30 lun-ven, 9h30-13h sam (reste de l'archipel)

Magasins 10h-14h et 17h-21h lun-ven, 10h-14h sam

Restaurants service 13h-16h et 19h-tard

Supermarchés 9h-21h lun-sam

Heure locale

Les Canaries sont soumises au fuseau horaire GMT/UTC, plus une heure après le passage à l'heure d'été. L'archipel est à une heure de moins que l'Espagne continentale et la plupart des pays d'Europe. Les Canaries passent à l'heure d'été le dernier dimanche de mars (on avance alors sa montre d'une heure). On retarde les horloges d'une heure en octobre.

Quand il est midi aux Canaries (en fonction de l'heure d'été/d'hiver), il est 13h à Madrid et à Paris, 7h à Toronto.

Homosexualité

Le mariage homosexuel est légal en Espagne et donc aux Canaries. L'âge minimum est fixé à 16 ans, comme pour le mariage hétérosexuel. Playa del Inglés et Maspalomas, tout au sud de la Grande Canarie, est la destination favorite des gays européens en vacances aux Canaries, et la vie nocturne y est trépidante toute l'année. Le jour, les plages nudistes sont très prisées.

En règle générale, les Espagnols sont assez tolérants en termes de mœurs et vous ne devriez pas avoir d'ennuis. Toutefois, les habitants des petites villes de campagne risquent d'être déconcertés par des témoignages d'affection trop expansifs entre personnes du même sexe.

Canarias Gay (www.canariasgay.com). Moteur de recherche pour des vacances gay-friendly sur les îles.

Gamá (www.colectivogama.com). Un collectif gay et lesbien qui couvre tout l'archipel.

Pink Canaries (www.pinkcanaries.com). Listes de clubs, restaurants et hébergements, par une association gay et lesbienne de Tenerife.

Internet (accès)

Wi-Fi Disponible dans la plupart des hôtels, ainsi que dans certains cafés, restaurants et aéroports ; le plus souvent gratuit, mais pas systématiquement. Le débit de la connexion varie souvent d'une chambre à l'autre dans les hôtels – renseignez-vous à votre arrivée. Dans ce guide, les hôtels avec Wi-Fi sont signalés par l'icône 📶. L'icône @ désigne les établissements disposant d'ordinateurs connectés en accès libre.

Cybercafés On trouve toujours un *cibercafe* – renseignez-vous à l'office du tourisme local. Comptez 2,50 à 4 € l'heure.

Jours fériés

Le calendrier canarien compte au moins 14 jours fériés officiels. Lorsqu'un jour férié tombe non loin d'un week-end, on n'aime rien tant que faire le *puente* (pont) en prenant un jour de congé.

Lorsque plusieurs jours fériés encadrent un même week-end, le *puente* devient *acueducto* (aqueduc)...

Voici une liste des principaux jours fériés du calendrier national, pratiqués dans toute l'Espagne, donc aux Canaries :

Año Nuevo (Nouvel An) 1er janvier

Día de los Reyes Magos (Épiphanie) 6 janvier

Viernes Santo (Vendredi saint) mars/avril

Fiesta del Trabajo (fête du Travail) 1er mai

La Asunción de la Virgen (Assomption) 15 août

Día de la Hispanidad (Jour de l'Hispanité et fête nationale) 12 octobre

Todos los Santos (Toussaint) 1er novembre. Particulièrement respecté à Tenerife.

La Inmaculada Concepción (Immaculée Conception) 8 décembre

Navidad (Noël) 25 décembre

Par ailleurs, le gouvernement canarien a fixé cinq autres jours fériés, et deux autres encore sont établis par les autorités locales. Parmi les plus répandus figurent les suivants :

Martes de Carnaval (Mardi gras) février/mars

Jueves Santo (Jeudi saint) mars/avril

Día de las Islas Canarias (fête des Canaries) 30 mai

Día de San Juan (Saint-Jean) 19 mars

Día de Santiago Apóstol (fête de l'apôtre Jacques, saint patron de l'Espagne) 25 juillet. À Santa Cruz de Tenerife, ce jour marque aussi la commémoration de la défaite de l'amiral Nelson, qui en 1797 tenta de prendre la ville.

Día del Pino (fête de la Vierge du Pin) 8 septembre. Une date très importante à la Grande Canarie.

Día de la Constitución (fête de la Constitution) 6 décembre

Offices du tourisme

Toutes les grandes villes des Canaries possèdent un office du tourisme où vous trouverez généralement de bonnes cartes et informations sur la région. Si le gouvernement canarien fournit des renseignements sur la région entière et sur chaque île via son excellent site www.turismodecanarias.com, les offices du tourisme sont, eux, gérés par les *cabildos* (gouvernements insulaires) ou *ayuntamientos* (mairies).

Problèmes juridiques

Si vous êtes arrêté, vous bénéficierez des services gratuits d'un *abogado de oficio* (avocat commis d'office) qui pourrait bien ne parler qu'espagnol. Vous avez aussi le droit de passer un appel téléphonique. Si vous appelez votre ambassade ou votre consulat, sachez que le personnel ne pourra par faire grand-chose de plus que de vous adresser à un avocat francophone. Si vous passez en jugement, les autorités sont tenues de vous fournir un interprète.

En théorie, vous devez en permanence avoir sur vous votre carte nationale d'identité ou votre passeport, que vous devez pouvoir présenter en cas de contrôle de police. En pratique, c'est rarement un problème, et beaucoup de voyageurs préfèrent laisser leur passeport au coffre de leur hôtel et avoir sur eux une photocopie.

Il y a trois grands types de *policía* : la *policía local*, la *policía nacional* et la Guardia Civil. Tous les services de police sont habilités à vous répondre, mais la *policía local* se révèle souvent plus utile. Le gouvernement des Canaries assure une assistance téléphonique gratuite (☎112), qui veille à ce que toute affaire urgente soit transmise au service de police le plus proche.

Santé

Assurances et services médicaux

La carte européenne d'assurance maladie, nominative et individuelle, assure l'aide médicale d'urgence (mais non le rapatriement sanitaire) aux citoyens de l'Union européenne. Vous devez en faire la demande auprès de votre caisse d'assurance maladie. Comptez un délai de deux semaines pour la réception.

Il est conseillé de souscrire une police d'assurance qui vous couvrira en cas de maladie ou encore d'accident. Lisez avec la plus grande attention les clauses en petits caractères : c'est là que se cachent les restrictions.

Vérifiez notamment que les "sports à risques", comme la plongée, la moto ou même la randonnée ne sont pas exclus de votre contrat, ou encore, que le rapatriement médical d'urgence, en ambulance ou en avion, est couvert. De même, le fait d'acquérir un véhicule dans un autre pays ne signifie pas nécessairement que vous serez protégé par votre propre assurance.

Vous pouvez contracter une assurance qui règlera directement les hôpitaux et les médecins, vous évitant ainsi d'avancer des sommes qui ne vous seront remboursées qu'à votre retour. Dans ce cas, conservez avec vous tous les documents nécessaires.

Attention ! Avant de souscrire une police d'assurance, vérifiez bien que vous ne bénéficiez pas déjà d'une assistance par votre carte de crédit, votre mutuelle ou votre assurance automobile. C'est bien souvent le cas.

Disponibilité des soins médicaux

L'Espagne (et donc les Canaries) possède un excellent système de santé. Si vous avez besoin d'une ambulance, appelez le ☎112 (le numéro de téléphone européen d'urgence et de demande d'assistance médicale). Autre numéro d'urgence, le ☎061. Vous pouvez aussi vous rendre directement aux *urgencias* de l'hôpital le plus proche.

Les pharmaciens sont de bon conseil et vous fourniront les médicaments en vente libre. Dans toutes les Canaries, un système de *farmacias de guardia* (pharmacies de garde) fait en sorte qu'il y ait toujours une officine ouverte par secteur : quand une pharmacie est fermée, les adresses ouvertes les plus proches sont indiquées sur la porte. Les soins dentaires sont généralement bons, mais il est toujours prudent de faire pratiquer un check-up dentaire avant un voyage.

Eau potable

Aux Canaries, l'eau est généralement de l'eau de mer dessalée. Elle est potable mais son goût n'est pas très agréable. La plupart des habitants achètent de l'eau en bouteille, bon marché et disponible partout. En cas de doute, demandez *¿Es potable el agua (de grifo)?* ("L'eau (du robinet) est-elle potable ?"). Ne buvez pas l'eau des lacs : elle est susceptible de contenir des bactéries et des virus pouvant entraîner diarrhées et vomissements.

Mal des montagnes

Si vous faites de la randonnée en altitude, au-delà de 2 500 mètres (par exemple sur El Teide, à Tenerife), méfiez-vous du mal des montagnes. Le manque d'oxygène affecte la plupart des individus à des degrés variables. Les symptômes apparaissent généralement dans les premières 24 heures passées en altitude, mais ils peuvent survenir jusqu'à trois semaines plus tard : maux de tête, léthargie, vertiges, difficultés à dormir et perte d'appétit doivent vous alerter.

Un jour ou deux passés au repos à la même altitude suffisent généralement à faire disparaître les symptômes sans gravité. Contre les maux de tête, prenez du paracétamol ou de l'aspirine. Si les symptômes s'aggravent, redescendez immédiatement, ne serait-ce que de 500 m.

Téléphone

Cartes téléphoniques

Les cartes téléphoniques sont vendues dans les bureaux de tabac, chez les marchands de journaux et dans les *locutorios* (centres d'appels). La gamme est très vaste, chacune ayant sa grille tarifaire. Tout dépend de la destination de vos appels. Le tarif descend parfois à 0,01 € la minute, mais comptez plutôt autour de 0,05 €.

Téléphones portables

Si vous possédez un téléphone mobile GSM, bibande ou tribande, vous pourrez acheter sur place carte SIM et cartes prépayées.

Tous les opérateurs espagnols (notamment Orange, Vodafone et Movistar) proposent des forfaits prépayés. Vous pourrez ensuite recharger votre carte dans leurs boutiques ou chez des revendeurs, par exemple les supermarchés et bureaux de tabac.

Les Canaries utilisent le système GSM 900/1800, compatible avec le reste de l'Europe, mais pas avec le GSM 1900 en vigueur en Amérique du Nord : les voyageurs venus d'outre-Atlantique doivent posséder un téléphone tribande ou quadribande.

Indicatifs téléphoniques

- **Numéros de portables** commencent par 6
- **Indicatif international** ☎00
- **Indicatif de l'Espagne** (dont les Canaries) ☎34
- **Indicatifs provinciaux, par île** Grande Canarie, Lanzarote et Fuerteventura ☎928 ; Tenerife, La Gomera, La Palma et El Hierro ☎922
- **Numéros gratuits** commencent par ☎900

Toilettes

Les toilettes publiques sont rares et peu attrayantes. Le plus commode est d'utiliser celles d'un bar. Dans ce cas, il est poli de consommer, ne serait-ce qu'un café. Toutefois, dans les zones touristiques, un panneau peut préciser que l'usage des toilettes est réservé aux clients. Les voyageurs prudents auront toujours du papier toilette sur eux, beaucoup de sanitaires en étant dépourvus.

Travailler aux Canaries

Les ressortissants de l'UE sont libres de travailler partout en Espagne (y compris aux Canaries) sans nécessité d'un visa, mais sont censés demander une carte de résident au cours du premier mois s'ils envisagent un séjour de plus de trois mois. Tous les autres ressortissants sont supposés être en possession d'un permis de travail (demande auprès d'un consulat d'Espagne dans leur pays de résidence) et, pour un séjour supérieur à 90 jours, d'un visa de résident. Il est relativement facile de trouver un emploi, surtout dans les stations touristiques, mais les formalités d'obtention de ces papiers sont souvent longues et fastidieuses.

Transports

DEPUIS/VERS LES CANARIES

Entrer aux Canaries

Les ressortissants de la plupart des pays de l'Union européenne (UE) et de la Suisse n'ont besoin que de leur carte nationale d'identité pour se rendre aux Canaries. Les ressortissants canadiens devront avoir un passeport en cours de validité (pour les séjours touristiques de moins de 90 jours).

La législation espagnole vous impose d'avoir votre carte d'identité ou votre passeport sur vous en permanence pendant votre séjour, dans l'éventualité d'un contrôle de police. Mais, en pratique, vous ne risquez guère d'ennuis. Vous pouvez préférer porter sur vous une photocopie de ces documents. Dans tous les cas, une pièce d'identité originale est souvent demandée à votre arrivée dans les hôtels.

Voie aérienne

Aéroports et compagnies

L'excellent site Internet et le numéro d'information sur les vols d'**Aena** (☎902 404704 ; www.aena.es), l'autorité espagnole du transport aérien, centralisent les renseignements sur la totalité des aéroports du pays.

Les sept îles ont chacune leur aéroport. Tenerife, la Grande Canarie, Lanzarote, Fuerteventura et, de plus en plus, La Palma, accueillent la quasi-totalité des vols internationaux et venus d'Espagne continentale ; les aéroports des autres îles assurent surtout des vols intérieurs à l'archipel.

Les grands aéroports suivants accueillent les vols internationaux :

Fuerteventura se trouve à 6 km au sud de la capitale, Puerto del Rosario.

La Grande Canarie se trouve à 16 km au sud de Las Palmas.

Lanzarote se trouve à 6 km au sud-ouest de la capitale, Arrecife.

Tenerife Norte (Los Rodeos) accueille presque tous les vols intérieurs à l'archipel ainsi que ceux vers l'Espagne continentale.

Tenerife Sur (Reina Sofía) accueille les autres vols, dont la quasi-totalité des charters depuis/vers les Canaries.

Depuis la France

Air France et Iberia, ainsi que d'autres compagnies aériennes, proposent des vols quotidiens pour Tenerife, Lanzarote, Fuerteventura ou la Grande Canarie. Hormis quelques liaisons directes, la plupart des vols nécessitent un changement à Madrid ou à Barcelone et durent alors entre 6 et 7 heures selon l'escale. Au moment de nos recherches, les allers-retours les moins chers pour Tenerife, Lanzarote ou Fuerteventura coûtaient de 270 à 330 €.

Plusieurs compagnies à bas coût proposent des vols directs depuis Paris ou la province, à certaines périodes de l'année. Les tarifs sont souvent intéressants, à condition de réserver son vol bien à l'avance.

Voici quelques adresses de compagnies aériennes et d'agences de voyages :

Iberia (☎0825 800 965 ; www.iberia.fr). De Paris, une douzaine de vols par jour vers Madrid et Barcelone avec correspondances pour Tenerife Sur (Reina Sofía), Tenerife Norte

AVERTISSEMENT

Les informations contenues dans ce chapitre sont particulièrement susceptibles de changements. Vérifiez directement auprès de la compagnie aérienne ou de l'agence de voyages les modalités d'utilisation de votre billet d'avion. N'hésitez pas à comparer les prestations. Les détails fournis ici doivent être considérés à titre indicatif et ne remplacent en rien une recherche personnelle attentive.

(Los Rodeos), Las Palmas de Gran Canaria, Lanzarote et Fuerteventura.

Air Europa (☎01 42 65 08 00 en France ; www.aireuropa.com). Vols quotidiens depuis Paris vers Tenerife, via Barcelone ou Madrid, et plusieurs vols hebdomadaires au départ de Bordeaux, Toulouse et Lyon. Certains vols sont assurés en partenariat avec Air France.

Air France (☎3654, 0,34 €/min ou 0820 820 820 ; wwwairfrance.fr). Plusieurs vols hebdomadaires depuis Paris vers Tenerife ; également des liaisons depuis Lyon, Nantes et Bordeaux.

Volotea (☎0899 232 050 ; www.volotea.com). Cette compagnie espagnole à bas prix, fondée en 2012, relie les capitales régionales et les villes moyennes villes d'Europe. Depuis la France, des départs sont possibles depuis Nantes à direction de Tenerife Sud, Gran Canaria et Fuerteventura, de Bordeaux à Tenerife Sud ou Fuerteventura, et de Toulouse vers Tenerife Sud.

Vueling (☎0899 232 400 ; www.vueling.com). Depuis Paris, vols pour Tenerife, Fuerteventura et Gran Canaria.

easyJet (☎0820 420 315 ; www.easyjet.com). Vols direct depuis Paris vers Tenerife Sur à partir de 140 € A/R. Également des liaisons depuis Bâle-Mulhouse vers la Grande Canarie, Fuerteventura et Lanzarote.

Nouvelles Frontières (réservations et informations au ☎0825 000 825 ou 0825 000 747, 0,15 €/min ; www.nouvelles-frontieres.fr)

SNCF (☎36 35, 0,64 €/min ; www.voyages-sncf.com)

Depuis la Belgique

De Bruxelles, **Iberia** (☎070 700 050 ; www.iberia.com) assure des vols quotidiens vers Madrid ou Barcelone avec correspondance pour Tenerife Sur (Reina Sofía) le plus souvent, Tenerife Norte (Los Rodeos), Las Palmas de Gran Canaria, Lanzarote et Fuerteventura.

VOYAGES ET CHANGEMENT CLIMATIQUES

Tous les moyens de transport fonctionnant à l'énergie fossile génèrent du CO_2 – la principale cause du changement climatique induit par l'homme. L'industrie du voyage est aujourd'hui dépendante des avions. Si ceux-ci ne consomment pas nécessairement plus de carburant par kilomètre et par personne que la plupart des voitures, ils parcourent en revanche des distances bien plus grandes et relâchent quantité de particules et de gaz à effet de serre dans les couches supérieures de l'atmosphère. De nombreux sites Internet utilisent des "compteurs de carbone" permettant aux voyageurs de compenser le niveau des gaz à effet de serre dont ils sont responsables par une contribution financière à des projets respectueux de l'environnement. Lonely Planet "compense" les émissions de tout son personnel et de ses auteurs.

Air Europa (☎070 358 400 ; www.aireuropa.com) assure toute l'année des vols vers Tenerife avec une escale à Madrid.

Depuis la Suisse

De Genève et Zurich, **Iberia** (☎0 848 000 015 ; www.iberia.com) assure plusieurs vols par semaine, via Madrid ou Barcelone, en direction de Fuerteventura, Las Palmas de Gran Canaria, Tenerife et Lanzarote. Des vols directs sont assurés par **easyJet** (☎0848 282 828 ; www.easyjet.com) pour Tenerife Sur.

Depuis le Canada

Il n'existe aucun vol direct depuis le Canada vers les Canaries. Le mieux est d'étudier le meilleur rapport tarif/itinéraire : un vol direct pour Madrid ou Paris par exemple, suivi d'un vol charter ou d'un forfait, est souvent la formule la plus simple et la plus avantageuse de rallier l'archipel.

Au moment de la rédaction de ce guide, l'aller-retour le moins cher ralliant Montréal à Madrid s'élevait à 750/890 $C en basse/haute saison.

Vous pouvez contacter les agences suivantes :

Air Canada (☎1 888 247 2262 ; www.aircanada.ca)

Voyages Campus – Travel Cuts (☎514 281 6662 ; www.travelcuts.com ; 225 Président-Kennedy PK-R-206, Montréal, Québec H2X 3Y8). L'agence nationale pour les étudiants.

Voie maritime

Presque tous les voyageurs vont aux Canaries en avion. Le seul autre moyen est de prendre un ferry depuis l'Espagne continentale.

Trasmediterránea (☎902 454645 ; www.trasmediterranea.com). Un ferry par semaine relie Cadix, en Espagne continentale, à Santa Cruz de Tenerife (48 heures), avec escales à Lanzarote (31 heures) et Las Palmas de Gran Canaria (39 heures).

Naviera Armas (☎902 456500 ; www.navieraarmas.com). Un bateau par semaine au départ de Huelva, sur le continent, pour Lanzarote (27 heures), Las Palmas de Gran Canaria (32 heures) et Santa Cruz de Tenerife (36 heures).

VOYAGES ORGANISÉS

Les Canaries se prêtent idéalement à la randonnée, et les agences spécialisées dans ce domaine proposent de nombreux circuits, adaptés aux marcheurs de tous niveaux, à travers une ou plusieurs des sept îles de l'archipel. Les sports nautiques sont également à l'honneur. Les amateurs de plages peuvent opter pour les séjours en demi-pension ou tout compris en hôtels et hôtels-clubs au catalogue de la plupart des agences généralistes.

Randonnées et treks

Allibert (☎04 76 45 50 50 ; www.allibert-trekking.com) ; Paris (☎01 44 59 35 35 ; 37 bd Beaumarchais, 75003). Divers circuits pour marcheurs plus ou moins aguerris. Autres agences à Chamonix, Chapareillan, Toulouse et Villeneuve-Loubet.

Atalante (☎04 72 53 24 80 ; www.atalante.fr) ; Lyon (☎04 72 53 24 80 ; 36-37 quai Arloing, 69256) ; Paris (☎01 55 42 81 00 ; 18 rue Séguier, 75006 Paris) ; Bruxelles (☎02 627 07 97 ; rue César-Franck, 44A, B-1050). Treks sportifs et circuits découvertes alliant randonnée, visites culturelles et baignades.

Canary Active Nature (☎+34 693 74 60 89 ; www.canary-active-nature.com ; Diseminado Caleta de Famara 23, 35558 Teguise, Lanzarote). Une agence locale mais francophone (entre autres), qui propose divers circuits de randonnée d'une semaine environ, mais aussi des excursions à la journée à pied ou à vélo, et un pack multi-activités.

Chamina Voyages (☎04 66 69 00 44 ; contact@chamina-voyages.com ; www.chamina-voyages.com ; Naussac BP5, 48300 Langogne). Dix randonnées accompagnées ou en liberté de 5 à 15 jours, dont une adaptée aux enfants.

Grand Angle (☎04 76 95 23 00 ; www.grandangle.fr ; Le Village, 38112 Méaudre). Plusieurs séjours axés sur la randonnée, avec un programme à la carte.

Huwans-Clubaventure (☎04 96 15 10 20 ; www.huwans-clubaventure.fr) ; Paris (☎01 44 32 09 30 ; 18 rue Séguier, 75006 Paris) ; Genève (rue Prévost-Martin 51). Treks et randonnées sportives ou en famille. Autres agences à Lyon et Marseille.

Nomade Aventure (☎01 46 33 71 71 ; www.nomade-aventure.com ; 40 rue de la Montagne Sainte Geneviève, 75005 Paris). Des treks de niveaux divers et une randonnée multi-activités avec découverte des volcans et rencontre avec les dauphins, idéale pour les familles.

Terdav (☎0825 70 08 25 ; www.terdav.com ; 30 rue Saint-Augustin, 75002 Paris). Randonnées accompagnées ou en individuel.

Sports et découverte

AMV Subocea (☎04 95 06 12 39 ; www.amv-voyages.fr) ; Marseille (rue Henri-et-Antoine Maurras, 13016) ; Toulouse (27 bd des Minimes, 31200). Cette agence spécialisée dans la plongée propose des séjours à La Graciosa, Tenerife ou Lanzarote.

Escursia (☎02 53 35 40 29 ; www.escursia.fr ; 2 rue Jean-Emile Laboureur, 44000 Nantes). Un circuit à la découverte des volcans de l'archipel en compagnie d'un vulcanologue.

Evaneos (☎01 84 17 73 35 ; www.evaneos.com). Spécialiste du voyage en liberté et sur mesure, cette agence travaille avec des prestataires locaux. Plusieurs circuits, dont un original "Lanzarote artistique" axé sur l'œuvre de l'artiste Cesar Manrique, ou celui, plus sportif, pour s'initier à la voile, au surf et à la plongée.

AGENCES EN LIGNE

Vous pouvez réserver votre vol via une agence en ligne ou vous renseigner auprès d'un comparateur de vols :

- www.bourse-des-vols.com
- www.ebookers.fr
- www.expedia.fr
- www.govoyages.com
- www.illicotravel.com
- www.kayak.fr
- www.opodo.fr
- www.skyscanner.fr
- voyages.kelkoo.fr
- www.voyages-sncf.com

COMMENT CIRCULER

Avion

Les sept îles possédant un aéroport, l'avion est l'option la plus simple (et rapide) si vous souhaitez visiter plusieurs îles. Binter Canarias est la compagnie la plus ancienne, avec une offre complète de vols et, sur certaines lignes (notamment dans les îles occidentales), de minuscules avions ! Canary Fly est une nouvelle compagnie.

Le trajet en bateau depuis l'Espagne continentale n'est pas donné. Si vous optez pour une simple place assise à bord, vous passerez autant de temps à gagner les

Canaries qu'en avion. En revanche, si vous voyagez en cabine, le trajet coûte 3 à 4 fois le prix d'un vol – et dure presque 10 fois plus longtemps !

Binter Canarias (☎902 391392 ; www.bintercanarias.com). Vols pour toutes les îles.

Canary Fly (☎902 808065 ; www.canaryfly.es). Dessert Tenerife, La Palma, Grande Canarie et Lanzarote.

Bateau

Les îles sont reliées entre elles par des "ferries rapides" et des hydroglisseurs.

N'oubliez pas qu'il n'est pas rare que les horaires, les tarifs et même les itinéraires changent. Ce n'est pas bien grave sur les grands itinéraires, où l'offre ne manque pas, mais cela peut occasionner d'importants retards si vous empruntez un itinéraire desservi seulement deux à trois fois par jour, voire par semaine.

Ci-dessous les trois compagnies principales :

Fred Olsen (☎902 10 01 07 ; www.fredolsen.es)

Naviera Armas (☎902 45 65 00 ; www.navieraarmas.com)

Trasmediterránea (☎902 45 46 45 ; www.trasmediterranea.com)

Bus

Aux Canaries, un bus s'appelle une *guagua* (prononcez "goua-goua"). Mais si vous parlez d'*autobuses*, vous vous ferez parfaitement comprendre.

Chaque île a son propre service interurbain. Les bus pourront vous conduire vers tous les grands sites (et vous en ramener), mais il n'y en a souvent que quelques-uns par jour. C'est particulièrement vrai sur les plus petites îles, peu peuplées, où tout le monde ou presque doit être motorisé.

Les grandes îles, Tenerife et la Grande Canarie, jouissent d'un système de transports publics couvrant tout leur territoire. La fréquence est toutefois extrêmement variable : la desserte, très régulière entre les grandes villes, se résume parfois à deux allers-retours par jour pour transporter travailleurs et écoliers depuis/vers la capitale insulaire.

Le week-end, veillez à bien vérifier les horaires lors de vos déplacements. Même sur les lignes des grandes îles, une desserte fréquente en semaine peut se réduire à quelques bus le samedi et à un seul (voire aucun) le dimanche.

Dans les grandes villes, les bus partent d'une *estación de guaguas* (gare routière). Dans les petites communes et les villages, la tête de ligne se trouve souvent dans une rue ou sur une place déterminée. Le ticket s'achète à bord.

Global (☎928 25 26 30 ; www.globalsu.net). Réseau bien développé d'itinéraires à la Grande Canarie, mais la desserte entre les zones rurales est plus que réduite.

GuaguaGomera (☎922 14 11 01 ; www.guaguagomera.com). Le service limité de La Gomera gère 7 lignes à travers l'île.

Tiadhe (☎928 85 57 26 ; www.tiadhe.com). Réseau correct de Fuerteventura, avec 17 lignes.

TITSA (Transportes Interurbanos de Tenerife SA ; ☎922 53 13 00 ; www.titsa.com). Réseau de bus très dense, sur toute l'île de Tenerife.

TransHierro (☎922 55 11 75 ; www.transhierro.es). Le service de bus d'El Hierro offre une couverture raisonnable de l'île.

Transportes Insular La Palma (☎922 41 19 24 ; www.transporteslapalma.com). Service étendu sur La Palma.

Forfaits

Sur certaines îles, vous pouvez vous procurer une carte Bono Bus de 12, 15 ou 30 € dans les gares routières et chez divers commerçants, dont les marchands de journaux. Insérez votre carte dans la machine à bord du bus, annoncez au chauffeur votre destination, le montant du

TEMPS DE TRAJET INDICATIF SUR LES PRINCIPAUX FERRIES

DÉPART	DESTINATION	DURÉE
Agaete (Gran Canaria)	Santa Cruz de Tenerife	1 heure 30
Arrecife (Lanzarote)	Las Palmas de Gran Canaria	8 heures
Las Palmas (Gran Canaria)	Morro Jable (Fuerteventura)	2-3heures
Playa Blanca (Lanzarote)	Corralejo (Fuerteventura)	30 min
Las Palmas (Gran Canaria)	Santa Cruz de Tenerife	2 heures 30
Los Cristianos (Tenerife)	San Sebastián de la Gomera	45 min
Los Cristianos (Tenerife)	Valverde (El Hierro)	3 heures
Playa Blanca (Lanzarote)	Corralejo (Fuerteventura)	30 min
Santa Cruz de La Palma	Los Cristianos (Tenerife)	3 heures 30

trajet sera automatiquement débité sur votre carte. Avec en moyenne 30% de réduction, ces cartes sont un excellent investissement si vous comptez beaucoup vous déplacer en bus. Une carte peut être utilisée par un autre voyageur.

Tarifs

Les tarifs, surtout avec l'achat du Bono Bus, sont raisonnables. Ils sont calculés au prorata de la distance. Les tickets varient donc de 1 € pour un court trajet en ville à 10 € environ pour un trajet de plus d'une heure.

Voiture et moto

Aux Canaries, la location d'une voiture est fortement conseillée. Les lignes de bus sont excellentes pour les trajets entre les grandes villes, mais si vous souhaitez rallier de petites villes, vous devrez peut-être attendre le prochain bus une journée entière. Vous ne pourrez explorer en profondeur qu'avec votre propre véhicule – à moins d'être prêt à passer un jour et une nuit dans chaque *pueblo* (village) que vous visiterez.

Assurance

Au minimum, la loi exige aux Canaries (comme dans le reste de l'Europe) la souscription d'une assurance automobile au tiers. Veillez à connaître vos obligations et le montant des franchises pratiquées, ainsi que les réductions de franchise possibles en cas d'accident ou de dommages causés au véhicule de location. D'autres frais peuvent venir s'ajouter (parfois facultatifs), comme la garantie dommages ou CDW, l'assurance pour les passagers et les 5% d'IGIC (taxe générale indirecte canarienne). Il peut être judicieux d'investir dans un contrat d'assistance dépannage. Vous pouvez aussi demander à votre assureur un exemplaire de constat européen d'accident, qui vous simplifiera grandement les choses le cas échéant. Sachez que sur une route de terre, votre assurance est souvent nulle et non avenue.

Code de la route

Le taux d'alcoolémie doit être inférieur à 0,5 g/litre de sang et des contrôles intempestifs sont menés. Si votre contrôle révèle un taux supérieur, vous risquez une amende et votre permis peut être saisi dans les 24 heures. Les étrangers non-résidents devront régler l'amende immédiatement (avec 30% à 50% de remise sur le total). Plaider l'incompréhension linguistique est inutile : l'agent de police pourra produire une liste des infractions et des amendes dans toutes les langues que vous voulez. Si vous ne payez pas, ou ne connaissez pas de résident canarien qui puisse vous servir de garant, votre véhicule peut être saisi.

Âge légal pour conduire une voiture 18 ans

Âge légal pour conduire une moto ou un scooter 16 ans (à partir de 80 cm³) ou 15 ans (moins de 50 cm³) ; permis obligatoire.

À moto Allumage obligatoire des phares, de jour comme de nuit, et port obligatoire du casque sur les engins de plus 125 cm³.

Aux carrefours giratoires Priorité aux véhicules déjà engagés.

Limitations de vitesse 50km/h en agglomération, 100km/h sur les grands axes et 120km/h sur les *autovías* (autoroutes).

Essence

La *gasolina* (essence) est bien moins chère aux Canaries que dans le reste de l'Espagne, car moins taxée. Le *sin plomo* (sans plomb) et le *diesel* (gazole) sont vendus partout et généralement disponibles en deux indices d'octane.

Les prix varient légèrement d'une station à l'autre et en fonction du cours du pétrole et de la politique fiscale. Les stations-service acceptent les cartes de crédit les plus courantes.

Dans certaines stations-service, des pompistes font le plein pour vous tandis que dans d'autres vous devrez le faire vous-même.

Location de voiture

Tous les grands loueurs internationaux sont représentés aux Canaries, où fourmillent par ailleurs les prestataires locaux. Pour louer une voiture, vous devez avoir le permis et plus de 21 ans et, pour les grands loueurs (mais pas seulement), détenir une carte bancaire. Les petits loueurs acceptent parfois de se passer de carte bancaire.

Les agence de location fonctionnent selon un système particulier concernant le plein d'essence – vous récupérez une voiture avec le réservoir plein que vous payez (en plus de frais de gestion). Vous devez rendre la voiture avec le réservoir vide et l'agence vous rembourse – vous perdez ce qu'il reste dans le réservoir et réglez d'autres frais de gestion. Le procédé est agaçant mais beaucoup d'agences l'utilisent et l'on ne peut le contester.

Si vous comptez séjourner longtemps sur l'une des îles, il peut être avantageux de réserver une voiture à l'avance, par exemple via un forfait vol+location. De même, il vaut mieux réserver à l'avance pour la haute saison ou sur les plus petites îles où les véhicules de location ne sont pas légion.

En règle générale, vous devez avoir l'autorisation expresse du loueur pour sortir la voiture d'une île. La plupart des prestataires font exception pour la traversée Fuerteventura-Lanzarote : vous pouvez généralement amener votre voiture d'une île à l'autre, et même dans certains cas prendre la location sur l'une et la rendre sur l'autre.

Avis (☎902 18 08 54 ; www.avis.es)

Cicar (☎928 82 29 00 ; www.cicar.com). Agence locale réputée qui couvre toutes les îles. Cicar appartient au groupe Cabrera Medina et propose des tarifs et conditions identiques.

Europcar (☎902 503010 ; www.europcar.es)

Goldcar (☎902 119726 ; www.goldcar.es). Agence espagnole aux tarifs compétitifs – vérifiez les petits caractères pour les suppléments cachés.

Permis de conduire

En théorie, si votre permis n'a pas été émis dans l'UE, vous devrez l'accompagner d'un permis de conduire international ; en pratique, ceux émis par certains pays, notamment le Canada et les États-Unis, sont le plus souvent acceptés.

Il faut un permis pour conduire tout véhicule de plus de 50 cm^3.

Transport de véhicule

À moins d'envisager de vous installer sur place, rien ne justifie que vous apportiez votre propre véhicule. Les coûts de transport par ferry depuis Cadix, en Espagne continentale, sont exorbitants, alors que la location de voiture dans l'archipel est sensiblement moins chère que dans la plupart des pays de l'UE. Si vous faites partie des rares visiteurs à venir avec leur voiture, il vous faudra votre carte grise et un certificat d'assurance internationale (ou "carte verte"), à demander à votre assureur.

Vélo

Se déplacer à vélo dans l'archipel est un moyen des plus agréables pour admirer le paysage, mais ne vous attendez pas à ce que les automobilistes vous facilitent la vie (ni aient conscience des affres du cycliste dans un virage en épingle en côte. En ville, les pistes cyclables sont rares, à l'exception de Las Palmas et des avenues bordant les plages, qui intègrent de plus en plus des espaces pour les cyclistes.

Si vous envisagez de venir avec votre vélo, vérifiez auprès de la compagnie aérienne s'il n'y a pas de frais supplémentaires et s'il faut le démonter et l'emballer pour le voyage.

En ferry, c'est plus simple : le transport est très bon marché, voire parfois gratuit.

Location

Vous pouvez louer VTT et vélos de ville dans diverses stations ainsi que dans les zones les plus touristiques de l'archipel. Comptez un minimum de 12 € la journée ainsi qu'une caution d'environ 50 €. Un casque et quelques équipements basiques sont inclus dans la location.

Las Palmas de Gran Canaria propose un service de location gratuite de vélos, avec plusieurs bornes de retrait et de restitution dans toute la ville. Plus de renseignements sur **By Bike LPA** (www.bybikelpa.com).

En stop

L'auto-stop n'est jamais sans danger, où que vous soyez, et nous ne le recommandons pas. Les voyageurs qui choisissent ce moyen de transport doivent savoir qu'ils prennent un risque, certes faible, mais bien réel. Il est plus prudent de voyager à deux, et d'informer quelqu'un de sa destination.

L'auto-stop est illégal sur les *autovías*. Choisissez plutôt un endroit où les voitures pourront s'arrêter en toute sécurité, avant les entrées d'autoroute, ou privilégiez les axes secondaires. Sur ces derniers, armez-vous de patience, la circulation étant souvent clairsemée.

Langue

Aux Canaries, on parle l'espagnol *(español)*, également appelé castillan (*castellano*).

L'espagnol n'est pas très difficile à prononcer. Dans nos conseils de prononciation, rh indique le "j" se prononçant comme un r très dur et guttural, th indique le "c" ou le "z" prononcés en glissant la pointe de la langue entre les dents (comme le "th" en anglais) ; le r est fortement roulé. Si vous connaissez l'espagnol, peut-être reconnaîtrez-vous les inflexions andalouses, voire latino-américaines, de l'accent canarien : "lli" se prononce y, et le "z" et le "c" devant une voyelle se prononcent s (sans le "zézaiement" habituel du reste de l'Espagne). La lettre "s" est pour ainsi dire muette, servant plutôt à prolonger la voyelle : ainsi, Las Palmas se prononce "Laa Palmaa". En suivant nos conseils de prononciation (avec les syllabes accentuées en italique), vous devriez vous faire comprendre perfectamente.

Le genre existe en espagnol. Les noms féminins se terminent généralement en *-a*, les noms masculins en *-o*. Les terminaisons des adjectifs changent aussi en fonction du genre du nom qu'ils modifient. Dans ce chapitre, les deux formes sont indiquées chaque fois que cela est nécessaire, séparées par une barre oblique, en commençant par la forme masculine (ex. *perdido/a*).

Lorsqu'un nom ou un adjectif se termine par une voyelle, on forme le pluriel en ajoutant *–s* ; il faut ajouter *-es* s'il se termine par une consonne.

Pour s'adresser à des proches ou à une personne plus jeune, on utilise le tutoiement *tú*, plutôt que le vouvoiement *usted*. Dans ce chapitre, les deux possibilités sont indiquées (poli/informel).

POUR ALLER PLUS LOIN

Indispensable pour mieux communiquer sur place : le *Guide de conversation français/espagnol de Lonely Planet*. Pour réserver une chambre, lire un menu ou simplement faire connaissance, ce manuel permet d'acquérir des rudiments d'espagnol. Inclus : un minidictionnaire bilingue.

BASES

Bonjour	*Hola*	o·la
Au revoir	*Adiós*	a·*dyos*
Comment ça va ?	*¿Qué tal?*	*ké tal*
Bien, merci	*Bien, gracias*	bièn *gra*·sias
Excusez-moi	*Perdón*	pèr·*don*
Désolé	*Lo siento*	lo ssi·*ènn*·to
Oui/Non	*Sí/No*	si/no
S'il vous/te plaît	*Por favor*	por fa·*vor*
Merci	*Gracias*	*gra*·sias
Je vous/t'en prie	*De nada*	dé *na*·da

Je m'appelle...
Me llamo... mé *lya*·mo...

Quel est votre nom ?
¿Cómo se llama Usted? *ko*·mo se *lya*·ma ou·*ssté* (poli)
¿Cómo te llamas? *ko*·mo té *lya*·mass (informel)

Parlez-vous (français) ?
¿Habla (francés)? *a*·bla (frann-*théss*) (poli)
¿Hablas (francés)? *a*·blas (frann-*théss*) (informel)

Je (ne) comprends (pas)
Yo (no) entiendo yo (no) ènn·*tiènn*·do

HÉBERGEMENT

Je voudrais réserver une chambre
Quisiera reservar una habitación ki·*ssié*·ra ré·ssèr·*var* *ou*·na a·bi·ta·*thyonn*

Quel est le prix pour une nuit/par personne ?
¿Cuánto cuesta por noche/persona? *kouann*·to *kouèss*·ta por *no*·tché/por pèr·*sso*·na

Le petit-déjeuner est-il compris ?
¿Incluye el desayuno? inn·*klou*·yé èl dé·ssa·*you*·no

camping	*terreno de cámping*	tè·*ré*·no dé *kamm*·ping
hôtel	*hotel*	o·*tèl*
pension	*pensión*	pènn·*ssion*
auberge de jeunesse	*albergue juvenil*	al·*bèr*·gué rhou·vé·*nil*
Je voudrais une chambre	*Quisiera una habitación*	ki·*ssié*·ra *ou*·na a·bi·ta·*thionn*.

simple	*individual*	inn·di·vi·*doual*
double	*doble*	*do*·blé
climatisation	*aire acondicionado*	aï·ré a·kon·di·thyo·*na*·do
salle de bains	*baño*	*ba*·nyo
lit	*cama*	*ka*·ma
fenêtre	*ventana*	vènn·*ta*·na

ORIENTATION

Où est...?
¿Dónde está ...? — donn·dé èss·*ta* ...

Quelle est l'adresse ?
¿Cuál es la dirección? — *koual* ès la di·rèk·*thyonn*

Pourriez-vous me l'écrire, s'il vous plaît ?
¿Puede escribirlo, por favor? — *poué*·dé èss·kri·*bir*·lo por *fa*·vor

Pourriez-vous me montrer (sur la carte) ?
¿Me lo puede indicar (en el mapa)? — mé lo *poué*·dé inn·di·*kar* (ènn èl *ma*·pa)

à côté de...	*al lado de ...*	al *la*·do dé ...
à l'angle	*en la esquina*	ènn la èss·*ki*·na
au feu	*en el semáforo*	ènn èl ssé·*ma*·fo·ro
derrière...	*detrás de*	dé·*trass* dé
devant	*enfrente de*	ènn·*frènn*·té dé
droite	*derecha*	dé·*ré*·tcha
en face de	*frente a*	*frènn*·té a
gauche	*izquierda*	ith·*kyèr*·da
loin	*lejos*	*lé*·rhoss
près	*cerca*	*thèr*·ka
tout droit	*todo recto*	*to*·do *rèk*·to

AU RESTAURANT

Que conseillez-vous ?
¿Qué recomienda? — ké ré·ko·*myènn*·da

Qu'y a-t-il dans ce plat ?
¿Que lleva ese plato? — ké *lyé*·va *é*·sé *pla*·to

Je ne mange pas de...
No como ... — no *ko*·mo ...

C'était délicieux !
¡Estaba buenísimo! — èss·*ta*·ba boué·*ni*·ssi·mo

Apportez-nous la note, s'il vous plaît
Por favor nos trae la cuenta — por fa·*vor* nos *tra*·é la *kouènn*·ta

Santé !
¡Salud! — sa·*lou*

Je voudrais réserver une table pour ...	*Quisiera reservar una mesa para ...*	ki·*ssyé*·ra ré·ssèr·*var* *ou*·na *mé*·ssa *pa*·ra ...
(huit) heures	*las (ocho)*	lass (*o*·tcho)
(deux) personnes	*(dos) personas*	(doss) pèr·*sso*·nass

EXPRESSIONS UTILES

Pour vous débrouiller en espagnol, combinez ces formules simples avec les mots de votre choix.

Quand part (le prochain vol) ?
¿Cuándo sale (el próximo vuelo)? — *kouann*·do *ssa*·lé (èl *prok*·ssi·mo *voué*·lo)

Où se trouve (la gare) ?
¿Dónde está (la estación)? — *donn*·dé èss·*ta* (la èss·ta·*thyonn*)

Où puis-je (acheter un billet) ?
¿Dónde puedo (comprar un billete)? — *donn*·dé *poué*·do (komm·*prar* oun bi·*lyé*·té)

Avez-vous (un plan) ?
¿Tiene (un mapa)? — *tyé*·né (oun *ma*·pa)

Y a-t-il (des toilettes) ?
¿Hay (servicios)? — aï (sèr·*vi*·thyoss)

Je voudrais (un café)
Quisiera (un café) — ki·*ssié*·ra (oun ka·*fé*)

Je voudrais (louer une voiture)
Quisiera (alquilar un coche) — ki·*ssyé*·ra (al·ki·*lar* oun *ko*·tché)

Puis-je (entrer) ?
¿Se puede (entrar)? — ssé *poué*·dé (ènn·*trar*)

Pourriez-vous (m'aider) s'il vous plaît ?
¿Puede (ayudarme), por favor? — *poué*·dé (a·you·*dar*·mé) por fa·*vor*

Dois-je (obtenir un visa) ?
¿Necesito (obtener un visado)? — né·thé·*ssi*·to (ob·té·*nèr* oun vi·*ssa*·do)

Mots utiles

Amuse-gueules	*aperitivos*	a·pé·ri·*ti*·voss
assiette	*plato*	*pla*·to
avec/sans	*con/sin*	konn/sinn
bar	*bar*	bar
bol	*bol*	bol
bouteille	*botella*	bo·*té*·lya
café	*café*	ka·*fé*
chaise haute	*trona*	*tro*·na
chaud	*caliente*	ka·*lyènn*·té
couteau	*cuchillo*	kou·*tchi*·lyo
cuillère	*cuchara*	kou·*tcha*·ra
déjeuner	*almuerzo/ comida*	al *mouer* so/ ko·*mi*·da
dîner	*cena*	*thé*·na
fourchette	*tenedor*	té·né·*dor*
(très) froid	*(muy) frío*	(moui) *fri*·o
marché	*mercado*	mèr·*ka*·do
menu enfant	*menú infantil*	mé·*nou* inn·fann·*til*

menu (en français)	*menú (en francés)*	mé·*nou* (ènn frann·*théss*)
nourriture	*comida*	ko·*mi*·da
nourriture végétarienne	*comida vegetariana*	ko·*mi*·da vé·rhé·ta·*rya*·na
petit-déjeuner	*desayuno*	dé·ssa·*you*·no
plat de résistance	*segundo plato*	ssé·*gounn*·do *pla*·to
restaurant	*restaurante*	rèss·taou·*rann*·té
supermarché	*supermercado*	sou·pèr·mèr·*ka*·do
verre	*vaso*	*va*·sso

pastèque	*sandía*	sann·*di*·a
pêche	*melocotón*	mé·lo·ko·*tonn*
petits pois	*guisantes*	gui·*ssann*·tés
poivron (rouge/vert)	*pimiento (rojo/verde)*	pi·*myènn*·to (*ro*·rho/*vèr*·dé)
pomme de terre	*patata*	pa·*ta*·ta
pomme	*manzana*	mann·*tha*·na
potiron	*calabaza*	ka·la·*ba*·tha
prune	*ciruela*	thi·*roué*·la
raisin	*uvas*	*ou*·vas
tomate	*tomate*	to·*ma*·té

Viandes et poissons

agneau	*cordero*	kor·*dé*·ro
bœuf	*carne de vaca*	*kar*·né dé *va*·ka
canard	*pato*	*pa*·to
dinde	*pavo*	*pa*·vo
poisson	*pescado*	pèss·*ka*·do
porc	*cerdo*	*thèr*·do
poulet	*pollo*	*po*·lyo
veau	*ternera*	tèr·*né*·ra

Fruits et légumes

abricot	*albaricoque*	al·ba·ri·*ko*·ké
ananas	*piña*	*pi*·nya
artichaut	*alcachofa*	al·ka·*tcho*·fa
asperges	*espárragos*	ess·*pa*·ra·goss
banane	*plátano*	*pla*·ta·no
betterave	*remolacha*	ré·mo·*la*·tcha
carotte	*zanahoria*	tha·na·*o*·rya
céleri	*apio*	*a*·pyo
cerise	*cereza*	thé·*ré*·tha
champignon	*champiñón*	tchamm·pi·*nyonn*
chou	*col*	kol
citron	*limón*	li·*monn*
concombre	*pepino*	pé·*pi*·no
épinards	*espinacas*	èss·pi·*na*·kass
fraise	*fresa*	*fré*·ssa
fruit	*fruta*	*frou*·ta
haricots	*judías*	rhou·*di*·ass
laitue	*lechuga*	lé·*tchou*·ga
légume	*verdura*	vèr·*dou*·ra
lentilles	*lentejas*	lènn·*té*·rhass
maïs	*maíz*	ma·*ith*
noix	*nueces*	*noué*·thés
oignon	*cebolla*	thé·*bo*·lya
orange	*naranja*	na·*rann*·rha

Autres aliments

pain	*pan*	pann
beurre	*mantequilla*	mann·té·*ki*·lya
fromage	*queso*	*ké*·sso
œuf	*huevo*	*oué*·vo
miel	*miel*	myèl
confiture	*mermelada*	mèr·mé·*la*·da
huile	*aceite*	a·*theï*·té
pâtes	*pasta*	*pass*·ta
poivre	*pimienta*	pi·*myènn*·ta
riz	*arroz*	a·*roth*
sel	*sal*	sal
sucre	*azúcar*	a·*thou*·kar
vinaigre	*vinagre*	vi·*na*·gré

Boissons

bière	*cerveza*	thèr·*vé*·tha
café	*café*	ka·*fé*
eau (minérale)	*agua (mineral)*	*a*·goua (mi·né·*ral*)
jus (d'orange)	*zumo (de naranja)*	*thou*·mo (de na·*rann*·rha)
lait	*leche*	*lé*·tché
thé	*té*	té
vin (blanc)	*vino (blanco)*	*vi*·no (*blann*·ko)
vin (rouge)	*vino (tinto)*	*vi*·no (*tinn*·to)

QUESTIONS

Pourquoi ?	*¿Cómo?*	*ko*·mo
Quoi ?	*¿Qué?*	ke
Quand ?	*¿Cuándo?*	*kwan*·do
Où ?	*¿Dónde?*	*don*·de
Qui ?	*¿Quién?*	kyen
Pourquoi ?	*¿Por qué?*	por *ke*

URGENCES

Au secours !	*¡Socorro!*	so·*ko*·ro
Va-t-en !	*¡Vete!*	*vé*·té
Appelez...!	*¡Llame a ...!*	*lya*·mé a ...
un médecin	*un médico*	ounn *mé*·di·ko
la police	*la policía*	la po·li·*si*·a

Je me suis perdu(e)
Estoy perdido/a — èss·*toï* pèr·*di*·do/a (m/f)

J'ai eu un accident
He tenido un accidente — é té·*ni*·do oun ak·thi·*dènn*·té

Je suis malade
Estoy enfermo/a — èss·*toï* ènn·*fèr*·mo/a (m/f)

J'ai mal ici
Me duele aquí — mé *doué*·lé a·*ki*

Je suis allergique (aux antibiotiques)
Soy alérgico/a (a los antibióticos) — soy a·*lèr*·rhee·ko/a (a loss ann·ti·*byo*·to·koss) (m/f)

ACHATS ET SERVICES

Je voudrais acheter...
Quisiera comprar ... — ki·*ssyé*·ra komm·*prar* ...

Je veux juste regarder
Sólo estoy mirando — *so*·lo èss·*toï* mi·*rann*·do

Puis-je le voir ?
¿Puedo verlo? — *poué*·do *vèr*·lo

Cela ne me plaît pas
No me gusta — no me *gouss*·ta

Quel en est le prix ?
¿Cuánto cuesta? — *kouann*·to *kouèss*·ta

C'est trop cher
Es muy caro — èss mouï *ka*·ro

Pouvez-vous baisser le prix ?
¿Podría bajar un poco el precio? — po·*dri*·a ba·*rhar* oun *po*·ko èl *pré*·thyo

Il y a une erreur sur le ticket
Hay un error en la cuenta — aï oun è·*ror* èn la *kouènn*·ta

carte de crédit	*tarjeta de crédito*	tar·*rhé*·ta dé *kré*·di·to
cybercafé	*cibercafé*	thi·bèr·ka·*fé*
DAB	*cajero automático*	ka·*rhé*·ro aou·to·*ma*·ti·ko
office du tourisme	*oficina de turismo*	o·fi·*thi*·na dé tou·*riss*·mo
poste	*correos*	ko·*ré*·oss

HEURE ET DATE

Quelle heure est-il ?
¿Qué hora es? — ké o·ra èss

Il est (10) heures.
Son (las diez) — sonn (las dyèth)

NOMBRES

1	*uno*	*ou*·no
2	*dos*	doss
3	*tres*	trèss
4	*cuatro*	*koua*·tro
5	*cinco*	*thinn*·ko
6	*seis*	seïss
7	*siete*	*ssyé*·té
8	*ocho*	o·tcho
9	*nueve*	*noué*·vé
10	*diez*	dyèth
20	*veinte*	*véïnn*·té
30	*treinta*	*tréïnn*·ta
40	*cuarenta*	koua·*rènn*·ta
50	*cincuenta*	thinn·*kouènn*·ta
60	*sesenta*	ssé·*ssènn*·ta
70	*setenta*	ssé·*tènn*·ta
80	*ochenta*	o·*tchènn*·ta
90	*noventa*	no·*vènn*·ta
100	*cien*	thyènn
1000	*mil*	mil

(Une heure) et demie	*Es (la una) y media*	èss (la *ou*·na) i *mé*·dya
après-midi	*tarde*	*tar*·dé
aujourd'hui	*hoy*	oï
demain	*mañana*	ma·*nya*·na
hier	*ayer*	a·*yèr*
matin	*mañana*	ma·*nya*·na
soirée	*noche*	*no*·tché
lundi	*lunes*	*lou*·nèss
mardi	*martes*	*mar*·tèss
mercredi	*miércoles*	*myèr*·ko·lèss
jeudi	*jueves*	*rhoué*·béss
vendredi	*viernes*	*vyèr*·néss
samedi	*sábado*	*sa*·ba·do
dimanche	*domingo*	do·*minn*·go
janvier	*enero*	*é*·né·ro
février	*febrero*	fé·*bré*·ro
mars	*marzo*	*mar*·tho
avril	*abril*	a·*bril*
mai	*mayo*	*ma*·yo
juin	*junio*	*rhou*·nyo
juillet	*julio*	*rhou*·lyo
août	*agosto*	a·*goss*·to
septembre	*septiembre*	sèp·*tyèmm*·bré

PANNEAUX

Abierto	Ouvert
Cerrado	Fermé
Entrada	Entrée
Hombres	Hommes
Mujeres	Femmes
Prohibido	Interdit
Salida	Sortie
Servicios/Aseos	Toilettes

octobre	*octubre*	ok·*tou*·bré
novembre	*noviembre*	no·*vyèmm*·bré
décembre	*diciembre*	di·*thyèmm*·bré

TRANSPORTS

Transports en commun

avion	*avión*	a·*vyonn*
bateau	*barco*	*bar*·ko
bus	*autobús*	aou·to·*bouss*
train	*tren*	trènn
tram	*tranvía*	tran·*vi*·a

premier	*primer*	pri·*mérr*
dernier	*último*	*oul*·ti·mo
prochain	*próximo*	*prok*·ssi·mo

Je voudrais aller à...
Quisiera ir a ... ki·*ssyé*·ra ir a ...

S'arrête-t-il à (Madrid) ?
¿Para en (Madrid)? *pa*·ra ènn (ma·*dri*)

Comment s'appelle cet arrêt ?
¿Cuál es esta parada? koual èss *èss*·ta pa·*ra*·da

À quelle heure arrive-t-il/part-il ?
¿A qué hora llega/sale? a ké *o*·ra *lyé*·ga/*sa*·lé

Pourriez-vous me prévenir quand nous arriverons à (Séville) ?
¿Puede avisarme cuando lleguemos a (Sevilla)? *poué*·dé a·vi·*ssar*·mé *kouann*·do lyé·*gué*·moss a (sé·*vi*·lya)

Je veux descendre ici
Quiero bajarme aquí *kyé*·ro ba·*rhar*·mé a·*ki*

un ... billet de	*un billete de ...*	oun bi·*lyé*·té dé ...
première classe	*primera clase*	pri·*mé*·ra *kla*·ssé
deuxième classe	*segunda clase*	sé·*gounn*·da *kla*·ssé
aller simple	*ida*	*i*·da
aller-retour	*ida y vuelta*	*i*·da i *vouèl*·ta
siège côté allée	*asiento de pasillo*	a·*ssyènn*·to dé pa·*ssi*·lyo
annulé	*cancelado*	kan·thé·*la*·do
en retard	*retrasado*	ré·tra·*ssa*·do
plate-forme	*plataforma*	pla·ta·*for*·ma
guichet	*taquilla*	ta·*ki*·lya
horaire	*horario*	o·*ra*·ryo
gare ferroviaire	*estación de trenes*	èss·ta·*thyonn* dé *tré*·nèss
siège côté fenêtre	*asiento junto a la ventana*	a·*ssyènn*·to *rhounn*·to a la ven·*ta*·na

Transports individuels

Je voudrais louer ...	*Quisiera alquilar ...*	ki·*ssyé*·ra al·*ki*·lar ...
un 4x4	*un todo-terreno*	oun to·do·tè·*ré*·no
un vélo	*una bicicleta*	*ou*·na bi·thi·*klé*·ta
une voiture	*un coche*	oun *ko*·tché
une moto	*una moto*	ou·na *mo*·to

un siège enfant	*asiento de seguridad para niños*	a·*ssyènn*·to dé sé·gou·ri·*da* *pa*·ra *ni*·nyoss
diesel	*gasóleo*	ga·*sso*·léo
casque	*casco*	*kass*·ko
mécanicien	*mecánico*	mé·*ka*·ni·ko
essence/ carburant	*gasolina*	ga·sso·*li*·na
station-service	*gasolinera*	ga·sso·li·*né*·ra

Cette route mène-t-elle à ...?
¿Se va a (Barcelona) por esta carretera? sé va a (bar·cé·*lo*·na) por *ess*·ta ka·ré·*té*·ra

(Combien de temps) Puis-je stationner ici ?
¿(Por cuánto tiempo) Puedo aparcar aquí? (por *kouann*·to *tyèmm*·po) *poué*·do a·par·*kar* a·*ki*

La voiture est tombée en panne (à Valence)
El coche se ha averiado (en Valencia) el *ko*·tché sé a a·vé·*rya*·do (ènnva·*lènn*·thya)

J'ai un pneu crevé
Tengo un pinchazo *tènn*·go oun pinn·*tcha*·tho

Je suis en panne d'essence
Me he quedado sin gasolina mé é ke·*da*·do sin *gasolina*

GLOSSAIRE

Sauf mention contraire, les termes ci-dessous sont en espagnol castillan.

abierto – ouvert

aljibe – citerne

apartado de correos – boîte aux lettres (poste)

artesonado (plafond) – plafond à caissons

autovía – autoroute

ayuntamiento – mairie, hôtel de ville

barranco – ravin ou gorge

barrio – quartier

Bimbaches – peuple indigène d'El Hierro

bocadillo – sandwich fait avec une baguette de pain

bodega – bar à vins traditionnel ou cave à vins

bote – canot assurant la navette entre le rivage et les navires au large

buceo – plongée sous-marine

butaca – fauteuil à bord des ferries

cabildo insular – conseil de l'île (organe de gouvernement local)

cabra – chèvre

cabrito – chevreau

cajero automático – distributeur automatique de billets (DAB)

caldera – vaste cratère volcanique ; caldeira

calle – rue

cambio – change

Canariones – habitants de la Grande Canarie

Carnaval – fête célébrant le début du Carême, quarante jours avant Pâques

casa rural – gîte rural

caserío – ferme traditionnelle ou hameau

cena – dîner

charco – piscine naturelle d'eau de mer

chiringuito – kiosque

churros – beignets sucrés

comedor – salle à manger

comida – déjeuner

Conejeros – habitants de Lanzarote

Corpus Christi – Fête-Dieu ; célèbre l'Eucharistie soixante jours après Pâques

correos – bureau de poste

cruz – croix

Cruz Roja – Croix-Rouge

cueva – grotte

denominación de origen – dénomination d'origine ; équivalent d'"appelation d'origine contrôlée" (AOC)

desayuno – petit-déjeuner

drago – dragonnier (arbre)

ermita – ermitage, chapelle

estación – gare

estación de guaguas – gare routière

estación marítima – gare maritime

estanco – bureau de tabac

este – est

faro – phare

feria – foire

fiesta – fête, jour férié

finca – domaine agricole

godo – Goth ; surnom donné aux Espagnols par les habitants des Canaries

gofio – farine de céréales grillées (maïs, orge, blé) ; aliment de base de la cuisine canarienne, traditionnellement utilisé à la place du pain

Gomeros – habitants de La Gomera

gran – grand

guagua – bus

guanarteme – chef insulaire

Guanches – peuple indigène des Canaries

Herreños – habitants de Hierro

horario – horaire

hostal – lieu d'hébergement de une à trois étoiles ; à ne pas confondre avec les auberges de jeunesse dont il n'existe qu'une seule adresse dans l'archipel

hotel – hôtel (de une à cinq étoiles)

IGIC – Impuesto General Indirecto Canario ; TVA appliquée aux Canaries

iglesia – église

jamón – jambon

juego del palo – jeu de bâton

lagarto – lézard

laurisilva – laurisylve ; forêt subtropicale composée de plusieurs espèces de lauracées endémiques

lavandería – laverie

librería – librairie

lucha canaria – lutte canarienne

Majoreros – habitants de Fuerteventura

malpaís – mauvaises terres volcaniques

malvasía – malvoisie (vin)

marcha – animation, vie nocturne, milieu festif

mencey – roi guanche

menú del día – menu du jour

mercado – marché

meseta – plateau

mesón – auberge ou taverne à l'ancienne

mirador – point de vue, belvédère

mojo – sauce typique des Canaries à base de piment

rouge, de coriandre ou de basilic

montaña – montagne

mudéjar – se dit de l'art pratiqué dans l'Espagne chrétienne du XIIIe au XVIe siècle et caractérisé par l'emploi de techniques et de formes décoratives islamiques

muelle – quai, jetée, embarcadère

municipio – municipalité

museo – musée

norte – nord

oeste – ouest

oficina de turismo – office du tourisme

Paginas Amarillas – Pages jaunes (annuaire)

Palmeros – habitants de La Palma

papas arrugadas – littéralement pommes de terre "ridées" ; pommes de terre non épluchées cuites dans de l'eau avec beaucoup de gros sel

parador – hôtel haut de gamme géré par l'État et généralement aménagé dans un bâtiment à caractère historique

parque nacional – parc national

paseo marítimo – promenade sur le front de mer

pensión – pension (une ou deux étoiles)

piscina – piscine

plateresque – style d'architecture espagnol du début du XVIe siècle au décor très ornementé rappelant l'orfèvrerie

playa – plage

pozo – puits

presa canario – chien des Canaries ; voir aussi *verdino*

pueblo – village

puente – pont

puerta – porte

puerto – port

ración – grosse portion de tapas

rastro – marché aux puces

retablo – retable

romería – pèlerinage ou procession

sabina – genévrier

Semana Santa – Semaine sainte ; semaine qui précède Pâques

señorío – seigneurie, gouvernement insulaire exerçant l'autorité pour la Couronne espagnole

s/n – *sin numero* (sans numéro) ; figure parfois sur les adresses

sur – sud

taberna – taverne

tapas – assortiment d'entrées variées, servies à l'apéritif dans des petites assiettes (de *tapa*, couvercle)

taquilla – guichet

tarjeta de crédito – carte de crédit

tarjeta telefónica – carte téléphonique

tasca – pub, bar

terraza – terrasse d'un bâtiment ou d'un café

timple – petite guitare à quatre ou cinq cordes, typique des Canaries

Tinerfeños – habitants de Tenerife

valle – vallée

vega – plaine

verdino – chien des Canaries au pelage brun verdâtre

volcán – volcan

zumería – bar à jus de fruits

En coulisses

VOS RÉACTIONS ?

Vos commentaires nous sont très précieux et nous permettent d'améliorer constamment nos guides. Notre équipe lit toutes vos lettres avec la plus grande attention. Nous ne pouvons pas répondre individuellement à tous ceux qui nous écrivent, mais vos commentaires sont transmis aux auteurs concernés. Tous les lecteurs qui prennent la peine de nous communiquer des informations sont remerciés dans l'édition suivante, et ceux qui nous fournissent les renseignements les plus utiles se voient offrir un guide.

Pour nous faire part de vos réactions, prendre connaissance de notre catalogue et vous abonner à notre newsletter, consultez notre site Internet : **www.lonelyplanet.fr**

Nous reprenons parfois des extraits de notre courrier pour les publier dans nos produits, guides ou sites web. Si vous ne souhaitez pas que vos commentaires soient repris ou que votre nom apparaisse, merci de nous le préciser. Notre politique en matière de confidentialité est disponible sur notre site Internet.

À NOS LECTEURS

Merci à tous les voyageurs qui ont utilisé la dernière édition de ce guide et qui nous ont écrit pour nous faire part de leurs conseils, de leurs suggestions et de leurs anecdotes : Marie-Laure C., Gisèle Corroenne, Bruno et Laurence Duc, Isabelle Eichenlaub, Laure Fontaine, Anaëlle Giraud, Thérèse Jamin, Maud Montegran, Mr Prat, Claude de Ridder, Hermès Righetti, Marie-Claire Troian

UN MOT DES AUTEURS

Lucy Corne

Un énorme merci à ma mère, Joy, et à mon père, Dave, de jouer les baby-sitters. J'ai reçu beaucoup d'aide de la part de vieux amis – *muchísimas gracias* Alejandro, Virginia, Iván, Héctor et, surtout, Pepe Julio, pour toutes leurs idées. Je remercie également Thomas de Ventana Azul, mon hôte à Las Palmas, Alberto, pour ses conseils de connaisseur, les charmantes dames de l'office du tourisme d'Arrecife, ma coauteure, Josephine, pour ses réponses rapides, et surtout mes hommes, Shawn et Kai – les meilleurs compagnons de voyage qui soient. Voyager avec un tout-petit a été difficile, mais quelle aventure !

Josephine Quintero

Je souhaiterais remercier tout le personnel serviable des divers offices du tourisme, ainsi que Jorge Gonzalez, précieux contact de Tenerife. Merci également à la rédactrice en chef, Lorna Parkes, à ma charmante coauteure Lucy Corne et au personnel des bureaux Lonely Planet impliqué dans ce titre, ainsi qu'à tous mes amis espagnols malagueños pour leurs innombrables conseils, contacts et bons plans, et à Robin Chapman d'avoir gardé Marilyn (le chat).

Données des cartes du climat adaptées de Peel MC, Finlayson BL & McMahon TA (2007) "Updated World Map of the Köppen-Geiger Climate Classification", *Hydrology and Earth System Sciences*, 11, 163344.

Photographie de couverture : moulin près du village de Tefia, Fuerteventura ; Marco Simoni/Alamy

À PROPOS DE CET OUVRAGE

Cette 3e édition française du guide Lonely Planet *Canaries* est la traduction-adaptation de la 6e édition anglaise que l'on doit à Lucy Corne et Josephine Quintero. L'édition précédente a été écrite par Josephine et Stuart Butler.

Traduction Aurélie Belle et Nathalie Berthet

Direction éditoriale Didier Férat

Adaptation française Sandrine Gallotta

Responsable prépresse Jean-Noël Doan

Maquette Caroline Donadieu

Cartographie Adaptée en français par Nicolas Chauveau

Couverture Annabelle Henry pour la version française

Remerciements à Sarah Arfaoui pour la préparation du manuscrit, Chantal Duquénoy et Michel McLeod pour leur précieuse contribution au texte, à Christiane Mouttet pour sa relecture attentive et enfin à Pierre Gallotta pour le référencement. Un grand merci à Dominique Spaéty et Dorothée Pasqualin du bureau parisien. Enfin, merci à Clare Mercer, Joe Revill, Sarah Nicholson et Luan Angel du bureau LP Londres et à Andy Nielsen, Darren O'Connell, Chris Love, Sasha Baskett, Angela Tinson, Jacqui Saunders, Ruth Cosgrave et Glenn van der Knijff du bureau LP Australie.

Index

Références des cartes
Références des photos

Références des cartes
Références des photos

T

V

W

Y

INDEX DES ENCADRÉS

Art, culture et société

Avec des enfants

Gastronomie

Histoire

Itinéraires et découvertes

Nature et environnement

Pratique

Randonnées

Sports et activités

Légende des cartes

À voir
- Château
- Monument
- Musée/galerie/édifice historique
- Ruines
- Église
- Mosquée
- Synagogue
- Temple bouddhiste
- Temple confucéen
- Temple hindou
- Temple jaïn
- Temple shintoïste
- Temple sikh
- Temple taoïste
- Sentō (bain public)
- Cave/vignoble
- Plage
- Réserve ornithologique
- Zoo
- Autre site

Activités, cours et circuits organisés
- Bodysurfing
- Plongée/snorkeling
- Canoë/kayak
- Cours/circuits organisés
- Ski
- Snorkeling
- Surf
- Piscine/baignade
- Randonnée
- Planche à voile
- Autres activités

Où se loger
- Hébergement
- Camping

Où se restaurer
- Restauration

Où prendre un verre
- Bar
- Café

Où sortir
- Salle de spectacle

Achats
- Magasin

Renseignements
- Banque
- Ambassade/consulat
- Hôpital/centre médical
- Accès Internet
- Police
- Bureau de poste
- Centre téléphonique
- Toilettes
- Office du tourisme
- Autre adresse pratique

Géographie
- Plage
- Refuge/gîte
- Phare
- Point de vue
- Montagne/volcan
- Oasis
- Parc
- Col
- Aire de pique-nique
- Cascade

Agglomérations
- Capitale (pays)
- Capitale (région/État/province)
- Grande ville
- Petite ville/village

Transports
- Aéroport
- Poste frontière
- Bus
- Téléphérique/funiculaire
- Piste cyclable
- Ferry
- Métro
- Monorail
- Parking
- Station-service
- Station de métro
- Taxi
- Gare/chemin de fer
- Tramway
- U-Bahn
- Autre moyen de transport

Les symboles recensés ci-dessus ne sont pas tous utilisés dans ce guide

Routes
- Autoroute à péage
- Voie rapide
- Nationale
- Route secondaire
- Petite route
- Chemin
- Route non goudronnée
- Route en construction
- Place/rue piétonne
- Escalier
- Tunnel
- Passerelle
- Promenade à pied
- Promenade à pied (variante)
- Sentier

Limites et frontières
- Pays
- État/province
- Frontière contestée
- Région/banlieue
- Parc maritime
- Falaise
- Rempart

Hydrographie
- Fleuve/rivière
- Rivière intermittente
- Canal
- Étendue d'eau
- Lac asséché/salé/intermittent
- Récif

Topographie
- Aéroport/aérodrome
- Plage/désert
- Cimetière (chrétien)
- Cimetière (autre)
- Glacier
- Marais/mangrove
- Parc/forêt
- Site (édifice)
- Terrain de sport

LES GUIDES LONELY PLANET

Une vieille voiture déglinguée, quelques dollars en poche et le goût de l'aventure, c'est tout ce dont Tony et Maureen Wheeler eurent besoin pour réaliser, en 1972, le voyage d'une vie : rallier l'Australie par voie terrestre via l'Europe et l'Asie. De retour après un périple harassant de plusieurs mois, et forts de cette expérience formatrice, ils rédigèrent sur un coin de table leur premier guide, *Across Asia on the Cheap*, qui se vendit à 1 500 exemplaires en l'espace d'une semaine. Ainsi naquit Lonely Planet, dont les guides sont aujourd'hui traduits en 12 langues.

NOS AUTEURS

Lucy Corne

Grande Canarie, Fuerteventura, Lanzarote La première expérience de Lucy aux Canaries fut un séjour de 4 mois en tant qu'animatrice pour enfants dans un complexe touristique de la Grande Canarie. Le cadre ne lui permettait pas de découvrir ce que l'île a de mieux à offrir, mais pendant ses rares jours de congé, Lucy découvrait que la Grande Canarie réserve bien plus que des plages et des croisières avec boissons à volonté. Elle emménagea bientôt à Las Palmas et passa 4 ans aux Canaries à enseigner l'anglais, écrire pour un journal local et explorer les hameaux, les sentiers de randonnée et les plages cachées des 7 îles. Elle était enchantée d'y retourner pour ce guide et particulièrement ravie de revisiter le centre montagneux de la Grande Canarie, d'errer de nouveau pieds nus sur l'Isla Graciosa et de se gaver de *papas arrugadas*. Découvrez le travail de Lucy sur le www.lucycorne.com. Lucy a également rédigé les chapitres *Préparer son voyage*, *La cuisine canarienne*, *Arts et culture*, *Vivre sur un volcan* et *Canaries pratique*.

Pour en savoir plus sur Lucy :
auth.lonelyplanet.com/profiles/lucycorne

Josephine Quintero

Tenerife, La Gomera, La Palma, El Hierro Josephine vit en Espagne depuis plus de 20 ans et a visité les Canaries à plusieurs reprises, notamment pour 2 précédentes éditions de ce titre. Les îles lui réservent toujours des surprises, mais une chose reste constante : la gentillesse authentique des habitants. Parmi les temps forts de son voyage figurent l'art évocateur du magnifique musée TEA de Santa Cruz, l'émouvant Silbo (langage sifflé) sur La Gomera, et la randonnée dans l'arrière-pays luxuriant de La Palma où il n'y a (heureusement) pas de réseau mobile et où seul le chant des oiseaux résonne. Josephine a également rédigé les chapitres *Les Canaries aujourd'hui* et *Histoire*.

Pour en savoir plus sur Josephine :
auth.lonelyplanet.com/profiles/josephinequintero

Canaries

3e édition
Traduit et adapté de l'ouvrage *Canary Islands, 6th edition, January 2016*

Dépôt légal Février 2016
ISBN 978-2-81615-399-6
Imprimé par Pollina, Luçon, France, L75051

FSC www.fsc.org
MIXTE
Issu de sources responsables
FSC® C003309

En Voyage Éditions | un département place des éditeurs